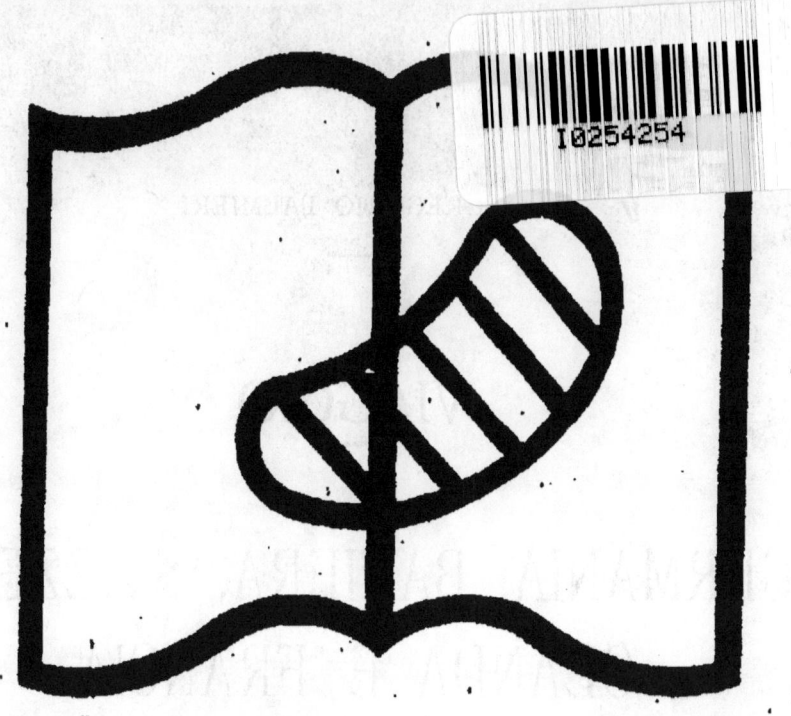

Original illisible

NF Z 43-120-10

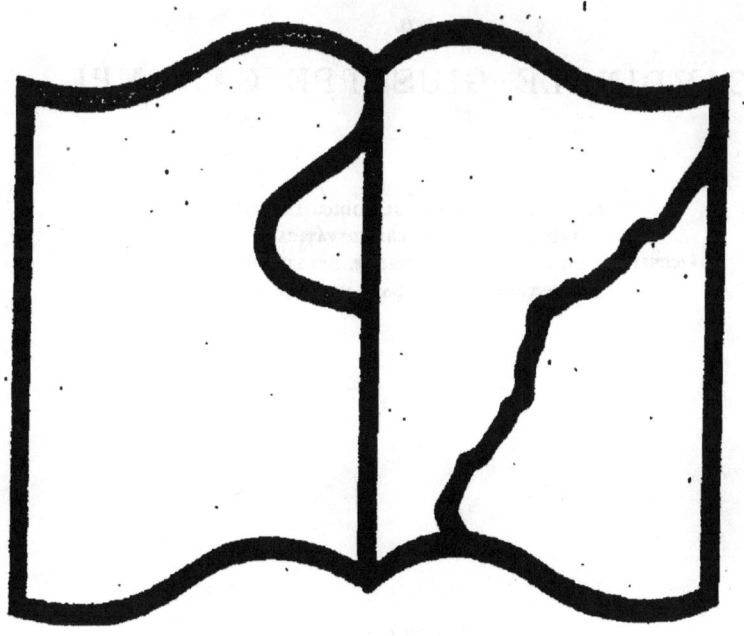

Texte détérioré — reliure défectueuse

NF Z 43-120-11

D. GREGORIO PALMIERI

VIAGGIO
IN
GERMANIA, BAVIERA, SVIZZERA OLANDA E FRANCIA

COMPIUTO NEGLI ANNI 1761-1763

DIARIO
DEL
CARDINALE GIUSEPPE GARAMPI

EDIZIONE CONDOTTA SUL CODICE INEDITO
ESISTENTE NELL'ARCHIVIO VATICANO
ARRICCHITA DI UN INDICE DELLE PERSONE, DEI LUOGHI E DELLE COSE
ILLUSTRATI O RICORDATI NEL DIARIO

ROMA
TIPOGRAFIA VATICANA
1889

VIAGGIO

IN

GERMANIA, BAVIERA, SVIZZERA OLANDA E FRANCIA

D. GREGORIO PALMIERI

VIAGGIO
IN
GERMANIA, BAVIERA, SVIZZERA OLANDA E FRANCIA

COMPIUTO NEGLI ANNI 1761-1763

DIARIO
DEL
CARDINALE GIUSEPPE GARAMPI

EDIZIONE CONDOTTA SUL CODICE INEDITO
ESISTENTE NELL'ARCHIVIO VATICANO
ARRICCHITA DI UN INDICE DELLE PERSONE, DEI LUOGHI E DELLE COSE
ILLUSTRATI O RICORDATI NEL DIARIO

ROMA
TIPOGRAFIA VATICANA
—
1889

ALLA EMINENZA REVERENDISSIMA

DEL SIGNOR CARDINALE

GIUSEPPE HERGENROETHER

DIACONO DI S. MARIA IN VIA LATA
PREFETTO DEGLI ARCHIVII DELLA SANTA SEDE ECC.

Eminentissimo Principe,

La vasta dottrina, i profondi studi, le benemerenze di Vostra Eminenza verso i cultori delle scienze storiche, le quali mossero la Santità di Leone XIII a creare, or son dieci anni, il nuovo titolo di Cardinale Archivista, sono noti all'universale; la pubblicazione, poi, già intrapresa dei Regesti di Leone X, sarà un perenne monumento del sapere e dell'operosità dell'Eminenza Vostra.

Non parrà dunque strano, nè io mi avrò la taccia di prosuntuoso, se un'opera come questa, del Diario del viaggio letterario-scientifico del Cardinal Garampi, integralmente estratta dal maggiore degli Archivi pon-

A me quindi non rimane che ringraziare l'Eminenza Vostra dell'onore conferitomi, accettando graziosamente la dedica di questo libro, mentre, baciando il lembo della sacra Porpora, in pari tempo, mi gode l'animo di potermi raffermare

Della Eminenza Vostra Reverendissima

Il dì della Commemorazione di s. Paolo Apostolo, 1889.

Devotissimo Umilissimo Servo
DOTT. DON GREGORIO PALMIERI
MONACO CASSINESE
DELL'ABBAZIA NVLLIVS DI SAN-PAOLO EXTRA MVROS. VRBIS
SECONDO CUSTODE DELL'ARCHIVIO VATICANO

PREFAZIONE

Alla impresa della pubblicazione di questo *Diario del viaggio* del GARAMPI nella Germania, Baviera, Svizzera, Olanda e Francia, cominciato nel 1761 col suo compagno e segretario Callisto Marini [1] e compiuto nel 1763, siamo stati stimolati non solo dal desiderio di far conoscere costumi e cose di paesi che in buona parte più non sono, ma benanco da quello di rinfrescare la memoria di colui che, già prefetto dell'Archivio Vaticano, vive ancora negl'Indici che in parte fece egli stesso, e nella maggior parte lasciò redigere dal purtroppo ignorato abate Giambattista Pistolesi.

Riputiamo però pregio dell'opera dare qualche breve cenno del nostro viaggiatore, prima di far parola del Diario e del modo da noi tenuto nel mandarlo fuori. Potremmo bensì rimandare i lettori a ciò che di lui scrive il Moroni nel suo utilissimo *Dizionario di erudizione storico-ecclesiastica*, e il De Romanis nella breve biografia premessa ai cinque volumi contenenti il catalogo della biblioteca del GARAMPI, nel 1796; ma riputando di far cosa non ingrata con dirne anche qui alcun che, desumiamo da questi alcune notizie più importanti, aggiungnendovene poi altre ai medesimi sconosciute.

[1] Avvertiamo che dove si legge, in qualche nota al *Diario*, GAETANO MARINI, si deve leggere *Callisto* Marini.

Ebbe il GARAMPI i natali in Rimini il 29 ottobre 1725. Compiuti i suoi studi, si recò in Roma, dove attese principalmente allo studio delle monete pontificie, facendosi noto colla dissertazione *De nummo argenteo Benedicti III*, che ivi stampò nel 1749, rettificando in quello la cronologia de' papi del secolo IX, e confutando la favola della papessa Giovanna, e dando importanti notizie sull'oratorio di S. Leone IV, sulla Basilica Vaticana, sulla parte che aveva in quel secolo il popolo romano nella elezione dei papi, e sopra altre gravi materie. Ottenne, per queste sue opere, fama ben meritata presso gli eruditi del suo tempo, anche stranieri, alcuni dei quali vide poi di persona, come si ricava da questo *Diario*; conobbe personalmente il Muratori, il Lami ecc. co' quali tenne anche corrispondenza epistolare. Benedetto XIV, sagace estimatore del merito, il 14 novembre 1749 lo diede coadiutore con futura successione al prefetto dell'Archivio Vaticano Filippo Ronconi da Pesaro, conferendogli anche un canonicato in San Pietro [2]. Al Ronconi successe il 9 luglio 1757. Nel tempo poi che corse dal 1749 al 1772, in che fu inviato Nunzio in Polonia, mietendo a piene mani, non solo nell'Archivio Vaticano [3], ma negli altri ancor ricchi archivî dei monasteri e chiese di Roma, e anche dei privati, mandò fuori altre opere piene di erudizione ecclesiastica e profana. Nel 24 settembre 1759 [4], per la promozione al cardinalato di monsignor Nicolò Antonelli prefetto dell'archivio di Castel Sant'Angelo, e di Leonardo, suo nipote e coadiutore, a segretario della cifra, alla Prefettura del Vaticano ebbe aggiunta anche quella dell'archivio di Castel Sant'Angelo.

[2] La cortesia e benevolenza di Don Pietro Wenzel archivista di S. Pietro e primo custode dell'Archivio Vaticano, ci ha parlato più volte e anche mostrato le dotte fatiche del canonico GARAMPI per quell'archivio, le quali anche ora, tornano a grande utilità di coloro ai quali incombe l'obbligo di tutelare gl'interessi spirituali e temporali di quella basilica.

[3] De' suoi lavori per l'Archivio diciamo qualche cosa in questa prefazione; ma più largamente ne parleremo nella *Storia dell'Archivio Vaticano* che stiamo preparando.

[4] Dalle parole del DE ROMANIS nella biografia suddetta pare che Benedetto XIV gli abbia conferita questa carica. Nel 1759 era papa Clemente XIII.

In questi stessi anni diede opera assidua alla compilazione di molti indici di varie materie dell'archivio che anche ora ci sono di grandissima utilità. Ma è pur d'uopo avvertire che, entrando nell'Archivio, il GARAMPI ebbe la, quanto buona, altrettanto rara ventura di trovarvi, in qualità di addetto alla compilazione di quegli indici che ancora mancavano, il sacerdote fiorentino Giambattista Pistolesi, che redasse indici accuratissimi di tutti i Regesti Pontifici, e di altre carte, come si dirà più sotto.

Di tutto questo immane lavoro, sparso in più che mezzo milione di schede, si reputa comunemente autore il GARAMPI, perciò solo che il GARAMPI retribuiva al Pistolesi uno stipendio per le sue fatiche. Ma, in prova di ciò che diciamo, ci rimangono nell'Archivio molte lettere del Pistolesi stesso (a cui rendono testimonianza anche alcune dell'Archivista al Pistolesi), le quali ci fan fede che l'improba fatica in massima parte fu sua [5] e che ebbe guiderdone pur troppo impari al merito, giacché il GARAMPI nel 1772, poco prima di andare alla sua nunziatura, lo volle fuori dell'Archivio addirittura. Aveva egli, allora, varcati appena i quarantadue anni, e, se a quell'età era già stato idoneo a compiere quel lavoro colossale, possiamo dal medesimo ben arguire il maggior vantaggio del quale avrebbe fruito l'Archivio per gl'indici di altri volumi, che al medesimo vennero aggiunti sul declinare del secolo, se, com'egli bramava, gli fosse stato concesso di continuare i suoi lavori. *Ab ungue leonem.* A noi non sono rimasti tutti i documenti che avrebbon potuto darci luce per conoscere quale delli due contendenti stesse nel lume della ragione: ma, dalla spassionata lettura delle appassionate lettere del Pistolesi, si raccoglie chiaramente che, se la ragione non fu sempre intera dal suo lato, maggior cortesia e riguardo si avrebbon dovuto usare verso chi, col lavorare assiduamente moltissime ore al giorno, per più di venti anni continui, compilando con fine giudizio ed eccellente calligrafia

---

[5] Nella *Storia dell'Archivio* speriamo di poter far conoscere i nomi delle altre persone che collaborarono alla compilazione di queste schede.

i suddetti Indici, dotò l'Archivio di un repertorio minutissimo, diligentissimo e utilissimo, ora specialmente che l'Archivio è aperto al pubblico. Invece di essere immolato, chi sa a quali intrighi o gelosie, ben meritava che di lui ne avesse perpetuata la memoria e il pittore e lo scultore. All' incontro niuno de' moltissimi studiosi che giornalmente vengono nell'Archivio sa che abbia mai vissuto il Pistolesi. Nè si dica che, la sua fatica essendo stata retribuita, non potea pretendere ad altro. I lavori dell' ingegno non si retribuiscono mai abbastanza.

Ma poco fu l'essere appena in qualche modo stati retribuiti, chè furono anche disconosciuti. Il lavoro più lungo, importante e faticoso che abbia condotto a termine il Pistolesi, fu certamente la serie di tutti i vescovi, da Innocenzo III fino ai suoi tempi, desunta dai Regesti Vaticani, e altre fonti autentiche, e colle notizie di moltissime cose e fatti che si attengono alle chiese, monasteri, persone e luoghi delle varie diocesi. Orbene, a questo proposito, notiamo che le parole del Marini [6] e del Moroni [7] traggono in errore il lettore col far credere che il solo GARAMPI abbia preparato i materiali per l'*Orbis christianus*, tacendo della parte precipua che vi ebbe il nostro Pistolesi. Infatti le *più migliaia di schede indicanti l'elezione di vescovi, qualche lor fatto e morte* [8], fatte in grandissima parte dal Pistolesi, le abbiamo ancora; e queste sono i materiali sui quali si desiderava di fabbricare l'*Orbis christianus*. I fondamenti vi sono tuttavia; giacchè, come dice il De Romanis nel cenno biografico del GARAMPI, l'*Orbis christianus*, consistente in quelle migliaia e migliaia di schede, fu compilato e offerto tra il 1769 e 1772 a Clemente XIV, che lo fece riporre nell'Archivio Vaticano: e questo è appunto il lavoro di cui fa spesso menzione il Pistolesi nelle sue lettere, e che egli compì nelle sue umili stanze in Vaticano vicine al-

---

[6] *Degli Aneddoti di Gaetano Marini*, commentario di suo nipote MARINO MARINI, pag. 89. Roma, 1822, Tipografia di Lino Contedini.

[7] MORONI, *Dizionario citato*, alla voce *Garampi*.

[8] MARINI, *Aneddoti* cit., pag. 89.

l'Orologio: e il GARAMPI nel 1786, cardinale, eccitando Gaetano Marini [9] a por mano all'*Orbis christianus* col suo prediletto Callisto Marini [10], mostra con ciò che, in quindici anni, poco o nulla si era aggiunto al lavoro del Pistolesi. E l'architetto non comparve mai! Insomma, non è poi sempre tanto facile *inventis addere!* Ma tutto ciò si chiarirà nella Storia dell'Archivio Vaticano.

Anche il GARAMPI lavorò indefessamente, specialmente nel compilare gl'indici dei codici *Decimarum* dell'archivio d'Avignone: ma gran parte di questa sua compilazione volse agli studî suoi prediletti, cosicchè di lui ci rimangono spogli di codici e memorie di vario genere, nelle sue così dette *Adversaria*, che continuò anche da Nunzio in Polonia e in Germania.

Nel 1761 intraprese il viaggio che è l'oggetto della presente pubblicazione, e del quale parleremo più sotto [11]. Nel 1763 era appena tornato da questo viaggio, che ad un altro dovette accingersi nell'anno seguente, e non nel 1763, come scrive il Moroni, essendo stato inviato in Germania da Clemente XIII per intervenire in compagnia di monsignor Oddi nunzio a Cesare, alla Dieta di Francoforte; questo secondo viaggio ancora sconosciuto e inedito, come il precedente, lo pubblicheremo l'anno venturo. Fu in tale occasione, che, scorrendo la Ger-

---

[9] *Aneddoti* cit., pag. 89.

[10] Ristampiamo a questo proposito un brano della lettera scritta da GAETANO MARINI al cardinale GARAMPI il 31 gennaio 1786, e già pubblicata negli *Aneddoti* citati, pag. 89:

« ..... Disperando io di poter avere un momento libero per parlare a Vostra Eminenza da solo a solo, ricorro al benefizio della scrittura, il che faccio tanto più volentieri, quanto che la lettera *non erubescit*, siccome farei io sicuramente, inetto in tutto, ma principalmente nel dover trattare de' fatti miei. Le dico adunque che nell'affare dell'*Orbis christianus* io mi sto alla promessa che le ho fatta, ma che non vi voglio avere alcuna società con monsignor Marini, col quale per le cose da Vostra Eminenza dette con noi, e con altri, sonomi accorto ch'ella vorrebbe pur dividere le sue grazie. Io ho delle ottime ragioni per non mescolarmi in tal lavoro con esso lui, ed ho voluto a tempo prevenirnela, affinchè parlandone con Nostro Signore non mi comprometta per cosa che io non farei..... »

[11] Di questo lungo viaggio ne fa due il DE ROMANIS, dicendo che l'anno seguente andò a Parigi e a Vienna per la pace che si era conchiusa fra i re (pag. 6). Il nostro Diario smentisce chiaramente questo doppio viaggio.

mania, la Fiandra e la Francia (ma non anche l'Inghilterra, come erroneamente dice il Moroni), fece grande accolta di libri e codici rari, e contrasse e strinse amicizia coi primi letterati d'Europa.

Nel tempo poi della sua nunziatura pose insieme molte e svariate scritture di diverse materie, principalmente politiche e contemporanee, e risguardanti la Germania, in modo speciale, che, in circa duecento volumi, abbiamo nell'Archivio col suo indice. Ma molte, e delle più importanti, mancano da gran tempo; o forse non mai entrarono nell'Archivio, essendo, quelle che abbiamo, provenute dallo spoglio del cardinale Caleppi, già suo Uditore di Nunziatura, poscia suo erede fiduciario, nel 1792.

Fra i codici rari da lui raccolti, pervenuti poi nell'Archivio Vaticano, per le mani del suddetto cardinal Caleppi, il più pregevole è certamente quello che racchiude una raccolta delle lettere del famoso tribuno *Cola di Rienzo*. È copia del secolo XIV, fatta da mano tedesca, non scevra di gravi errori grammaticali. È questo il codice del quale fece il Pelzel trar copia in Praga nel 1777 [12]. Ma, per l'imperizia dell'amanuense, essendo la copia riuscita infedele all'originale in molti luoghi, il Papencordt, che si avvide degli strafalcioni del copista, non essendo riuscito a trovare l'originale che egli nel 1840 credeva che ancora fosse a Praga, dovette, d'ingegno suo, correggere molte inesattezze del copista, e non sempre felicemente [13].

Ma questo codice, allora tanto ricercato, e omai creduto smarrito, era venuto in Italia col GARAMPI, da circa sessant'anni, e giaceva sconosciuto nell'Archivio da più che vent'anni. Nè l'archivista Marini, nè il Theiner suo successore, si avvidero mai del tesoro che vi era entrato e che pure stava sotto le loro

---

[12] *Cola di Rienzo e il suo tempo*. Monografia del DOTTORE FELICE PAPENCORDT; prima traduzione italiana con annotazioni ed aggiunte di TOMMASO GAR, Torino, 1844.
[13] Vedi ibid. pag. 306 e 307.

mani. Fu buona ventura la nostra, che nel rovistare le vecchie carte dell'Archivio, ci venne esso in mano, da un mazzo di carte del GARAMPI, nel 1878. Divisammo subito di darne notizia al pubblico, e dar fuori le varianti che incontanente cominciammo a notare, collazionandolo colla edizione dataci dal Gar. Se non che, distolti da altri lavori, e per l'Archivio che si stava per aprire agli studiosi di ogni nazione, e dalla collaborazione che dovemmo poi dare alla pubblicazione dei Regesti di Clemente V, per ordine di LEONE XIII, ci restringemmo a darne un cenno alla pagina LXVI del primo volume dei suddetti Regesti, uscito dalla tipografia Vaticana nel 1885.

La Società Romana di Storia Patria seppe allora di questo cimelio, e ci manifestò il desiderio di continuare il suo lavoro sul Tribuno, giovandosi anche di questo codice, e noi vi condiscendemmo. Il Papencordt nel pubblicare le lettere di Cola tratte dalla copia del Pelzel, tralasciò la *Responsoria oratio Tribuni ad Caesarem super eloquio caritatis* (inedita), che nel codice originale va dal foglio 36 al 45 v. (Pelzel, 94-121), perché non contiene nuovi dati. Ma la suddetta Società la pubblicherà, come cosa inedita, e non scevra d'importanza dal lato delle espressioni e del sentire del Tribuno.

Il codice è cartaceo di fogli 56, in ottavo grande di cent. 30 per 21, che abbiamo collocato nell'armario XV, col numero 45. È ancora legato in pergamena, con rinforzo di cuoio sul dorso, e due bottoncini a rosetta in argento ed è quello stesso veduto e fatto trascrivere dal Pelzel e da lui descritto [14].

A lode poi del nostro GARAMPI, aggiungiamo qualche cosa a ciò che il Moroni tacque, perché non seppe. L'Archivio al quale egli fu preposto nel 1752 era sempre stato *secreto*, e tale durò fino al 1880, in cui la sapienza di LEONE XIII lo

---

[14] GAR, Ibid, pag. 306. Sulla faccia esterna della pergamena, grazie al buon inchiostro, vi si leggono ancora le parole seguenti: *Rño in Christo patri ac domino, domino Paulo, ecclesie Pragensis administratori, sede vacante, ac doctori dignissimo, nec non preposito......... pragensi, domino meo gratioso et semper perpetue....... amantissimo......... Matheus Stus............* Ulteriori notizie si veggano nel citato primo volume dei Regesti.

volle *pubblico* e dischiuso ai letterati. Anziché seguire l'esempio di parecchi suoi antecessori col trasmettere ai successori i tesori ricevuti, senza il minimo pensiero di accrescerli, si adoperò presso il cardinal Valenti segretario di Stato, per indurre Benedetto XIV a comprare, per l'Archivio, varie collezioni di manoscritti importanti alla letteratura e alla politica, dalle famiglie Ottoboni, Carpegna, Pio, Albani ecc. Volle anche, il Garampi, più tosto che lasciare qualche indice informe e incompleto, seguire le orme dei massimi archivisti, Confalonieri e Contelorio, l'uno prefetto dell'archivio di Castel Sant'Angelo, dal 1626 al 1638, l'altro di quello del Vaticano dal 1617 al 1645. Epperò saviamente adoperò egli col ritenere presso di sé il Pistolesi che già aveva intrapresi con gran coraggio e solerzia, nuovi e più larghi indici, incoraggiandolo a proseguir l'opera alla quale aveva posto tanto amore, ingegno e fatica, da contrarne acciacchi e malattie, e grave indebolimento alla vista [15]. Vero è che, allorquando egli avrebbe sperato di poter conseguire un onesto e meritato riposo dalle sue gravi fatiche, e un compenso a quelle adeguato, si vide invece osteggiato dal proprio superiore, il Garampi stesso, e dovette cessare dall'ufficio, come già si è detto, e consegnare a lui tutti i frutti de' suoi lavori: le sue schede [16]. Non ci rimangono documenti sufficienti per poter dire da parte di chi, lo ripetiamo, stesse la ragione. Ad ogni modo andiam debitori al Garampi, e al Pistolesi in modo singolare, degli aiuti che ancora somministrano i loro Indici alle ricerche degli studiosi: che, se quelli non fossero, l'apertura dell'Archivio sarebbe stata in gran parte lettera morta.

Il Pistolesi, nello spoglio che fece di tutti i Regesti pontifici, dandoci nelle sue schede [17] il nome di tutti i vescovi desunti dai Regesti d'Innocenzo III fino a Clemente XII, sup-

---

[15] Vedi Palmieri, *Ad Vaticani Archivi Romanorum Pontificum regesta manuductio*, pag. XV-XVIII; Romae, Spithoever, 1884.

[16] Fra queste, quelle che costituiscono l'*Orbis christianus*, furono offerte poco dopo a Clemente XIV, come si disse di sopra, alla pag. VIII.

[17] Queste danno, come in embrione, il così detto *Orbis christianus*.

plisce alla mancanza degli anteriori coll'aiuto dei varî autori che in un modo o in un altro ne parlarono, accennando al giorno della loro promozione e morte, e citando documenti, cavati da altre fonti storiche. In altri indici ci dà i nomi delle chiese e persone private. In altri le materie dei libri o regesti *Diversorum Cameralium*, e degli stromenti miscellanei, che ascendono a più migliaia, e dei codici delle biblioteche Pio, Carpegna, Albani ecc., ricordati più sopra. In molti altri indici ci dà il nome delle cose e affari riferentisi alle diocesi. In altri i nomi delle chiese di Roma, degli uffici della Curia romana, de' suoi officiali, dei notai, ecc. In altri ci fornisce indicazioni minutissime di ciò che si contiene in migliaia di volumi, dei quali son pieni circa una trentina di grandi armarî. In altri diciassette volumi dà, per ordine cronologico, tutte le lettere dei Nunzi dal 1550 al 1721, distinte per paesi. Insomma egli ha posto mano a tutto; che se vi sono nell'Archivio alcuni libri dei quali manca un indice, son quelli appunto che vi entrarono dopo che egli ne uscì nel 1772.

Il GARAMPI poi che, oltre la prefettura dell'Archivio Vaticano, ebbe anche quella dell'archivio di Castel Sant'Angelo, come più sopra si disse, fece compilare due indici di questo archivio (poco aggiungendo ai sunti già fatti dal benemerito Confalonieri, primo ordinatore di quello nel 1626), l'uno cronologico, e l'altro secondo l'ordine già datogli dal suddetto. E anche questi due indici servono mirabilmente alle esigenze dello studioso.

Poco prima che il GARAMPI venisse inviato nunzio in Polonia nel 1772, lasciando egli le prefetture degli archivî di Castel Sant'Angelo e del Vaticano, Clemente XIV fece prefetto dei medesimi Marino Zampini di San Marino, e suoi coadiutori, con futura successione, nominò contemporaneamente Callisto Marini da Pesaro, che circa dieci anni innanzi gli era stato compagno nel Viaggio che ora pubblichiamo, e che anche allora, sebbene per breve tempo, partì con lui; e Gaetano Marini da Sant'Arcangelo.

Dopo avere con somma prudenza e sagacia adempiuto l'officio suo di Nunzio in Polonia e presso l'Imperatore, fu il Garampi creato cardinale nel 1785, e resse la sua diocesi di Montefiascone e Corneto fino al 1792, cogliendolo la morte il 4 maggio di quest'anno in Roma, dove fu sepolto nella chiesa dei Santi Giovanni e Paolo, suo titolo. L'immensa sua biblioteca fu divisa: la miglior parte andò a Rimini sua patria, parte al suo seminario di Montefiascone, parte agli amici e ad alcuni parrochi, e parte, con certe condizioni, fu offerta a Pio VI.

L'erudizione fu in lui somma e molteplice, come ci viene attestato dai non pochi suoi manoscritti che migrarono nell'Archivio Vaticano. Fu questa erudizione accoppiata alla nobiltà del tratto e all'affabilità che lo rese caro e desiderato da tutti, e colla quale fece nella stessa Corte di Vienna apprezzare il nome italiano, e riverire il carattere sacerdotale. Fu accetto eziandio ad altri sovrani del Settentrione, quali, a cagion d'esempio, Caterina II di Russia, Federico II di Prussia, e Stanislao di Polonia. Ne' suoi scritti risplende il letterato, l'artista, lo storico, il filosofo. In Polonia fece il catalogo e l'indice di tutti i volumi e carte, non solo della Nunziatura, ma benanco di quelle che si conservavano nel castello di Cracovia; e un bell'esemplare di questo l'abbiamo nell'Archivio Vaticano. Fu anche in questo tempo che redasse un indice copiosissimo di nomi, di luoghi e di persone che notava di mano in mano che leggeva i libri [18], da far maravigliare come un solo uomo che aveva molteplici e continui affari da sbrigare, potesse trovare il tempo per attendere a simili lavori. Chi legge questi spogli, che sono frutto della lettura di tanti scrittori, crederebbe che ad altro non avesse inteso nella non lunga sua vita. Invece abbiamo di lui altri lavori letterari, e gran parte della sua corrispondenza epistolare cogli amici e letterati, e colle persone incaricate degli affari della sua diocesi di Montefiascone.

---

[18] Anche questo si conserva nell'Archivio Vaticano.

Nelle due Nunziature poi di Polonia e di Vienna, grandissima parte delle lettere alla Segreteria di Stato, sono di suo proprio pugno.

Gaetano Marini che con Callisto ebbe comune il cognome, ma non il sangue, nato ai 18 dicembre 1742, e morto il 17 maggio 1815 in Parigi, dove si era recato per curare la restituzione degli Archivi della Santa Sede [19], continuò in parte il lavoro del Pistolesi, col far lo spoglio dei libri di Avignone aggiuntisi in quel torno all'Archivio Vaticano, anch'egli più intento tuttavia alla compilazione e pubblicazione delle erudite sue opere, che ad ordinare molte di quelle carte che fino ai nostri tempi sono rimaste senza indice. A lui poi andiamo anche debitori dell'aver salvato con destrezza, da quasi certa dispersione, le carte più preziose ed importanti per la Santa Sede, che si conservavano nel così detto *Archivio di Castel Sant'Angelo*, e dell'acquisto che fece l'Archivio Vaticano nel 1808 di miscellanee della casa Cenci in Bolognetti, dal libraio De Romanis, in numero di ducento ottantadue volumi, ai quali se ne aggiunsero altri negli anni posteriori.

Se questa raccolta di manoscritti in gran parte politici, e in parte originali, è, per sè stessa, preziosa, lo è anche più per esserci anche il suo indice, abbastanza accurato e da noi scoperto nel 1877, redatto da uno dei bibliotecari di quella Casa, che si potrebbe credere essere stato il Forteguerri, autore del *Ricciardetto*, del quale è una bellissima copia in questa raccolta, e così ben curata, che i nomi delle famiglie Bolognetti e Theodoli, al canto XXIII del vol. 277, sono scritti in caratteri maiuscoli ed ornati.

Callisto Marini, per la morte dello Zampini, ebbe in breve la prefettura dell'Archivio, insieme a Gaetano Marini. Indici egli non fece, o quasi nulla: a lui tuttavia e al suo collega va debitore l'Archivio dell'acquisto di non pochi pregevoli ma-

---

[19] Vedi *Memorie storiche degli Archivi Vaticani* redatte da MARINO MARINI e inserite nel primo volume dei *Regesti di Clemente V*, pubblicati per cura dei PADRI BENEDETTINI. Roma, Tipografia Vaticana, 1885.

noscritti, riscattati e tolti agl'ignobili usi cui erano destinati, col ridonarli all'onore archivale, per la provvida legge d'allora che comandava ai salumai e simili venditori di mostrare all'archivista le carte da loro comprate, e rilasciarle al prezzo da loro sborsato. Dal brano della lettera che abbiam dato nella nota 10, si rileva che nel 1786 egli era ancora nel numero dei meno; ma nel 1799, vediamo il solo Gaetano regnar sovrano nell'Archivio, e, lui solo, sotto gli occhi delle milizie francesi, con felice audacia e scaltrezza, trasportare in poche ore quello di Castel Sant'Angelo in quello del Vaticano, riunendo per tal guisa sotto lo stesso tetto quegli archivi, la cui soprintendenza, quarant'anni innanzi, era stata affidata ad un solo capo. Ma di ciò più ampiamente si parlerà nella Storia dell'Archivio.

Diciamo ora qualche cosa intorno al *Diario* ed al modo da noi tenuto nel pubblicarlo.

Il manoscritto, in ottavo, che distendesi per circa 1200 pagine, è di ottima scrittura; ma non di mano del GARAMPI né di Callisto Marini, suo compagno di viaggio; del quale invece sono, qua e là, alcune correzioni; chi copiò il suo manoscritto, in più luoghi lesse male e scrisse peggio. I nomi di persone, città e paesi, quasi tutti forestieri, li leggiamo nella stessa pagina scritti talvolta in diversa forma, o in quella che più s'accosta al suono reso all'orecchio di chi li udiva. Abbiamo però stimato meglio di riportare nella stampa le varie forme di questi nomi, riserbandoci poi di raddrizzarli nell'Indice minutissimo che dei medesimi collochiamo in fine del Diario [20]; così che chi voglia sapere della tale persona, o città, o paese, non avrà che a ricercarli nell'Indice, secondo la scrittura moderna.

Di note poi siamo stati scarsissimi, per più ragioni, ma specialmente perchè avendo in animo di metter fuori anche il secondo Viaggio del GARAMPI in quelle stesse parti nel 1764,

---

[20] Ci ha, a questo scopo, giovato moltissimo il RITTER's, *Geographisch-statistisches Lexikon* etc. Leipzig, Verlag von Otto Wigand, 1874.

che col primo formerà come una sola opera, ci è parso più utile l'apporre in fine del secondo Viaggio le note che si stimeranno opportune o necessarie, e rispondenti ai due volumi.

L'Indice che colla maggior possibile diligenza è stato condotto [21], si darà anche in fine dell'altro Viaggio, e sarà di grande aiuto per le più minute ricerche dei lettori: e, il libro non essendo distinto per capitoli, ognuno potrà di leggieri per mezzo di quello cercare ciò che più gli aggrada, tralasciando ciò che non risponde a' suoi studi o ricerche.

Quanto poi alla importanza di questo primo Viaggio, a noi non piace di esagerarla. Chi l'ha dettato, lo fece più per uso proprio, e per serbare una qualche memoria di cose e persone che allora era difficile di procacciarsi, che per dare ai lettori che egli, nè sperava nè si proponeva di avere, una indicazione intera di tutto ciò che aveva o veduto od udito. Si può quindi tener per fermo che, nè al GARAMPI nè al Marini, sia mai caduto in mente di farlo di pubblica ragione. Nondimeno, per quanto sia parco il Diario di quelle notizie, in che ora si bramerebbe che il Diarista si fosse più disteso, ve ne troviamo alcune di non lieve importanza, e per la letteratura e per la storia. Si accenna, fra le altre, ad un fatto che non fa troppo onore al filosofo di Ferney [22].

Sono ricordati con lode parecchi degli scenziati d'allora, che il GARAMPI già conosceva per fama, e che poi furono ben lieti di abboccarsi con lui pieno di peregrina erudizione. Abbiamo in questo Diario contezza di codici, d'iscrizioni che forse più non sono: e il tutto è scritto con semplicità e chiarezza tali che la lettura non istanca, ma piuttosto invoglia il lettore a proseguirla, non essendo disgiunta da quella imparzialità che fa aggiugner fede a tutto ciò che dice.

Scopo primario del viaggio fu la missione che ebbe da Clemente XIII di ordinare gli affari spirituali del celebre mona-

---

[21] Da questa fatica ci ha sollevato l'egregio correttore della Tipografia Vaticana Franco Ballerini, che il mondo letterario già ben conosce.
[22] Vedi pag. 207.

stero di Salem [23]. Il che gli diede poi opportunità ed agio di divertire ad altri luoghi e di prolungare il suo viaggio anche in Fiandra e in Francia, così che bastò questo viaggio circa ventidue mesi, dal 2 agosto 1761 al 31 maggio 1763 [24].

Di questo primo viaggio tace il Moroni: accenna invece al secondo che, come abbiamo detto, pubblicheremo l'anno venturo. In questo secondo, il GARAMPI, parla a lungo dei negoziati alla Dieta di Francoforte per la elezione dell'Imperatore de' Romani, alla quale fu spedito compagno a monsignor Oddi, nunzio straordinario alla corte imperiale.

Ci auguriamo che i letterati faccian buon viso a questa pubblicazione, con che ci si accrescerà il coraggio di compiere colla maggior diligenza, non solo la pubblicazione del secondo volume, ma di altri scritti letterari (e non son pochi) dello stesso GARAMPI.

Roma, San Callisto, 15 luglio 1889.

---

[23] Abbiamo nell'Archivio le memorie di questa sua missione, scritte da lui stesso, delle quali daremo un sunto nelle note.
[24] Veggasi ciò che ne dice lo stesso GARAMPI alla pagg. 38, 54, 55, 305.

DIARIVM PEREGRINATIONIS

GERMANICAE, BELGICAE ET GALLICAE

DIARIVM PEREGRINATIONIS

GERMANICAE, BELGICAE ET GALLICAE

Li 2 agosto del 1761 sulle ore ventuna e mezza (5.30 pom.) si partì da Roma con calesse a due rote, e con corriere avanti; si camminò tutta la notte, per non arrestarci nella campagna di Roma a motivo dell'aria cattiva. Alle dodici ore della mattina (8) dei 3 giugnemmo a Terni, dove riposammo sino alle ore venti (4 pom.). Indi continuando il viaggio ci trovammo a Foligno alle ore quattro della notte (12). Alle cinque ne partimmo ed in nove ore di viaggio giugnemmo a Sigillo, dove ci arrestammo a dormire sulle ore calde nel convento dei padri agostiniani. Alle ore diecinove e mezza dei 4 riprendemmo il cammino e all'avemmaria ci trovammo a Cagli. Ci fermammo tutta la mattina dei 5, e fummo alloggiati dal signor abate *Toni*, giovane fornito di tutte le qualità che rendono amabile una persona. Alle ore diecinove partimmo da Cagli, e dopo una dimora di poche ore in Fano, passammo a Pesaro, dove giugnemmo sulla mezza notte. Il giorno seguente passò il signor conte *Garampi* in Rimini sua patria, ed io mi trattenni in Pesaro per soddisfare l'affezione de'congiunti e per rivedere agiatamente gli amici. Mi portai in Rimini la mattina dei 16 agosto, e nel dopo pranzo dei 19 ne partii unitamente col signor conte. Pernottammo in Cesena, e il giorno seguente in Imola. Il venerdì 21 agosto passammo a Bologna, e fummo alloggiati in s. Salvatore dal reverendissimo padre abate *Trombelli* generale dell'Ordine. La mattina dei 23, circa le ore dodici partimmo da Bologna, e giugnemmo a Modena dopo tre buone ore di cammino, passando per Castelfranco, nella di cui chiesa parrocchiale fummo a vedere un bellissimo quadro rappresentante l'Assunzione della beata Vergine di mano di *Guido Reni*. A Modena le ore sono regolate all'uso di Francia. Fummo a fare una visita al rinomatissimo padre *Zaccaria* gesuita che regalò il signor canonico di un libro contenente due dissertazioni: *De veterum christianarum inscriptionum et liturgiarum in rebus theologicis usu.* Il medesimo ci mostrò una copiosa raccolta di opuscoli, parte mss. e parte stampati del padre *Lupi* gesuita, che medita di dare alla luce con parecchie sue annotazioni ed aggiunte. Il p. *Gabardi* ed il p. *Troili* ambidue gesuiti che conoscemmo per la prima volta, hanno ingerenza nella biblioteca del duca, come in grado di aiutanti del p. *Zaccaria* bibliotecario della medesima. Altro padre gesuita chiamato *Scissa*, attuale confessore del principe ereditario, si rende celebre per la perfetta riconciliazione da lui, per quanto disse il p. *Zaccaria*, opportunamente meditata e felicemente eseguita, fra il serenissimo principe e la sua consorte, da cui era da molti anni affatto disunito.

VALORE CORRENTE DELLE MONETE IN MODENA
SECONDO UN EDITTO PUBBLICATO LI 22 FEBBRAIO 1749.

Zecchino di Venezia e di Firenze . . .	L. 30 Bolognini	—
Zecchino di Roma	» 29 »	5
Ungaro	» 28 »	15
Lisbonina	» 109 »	—
Lisbonina nuova	» 33 »	15
Filippo e genuina	» 15 »	—
Paoli e testoni fino al 1730	» 4 »	10
E i paoli	» 1 »	10
Ducato di Modena	» 8 »	—
Quarantane vecchie di Modena . . .	» 2 »	17
Scudo di Modena detto del torchio .	» 10 »	—
Mezzi paoli di Bologna	» — »	14

MONETE EROSE.

Scudo vecchio di Modena già da l. 5 bol. 3.	L. 3 Bolognini	15
Quarantana nova di Modena	» 2 »	—
Lira	» 1 »	—
Mezza lira	Bolog. 10 Denari	4
Lira nuova di Reggio	» 13 »	4
Giorgino di Modena nuovo	» 05 »	—
Muragliole nuove	» 02 »	—
Pezzette da soldi 5 di Piemonte . .	» 15 »	—
Bolognino di Modena	» 01 »	—
Soldo	» — »	8
Sesino	» — »	4

Secondo le suddette proporzioni valutandosi la moneta modenese per rapporto al zecchino papale giusta il valore di paoli venti e mezzo, che ha in Roma il bolognino modenese, starebbe a quattrini papali 1 $3/4$, e la lira a baiocchi 7; ma valutandosi la moneta relativamente al valore che in Modena è fissato al paolo di argento, il bolognino viene ad equivalere a quattrini papali 1 $2/3$, e la lira a baiocchi 6, quattrini 3 $1/3$. Sicchè a questo ragguaglio il zecchino papale sta a paoli 19 $1/2$.

In Modena, e per tutto lo stato fino a Mantova, corrono i paoli, grossi e carlini, e muragliole, e baiocchi papali allo stesso valore, che nello stato pontificio, cosicchè, spendendosi detta moneta, nulla vi si perde, come si perde nel zecchino, che si valuta solo a paoli 19 $1/2$.

In Modena si conobbe il dottor *Morreali* celebre per le controversie avute sull'uso del mercurio nelle febri maligne, e per le sue cure del vaiolo, le quali, per quanto egli assicura, riescono tutte felicissimamente anche negli adulti. Il medesimo ha fatto molti esperimenti sopra alcune acque del Modenese, che egli crede rimedio specifico nelle diarree e dissenterie ed altri mali. Voltandosi strada verso Buonporto, si cominciano a pagare paoli quindici per ogni coppia di cavalli, e cinque per quello da sella. Non così avverrebbe, continuandosi il cammino per la strada romana. In Modena la chiesa della beata Vergine del voto è della città e ben fabbricata. Quella di s. Geminiano che è la cattedrale, è di struttura assai antica. Il campanile è dei più celebri d'Italia: è fabbricato di pietre quadre, e di marmi, fra i quali havvene con iscrizioni antiche. Per altro egli pende alquanto verso la chiesa, e al contrario la tribuna della chiesa nella parte posteriore pende alquanto verso il campanile.

La mattina dei 24 partimmo da Modena, e ci incamminammo verso Mantova. Da Mantova andammo verso Buonporto, indi alla Mirandola, dove mutammo cavalli fuori delle mura senza entrar dentro. Dalla Mirandola si andò a Concordia. Di qua avevamo intenzione di passar al famoso monastero di s. Benedetto posseduto da' monaci cassinesi, dove una volta vi era la posta: ma ora questa è stata trasportata a Quingentola, luogo di villeggiatura del vescovo di Mantova, che vi ha una commodissima abitazione; onde per mancanza di cavalli fu guastato il nostro disegno.

A Quingentola trovammo monsignor vescovo di Mantova che gentilissimamente ci diede il commodo di dormire sulle ore calde, e poi contra la nostra espettazione e volontà ci fece trovar imbandito un ottimo pranzo, sebbene ivi giugnessimo all'improvviso, e quando monsignore era già andato a riposare. Un miglio in circa in distanza di Quingentola, si passa in barca il Po, pagando baiocchi venticinque della nostra moneta per una sedia coperta, e un corriere; indi si trova la posta a Governolo, e di là si va direttamente a Mantova. È da avvertirsi che in questa città le porte si chiudono assai per tempo, e non si aprono di notte, se pur non si trattasse di persona di riguardo e che ne avesse fatta passar parola prima col comandante della piazza. In fatti noi arrivammo a Mantova dopo un'ora di notte, e le porte ci furono aperte per aver prima mandato avanti il corriere. Giugnemmo dunque in Mantova il lunedì a sera 24 agosto, ed alloggiammo all'ospizio d'Ognissanti spettante al monastero di s. Benedetto. Ivi fummo favoriti da quel padre procuratore con tutta proprietà e buon cuore. Io particolarmente sono tenuto al degnissimo padre don *Benedetto Felice Rossetti* lettor di filosofia in s. Benedetto, che a sorte si trovava nell'ospizio e vi si trattenne sino alla nostra partenza per favorirmi. Conobbi il signor *Francesco Ranieri*, uno dei migliori medici di Mantova che alla cognizione di medicina unisce un ottimo fondo di politezza e civiltà nel tratto. Conobbi il signor dottor *Angelo Maria Galeotti*, direttore della posta, di cui convien far capo per il sollecito ricapito delle lettere che vengono di fuori. Quest'uomo ancorchè in età molto avanzata è dilettante di poesia. Le famiglie più rispettabili della città sono i conti *Bagni*, marchesi *Valenti Gonzaga*, conti *Colloredo* di cui un altro ramo fiorisce in Germania, marchese *Cavriani*, marchese *Luzara*, marchese *Strozzi*, conti *d'Arco*, conti *Facchini*, marchese *Nerli*.

L'aria non è buona particolarmente in tempo di estate a causa di un lago che circonda le mura e la fortezza e passa anche in mezzo alla città, da cui la piazza è resa quasi inespugnabile, non potendosi per terra accostarsi alla medesima, oltre alle fortificazioni colle quali è munita. Il presidio ordinario presentemente è di quattro in cinque mila uomini. Una gran parte di questi sono milizie del duca di Modena, siccome ancora suoi sono da cento e più cannoni di grosso calibro che si vedono giacenti nella piazza d'armi. In Modena al contrario credo che il presidio sia composto di milizie della imperatrice. L'impianto di Mantova è molto bello per le strade larghe e regolari. Vi sono ancora de' belli edifizii, di alcuni de' quali si dice autore *Giulio Romano*. Tale è il duomo di bellissima struttura a cinque navate, oltre ai sfondi delle cappelle. È fatto sul gusto delle antiche basiliche, essendo le navate sostenute da colonne di marmo sopra le quali corre un cornicione continuato e ben inteso. Si conserva sopra l'altare maggiore il corpo di s. Anselmo direttore della contessa Matilde. Altra chiesa parimente considerabile e per la grandezza, e per il buon disegno è quella di sant'Andrea posseduta una volta dai monaci cassinensi, ed ora da una collegiata. Contiene una navata larghissima ed altissima con parecchie cappelle da ambedue i lati. Mi vien supposto che questa chiesa con la facciata parimente molto bene intesa sia stata ridotta dalla forma antica al buon gusto moderno col disegno di un tal Leoni.

In altre parti della città si vedono varie cosette di un ottimo gusto qual'è una piccola facciata alla chiesa, o sia oratorio di s. Antonino; il disegno della porta chiamata *Molina*, ed altre che facilmente saranno di *Giulio Romano*. Un miglio incirca distante dalla porta suddetta vi è un grande è maestoso palazzo detto la *Favorita*, che serviva di delizia agli antichi duchi di Mantova. L'architettura è d'ordine rustico con le scale scoperte di marmo che conducono al palazzo da mano destra e sinistra; l'istessa scala vi è dall'altra facciata. Si vedono sparsi d'intorno varii pezzi di statue che certamente servivano di ornamento alle scale. La parte anteriore delle pareti di una delle due scale si vede ornata di varii bassi rilievi, o siano statuette antiche.

Il monastero di s. Benedetto in Padolirone, lontano dieci miglia da Mantova, è uno de'più insigni dell'ordine benedettino in Italia, specialmente riguardo all'ampiezza de'suoi edifizii. La rendita si ragguaglia a circa 26,000 filippi annui. Governa ora il detto monastero il padre abate *Schiafinati;* priore è il padre *Martinazzi*, lettore di teologia il padre *Bina*, di filosofia il padre *Rossetti* altrove menzionato, primo cellerario il p. .... Nella biblioteca si conservano circa duecento codici manuscritti. In specie osservammo un codice del X secolo contenente la collezione delle decretali fatta da *Isidoro Mercatore*. Altro del secolo XI a cui si è prefisso un catalogo dei papi fino a Benedetto III che finisce: *Leo (sedit) annos octo, menses tres, dies quinque. Benedictus annos duos, menses sex, dies sex.* Indi seguita la prefazione di *Isidoro Mercatore*, poi varie decretali de'papi, lettere e passi de'santi padri, canoni, ecc. Codice del secolo XI in cui trovansi descritti per *extensum* i canoni de'concilii dei primi quattro secoli, indi una collezione di canoni, divisa in XIII libri, il primo de'quali è intitolato: *De primatu et excellentia Romanae Ecclesiae.*

Collezione dei canoni fatta da *Burcardo*, codice del secolo XI. Codice del secolo XII contenente la raccolta delle leggi longobarde fino ad Enrico II imperatore. *Liber de ecclesiasticis officiis*, detto anche: *Doctrina ecclesiastica, Iohannis Belleti* del secolo XIII. *Rationale excerptum vestimentorum sacerdotalium missae ministrorum ac etiam Baptismi*, codice del secolo XI. In quest'opera leggonsi moltissimi riti ecclesiastici descritti e misticamente spiegati; onde meriterebbe di essere diligentemente osservato e forse anche pubblicato. Ivi è anche inserito un opuscolo intitolato: *Expositio missae edita in coenobio s. Dionysii*, che incomincia: *Primum in ordine missae antiphona ad introitum canitur, etc. Tractatus contra Graecos de processione Spiritus Sancti, de animabus defunctorum, de azymo et fermentato, et de obedientia Romanae Ecclesiae, editus in Constantinopoli.* Comincia: *Licet Graecorum ecclesiam virtutum floribus etc.* — L'opera è assai interessante, specialmente per riguardo ai riti e alla disciplina della Chiesa latina, la quale si difende dalle calunnie e accuse de' Greci. Il codice è del secolo XV.

La biblioteca dei libri stampati è stata notabilmente accresciuta con quella che già fu dell'abbate *Giulio Salandri*, che fu ultimamente acquistata per il tenue prezzo di cento zecchini a ragione di paoli due per pezzo, de' quali la maggior parte è di edizioni buone e rare. Vuolsi qui notare una tal cosa per riflettere quanto poco buona cultura abbiano le lettere qui in Mantova, non essendosi trovato chi per un sì vil prezzo volesse acquistare una simile raccolta di libri. Nel refettorio di s. Benedetto vedesi un bellissimo quadro creduto del *Domenichino*, rappresentante l'ultima cena di Cristo, e che dicesi copiato da altro simile di *Leonardo da Vinci*, esistente nel convento delle Grazie dei padri predicatori di Milano. La chiesa è stata ridotta ad una forma moderna da *Giulio Romano*. Vi sono tre quadri di *Paolo Veronese*, uno di *Tiziano* che sta sopra l'altare del Santissimo, ed un altro del *Correggio* rappresentante Cristo che libera s. Pietro dal pericolo di annegarsi, rimproverandolo di poca fede. Nella sagrestia vi è ancora una tavola ben conservata, rappresentante la presentazione di Cristo al tempio. Alcuni dissero essere opera di *Giulio Romano*. Altre pitture ancora si vedono in questo monastero che certamente vengono di buona mano. Un tal *Luchini*, ha stampato un libretto in cui si descrive il monastero di s. Benedetto e mi vien supposto che si renda ancora conto delle pitture e della struttura del medesimo. Io non ho potuto veder quest'opera. Nell'archivio del monastero che si conserva in Mantova nell'ospizio di Ognissanti per maggior commodo del procuratore, vi è il libro 52, in cui alla pagina trentacinque si legge un istromento del 1542 in cui *Giulio Romano* si chiama soddisfatto dei lavori fatti in due anni nella chiesa e monastero, e di più si obbliga a continuare a lavorare per un anno. L'organo della chiesa è rinomatissimo per la quantità e perfezione dei suoi registri.

Nella chiesa di Ognissanti annessa all'ospizio di s. Benedetto in Mantova vi sono fra molti altri due sepolcri colla seguente scrizione:

MARGA · THEBALDE · PVDICISS · ET
MALATESTE · FATIS · PRAEVENTO
HIPPO · BAESIVS · COLLATERALIS
DVCALIS · VIR · ET · PATER · MAESTISS.
MON · H · P · C.
OBIIT · DIE · V · APRILIS · MDXXXXVII

A dì 20 giugno 1755 dovendosi qui trasportare il presente monumento, fu aperta la cassa e trovato il corpo intiero e flessibile.

La iscrizione dell'altro sepolcro è questa:

PARIS · CBRESARIORVM · ILLE
OBIIT · ANNO · MDXXXII · DIE · III · MAII
VIXIT · ANNOS · LXVI

Alle ore sette del lunedì 31 settembre partimmo da Mantova, e ci incamminammo verso Verona dove giugnemmo dopo sei ore in circa di cammino, non ostante che la strada fosse parte fangosa e palustre e parte sassosa. A Verona fummo favoriti di alloggio dal padre *Ludovico Lucchi*, monaco cassinense e abbate degnissimo di *s. Nazario* *. Questo religioso alla dolcezza del tratto ed alla ritiratezza ed esemplarità religiosa unisce una cognizione e un genio particolare per le antichità dei bassi tempi. Ha una raccolta di libri molto rari, ma sopra tutto sono commendabili i codici e manuscritti che nello stato di religioso gli è riuscito di raccogliere. Il più antico è un necrologio che vi è grande apparenza per crederlo incominciato nel secolo VIII, in fine di cui vi sono varie cose liturgiche. Vedemmo in Verona l'antico anfiteatro che a me eccitò sopra ogni credere la meraviglia non per la sua parte esteriore, la quale oltre all'esser tutta deformata dal tempo, nulla ha che fare coll'anfiteatro di Roma: ma per le parti interiori ottimamente conservate da poterne formare idea giustissima, il che non avviene parlando del Colosseo romano. Ci fu fatto ancora osservare le vestigia di un antico teatro la di cui pianta ci vien data da *Raterio* vissuto nel X secolo. Era questo in vicinanza dell'Adige che probabilmente ne aveva una parte sommerso nelle acque e cavato ancora dal massiccio di una collina. Ora per rintracciare più chiari indizii, vassi scavando in quelle parti e coi frantumi di statue, di colonne, e con varii pezzi di marmo trovati nel sito dove credesi esser stata l'arena, si viene quasi a empire una piccola stanza. Il *museo veronese* non ha bisogno di esser descritto, essendo già stato reso cognito a tutta la letteraria republica dal celebre signor marchese *Scipione Maffei*, che non solo lo ha nella maggiore e migliore sua parte composto e destinato a pubblica commodità, ma ha ancora colle stampe con grande applauso illustrato. Solo è qui da notarsi che questo *museo* si va accrescendo di giorno in giorno per la cura di alcuni letterati veronesi, che si pigliano il pensiero di procurar nuovi acquisti. Il signor abate *Domenico Vallarsi* veronese, celebre per l'edizione di s. Girolamo, e per altre opere publicate, va facendo un

---

* Poi cardinale creato da Pio VII nel 1801; morì nel 1802.

grandissimo studio sull'illustrazione di questo *museo* del *Maffei*, non solo coll'arricchirlo di nuove iscrizioni, ma rilevando moltissimi e quasi infiniti errori corsi, per quanto ei dice, in quest'opera; cosa forse che sorprenderà, sapendosi quanto studio l'autore vi abbia posto intorno, e quanta lode ne abbia communemente riportata. Questo medesimo signor abate *Vallarsi*, tutto applicato alli buoni studii e perito nelle lingue orientali, mi mostrò varie opere inedite da lui qua e là raccolte, tra le quali vi sono alcune cose dei due celebri veronesi *Panvinio* e *Noris*. Egli mi disse d'avere anche ideata una *Storia della chiesa di Verona* e di averne già stesi in idioma latino quattro libri, che per altro non pensa di pubblicare. Mi communicò una iscrizione cavata dalle schede di *Panvinio* la quale sebbene faccia menzione di chiesa, pure egli non la crede sicuramente cristiana. Questa iscrizione è già stampata nel *Grutero* p. 1058, n. 5. Me la communicò in occasione che io gli lasciai memoria dell'iscrizione di Roma, ove si dice di una vedova che in sessant'anni non aveva mai gravata la Chiesa. L'iscrizione è questa:

RISINE · VENEMERENTI · FILIA · SVA · FECIT
VENERIGINE · MATRI · VIDVAE
QVE · SEDIT · VIDVA · ANNOS · LX · ET · ECLESIA
NVMQVAM · GRAVAVIT · VNIBYRAQVE
VIXIT · ANNOS · LXXX · MESIS · V · DIES · XXVI

Fu trovata nei cimiteri di Roma, ed ora si possiede dal cardinale *Alessandro Albani*, che l'ha collocata nella sua villa.

Parimente mi communicò alcune particole dello statuto veronese già pubblicato, dove si confonde la plebania e l'adulterio. Questa statuto fu stampato l'anno 1726. Mi mostrò ancora un libro ms. che ha per titolo: *De pace Constantiae disquisitio*, e che sta rivedendo, per compiacere il signor *Domenico Carlini* veronese che ne è l'autore, e che pensa mandarlo alle stampe. Per giudizio del signor abate *Vallarsi* l'opera è ben lavorata. Credo che questo medesimo autore abbia stampato altr'opera sopra i *Manichei* de'quali fassi menzione nel corpo del *Gius civile*.

In Verona vi sono particolarmente tre edifizii molto riguardevoli. Uno è il *portico* assai bene inteso che introduce alle stanze della pubblica conversazione delle dame e al teatro. Li altri due sono *porta Nuova* e *porta Stupa*, ambedue disegnati con ottimo gusto dal *Sanmicheli* circa l'anno 1540. Quest'ultima ha di larghezza cinque grandi archi, ma non essendo tutta la mole compita, la porta sta chiusa, e quindi vien detta *porta Stupa*. Non così può dirsi dell'altra, che è condotta all'ultima perfezione, non solo per la vaghezza e grandiosità del disegno, ma per le fortificazioni che la rendono rispettabile. Dall'una e dall'altra parte della porta, siccome anche continuando il muro della città, vedonsi varii baluardi fatti con ottimo gusto di architettura militare, e spezialmente cogli *orecchioni*, l'invenzione de' quali hanno preteso di arrogarsi nel secolo passato i francesi. È stato eretto in questa città a *Castelvecchio* un collegio militare, in cui sono mantenuti e istruiti ventiquattro giovani figli di uffiziali. Questo *Castelvecchio* è la fortezza fabbricata dai *Signori della Scala* i quali vi piantarono anche un ponte, che trapassa alla parte opposta dell'Adige fatto a tre archi, uno dei quali ha una sì grande estensione che oltrepassa quella del ponte Rialto di Venezia.

Fummo ad osservare in compagnia di don *Pietro Ballarini* ed altri la chiesa di s. Zeno costrutta circa i tempi di *Pipino*, e ottimamente conservata, sotto di cui vi è una confessione amplissima sostenuta da quaranta e più colonne di marmo. Le porte sono di bronzo a bassorilievo istoriato di rozzissimo lavoro. Contiguo a questa chiesa si vede una gran vasca di porfido, che può quasi gareggiare colle più belle di Roma. Questa giaceva scoperta sulla piazza della chiesa; ora è stata collocata in un nicchio contiguo alla medesima. Questa chiesa è offiziata da una congregazione di monaci della regola di s. Benedetto indipendente da ogni altra congregazione, ed è abazia tenuta ora dal signor cardinal *Rezzonico*.

La situazione di Verona è amenissima, specialmente per il fiume Adige, che con rapido corso la traversa, e per i colli che la circondano e vestono di alberi nella parte superiore. Le strade e gli edifizi considerati disgiuntivamente non sono per lo più nè regolari, nè belli; pure il tutto insieme non fa cattiva comparsa, anzi diletta, e piace forse per il numero degli abitanti, che credesi essere da circa quarantacinquemila. Spessissimo s'incontrano chiese, o altri edifizi fatti sul gusto del secolo decimo quarto, o decimo quinto. Dentro la città vi è una porta antica fatta fin dai tempi di *Gallieno*; la quale è composta di due archi laterali, per uno dei quali si entrava, e per l'altro si usciva di città. La chiesa dei santi Fermo e Rustico è offiziata da' padri minori conventuali, oltre a varii sepolcri antichi, ne ha alcuni dei *Scaligeri* e inoltre un mausoleo sotterraneo della famiglia *Torriani*, che nel piano superiore si erge con una bellissima urna fornita di buoni disegni a bassorilievo, tanto in marmo che in bronzo. La mensa dell'altar maggiore di questa chiesa è tutta di un pezzo di marmo greco. Ivi sono stati trasferiti i corpi dei suddetti santi, che prima giacevano nella chiesa inferiore o sotterranea, dalla quale furono trasportati in occasione dell'inondazione dell'Adige, seguìta nell'anno 1758. Pretendono peraltro i bergamaschi di avere essi i corpi dei suddetti santi.

In s. Bernardino, chiesa dei francescani, avvi una cappella rotonda di finissima architettura del *Sanmicheli* tutta di marmo bianco, vaghissimamente ornata. Sussiste ancora in Verona la famiglia *Fregosi*, la quale ha giustificato presso il serenissimo dominio la sua discendenza dal ceppo della celebre famiglia di Genova.

In santa Anastasia avvi un bellissimo altare di marmo, che serve anco per sepolcro di *Giano Fregosi*, generalissimo delle armi venete, e della sua discendenza eretta nel 1565 da *Ercole* suo fratello. A Verona il signor conte *Garampi* ricevè visite dal signor conte *Luigi Maniscalchi*, dal conte *Battista Del Bovo*, dal conte *Ludovico Giuseppe Moscardo*, dal conte *Antonio Ravignani* cavaliere, dal conte *Giovanni Francesco Murani*. Io conobbi il padre don *Carlo Antonio Soardi*, priore di san Marco monaco cassinese. Il medesimo mi usò mille attenzioni. È confidentissimo di monsignor *Giustiniani* vescovo di Verona. Mi regalò un' operetta intitolata: *Cerimoniale del Conclave* (Verona, 1758). Non vi è il nome dell'autore, ma è sua; il motto posto in principio colle sole iniziali, così va spiegato: *Ornari res ipsa negat contenta doceri*. Conobbi ancora il signor marchese canonico *Giovanni Giacomo Dionisi*, che mi regalò le tre seguenti sue operette: *De duobus Episcopis Attone et Rosingo Veronensi Ecclesiae assertis, et vindicatis Dissertatio, additur Veronensis veteris agri Topographia* (Veronae, 1758). — *Apologetiche riflessioni sopra il fondamental privilegio a' canonici di Verona concesso dal Vescovo Ratoldo, l'anno 813.* (Verona, 1755). — *De' due Uldarici della chiesa di Trento non immediatamente successi, Dissertazione epistolare del signor Giovanni Giacomo Dionisi.* (Verona, 1760). Questo compitissimo signore mi mostrò più volte la biblioteca capitolare ricca di tanti codici; uno dei più antichi in carettere corsivo è dell'anno 517, e contiene l'opera di *Sulpizio Severo*. In questo codice vi sono alcune carte, su cui erano scritte le istituzioni civili in carattere bello romano. Ho rilevato la serie dei titoli de' due primi libri. Questo medesimo signore mi fece vedere l'archivio capitolare ricco al maggior segno di carte, diplomi, privilegi ecc. Sta ora il medesimo componendo un *Codice diplomatico veronese*, inserendovi tutte le carte antiche che si conservano in questa città, dando anche il saggio de' caratteri, i sigilli, ecc. Meriterebbe quest'opera di esser pubblicata per la quantità di cose che in questa città si conservano. Vescovo di questa città è monsignore *Niccolò Antonio Giustiniani* traslato da Torcello li 12 febbraio 1759. Egli era monaco cassinese, ed è autore della traduzione delle opere di *san Lorenzo Giustiniani* primo patriarca di Venezia. È un signore di ottima dottrina in materie teologiche; è indefesso nella cura episcopale, è dotato d'una gentilezza incomparabile. Medita di fare in Verona una pubblica libreria. Appresso il padre abbate *Lucchi* osservàmmo una carta autografa dalla quale appare memoria di *Paolo de Arimino Episcop. Cremens.* etc. e di un *Gio. de Americis de Pensaur Potestate Brixiae pro Pandulpho de Malatesta* etc.; la memoria è del 1415: *An. 1415, 1 Iunii coram Paulo de Arimino Episcopo Cremensi habitatore Civitat. Brixiae et corram egregio et circumspecto viro Dno Iohanne de Aimericis de Pensauro Comite Boncii honorabile Potestate Civit. Brixiae et Distr. pro magnif. D. N. D. Pandulpho de Malatesta Brixiae ac Pergami* etc. *Ex autographo existent. pen. Rev. P. Lucchi Abb. S. Nazarii. Veron. Congreg. Cassinen.* Monsignore *Niccolò Antonio Giustiniani* traslato da Torcello a Verona li 12 febbraio 1759, è autore delle traduzioni delle opere di *san Lorenzo Giustiniani* primo patriarca di Venezia, cioè: *Della disciplina monastica — Del disprezzo del mondo — Dei sermoni. Dissertazione per il titolo di beato dovuto al padre Paolo Giustiniani,* fondatore della congregazione degli eremiti camaldolesi con l'opera aurea del *Trattato dell' obbedienza* di esso beato.

Epistola ad Amicum contro il padre *Carattini* domenicano, che fa il beato *Niccolò Giustiniani* padre di *san Lorenzo Giustiniano* (quando vi sono per lo meno quattro età di mezzo) con che pretendeva il *Carattini* essere falso, che la famiglia Giustiniani discenda dal beato Niccolò: fu monaco di s. Niccolò del Lido di Venezia. Tutte queste notizie mi furono date così in iscritto dal padre don *Carlantonio Soardi* priore di s. Matteo di Verona. Conobbi parimente in Verona i due preti *Ballarini*, uno chiamato *Pietro*, e l'altro *Girolamo*; questo secondo sembra abbia maggior fondo, e penetrazione, l'altro stende le opere, che matura insieme col fratello. Molte opere hanno pubblicate; per cagione di esempio una dissertazione contro il *probabilismo*, l'edizione di sant'Antonino, di s. Zenone, ecc. Ora stanno lavorando per fare un'edizione delle opere di *Raterio* vescovo di Verona fiorito nel secolo decimo; mirabile è l'unione di questi due degni ecclesiastici; ambedue studiano ad un medesimo tavolino, e le medesime cose: uno non va avanti, se non è capacitato l'altro delle osservazioni del compagno; nè queste si pongono in carta senza la comune approvazione. Presa, che abbiano un'opera a comporre, non attendono ad altro, finchè non l'abbiano finita. Sembra difficile trovare un altro esempio di due letterati così strettamente uniti di sangue, di genio, di applicazione. Hanno scritte alcune cose per la serenissima republica, e ne sono stati premiati con alcuni medaglioni d'oro, in occasione delle controversie dei confini del *lago di Garda*. Conobbi a Verona il padre ... *Matteucci* di Fermo domenicano inquisitore in questa città del santo Offizio. Conobbi ancora il signor *Gio. Battista*

Biancolini, il quale sta pubblicando la *Serie delle chiese di Verona;* che unicamente consiste nel dare per *extensum* i documenti da' quali detta storia ricavasi. Ne ha già pubblicato il quinto tomo. Quest'opera, e altre cosette date alle stampe dal medesimo autore fan vedere, che in Verona, ancor le persone, che sembrano meno atte a farsi conoscere nel mondo letterario, pure vi possono fare buona comparsa; effetto, cred'io della prodigiosa quantità di antiche memorie in questa città conservate, col solo raccoglier materialmente le quali viensi a far cosa grata ai letterati. Il signor canonico fu in Verona spesso servito di carrozza dal signor conte *Girolamo del Pozzo* cavaliere assai colto, e vero ritratto della urbanità.

Li 2 di settembre monsignore *Radicati* vescovo di Pesaro, che capitò in Verona si degnò conferirmi * la prima tonsura nella cappella, e col permesso del vescovo di Verona. Dall'abate *Vallarsi* sentimmo una questione insorta nel 1760 fra due cavalieri del paese, uno della casa *Nogarola*, l'altro della casa *Cepolla* altramente detta *Cevola*, la quale avendo indotti gli altercanti a scommetter dodici zecchini, trasse con altre scommesse subalterne quasi tutta la nobiltà in tale impegno, che più volte corse pericolo di venire alle mani; onde fu il governo costretto ad intimar l'arresto in casa alli due cavalieri promotori della questione, i quali erano anche giunti a formali disfide. L'ardua questione, che fra di loro nacque nei primi mesi del 1760 fu in determinare, se si dovesse credere i mesi che allora correvano, appartenessero all'anno 1760, o piuttosto all'anno 1761 per conchiuder poi se quell'anno si dovesse dire 1760 come pretendeva il *Nogarola*, ovvero 1761 come pretendeva il *Cevola:* nel ricercar però le quali cose ambedue le parti convenivano di non voler entrare nella discussione delle varie intrigatissime opinioni circa il principio dell'era di Cristo. Insomma lo scopo della gran questione era unicamente in decidere, se i mesi, che compongono l'anno, appartengano all'anno che entra e corre, o all'anno venturo. Talmente fu riputata ardua la risoluzione di simil dubbio, che ebbero le parti ricorso ad un compromesso fatto nelle persone del signor abate *Domenico Vallarsi*, letterato celebre per le sue dotte produzioni, e del padre ..... teatino predicatore rinomatissimo, e attual teologo del vescovo di Verona. Dopo sentite le ragioni dell'una e dell'altra parte pronunciarono i giudici a favore del *Nogarola*. Non so se abbia avuto luogo l'appellazione; so bensì, che finalmente il *Cevola* pagò; e i dodici zecchini dal vincitore furono fatti consegnare ad un parroco, acciò li distribuisse per elemosina; ed ecco, che anche

---

* Al compagno di viaggio del Garampi.

dalla più sciocca, e veramente ridicola contesa n'è seguita un'opera buona. In Verona si conserva una libraria vendibile con una raccolta di manuscritti piuttosto copiosa in casa *Staibante*.

A dì 6 settembre si partì da Verona, a ore undici, e a quattordici ore si giunse a Volargne piccola villa, ove è la posta. Poche miglia distante da Verona si passa l'Adige in barca, ove si pagò per il carrozzino a quattro cavalli lire quattro. Da Verona a Volargne vi è una posta e mezza. Alle quindici, e un quarto si partì da Volargne, e si arrivò a Peri ove è altra posta; ivi si giunse a ore diciotto e un quarto.

È da avvertirsi, che la strada fino a Peri è assai incommoda per i gran sassi che la ingombrano. Pessimo però è sopra ogni credere il passo detto Chiusa, che è un miglio incirca distante da Volargne. Qualunque legno si sia, è necessario in questo passo sia tirato da bovi, coll'aiuto ancora di più uomini. Non è tanto, che la montagna sia inaccessibile per la sua ripidezza, sebben questa ancora sia non ordinaria; la maggior difficoltà consiste nel pessimo stato, in cui è tenuta la strada cavata dal vivo sasso, che veramente fa compassione, ed ogni legno, se non è più che forte conviene, che notabilmente patisca, ed anche si rompa. Non vi vorrebbe molto a riattarla, e renderla abbastanza commoda; ma il serenissimo dominio veneto non solo non se ne piglia la cura, ma a bello studio la lascia così per render meno facile l'ingresso di armate straniere nello stato. Due miglia incirca distante da Peri finisce lo stato della repubblica di Venezia, e si entra nel Tirolo. Da Peri si va ad Ala, villaggio per quanto dissero di circa cinquemila anime col suo distretto, e da Ala a Roveredo, ove giungemmo circa le ore ventitre. Queste due ultime poste sono buonissime. Da Verona a Roveredo si va sempre costeggiando l'Adige fra due catene di monti altissimi, alcuni de' quali hanno qualche somiglianza col passo del Furlo. La strada però è quasi sempre piana; spessissimo s'incontrano dei villaggi di qua e di là dall'Adige. Il terreno è coltivatissimo, anche in siti angustissimi, e di pochi palmi, dove ne sono capaci, non ostante i massi di pietre, che sono sparsi da per tutto.

In Roveredo fummo alloggiati dai padri carmelitani che hanno un convento sufficiente, e una miglior chiesa presso le porte della città. Il padre maestro *Lindegg* ex provinciale di famiglia delle più riguardevoli del luogo servì il signor canonico con tutta la cordialità. Il signor barone .... *Pizzini di Kuhrnberg* fu a servire di carrozza il signor conte, e lo trovammo coltissimo, e gentilissimo cavaliere. In compagnia di questo signore fummo ad osservare due manifatture, che mirabilmente fioriscono nel paese. Una è l'arte del tingere, l'altra è l'arte de' filatoi da seta che lavorano a forza d'acqua, e sono fatti con una maestria, e perfezione incredibile. È da notarsi, che in questo paese fiorisce l'arte della seta oltre ad ogni credere, tirandosene in grandissima quantità da provvederne la Germania, e altri paesi. Prevalendosi di questa manifattura, che nasce in certo modo nel paese, fu ottimo consiglio quello d'introdurvi le altre due dell'*orsoglio* e della tingitura, somministrando così agli stranieri non seta semplice, ma orsogliata e tinta. Uno dei migliori tingitori, che ci mostrò tutto il suo edificio, ci disse, ch'egli solo colla tingitura introitava un anno per l'altro novemila fiorini. Dal che si arguisca quanto denaro entri nel paese per una sola manifattura ben coltivata. Ci disse il signor barone *Pizzini*, che da circa venti anni a questa parte Roveredo sia notabilmente accresciuto. Ora farà la città circa undici mila anime. La libraria del signor *Girolamo Tartarotti* poc'anzi defunto è al presente presso l'ospedale, cui halla lasciata il detto letterato, con facoltà di alienarla per un certo determinato prezzo. Propongono però alcuni signori o di non alienarla in alcun modo, o di comprarla a benefizio pubblico. In questa libreria non vi sono manuscritti di sorta alcuna, i libri bensì sono di materie critiche, ed erudite di buone edizioni, e sufficienti per un piccolo luogo. Le carte del *Tartarotti* sono passate in mano del signor don *Gio. Battista Graser* roveretano per disposizione dell'autore. Queste carte contengono spezialmente tre cose. Primo una dissertazione su di una iscrizione di Trento dalla quale si prova Trento essere stato *colonia romana;* secondo una operetta non del tutto compita contro le indulgenze della *Porziuncula;* terzo varie memorie non però ordinate, nè digerite per un'opera generale sulle regole della critica. Il signor *Graser* è stato destinato pubblico bibliotecario in Inspruch, ove passerà quanto prima. Il medesimo regalò al signor canonico una sua opera stampata in Lucca nel 1760, contenente tre lettere sopra la vocazione, e professione religiosa di un giovane unico, che ha parenti poveri. L'opera è contro alcuni cappuccini che ritenevano nel noviziato, e fecero professare contro il voler dei genitori poveri un figlio unico. Ci fu riferito, che non solo in Roveredo, ma anche in tutto il Tirolo, eccetto alcuni piccoli dazi di passi, e di mercanzia, e di un tenuissimo testatico, ragguagliato secondo i capitoli dei possidenti, non avvi altro provento per il principe; onde è che si vedono sparse per questi paesi varie piantagioni di tabacco, e che in tutto il Tirolo, e spezialmente in Roveredo e Bolzano fiorisce sommamente la mercatura per ragion della quale si attende con una grandissima cura anche al mantenimento delle strade, le quali poi sono state ridotte all'ultima perfezione l'anno scorso in occasione del passaggio dell'arciduchessa: per lo più ove potrebbe passarsi qualche pericolo vi sono dei ripari fatti con travi, e di quando in quando s'incontrano de'mucchi di sassi per commodo di riattare la strada ogni qualvolta vi si faccia qualche buca. In Roveredo avvi anche un'altra utile provvidenza per il mantenimento del canale che conduce l'acqua ad uso de' filatoi e della città. Nelle due settimane santa e di Pasqua è proibito il detto lavorio, e il pubblico l'impiega allora in far purgare il canale, e i padroni de' filatoi fanno diligentemente osservare, e risarcire tutte le loro macchine. Ingegnosa è la macchina, con cui la seta, che sta in matasse, si raccoglie in rocchetti, il che altrove si fa a mano con quantità di donne, e quivi colla assistenza di una sola donna a due ordini di matasse di circa trenta, e più matasse per cadauno, si fanno girare e raccogliere circa 300 libbre di seta al giorno per communicazione di quello stesso moto, che fa girare i filatoi. A Roveredo l'orologio è regolato alla francese, come credo lo sia in tutto il resto del Tirolo. Alle tre della sera si partì da Roveredo, e alle sei si giunse in Trento. Non si mutano per strada cavalli, ma si paga per due poste; la strada è buonissima, e quasi tutta piana. Continuano anche sino a Trento le due catene di monti, fra le quali passa l'Adige, e vi è cavata la strada: se non che vicino a Trento i monti si slargano alquanto, lasciando in mezzo una pianura meno angusta, e per quanto sembra fertilissima. La città di Trento è tutta in piano, resta bensì circondata da monti altissimi; la città ha le mura sul gusto antico. Le strade sono piuttosto belle; gli edifizi non sono magnifici, ma neppur deformi. Magnifico bensì è in molte sue parti il palazzo del vescovo principe della città. Dissi in molte parti, perchè alcune ne mancano, almeno non corrispondono alla maestà del rimanente, qual sarebbe la scala. Vi sono giardini spaziosi, e molto piacevoli. La fabbrica fu fatta circa l'anno 1535, ed è ad uso anche di fortezza. Il vescovado rende di fruttato sessantamila fiorini, la popolazione della diocesi ascende a centonovanta mila anime. La chiesa cattedrale, dedicata a san Vigilio, è fatta sul gusto del secolo decimoterzo. Bella è la chiesa parrocchiale di santa Maria Maggiore di pertinenza del capitolo ove dicono sia stato celebrato il concilio di Trento, che in una tela si vede rappresentato. In questa chiesa vi è un famoso organo di trentasei registri, che sentimmo con gran piacere. È fatta con assai buon gusto la chiesa dell'Angelo custode vicino al collegio de' gesuiti, la quale appartiene ad una confraternita. Fuori della città sotto le radici del monte, in cui era l'antico castello Veruca e forse anche la città antica, osservammo un'antica chiesa dedicata a sant'Apollinare, offiziata ora da un parroco costituito dalla seconda dignità della cattedrale, che credo sia il prevosto; sulle pareti di fuori si osservano varie iscrizioni antiche, una delle quali copiammo, ed è la seguente:

> IMP · CAESAR · DIVI · F.
> AVGVSTVS · COS · XI · TRIB.
> POTESTATE · DEDIT
> M. · APPVLEIVS · SEX · F · LEG.
> IVSSV · EIVS · FAC · CVRAVIT

I fragmenti di altre sono in lettere cubitali. Si vedono ancora varii lavori sulle pietre fatte con ottimo gusto. In queste vicinanze si sono cavate ultimamente parecchie iscrizioni che in parte si conservano, e altre se ne vanno di giorno in giorno scavando. La mattina degli 8 fummo alla chiesa di san Bernardino officiata da padri minori riformati distante circa mezzo miglio dalla città. Ivi ci trattenemmo lungamente con il padre *Giuseppe Ippoliti* da Pergine, e il padre *Benedetto Bonelli* da Cavallese. Il primo sta ora ordinando l'archivio secreto vescovile, ove, per quanto disse, si conserva una quantità prodigiosa di carte dopo il mille. Il secondo è già noto per varie cose stampate, particolarmente contro il *probabilismo*. Ora ha sotto il torchio il secondo tomo delle memorie antiche della chiesa di Trento, nelle quali averà il merito di pubblicare una specie di *dittico* inserto nel canone della messa di un codice del secolo nono, se non erro. Vi ha ancora un *Evangeliario* a caratteri d'oro o d'argento, con parecchie varie lezioni. Presso del medesimo osservammo due registri di istrumenti e carte antiche appartenenti all'archivio secreto vescovile. Uno è stato fatto nel milleducentoquindici, e contiene carte dopo il mille, l'altro è del 1344 copiato dal primo. Vi notammo nell'uno e nell'altro un *Placito* tenuto in Verona nel 1082 da *Enrico* re a favore della chiesa di Trento, che qui si annette.

Carta de Castellano Mantve.

Ex Regest. asservat. in Archiv. Secreto Episcopatus Tridentini script. an. 1215 Ind. III, die dnico. 16 exeunte Aug. p. 27 regesti III.

Dum in Dei nomine foris et non multo longe Hurbium Verone in casa sollariata que est edificata ppe. Monasterio Sci Cenonis in iudicio resideret Dominus tertio Henricus Dei gratia Rex ad iusticias faciendas ac deliberandas adessent cum eo. Litardus Dux Bonefatio Comes Conradus isnardo Cadald. Aldegerius itardus. Liutari Arpo Iudices: Iohes gerro de Iopaldo Bertaldo Erixo Girardo de Corviaga Hericus de Verona Magnifredus et reliqui plures Ibique eorum pntia venientes Dnus Heinricus Trident. Epus et gotfridus Iudex Advocatus eius retulerunt et ceperunt dicere ac postulare mercedem petimus vobis, donus Henricus Rex ut propter Deu et anime ure mercedem investiatis nos Agentes ex parte sancti Vigilii Trident. Ecclesie de curte una que nominatur Castellario cum omni sua pertinentia iacente in Italico regno iusta Man-

tuanas fines. Cum ipse dns Henricus Epus et Gotfredus eius advocatus taliter petissent mercedem tunc ibi locut p. Iudicum conscillium qui ibi adherant et p. lignum q. predictus dominus Henricus Rex in sua tenebat manu investivit predictum Henricum Epm et Gotfridum advocatum eius et Trident. Ecclesia sicut hactenus investiti fuerunt et insuper misit bannum ipse dominus Henricus rex super eos et super iam dictam curtem in penam 100 libras auri ut nullus quislibet homo inquietare vel disvestire audeat sine legali iudicio. Qui vero hoc fecerit predictas 100 libras se compositur. cognoscat medietatem Camera nostra et medietatem pdicto Henrico et Advocato Gotfredus suisque successores ex parte iam dca. Ecclesia finita est causa. Et hanc notitiam pro securitate eid. Epus. et Ecclesiae Tridentinae fieri amonuerunt quidem et ego Iohes q. et vualdo not. sacr. palatii ex iussione ssto. Dno. nro. Henrico Rex seu iudicum amonitione scripsi. Anni ab incarnatione dni. N. I. X. 1082. Regnante ssto. dono. nro. Henrico Dei gratia Rex hic in Italia sesto et 15 die mens. Nov. indict. qnta.

Ego Henricus rex   *Egrie uuytles Dux Iudex subscripsi*
Ego Isnardus iudex   *Ego Arpo Iudex interfui.*

Nella sagrestia del capitolo si conservano fra l'argentaria due codici del tempo di *Federico Wango* vescovo di Trento vissuto sul principio del secolo XIII. Uno è un epistolario, l'altro è un ordine per la celebrazione della messa pontificale. Le rubriche di questo secondo codice sono molto interessanti, e meriterebbero di essere pubblicate. Il vescovo di Trento fin da che era canonico si dilettava di pescare nell'archivio capitolare. Ora si applica alle carte della sua chiesa, e sta componendo una spezie di storia della medesima, spezialmente sulle giurisdizioni temporali. In Trento fu fatto agli sette di maggio di questo anno abbruciare per mano del carnefice una lettera stampata da *Tartarotti* contro il padre *Bonelli* sopra parecchie cose istoriche di Trento.

A Trento ci fermammo nell'osteria della Rosa. Qui si cominciò a trovare finestre con semplici vetri senza sportelli, o siano scuri, cosa molto incommoda per la notte agli italiani assuefatti a dormire totalmente al buio. Si conobbe in Trento il signor canonico *Mansi*, il signor *Dionisio Crivelli*, il signor don *Carlo Prener*. A dì 9 di settembre si partì da Trento a ore cinque e mezza della mattina, e si giunse a san Michele alle sette e mezza, che è una posta. Tra Trento e s. Michele vi è una terra chiamata Lavis ove furono non ha molto, sostenute alcune tesi probabilistiche, proibite poi dal vescovo, indi dal sant' Offizio. In questo luogo da una guardia posta alla custodia di un ponte ci fu ricercato il passaporto che non avevamo, e si pagarono due lire. Alle otto e mezza si partì da s. Michele, e si giunse ad Egna, altra posta, alle dieci e mezza. La strada è sempre buona; alle dieci, e tre quarti si partì, e alle dodici e un quarto si giunse a Bronzolo, strada buona. Tutte queste strade sono costeggiate dall'Adige. Bronzolo è capo di navigazione, vale a dire ivi si incomincia e finisce di portar le merci per il fiume Adige, tanto quelle che calano dalla Germania, quanto le altre, che vengono dall'Italia. Alle due della sera si giunse a Bolzano, e andammo all'osteria del Sole, ove fummo trattati con sufficiente polizia, e con qualche discretezza. Qui incominciammo a trovare il costume di ordinare ciò che si vuole da pranzo e da cena; cioè quanti e quali piatti, fissando poi l'oste il prezzo del trattamento. In Italia ciò è pericoloso per l'angarie degli osti, i quali si fanno enormemente pagare qualunque cosa loro si chieda; onde costumasi per l'ordinario di tassar non le vivande, ma di accordare la spesa. Parimente qui si incominciò a trovar le femine destinate dal padrone dell'osteria a servire i forastieri. È regola, che queste debbano usare gran cautela con gl'italiani meno frigidi dei tedeschi. Incominciando da Trento le città, e i luoghi abitati hanno per l'ordinario nelle strade un gran canale di acqua, che velocemente scorre e porta seco tutte le immondezze. Ove la strada è larga resta tutto aperto, ove è angusta si lascia aperta in certi siti solamente.

Bolzano è piccolo paese, ma galante, e popolatissimo. Fa undici mila anime, per quanto ci fu detto. È lo scalo di tutte le merci, che per la parte del Tirolo escono o vengono in Germania. Quindi è che questo sia un luogo di molti forastieri, il che si arguisce ancora da ventidue osterie che vi sono. Ogni anno vi si fanno quattro fiere, introdotte fino dai tempi di sant'*Enrico I*. Il cancelliere di questo luogo chiamato signor *Rosmini*, dilettante di libri, ha stampato in Bolzano nel 1744 il diploma della regina di Ungheria, e le regole, e gli ordini sopra queste fiere. Presentemente vi era appunto la fiera, ed il luogo era pieno di forastieri. I mercanti però del paese possono chiamarsi piuttosto spedizionieri che veri mercanti, solendo essi fare il maggior lucro sulle robbe, che ivi giungono per spedirsi o in Italia, o in Germania. Tutte le sete per cagione di esempio, che si tirano in Roveredo dai roveretani si mandano a proprio conto a Bolzano. I mercanti poi delle piazze più considerabili a proprio rischio da Bolzano le fanno trasportare ove più loro resta commodo. Il magistrato mercantile è molto in credito, talmente che a questo sono state talvolta rimesse cause gravi da Vienna. Si procede tanto sommariamente in questo tribunale, che con due istanze si sbrigano le cause, e tal volta in un medesimo giorno. È proibito agli avvocati patrocinar le cause mercantili eccetto qualche caso straordinario ad arbitrio del magistrato. Il signor canonico conobbe in Bolzano il signor *Rosmini* cancelliere ed amico del fu *Tartarotti*, e il signor *Giuseppe Brumer* banchiere.

A dì 10 settembre si partì da Bolzano alle sei e un quarto, della mattina; si giunse a Teitschen alle otto, la strada è bastantemente buona: costeggia un fiume; indi si passò a Colman, altra posta, ove fummo alle dieci; la strada sale in alcuni siti, e costeggia il medesimo fiume. Vicino a questa posta si pagò baiocchi venti, e si mostra passaporto, se si ha; dopo le dodici della mattina a Brixen, o sia Bressanone; si alloggiò all'Elefante, ove costò molto il trattamento avuto.

Brixen è piccola e misera città. Ella fa tremila anime in circa. La residenza del vescovo e principe insieme col capitolo e clero forma il maggior suo corpo. Fummo a far visita al vescovo, che ci fece vedere il suo appartamento, e usò al signor canonico molte finezze. Il signor canonico *Particella* lo servì di carrozza, e l'introdusse presso del vescovo principe. Conoscemmo il signor don *Giuseppe Reschio*, che ha stampato fin ora due tomi in foglio intitolati: *Annales Ecclesiae Sabionensis, nunc Brixinensis, et conterminarum Ecclesiarum*. Egli pensa di continuare l'opera sino a' giorni presenti con altri due tomi. L'edizione si fa in Augusta. Per altro quest'opera fin ora poco ci ha dato, che spetti alla chiesa di Bressanone, mentre piuttosto contiene una storia ecclesiastica di tutte le provincie, e chiese circonvicine con moltissime notizie sulla topografia dei medesimi paesi. Il medesimo ci communicò un diploma di *Ludovico* re di Germania diretto a *Lantfrido* vescovo di Sabiona dato in *Francfort*, *2 non. septem. anno Regni eius in Orientali Francia decimo quarto Indictione octava*, e ci disse, che l'archivio del principe è doviziosissimo di monumenti. Il principe ci communicò un prezioso codice di tradizioni fatte alla sua chiesa nel nono, e nei seguenti secoli. La maggior parte di di esse sono mere notizie, senza data di tempo o sottoscrizione di notaio, ma vi si notano soltanto i testimoni che tal volta si dicono per *aures tracti*. Avvi anche una donazione del decimo terzo secolo col peso di somministrare del vino per una *refeziuncula*, che facevano i cappellani di questa chiesa nei giorni di quaresima dopo compieta, e questa refezione ancora si continua, dandosi da bere ai medesimi quanto vino possono ingoiare *unico haustu;* la camera di questa colazione si chiama *reficiat*. Il medesimo don *Giuseppe* ci communicò copia di alcuni statuti sinodali della provincia di Salisburgo pubblicati in Vienna d'Austria nel maggio dell'anno terzo di *Clemente IV* da frate *Guidone* cardinale di san Lorenzo in Lucina, legato apostolico; così pure altri statuti sinodali di *Federico* arcivescovo di Salisburgo, e altri di *Landolfo* vescovo di Bressanone quali tutti egli credeva inediti. Aveva anche appresso di sè un fragmento di un *Passionario* del duodecimo, o terzo decimo secolo, in cui leggesi il catalogo con un ristretto delle vite di parecchi vescovi di Bressanone incominciando da san Cassiano.

La chiesa cattedrale è di sufficiente grandezza, ornata di marmi e stucchi, ma di cattivo gusto; nel chiostro antico della canonica sono stati disposti tutti i bassi rilievi, e le iscrizioni sepolcrali dei vescovi, che prima giacevano sparse per il pavimento della chiesa. Il palazzo vescovile è di una sufficiente grandezza e proprietà. Per altro questa città, toltone il detto palazzo, la chiesa e le case dei canonici, si riduce a piccolissima cosa, e la sua popolazione appena si conta essere di tremila anime. La diocesi però è assai vasta, e si estende fino ai confini del Tirolo. Ci fu detto, che conti da circa duecentomila anime. A dì 11 settembre si partì da Bressanone a ore quattro della mattina, e si giunse a Mitelbot alle sei e un quarto. La strada è buona lungo il fiume, sostenuta con muri in molti siti. Alle sei e mezza si partì, e si giunse a Sterzin. La strada è buona lungo il medesimo fiume. In questa posta s'incominciarono a veder dalla sinistra alcuni monti coperti in varii siti nelle sommità di neve. Alle dodici e mezza si partì; alle tre e un quarto si giunse a Perener. La strada sale, ma è buona; costeggia quasi alla sua origine il medesimo fiume, che si va a perder nei monti. Dalle tre e mezza camminammo sino alle cinque arrivando all'altra posta detta Steinach. La strada scende, ma è buonissima. Qui trovai il primo fiume, che volta verso le parti della Germania, e sboccherà per quanto mi figuro nel Danubio. Un miglio in circa distante da Prener verso Steinach si pagò quaranta baiocchi per due passi. Quivi è un villaggio appellato Lueg. In un muro contiguo alla porta, che guarda Inspruch osservammo, e copiammo questa iscrizione milliaria:

    IMP · CAES......
    ....

pare scarpellata questa seconda linea:

    MINO PIO FELICI
    INVICTO AVG. P. M.
    TRIB. POTEST. COS.
    PP. ET CIVI VRO
    ....
    LISSIMO CAES.
    AVG. MPCXXX.

Da Steinach a ore sette e mezza si giunse a Schemper. La strada è buona, ma scende, e sale; alle sette e tre quarti si partì, alle nove e mezza si arrivò a Inspruch. La strada sempre scende. Vi è specialmente una scesa lunga più di un miglio. Convien legare una rota alla carrozza. Ad Inspruch alloggiammo all'Aquila d'oro, ove vi è un osteria assai bene accomodata. Quivi trovammo monsignor *Marchand* segretario del padre abbate di Salem che attendeva il signor canonico per riceverlo, e servirlo nel resto del viaggio. Inspruch per sè medesimo è piccolissima città. È ben vero che i borghi annessi la pongono in qualche considerazione, e superano ancora la città istessa.

La chiesa di san Francesco de'riformati è adornata di moltissime statue di bronzo più grandi del naturale, rappresentanti le imagini di varii mperatori, imperatrici, ecc. Il disegno delle statue è estremamente grossolano, e goffo; gli ornamenti però degli abiti sono lavorati con una diligenza, e delicatezza mirabili. I padri gesuiti in questa città hanno una casa delle più considerabili della Germania. Vi è una sufficiente libreria, e una quantità rispettabile di ornamenti sacri di argento. Annesso alla casa vi è un seminario per alcuni poveri studenti. Nella università d'Inspruch hanno nove cattedre; e mantengono da trenta e più religiosi. L'università è composta di sedici cattedre, nove delle quali, come ho detto, si reggono dai gesuiti, le altre da altre persone. Cancelliere ne è il vescovo di Bressanone, che tiene in Inspruch un vice cancelliere, il quale fa le sue veci in occasione di doversi conferire le lauree, quando però il candidato sia stato approvato dal collegio della facoltà in cui prende il grado dottorale. Questi colleghi sogliono essere composti di tre, quattro, cinque e più dottori de' più anziani nelle rispettive facoltà. In genere di matematiche fanno vedere molte esperienze, e hanno una buona raccolta d'istrumenti matematici, e di fisica sperimentale. Fra le cose più rimarchevoli osservammo due mappamondi assai grandi, celeste e terraqueo, descritti maravigliosamente a penna, e fabbricati da un certo *Pietro Annich* contadino tirolese dotato dalla natura di una singolare abilità per qualunque arte meccanica, e che eziandio è stato inventore di molte macchine. Il medesimo è ora impiegato a formare una carta topografica del Tirolo. I medesimi mappamondi hanno ancora questo di raro, che per mezzo di un orologio congegnato dentro i medesimi, girano continuamente, a tenore della situazione in cui si trovano, tanto le costellazioni celesti, che la terra, e possono anche accomodarsi a qualunque elevazione di polo. Il detto contadino è uomo sordastro di niun discorso, e senza communicativa, ma appena sente egli dal padre gesuita lettore di matematica alcuni principii generali della facoltà, e specialmente di meccanica, da sè stesso col suo raziocinio intraprende qualunque grande opera.

Ha ancora nella università una libraria pubblica, che per altro noi non vedemmo per mancanza di tempo. Concorrono a questa università pochi esteri non provinciali a motivo del minor prezzo in cui corrono tutte le monete in Inspruch, cosa, che i cittadini credono svantaggiosa per il commercio. Pure nell'università vi saranno da quattrocento scolari, tra i quali vi sono de' svizzeri, de' svevi, e altri confinanti.

Due rarità si fanno vedere in Inspruch. Una è un tetto d'oro sulla piazza. Questo non è altro, che il tetto di una ringhiera, la quale è coperta di rame, per quanto si può credere, con una grossa indoratura sopra. Resta molto visibile per costumare qui nel Tirolo, e in altre parti ancora della Germania i tetti molto elevati e ripidi per facilitare lo scolo delle nevi, come mi figuro. I tetti per l'ordinario sono coperti di scinduli o siano pezzetti di legno piani. L'altra rarità è una torre sopra la porta della città contigua alla chiesa dei riformati. Questa torre per altro nulla ha di rimarcabile, se ne eccettuiamo le armi dipinte sulla facciata spettanti alle parentele della casa d'Austria. I borghi della città sono molti grandi, come dissi altrove: sono larghi e adorni di edificii piuttosto grandi, e fatti con galanteria, sul gusto però della nazione.

Pochi passi fuori d'Inspruch vi è un monastero di canonici premonstratensi detto di Wiltau. Essi hanno due chiese, una per la parrocchia, l'altra per il monastero. Questo era soggetto a monsignor vescovo di Bressanone; ora è quasi esente, benchè nell'elezione dell'abbate v'intervengano oltre i commissarii del principe, quelli ancora del vescovo che poi istituisce l'eletto. In questo monastero vi è una mediocre libreria di libri stampati: vi sono ancora parecchi codici contenenti omelie e sermoni del secolo XIV e XV: alcune opere di s. Agostino del secolo XII in circa: altro codice contenente le costituzioni dell'ordine premonstratense del secolo XIII: altro codice segnato numero XXXII del medesimo secolo contiene la liturgia, e disciplina dell'ordine. Questo meritarebbe di essere scorto con attenzione, sembrando che debba contenere molte cose rimarcabili in genere di liturgia ecclesiastica. Una particola di questo codice, vedasi qui appresso.

Codex Saeculi XIII: Monasterii Wiltaviensis prope Oenipontum, signatus XXXII, fol. 20.

Continet ordinem Liturgiae Praemonstratens. et notatur quod in singulis Dominicis et Festis celebribus Diaconus et Subdiaconus communicare debent, etc.; sacerdos discoperiens Calicem percipiat sanguinem de manu Sacerdotis: in praecipuis autem solemnitatibus videlicet Pascha et Pentecoste et Nativitate Domini, in quibus totus Conventus ex praecepto regulae tenetur communicare; abbate missam celebrante, et Corpus et Sanguinem D. N. I. X. cum suo Diacono percipiente tradat Calicem cum Sanguine Priori, qui indutus alba et stola stans ad sinistram cornu altaris cum fistula argentea et conventui Sanguinem administret subdiacono sub mento cuiuslibet Patenam tenente.

In un *Pontificale* membranaceo dell'anno 1507, alla pagina 32, si suppone il battesimo de' fanciulli usato colla trina immersione, *secundum morem Brixinensis Ecclesiae,* quanto si avverte nell'elenco dei capitoli. Alla pagina 32 così si legge: *Interrogat Sacerdos tenens puerum in manibus dicens vis baptizari? Respondit: volo. Tunc emergat primo dicens: et ego etc. in nomine Patris: secundo et Filii: mergat tertio et Spiritus Sancti.*

Hanno questi religiosi una buona argenteria, conservano ancora un calice trovato sotto terra con due fistole e patena tutto lavorato a smalto con figure e molti in caratteri quasi gotici. La coppa è molto grande, potendosi indi arguire che servisse per distribuire la communione sotto le spezie del vino a' fedeli. Nel roverscio della patena vi è un crocifisso e alcune figure rilevate. Nel monastero si vedono tre cippi migliari, varii vasetti di bronzo trovati in essa. Il padre *Adriano Kempter* che ha dato alle stampe un' opera stampata in Augusta, *De re rustica,* e che ora stampa una *Teologia* di cui ci mostrò alcuni fogli già impressi, sta in questo monastero, ed attualmente legge teologia nell'università. Una mattina prima di partire da Inspruch fummo condotti dal signor conte *de Passis* a veder il castello di Ombres tre miglia distante dalla città, dov'è il casino di delizie degli arciduchi d'Austria, e ove talvolta viene a divertirsi la famiglia imperiale. Prima però convien descrivere il legno in cui andammo. Questo era un lungo seditore fatto appunto come i cassabanchi che in Roma e in altre città dell'Italia si trovano nelle sale per i servitori. Con due rote in cima e due in fondo vien tirato il legno da due, quattro o sei cavalli. Di dietro vi è il commodo per i servitori. Nel legno, che resta affatto scoperto, circa tre palmi alto da terra, si sta a sedere: quelli però che non sono costumati a simil vettura, si pongono a cavallo, per esser più sicuri di non cadere. Questo legno è molto lungo, talmente che nel nostro capivano commodamente undici persone in fila. In questo modo vanno i tedeschi speditissimamente alla caccia, convenendo però, che le strade siano sempre dritte, o almeno larghissime, ove devesi voltare, attesa la lunghezza del carro. Questo in tedesco si chiama *Wurst.*

Ombres è una casa di delizia formata a guisa di castello. Ha una vista deliziosissima. L'abitazione non è magnifica, nè regolare, ma è grande. Vi è una grande armeria, in cui si vedono raccolte le antiche armature di alcuni imperatori, e di molti capitani. Osservammo spezialmente le armature con le loro iscrizioni di *Francesco Fregosi,* di *Alessandro Farnese,* di *Matteo Langhi,* di *Francesco III* duca Feltrense. Questo ultimo era vestito di maglia. Vedemmo ancora due armature, parimente di maglia con la coperta dei cavalli, e con l'abito de' servitori. Ci fu detto che quello era l'abito dei cavalieri romani mandati incontro a Carlo V, allorchè venne a Roma. Vi sono ancora parecchi scudi, due particolarmente a basso rilievo, sono tutti lavorate al di dentro con una testa di Medusa nel mezzo, e colle teste di Cesare, di Sulpizio africano all'intorno con motti greci, uno dei quali è il seguente: Προσ τα Αστρα δια ταυτα. Vi è l'abito, e l'imagine di un gigante alto circa dodici palmi naturali. Vi è un museo di medaglie antiche di ogni sorta, di mezzo tempo, di monete moderne, di medaglie di uomini illustri, ecc. in numero di circa trentaseimila in argento e oro, essendoci stato riferito, che in questo numero non entrino le monete di bronzo. Tutte però sono senza ordine, eccetto sei mila d'argento, che l'imperator *Carlo VI* fece qui portare, essendo duplicate del museo di Vienna.

Tra le altre cose notammo due medaglioni di *Sigismondo Malatesta* in argento, uno cioè col *Castello Sigismondo*, e l'altro coll'*Opus Pisani Pictoris*, le quali sono già ovvie in bronzo. Ci fu detto, che alcune medaglie ultimamente siano state trasportate a Vienna. Vedemmo ancora due frammenti di una legge, o S. C. in bronzo de' tempi della romana repubblica. Finchè gli altri si trattennero a vedere le altre cose, io copiai questi due frammenti scritti nell'una e nell'altra parte. Uno de' frammenti è intero da una parte, vedendosi tutto il principio delle linee. L'altro è imperfetto del tutto. La giusta figura di questi frammenti holla notata nel foglio di carta posto nell'appendice annessa. Tutte le linee e le parole holle copiate colla maggior diligenza, che poteva usarsi in quella fretta.

```
        FECERIT . . . . .
        EANDEM · PROVI . . .
        QVIS · PRAETOR · LITIS · AE. .
        PECVNIAM · EX HACE · LEGE . . .
        EX · HACE · LEGE · IVDICVM · FIE . . .
        AVOCARIER · IVBETO · NEIVE · A . . . . .
        TRIBVS · INTRO · VOCABANTVR · E . . . . .
        ESSE · VOLET . FACITO · VTEI · EA · OMNIA
        FVIT · FVERIT · VE · EX · LEGE · QVAM · I · CAL . . .
        ERIT · QVVM · EIS · HACE · LEGE · ACTIONEI · ESTO . . .
              · DE CEIVETATE DANDA . . . . SE IQVIS EO
        CEIVIS · ROMANVS · EX · HACE · LEGE · FIET · NEPOTES · QV . .
        NIHILVM · ROGATO ·           DE · PROVOCATION. .
        EIVS · MILITIAE · MVNERISQVE · POPLICI · INSV . .
        PROVINCIAM · HABEBITIS · VTEI . . . . . .
        . . . . . . IVM · FVIT · F · VERITVE · EX · LEGE
              . . . . ANTEQVAM · EA · RES ·
                . . . . . . . . SEI.
```

```
               INO · EX · H · I ·
              OS · STIPENDIVM
         POPVLVS · PLEBESQVE · IVSERIT
          OPVLEI · ROMANI · PROXVMVM
          MAM · PVBLICAM · RELLATVM
         RVNT · ADSIGNAVERVNT · CE · ERVM
          L · A · FRVETVR · DARE · DEBETO
         QVEI · ROMAE · PVBLICE VENIERIT · E H · I
         QVOMQVE · EX · H · L · FIERI · VOLET · FIAT
         ERVNT · PVBLICANO · DARE · OPORTVIT
       . . I · CAECILIVS · CN · DOMITI · CENS · FRVENDA
       OM · EA · VECTIGALIA · FRVENDA · LOCABIT · VENDETVE
     . . . ITO · QVO · INVITEIS · BIS · QVEI · EVM · AGRVM · POSSIDEBVNT
     . . OMNES · PVBLICAE · SVNTO · LIMITESQVE · INTER · CENTVRIAS
     IVDICIO · FVERIT · EI · EIVS · AGRI · QVOD · IS · IVDICIO · EIVS
     TVS · FVIT · PVBLICE · VENIERIT · TANTVNDEM · MODVM
          M · SCRIPTVRAM · PECORIS · NEI · DATO · NEIVE
           VTEI · DE · EA · RE · IN · II · I · S · EST · NEIVE
              VM · AGRVM · LOCVM · CEIVIS
              VEI · EVM · AGRVM · FV . . .
                TRA · I · VM · A ·
```

Questa parte di fragmento è stampata nel *Grutero* con poche diversità: vedasi la pagina 206, numero 1 del *Tesoro*. La parte però antecedente, ossia il rovescio con l'intero fragmento che segue, manca del tutto in questo autore.

```
          POSSESSIONEMVE · QVOIVS . . .
          GNATVS · EST · EI · AGREI · QVEI . . .
          S · EX · HL · AGER · LOCVS · DATVS · RED . .
          OCO · VINEI · OLEIVE · FIET · QVAE · ME ·
          VIR · FACTVS · CREATVSVE · ERIT · A . . .
          VENIRE · OPORTVERIT · OMNEM · ME . . .
          O · EOSQVE · OPEREI · DIEM · DEICITO · V . . .
          . . AGRI · LOCI · AEDIFICI · QVOIE · IQV . . . .
          IIDESQVE · NEI · MAGIS · SOLVTEI · SV . . . .
          . . . IBVSQVE · EORVM · PERSEQVTIO . .
                 . . DARE · DAMNAS · ESTO
                      VENIERIT · N . . . . .
                          POSSESI . .

          IVDICIOVE · INTER
          PRAETOR · QVAESTOR
          EIVS · NOMEN · HAC · LEGE · DEFERA
          QVEI · VIVENT · EORVM · MAIOR
          EO · IVDICIO · HAC · LEGE · CONDEMNAT
          OMNIA · MERITA · SVNT · NEIQVI · MAGI ·
          DEIDLERIT · QVOIVS · EORVM · OPERA · MA ·
          O · VTRVM · VELIT · VEL · IN · SVA · CEIVITAT ·
          VIS · ROMANVS · EX · HACE · LEGE · ALT.
          CATIO · ERIT · ESSE · VEREOR.
          EGRINO.
```

Molte altre cose si conservano in questo museo, antiche, naturali e preziose, ma con poco, o niun ordine. In un cortile vi sono tre o quattro grandi cippi migliari antichi che non ebbi tempo di copiare. Un altro giorno fummo condotti dal medesimo conte *Tassis* ad Ala, città piccola, cinque miglia in circa distante da Inspruch sulla strada di Vienna sul fiume Inn. In questa città vi sono due saline, formandosi sale perfettissimo coll'acqua che si conduce da una montagna. L'acqua va a cadere da sè in una gran caldaia, ove fassi bollire, fin tanto che l'acqua sia del tutto consumata, restandovi allora il solo sale perfetto, e bianchissimo, ch'estraggono, per empire di nuova acqua la gran caldaia. Quattro volte al giorno si riempie. Due sono le fornaci, una di nuova invenzione, che credono più utile, ma non communicano la struttura interiore per non render publica e comune quella supposta utile invenzione. Contiguo a queste fornaci vi è l'officina monetaria. Le piastre per coniarvi le monete le tirano a forza di acqua. Tutto il resto si faceva a forza di uomini. I talleri qui si battono con gran perfezione, e i veneziani, per quanto ci fu detto, mandano qui l'argento per far battere a loro conto de' talleri, che credo poi con vantaggio mandano in oriente. Qui ad Ala comincia il fiume Inn ad esser navigabile; onde qui può imbarcarsi e andarsi a Vienna per acqua. In Ala vi è un monastero di canonichesse dell'ordine di sant'Agostino, le quali vestono alla gesuita, escono, e ammettono dentro anche gli uomini. Hanno un monastero molto commodo con una bellissima sala e stanno con gran polizia e nobiltà. Hanno una argentaria bellissima e copiosissima per la chiesa. Questo monastero fu eretto nel secolo XVI da una arciduchessa d'Austria con due sorelle, morta se non erro nel 1590. Il medesimo gentilissimo signor conte *Tassis* con la di lui saviissima ed amabilissima consorte volle condurre monsignore il giorno dei 17 settembre a Schwartz presso il signor conte *Tannenberg*, padrone del medesimo luogo, che è il più considerabile villaggio del Tirolo, due poste distante da Inspruch sul fiume Inn. Fummo alloggiati dal medesimo signore che si mostra umanissimo coi forestieri, a Rottenburg sull'Inn, signoria di molta considerazione per la sua estensione, e per i molti villaggi che contiene, e dal medesimo posseduta.

La mattina dei 18 fummo condotti a *Brixlegg*, quattro miglia distante da Rottemburg ove vi sono le fornaci per separare i metalli, che si cavano dalle miniere vicine, cioè quella parte di minerali, che nella divisione fattagli fra l'offizio di sua maestà, e il signor conte, tocca alla sopradetta maestà; su di che vi è destinato dall'imperatrice un offizio che si chiama: *Direttoriato delle miniere dell'Austria superiore e anteriore*. Da queste miniere si cava rame e argento insieme, che poi si divide col colo a Brixlegg. Due sono i vasti edificii per tale effetto innalzati sulla sponda dell'Inn per il facile trasporto, e senza la minima magnificenza nella struttura, forse per non render meno sensibile il lucro delle miniere colla costruzione di edificii magnifici. In ciascuno di questi edificii si cola l'argento e il rame; si separa, e si riduce alla forma sua perfetta, facendolo prima per questo effetto passare per ben dieci diverse fornaci; affine di separare l'argento dal rame, vi frammischiano il piombo che si fa venire di fuori non cavandosene nel paese. Questi due edifizii lavoreranno ora ogni ogni anno circa tre e più mila libbre di argento e molto più di rame. Tutto quello che ricerca moto vien dato a forza d'acqua. Pochi passi più oltre vi è un edifizio destinato per formar l'ottone. Lo compongono col rame e con una spezie di terra, da cui cavano prima, ma non interamente, il piombo. Passa questa composizione quattro volte per il fuoco, e poi si riduce l'ottone all'ultima perfezione, a quella forma che più piace. Per dargli il colore suo naturale lo pongono a bollire in una gran caldaia in cui l'acqua è mescolata con il tartaro di botte. Bellissimi sono gli ordegni per ridurre in lamine il rame e l'argento, e in filo l'ottone. Nella sola officina di ottone lavorano cento trenta uomini; e alle miniere, e al colo vi saranno da circa quattromila persone. Quelle delle miniere non hanno altro assegnamento, che il puro necessario per il vitto loro, e delle loro famiglie: ma quando trovano miniera hanno un piccolo assegnamento in più. Per mantenimento di queste persone, i principi hanno fatto fabbricare sull'Inn nello stesso sito vasti granai nei quali si ripone tutto il grano necessario che si tira d'altronde, giacchè il Tirolo ne riscuote assai meno del suo bisogno. Nei tempi addietro queste miniere fruttavano infinitamente più che adesso: ciò non ostante si continua e dal principe e dai particolari possessori a fare ogni anno nuovi scavi e tentativi. Nel Salisburgese sonovi anche le miniere dell'oro in commune fra l'arcivescovo e la casa d'Austria: ma per le gravi spese occorse, sono per l'addietro riuscite di grave dispendio: ora però incominciano a dare qualche utile, e sebbene sia assai tenue, pure non s'intermettono giammai gli scavi. Delle miniere che sono possedute dai particolari essi non ne godono che uno o due terzi al più: il rimanente debbono rilasciarlo al principe, il quale però contribuisce a proporzione la rata di tutte le spese. Abbenchè queste miniere e fucine siano in mezzo a questi altissimi monti pure tale e tanto è il consumo della legna che vi abbisogna che conviene farla venire per l'Inn dalla Baviera. Si aggiugne ancora che i boschi che cuoprono i monti arenosi non possono tagliarsi per non far rovinare i monti, e alzare i letti dei fiumi. Contiguo a questi tre edifici vi è ancora una fabbrica di vetro che per altro in questa stagione non lavora. Le fucine che danno maggior utile sono quelle dell'ottone, perchè riesce perfettissimo, e quella del rame, il quale è di bellissimo colore e malleabile. Vero è che almeno quello col quale si battono i carantani, moneta di rame del paese, non ha verun suono. Per mezzo dell'Inn si mandano subito i metalli alla zecca di Ala, e indi, sempre per acqua, si trasporta la moneta coniata in Vienna.

A dì 18 settembre si partì da Rottemburg, e incamminandoci verso Inspruch, andammo ad osservare le miniere di argento e rame di Folkenstein, pochi passi distante da Schwartz. Queste appartengono al conte medesimo di *Tannenberg* e alla imperatrice, in guisa che di quello che si cava poco meno che la terza parte è del detto conte, il resto del principe, che concorre però nelle spese *pro rata*, e che poi si vale dei minerali a lui spettanti ne' due coli, che fummo ieri ad osservare, e di sopra descritti. Il conte poi di *Schwartz* fa colare i suoi minerali in altri coli proprii, pigliando la legna in alcuni boschetti del principe, per un contratto da esso fatto con il medesimo. Queste miniere furono prima dei signori *Fucher* che ne trassero immensi tesori. Poi essendosi perdute le buone vene, le alienarono. Il padre del conte presente di *Tannenberg* ebbe la sorte di fare dei vantaggiosi scavi; ora fruttano mediocremente, cioè in tutto circa cento venti mila fiorini. Un anno però giunsero a duecento mila, e fu il più abbondante. Prima di entrare nelle miniere fa d'uopo vestirsi all'uso de' cavatori, ponendosi in dosso un par di calzoni di ruvida tela, una specie di camisciola, cingersi di una pelle simile a quella de' calzolai, che resta però chiusa nelle parti di dietro, affine di poter sedere nei luoghi umidi, una berretta in testa di feltro bianco, e armarsi di un corto bastone. Presso alla porta dell'ingresso vi sono alcune imagini de' santi ed un crocifisso, alle quali costumasi di fare orazione prima di entrare dentro. Quelli, che amano molto il commodo, trovano nell'ingresso una carretta alta circa un palmo da terra, capace di una persona, che vi si colloca sdraiata. È questa macchina sostenuta da cinque ruote, e tirata da due uomini, uno innanzi che la tira, l'altro dietro che la sostiene, acciò non si rivolti; altri poi possono andare commodamente a piedi. La strada cavata dalle viscere della montagna è larga per due persone, l'altezza è ineguale, potendoci in alcuni siti capire una persona di giusta ed anche straordinaria altezza, e convenendo in altri andar col capo chino, e curvi. Le parti laterali, e le voltate della strada sono quasi sempre sostenute da grosse pietre, non legate però con alcuna sorta di calce, o di altra simile materia; in alcuni siti però sono ancora senza questo legamento di pietre, ma sostenute dal vivo sasso della montagna, e in altri siti le vòlte sono sostenute con grosse tavole di abeti. È ciò fatto per dare scolo alle acque, che da per tutto vanno trapelando, dove non è vivo sasso. Parte di queste acque si vanno a poco a poco congelando sulle pareti, e impietrendo con varii scherzi, parte poi ne cade al piano della strada dov'è il canale, che porta fuori del monte tutte quante le acque. Sicchè in questa, che noi diremo così strada maestra, non si potrebbe camminare, se il canale che porta gran copia di acque, non fosse ricoperto di travicelli l'un presso l'altro, sopra dei quali si cammina, e si fanno passare tutte le carrette di minerali. Ma perchè tutta la gran montagna ha varii siti dove scaturiscono sorgenti di acqua viva, affinchè queste non vadano a riempire gli scavi, e a impedire i lavori, sono stati con gran spesa radunate in due speziali siti, uno sopra il piano della suddetta strada maestra, e quivi coll'impetuosa sua caduta serve a far girare alcune gran macchine, coll'aiuto delle quali si tirano al piano della strada suddetta tanto i minerali, quanto tutte quelle altre acque, che si raccolgono nel più profondo del monte; l'altro sito è il più basso di tutto lo scavo, e l'acqua ivi raccolta per mezzo di più rote armate nella circonferenza di secchi, si innalza sino al livello del terreno da poter sortire dalla montagna. Una gran rota serve per mandare dall'alto al basso un grossissimo canapo che con un gran cestone appesovi si lascia calare in due gran buche, le quali discendono sino all'ultima galleria, o sia ordine delle miniere. Da ciascuno di questi ordini, quando si è cavata la miniera si empie il canestro, e si manda nella parte della montagna che resta a livello del piano terreno, trasportandosi con due cassette tirate dagli uomini fuori della montagna la miniera. Perchè questo canapo possa calare o salire a tempo, vicino alla gran rota mossa dall'acqua è posta una campana, quale si può far suonare da tutti gli ordini. Quindi, quando i cavatori hanno allestito un cestone per mandarlo sopra, o quando vogliono, che questi si cali a basso per allestirlo, suonano la campana dell'orologio, e subito un uomo destinato a questo solo effetto communica, o toglie il moto alla rota del canapo, convenendo in questo proposito non usar la minima negligenza, da cui potrebbero nascere molti sconcerti.

 Tornando alla strada, questa è lunghissima, talmente, che volendosi si può camminare sin quasi due ore. Ove scorre l'acqua, s'incontrano di quando in quando delle porte, le quali collo star chiuse rompono il vento, che vi spira per il moto veloce dell'acqua, qual vento senza tale cautela sarebbe troppo violento, e spegnerebbe i lumi. Gli operai che lavorano si devono dividere in due classi; altri unicamente attendono a trovare e cavar la miniera; altri attendono o al trasporto o al regolamento delle acque, o ad altre funzioni. Questi secondi sono pagati a giornata, o a opera, secondo la varia loro incombenza. La settimana viene computata loro per sei giorni e se in questi vi cade una festa non si considera. I cavatori poi hanno a proporzione di quello che trovano e cavano; su di che mi si dice tenersi un metodo assai ben regolato, perchè questi uomini nulla perdano delle miniere ritrovate. Siccome però il trovarsi miniera, o no, il trovarsi ricca o scarsa dipende dal mero caso; quindi avviene, che molti cavatori si fanno ricchi, e molti rimangono per lungo tempo, o anche per sempre, nel loro stato di povertà. Perchè poi questi nulla hanno del proprio per mantenersi, ciascuno ha dal padrone delle miniere un assegnamento di biada, frumento, ecc. sufficiente per il mantenimento suo e della famiglia, se ne ha, e si registra tutto a suo debito. Se avviene che questo trovi miniera, si rimette in tutto, o in parte dal debito. Nulla poi trovando conviene per necessità condonargli il debito. Contiguo a queste miniere vi è una gran fabbrica di legname in cui a forza di acqua si pestano e riducono in polvere quei pezzi di pietra, che contengono pochissimo metallo; onde non comportano la fatica di usarci la cura che si usa agli altri. Ridotti che sono in polvere, questa si pone nell'acqua che si fa passare per molti e lunghi strati, composti di varii gradi; deponendo l'acqua il metallo, ne fonde dei strati, portando seco la terra. Ci fu detto che questo sia istrumento di nuova invenzione e che appena si ricavi tant'utile, quanto basti per coprire le spese. È da notarsi, che tutti gli scavi sempre si fanno nella profondità del monte e mai verso l'alto, per non farlo a poco a poco rovinare, e per non perdere quelle sorgenti di acque, che servono per le suddette macchine. Fattisi varii tentativi nelle parti laterali di un piano, e nulla trovandovisi di buono o di utile, si passa a scavare un piano inferiore, e ivi si continua lateralmente a fare varii corridori, finchè finisce la buona vena dei metalli; indi si discende ancora a scavare un altro piano più basso, di sorte che al presente si è giunto al settantesimo secondo piano, per quanto ci fu detto; e da un piano si discende all'altro con una scala di legno di dieciotto gradini. Quanto più si approfondano i piani, tanto più si approfonda anche lo scolo, o serbatoio delle acque che si raccolgono da tutte le parti superiori della montagna, e si tirano sopra nel sopradetto canale con una, o più rote, già accennate. Del rimanente, in questi ed altri monti delle vicine regioni non trovansi miniere abbondanti, o strati interi di materia metallica, ma se ne vanno rintracciando tutti i piccoli peli, e pezzi, or qua, or là frammischiati di terra, e tufo, e sassi. La terra più ricca è quella che tira alla nigredine con varie pellucide particole di argento; per lo più questo metallo è frammischiato col rame; ond'è che talvolta vi si trovano pietre verdi, e quasi smeraldine. Per separare poi la terra o pietra inutile dalla metallica, sono destinate molte persone, che lo fanno a forza di martello. Le pietre, che poco o nulla contengono di buono, vengono con una macchina a posta fatte spolverizzare e separare nel modo altrove descritto. La maggior copia che si trova in queste miniere, è quella del rame, e questo forma la miglior porzione del lucro. Del rimanente, sebbene il provento totale di queste miniere non sia per l'ordinario di un lucro considerabilissimo ai padroni, nulladimeno se ne cava il vantaggio del mantenimento di circa quattro mila persone, ed è notabile, che non ostante la vita infelicissima che questi traggono in tali lavori, pure le paghe loro sono meschinissime. Il sopraintendente generale delle operazioni, che è anche direttore delle macchine, e che mediante la pratica fatta nelle miniere di Sassonia, dove fu mandato, ha rimesso in stato più utile queste miniere, non ha altra paga, che di circa otto fiorini il mese. Il disegno fatto in aria, e a memoria della disposizione dell'interno della montagna delle miniere, è il seguente:

DISEGNO

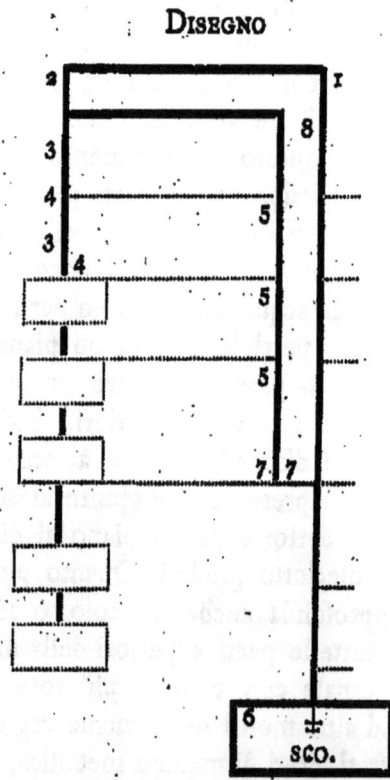

1. Rota che tira l'acqua dal n. 6 sino al n. 7. — 2. Altra rota che tira l'acqua dal n. 7 all' 8. — 3. Pozzo per cui si tira il metallo trovato. — 4. Varii siti ove si carica il cestone. — 5. Varie gallerie o siti ove si cava la miniera. — 6. Serbatoio ove scorre l'acqua. — 7. Sito ove si tira l'acqua dalla rota 1. — 8. Scala per cui ascende l'acqua dal sito 7.

Dalle miniere passammo a Schwartz ove vedemmo il palazzo del signor *Ignazio Giuseppe* conte di Tannenberg. Questo è un ricchissimo signore e di buon gusto. Ha una figlia, ed un solo figlio maschio, che sarà erede di tutto. Questo giovane fin dall'infanzia è rimasto cieco, pure ha un desiderio particolare per i studii. Ha difeso più volte pubbliche e solenni tesi, in Inspruch, particolarmente una nel 1760, con questo titolo: *Synopsis philosophiae hodiernae ac mathesis praeviae*. È un tomo in quarto, di pagine 386.

Altra tesi ha sostenuto in genere di etica, e di gius naturale, che unite insieme regalò al signor canonico, e a me. Altre ne ha difese, ma non ne trovò esemplari per regalarcele. Questo giovane è amantissimo de' letterati e di discorrere di studii. Egli si chiama *Ignazio, Giuseppe, Giovanni, Andrea Sacri Romani Imperii Comite de Tannenberg Domino in Rottemburg ad Oenum*. Le professioni più metodiche e fondate le ha apprese all'università di Inspruch. Ha però avuto, fin dai nove anni ed ha ancora al fianco, un sacerdote chiamato *Antonio Cibbini*, il quale si è preso cura di ammaestrarlo particolarmente nelle lingue, intendendo e parlando questo giovane il tedesco, il francese, l'italiano e il latino. Inoltre si diletta di cembalo. Nel palazzo del detto signor conte in Schwartz vi è una mediocre libreria e una piccola raccolta di produzioni naturali e di varii istrumenti matematici. Il palazzo è molto vasto. Il tetto nella maggior sua parte è coperto di rame, e dentro è molto commodo. Vi è annesso un giardino, ove si vedono parecchie piante africane, difese con grandissima cura dal rigido clima del paese. In Rottemburg osservammo che tra le sette e le otto della sera si costuma suonare una campanella per il rosario, al quale suono immediatamente tutta la brigata lascia ogni altra occupazione, e si rauna nella cappella. Dopo il rosario che recitano in tedesco, si va a cena. La divozione del rosario mi edificò, dicendomisi che con la medesima esattezza ciò si pratica quasi in tutte le case. Rimasi bensì poi maravigliato come questa nazione tanto devota del rosario, si mostrò molto indulgente pel digiuno che pure è una devozione più antica. Era appunto giorno di digiuno la sera in cui arrivammo a Rottemburg, eppure per la refezione, comunemente fu mangiato una zuppa, un ovo, pesce in varie maniere, paste, salumi, insalata, frutti di più sorta, ed altre simili cose. Le ova e i latticinii giù in Germania si possono mangiare anche in tempo di vigilia. La villeggiatura del conte di *Rottemburg* è molto bella. Il palazzo è grande ed ha la vista piuttosto deliziosa sulla sponda dell'Inn. Di là da questo fiume vi è un amplissimo recinto che abbraccia un intero monte, il qual recinto è destinato per la caccia di questi signori. Ala, Inspruch ed altri luoghi di queste vicinanze, sono tutti situati nel piano, ma circondati da monti inaccessibili, e asprissimi. Considerandosi il prospetto di queste montagne venendo ancora dalle parti di Verona, si direbbe che non vi sia vestigio di casa, e di abitazione sulle medesime, ma che il paese sia sterile affatto e incolto; salendosi però per le parti accessibili si trovano delle valli deliziosissime, coltivatissime e piene di abitazioni talmente che non può credersi quanto sia numerosa la popolazione del Tirolo. Non ostante questa numerosa popolazione il paese è sicurissimo per i viaggiatori, nè vi sono ladri, e altri malviventi. La ragione di questa sicurezza e polizia civile del paese che si ammira ancora in tutti gli altri stati austriaci, si può ripetere dalla truppa che in ogni tempo, ma ora maggiormente per ragione della guerra si tiene in piedi dalla imperatrice. Tutte le persone oziose, che non hanno alcun partito, o professione, e che andarebbero vagabonde commettendo ladronecci, ecc. e disordini, sono ingaggiate dagli emissari sparsi in tutte le parti, e obbligate a pigliar soldo. Nell'impero, ove non sempre si assoldano soldati, non sempre la campagna è polita dai malviventi. Trovammo in Inspruch due giovani signori, i quali, per quanto ci fu detto, sono figliuoli di un finanziere dell'imperatrice, la quale manda questi giovani a viaggiare per tutti li suoi stati, forse acciò siano più capaci a occupare il posto del padre.

Le poste da Verona sino a tutto lo stato veneto, vale a dire sino ad Ala presso l'Adige esclusive, si pagano a ragione di undici paoli per coppia di cavalli. Da Ala sino a Bolzano esclusive due fiorini per coppia. Da Bolzano sempre si è pagato quarantacinque carantani, o siano kreutzer per cavallo; dodici carantani fanno una lira, sessanta un fiorino; per ben andata al postiglione si dà mezzo fiorino, e quel che dassi di più è pura cortesia, onde dando trentacinque, quaranta, o quarantacinque carantani si mostrano i postiglioni contentissimi, nè hanno mai mancie maggiori. Sebbene tutti i legni siano a quattro ruote e tirati da quattro cavalli, pure un solo postiglione a cavallo li guida, regolando la prima coppia con una lunga frusta, nè lasciano di andare velocissimamente dove non siavi salita. Sino a Trento potrebbe andarsi con legno a due rote e quindi con due soli cavalli; più avanti però non è costume andare senza legno a quattro ruote, e senza levar quattro cavalli. Tutte le monete anche imperiali in Inspruch calano di prezzo. L'altro giorno fu rinnovato un antico editto per ritirare le monete bavaresi, e ridurle a prezzo minore; onde nel paese vi era gran fermento, e dalle parti della montagna potevasi temere una sollevazione. La dieta del Tirolo allora raunata in Inspruch per straordinario sussidio di settantacinque mila fiorini, da accordarsi all'imperatrice; la quale però suole sempre domandarne centocinquanta mila, oltre l'annuo di quaranta mila che ha durante la guerra, aveva risoluto d'inviare a Vienna uno dei loro membri per fare delle rappresentanze alla corte per conto dell'editto suddetto, e il canonico *Spaur* nipote del vescovo, e principe di Bressanone, canonico della cattedrale, uno degli inviati alla Dieta, cui intervengono il ceto ecclesiastico e secolare, ne ha assunta la deputazione. Il zecchino del papa corre in Inspruch per tre fiorini e cinquanta tre, o cinquanta quattro carantani. La consegna delle lettere non porta molto. Quelle che non escono dalla provincia nulla pagano per la consegna, le altre costeranno tre, quattro, cinque o sei carantani l'una o più, secondo la grossezza de' plichi.

A dì 19 settembre a due ore e un quarto della sera, si partì da Inspruch incamminandoci verso la Svevia per andare al monastero di Salmansweiler, o sia Salem, venendo servito monsignore in questo viaggio da monsignor *Marchand*, segretario del padre Anselmo, abbate di detto monastero, mandato avanti per questo effetto sino a Inspruch. A ore quattro e un quarto si giunse a Durstenbach. La strada è buona, e piana sul fiume Inn. Alle quattro e un quarto di nuovo ci ponemmo in cammino, e alle otto e mezza giungemmo a Bairwies. Questa posta è molto lunga e incommoda, ora si scende, ed ora si sale: a mezza strada si pigliano due altri cavalli per salire una montagna; la pioggia ci accompagnò sino dalla metà della strada.

A dì 20 si partì a ore dodici, e alle due e un quarto della sera si giunse a Nassaraiite. La strada è sassosa, e scende; vicino alla posta fa duopo legare una ruota al carrozzino. A due ore e mezza si partì, e alle sei si giunse a Lermes: posta lunga con una gran salita per un buon miglio, per cui si accrescono due cavalli. Alle otto si giunse alla alla posta di Halterwang, ove trovammo buona osteria.

A dì 21 partimmo alle sei della mattina, e alle dieci e un quarto arrivammo a Fiessen. Questa posta è assai cattiva, conviene spessissimo legar la ruota per le calate. Due volte si mostra il passaporto a due forti ove l'imperatrice tiene alquanti soldati per guardar i confini del Tirolo col circolo della Svevia, che sono in poca distanza. Fiessen è città, ma piccola del vescovo di Augusta ove ha un palazzo piuttosto grande per quanto appare dalla facciata. Vi è ancora il monastero di s. Magno posseduto e officiato da' monaci benedettini con un abbate. La chiesa è grande, abbellita da marmi, ma secondo il gusto della nazione. In Fiessen tre principi hanno giurisdizione, il vescovo di Augusta, l'imperatrice, e il circolo. La città farà circa quattro cento famiglie. Gli edifici communemente sono malfatti, e in gran parte di legno; buona è l'osteria annessa alla posta. Qui incomincia a correr la moneta all'uso dell'impero. A un'ora di sera si partì da Fiessen e alle cinque si arrivò a Weisbach, villaggio piuttosto grande. La strada è in alcuni siti lastricata con rozzi travi, che rendono un cattivo cammino. Alle cinque e mezza, si parte verso Posthaus, ove arrivammo a notte molto inoltrata, non perchè la posta sia lunga, ma per le strade pessime per sè stesse, e più pessime ancora per la pioggia caduta, e per esser contignate sempre con alberi tagliati dai vicini boschi, ma mal connessi e mal sicuri. Inoltre ci si ruppe vicino alla porta una rota grande del carrozzino, il che conferì per farci arrivare ancor più tardi. Posthaus è un luogo composto di una sola casa, quasi tutta di legno, che serve di osteria, con chiesa mezza lega distante. Eppure in questo luogo così miserabile fu d'uopo trattenersi la notte dei 21 e due giorni, e due altre notti appresso per la continua pioggia che cadde, la quale aveva anche rese impraticabili le strade, col sollevare i travi, de' quali sono lastricate, e formando un quasi continuo lago. È da avvertirsi che per queste campagne si incontrano spesso villaggi e spaziosissime pianure, prive affatto di case nell'aperta campagna, ma con folti boschi di abeti sparsi qua e là.

A dì 4 settembre alle sei della mattina partimmo, e giungemmo a Kempten alle ore nove; la strada è pessima con fondo lastricato de' soliti travi, che rende fastidiosissimo il cammino. A Kempten vi sono due poste: una austriaca, l'altra imperiale. Nella posta austriaca trovammo buona osteria. Il signor canonico fu fatto invitare dall'abbate principe di Kempten per prender alloggio in corte con la sua famiglia; avendo però ricusato, dicendo di voler partire la mattina di buon'ora, e di voler portarsi dopo pranzo in corte, fu dal medesimo fatto levare con carrozza, e all'ingresso del palazzo si trovò la guardia del principe schierata per fargli onore. La corte di questo abbate principe è molto brillante, il palazzo annesso al monastero è piuttosto grande, ma ha forma di convento. L'abbate è assai giovane, fu eletto l'anno scorso ed è principe dell'impero. È talmente amante di osservare la disciplina monastica anche dopo la sua elezione in abbate principe, che ogni notte va in coro, cogli altri monaci. Kempten è città imperiale libera, tutta luterana, se eccettuiamo la corte, e pochissime famiglie, che hanno per l'esercizio della religione la chiesa pubblica de' monaci. L'abbate principe nella città non ha giurisdizione; moltissima bensì ne ha nel territorio. I monaci non sono ammessi alla vestizione dell'abito se non provano dieci gradi di nobiltà per canto di padre, madre, avo e avola. La libreria era piuttosto negletta, ma il nuovo abbate ha preso a ordinarla ed accrescerla. Vi si conserva una serie di medaglie, parte antiche, parte de' bassi tempi, e parte germaniche moderne; ma fra queste nulla vi era di notabile, seppure non vuolsi considerar per tale il più antico fiorino d'oro che era di *Alessandro V*.

A dì 25 settembre si partì da Kempten alle ore sei e un quarto della mattina, e alle dieci si fu a Kimerzatshofen. La strada è piana, e in mezzo a grandi pianure sparse di molti boschi. Alle ore undici si partì, e a un'ora e mezza della sera, si fu a Leütkirch, città imperiale luterana ma piccolissima, e costrutta senza alcun buon ordine. Le case sono in parte o in tutto di legno; ci fu però detto, che questa città sia molto ricca, cosa che non so come possa esser vera. A questa posta andando avanti s'incomincia a pagare un fiorino per cavallo e le poste incominciano ad essere imperiali, che quando sono intere sono di quattro leghe. Le austriache sono di tre leghe, vale a dire di tre ore di cammino. Alle ore due e mezza si partì da Leütkirch, e alle cinque e mezza si giunse a Bergatreüte, villaggio ove è una pessima osteria. La strada è sufficiente. Il signor canonico ricevè qualche finezza dal parroco del luogo, chiamato *Giorgio Indicoffer*. La mattina questo prete con il suo cappellano ci venne a pigliare dall'osteria con cotta, stola e lume per condurre il signor canonico alla chiesa a dir messa, onde ci sembrava di esser per complimento condotti alla sepoltura. Qui ancora, come in tutto il resto del viaggio sino a Salem, si incontrano gran pianure con boschi, e senza case nella campagna ma con villaggi piuttosto frequenti. Ai 26 si partì a ore sei della mattina, e a ore otto fummo a Altdorff. Questa posta si pretende di quattro leghe, ma è di tre, onde per quattro cavalli devesi pagare tre fiorini. La strada è cattivissima, vi è una gran salita, scesa la quale si viene in una grandissima pianura circondata in molta lontananza da piacevolissime colline. In mezzo della pianura in luogo alquanto elevato si vede una gran fabbrica, che è il monastero di Weingarten. La fabbrica fatta di fresco col disegno di un italiano è piuttosto bella; ma più bella è la facciata della chiesa, e la chiesa parimente fatta di nuovo, sebbene non lasci di aver qualche bizzarria. Ivi si conserva una parte del sangue di Gesù Cristo preso da quello che si venera in Mantova. Un padre di questo monastero ha scritto ultimamente e stampato un libro su questo sangue. Lo mostrano con gran venerazione, e dopo averlo fatto baciare, danno in un vaso di argento a bere ai devoti un sorso di vino, su cui non so se prima facciano posar la reliquia, o usino altra formalità. In questo monastero si conserva una buona libreria di libri stampati, con una quantità di libri manoscritti. Manca il catalogo di questi, onde non potè vedersi tutto quello che vi sarà di più raro. È ben vero, che a sorte pigliando per le mani questo o quel codice, ne trovammo de' bellissimi. L'abbate ci disse di voler farne formare il catalogo in breve. Questa libreria fu visitata dal cardinale *Passionei*, e ne riportò non so qual codice. La fabbrica del monastero non è ancor finita del tutto. L'abbate ci regalò parecchie copie di un rame in cui è delineato tutto il monastero, è la chiesa con in cima la reliquia del sangue di Cristo, quale si mostra al presente con le imagini all'intorno di coloro che fondarono il monastero prima nella Baviera, indi lo portarono ove ora si vede, e lo arricchirono. Prima di partire ci fu dato da pranzo; questa pianura, per quanto ci fu detto, era prima un lago. Il monastero si chiama di Weingarten, che significa « Fra le vigne. » Partimmo da Altdorf alle ore undici e mezza, e alle due della sera arrivammo a Durrenast. Poche miglia lontano da Altdorf si passa in mezzo ad un luogo molto grosso detto . . . .

È da avvertirsi che le poste di Durrenast, di Marchdorff, di Marsburg sono di tre leghe, onde non sono che tre quarti di posta. Pessime sono le strade, o lastricate di travi, o piene di sassi, o cavate nei fossi, per i quali nel medesimo tempo scorre l'acqua. A Durrenast si trovò la muta a sei dal padre abbate di Salem mandata incontro, e con essa si proseguì il viaggio a Markdorff, piccola città spettante al vescovo e principe di Costanza; colla medesima si continuò il viaggio sino alla parrocchia di . . . . . . che è la prima della giurisdizione e del distretto del monastero. Ivi si trovarono il padre priore di Salem e il signor cancelliere secolare venuti a complimentare monsignor commissario, quale fu trattenuto in casa del parroco a una piccola refezione, poi preso in sua compagnia il padre priore giunse monsignore alle ore sette nel monastero, ove si trovò il padre abbate cogli offiziali regolari e secolari a piedi della scala che lo ricevè con ogni dimostrazione di ossequio e soddisfazione. Intanto si era spedito il corriere a Marispurgo, per sentire quando il signor cardinale di Roodt fosse per restituirsi dalle sue caccie, e intesosi che nel giorno seguente sarebbe ritornato, monsignore risolvè di portarvisi immediatamente. Domenica 27 settembre dopo il pranzo arrivarono il maresciallo e il segretario di sua eminenza il signor cardinale di Rodt per complimentare monsignore e significargli l'arrivo del cardinale, sicchè montati tutti insieme in una carrozza del monastero alle cinque con muta a sei si pervenne in Manspurgo circa le sette, e si entrò in città con lo sparo di alcuni pezzi di artiglieria, e si trovarono schierate le guardie tanto alle porte della città che a quelle della corte.

Monsignore fu graziosissimamente accolto da sua eminenza a capo della scala. Nella mattina seguente in tempo del pranzo si sentì nuovamente lo sparo dell'artiglieria, allorchè fu bevuto alla salute di nostro Signore. Dopo il pranzo sua eminenza fece vedere la nuova fabbrica della corte, e il suo seminario; indi si partì alle cinque e mezza con lo sparo dell'artiglieria, e si giunse in Salem alle sette. Ritornato in Salem, e riposatosi alquanto dal viaggio, piacque a monsignor commissario d'incominciar la sua visita apostolica, la sera dei 3 ottobre 1761. Durante la medesima avemmo tutto il campo di ritornare al monastero di Weingarten, e di passar quindici giorni in quella biblioteca, ricca di circa cinquecento codici manoscritti. Li osservammo tutti, e monsignore ne abbozzò il catalogo a beneficio del padre *Cristofaro Vogl*, bibliotecario, che ci diede speranza di applicarvici di profitto, e poi di pubblicarlo. È persona molto religiosa, di ottima volontà. Non men egli, che il padre *Martino Bürgin*, professore di teologia, furono destinati dall'abbate a servire monsignore, come fecero colla maggior cortesia. Questo lettore è dotato di sufficiente talento, e di ottime massime per i buoni studii, nel che si distingue da tutti gli altri. Il padre *Agostino Haag*, autore dell'opera scritta in difesa del sangue di Gesù Cristo, menzionata di sopra, ha molto maggior talento e vivacità, ma è sfornito affatto di critica, e non ha avuto la sorte di studiar sotto persone di soda e incorrotta dottrina.

Circa la metà di gennaio 1762 da Weingarten si ritornò in Salem, dove peraltro monsignor commissario aveva lasciato il signor canonico *Giuseppe Castoreo*, canonico di Lucerna e cancelliere della nunziatura a' svizzeri, preso dal medesimo per cancelliere della commissione, o visita apostolica di Salem. Non essendo ancora maturata la commissione per varie risposte che si attendevano, specialmente dalle parti interessate, lasciato in Salem il cancelliere suddetto, ci accingemmo ad altro piccol viaggio, che fu il seguente.

A dì 8 febbraio 1762 si partì da Salem con la muta a sei del padre abbate, incamminandoci verso san Biagio, monastero benedettino in Selva nera. Si partì a sei e mezza della mattina, a undici ore si arrivò a Stokach, città appartenente alla casa di Austria. È posta in una collina: la prima strada, che all'entrare si para avanti, è larga, e dà indizio di un luogo piuttosto allegro. In questa città vi è la rappresentanza, o sia tribunale subordinato all'altro di Friburgo, da cui in revisorio si ricorre alla rappresentazione di Inspruch, e poscia a Vienna. Da Salem sino a Stokach non si incontrano che tre villaggi. La campagna è vestita spesso di boschi, e communemente non ha case fuori dei villaggi. Fummo condotti alla casa del monastero di Salem, che possiede in questo luogo molti beni colla sola giurisdizione bassa, essendo l'alta appresso la casa d'Austria; onde il monastero non ha giurisdizione, se non civile; le cause criminali sono riservate all'alta giurisdizione; per altro le risse senza effusione di sangue non costituiscono causa criminale riserbata alla giurisdizione alta, onde l'officiale del monastero può conoscere queste ancora. In virtù della giurisdizione alta non puossi innovare la minima cosa sui fondi posseduti colla bassa giurisdizione, onde se si volesse alzare un edificio nuovo, o maggiore e più alto dell'antico, fa duopo della licenza di chi ha l'alta giurisdizione. Partimmo da Stokach alle dodici della mattina, e ci incamminammo verso Singen con quattro cavalli di posta, che in queste parti è imperiale, e pagasi a ragione di un fiorino per cavallo, oltre alla buona mano di un mezzo fiorino *ad libitum*. Subito all'uscir delle poste a mano manca si erige un monte con abitazione in cima; mi fu detto, che ivi vi fossero una volta i signori detti di *Neclemburg*, padroni di quei paesi, devoluti in appresso alla casa d'Austria. A mezza strada si passa per Steislingen villaggio, per quanto ci parve, piuttosto grosso. A Singen si arrivò alle ore due e un quarto della sera. Mutammo i cavalli, e c'incamminammo per Schafhausen: presso a Singen, vi è un monte molto alto, e tutto isolato con edificii sopra; si passa alle radici del medesimo. La strada è piuttosto cattiva, ma piana quasi sempre. Due villaggi si incontrano in questa posta, andando a Schafhausen. Il primo sembra piuttosto grosso, e non mal posto, ed è cattolico, il secondo calvinista. Pochi passi prima di arrivare a Schafhausen si scuopre il Reno sulla di cui sponda giace questa città. Noi vi arrivammo a cinque e mezza della sera. Fummo all'osteria della Corona. La posta qui è imperiale. A Schafhausen cenammo con molti forastieri zurigani, fra quali vi era monsieur *I. Escher à la Montagne*, e monsieur *Pestalozzy* negoziante a Zurigo. Il primo disse di possedere un bel museo di medaglie, l'altro si mostrò molto intendente di libri.

Schafhausen prima di entrare ha un borgo, e un altro anche più grande, ne ha nell'uscire. La città è piuttosto grande e ben fabbricata. Vi è una chiesa, che per altro non vedemmo, la quale vien riputata la più grande dell'Elvezia. Questa città professa il calvinismo.

A dì 9 febbraio la mattina a sett'ore si partì da Schafhausen. Quasi subito si sale alquanto, e pochi passi lontano dalla strada si vede una famosa caduta del Reno. Dissi famosa, giacchè sebbene non sia cosa affatto singolare, impedisce però la navigazione in questa parte, onde convien imbarcar le merci dopo passato questo passo. Dalla caduta di acqua si vede non esser molto copioso fin qui il fiume; ma essendo bene incassato, e piuttosto stretto, resta commodissimo per la navigazione. La strada scorre in mezzo ad una pianura, terminata dall'una e dall'altra parte da monti coperti di boschi. Il piano non pareva coltivato che a grano. Fatta mezza strada in circa, s'incontra un luogo ben posto con mura e fosse detto Hallaw. È un castello piuttosto grande spettante a Schafhausen. In appresso s'incontrano due o tre semplici e miseri villaggi. Mezz'ora prima di giungere a Lauchingen incontrammo la carrozza con muta a sei, che l'abbate, e principe di s. Biagio mandava avanti con il padre *Martino Gerbert* per ricevere e servire il signor conte. Montati adunque in questa carrozza pervenimmo a Lauchingen alle ore undici. Da Schafhausen sin qui vi è una posta e mezza. In questo villaggio prendemmo una zuppa. Indi si passò coi medesimi cavalli a Gortweil. Non vi è posta, onde convien prendere cavalli a patto. Presso Lauchingen passa un torrente rapidissimo, che va a finir nel Reno, come ancora altro ne scorre presso Gortweil, che parimente finisce nel Reno. Prima di giungere a Gortweil si passa per mezzo di un piccol luogo, che si chiama Tiengen, ed è capo di un pago spettante una volta ai conti di *Sulz*, ora ai principi di *Schwartzenberg*. Gurtwile è di giurisdizione del monastero di san Biagio colla subordinazione alla casa d'Austria. Vi risiede un monaco, che si chiama preposto, ed un ufficiale secolare, che amministra la giustizia. Questo è un uomo avanzato in età, ma di molto studio, pratico dei libri, e assai intendente delle antichità dei bassi tempi, e delle cose germaniche, e si chiama *Giovanni Battista Kepfer*. Il viaggio da Salem fin qui fu fatto colla neve, che era in piccola quantità caduta, e che di tempo cadeva. A Gortwile però parte crebbe, e parte ne trovammo in tanta quantità, che la mattina seguente non fu permesso di partire per san Biagio, se non dopo il mezzo giorno, e dopo aver mandato avanti quantità di uomini ad aprire la strada. Non fu possibile condurre la carrozza per il medesimo motivo, onde il principe abbate di san Biagio mandò una slitta coperta ad uso di carrozza a quattro luoghi, tirata da sette cavalli che sogliono porre alla slitta, non a coppia, ma a uno a uno. La slitta è un legno fatto ad uso di seditore aperto, e in cui possono stare almeno tre persone a sedere; non ha rote, e viene tirato dai cavalli velocemente per la neve. Ordinariamente sono scoperte, quella però che fu mandata per condurre monsignore era coperta, e a quattro luoghi, nè differiva punto da una carrozza senza rote. Per la strada trovammo fra quegli uomini, che erano stati mandati dal monastero a far la rotta, molti con la barba, e ci fu detto che erano di una vicina signoria del monastero, dove tutti nutrivano barba, e che si chiama il comitato di Ravenstein. Giugnemmo a san Biagio alle quattr'ore della sera. Giace questo luogo presso a un picciol fiume chiamato Alba, d'onde ha preso il nome il pago di Albigovia, ed è circondato da monti piuttosto alpestri e vestiti di selve. Intorno al monastero vi sono degli edificii, ma tutti ad uso del medesimo. Questo poi è il più magnifico monastero veduto da noi finora in Germania. È stato fabbricato di nuovo in questo secolo piuttosto con buon gusto, e con una assai vasta estensione. Ha quattro piani, e ciascuno nella lunghezza conta cinquantaquattro finestre, poste in una ragionevole distanza, e circa quarantatrè nella larghezza. Tutto il monastero si divide in due parti; una è destinata per l'abbate principe e gli altri ospiti; l'altra è per il convento. La parte anteriore dell'Abbazia ha un grande ingresso con una scala ben intesa in mezzo, la quale è fatta con ottima simmetria. Agli angoli poi vi sono altre due scale consimili per maggior commodità. Il convento ne ha quattro simili poste ne' quattro angoli, nè in altro differiscono dall'abbazia, se non nell'avere questi gradini e spalliere di marmo con varie scolature, dove che quelle del convento hanno gradini e spalliere di noce. La chiesa annessa al convento non è molto grande, e nulla ha che fare col monastero. Vidi in chiesa alcune femine con velo bianco in testa, e mi fu detto che in tal foggia vestono le vedove. San Biagio è monastero di monaci benedettini fondato fin dal decimo, o undecimo secolo. Vivono sotto il governo di un abbate, che eleggono i monaci, e vien benedetto dal vescovo di Costanza, nella cui diocesi è posto il monastero. La elezione in queste parti è per l'ordinario un punto assai geloso, per mantenere la libertà degli eligendi; pretendendo tal volta i secolari sotto il titolo di avvocato del monastero di introdurvisi. A san Biagio, ove l'elezione sarebbe un affare assai lungo per ottanta e più votanti, sogliono quattro giorni dopo la morte dell'abbate, coll'assistenza di due abbati viciniori fare i capitolari il loro scrutinio, e per venir subito a fine dell'elezione al primo scrutinio i tre scrutatori osservano chi ha più voti, ancorchè non superi la metà, e pubblicano al capitolo di avere l'abbate, se vi vogliono accedere, senza nominare chi sia. Per ordinario tutti vi accedono, e allora l'eletto si pubblica dai scrutatori. Questo metodo si tiene per venire subito a capo dell'elezione; giacchè in un numero sì copioso di elettori sarebbe difficile di ottenere speditamente una elezione cui di primo scrutinio la maggior parte concorresse. Quivi i conversi come in altri monasteri benedettini nutron barba. Il monastero costituisce e si chiama congregazione per altri monasteri, o priorati, che ha sotto di sè, tra' quali due sono i più considerabili; uno si chiama Oberried posto in Brisgoia, e l'altro Sion in Elvezia. Questi due monasteri sono stati di recente incorporati alla congregazione di san Biagio ed erano prima dell'ordine guillelmitano. L'abbate è stato insignito del titolo di principe del sacro romano impero da *Francesco I*, ed ha luogo nelle diete del circolo di Svevia, nel collegio dei conti del circolo per la contea di Bondorf, che gode. Gli altri feudi sono feudi mediati dell'impero, pigliandone la investitura dalla casa d'Austria o da altri principi di Germania. Anzi l'istesso monastero di san Biagio si pretende essere sotto la superiorità territoriale di casa d'Austria, il che credo che al presente difficilmente si possa negare dai monaci, come pure vorrebbero. L'abbate principe è ancora arcicappellano perpetuo della casa d'Austria in queste parti, o sia nell'Austria anteriore, ed il principe di san Biagio è il presidente perpetuo dello stato provinciale dei prelati di Brisgoia. L'abbate e principe moderno *Meinardo* è persona di tratto sciolto, facile e famigliare. In urbanità, e cortesia non la cede ad alcuno, almeno tale lo esperimentammo. Il suo governo è lodato, e i monaci ne fanno grande stima. La disciplina regolare viene mantenuta nel suo rigore, ed egli si studia ogni mezzo per conciliare nei suoi monaci la esattezza monastica con la discretezza troppo necessaria nei superiori, ma pur troppo difficile a trovarsi negli abbati. A lode poi di questo prelato principe si deve porre la cultura dei buoni studii, che egli con somma diligenza ha introdotta, ovvero mantiene fra i suoi monaci. Su di che è da avvertirsi, che questo monastero è l'unico da noi fin ora osservato, dove si attende di proposito agli studii. Vi si conserva un museo di antiche medaglie assai bene ordinato, e tenuto con tutta proprietà. Vi sono ancora dei codici, ma non in gran quantità; ben è vero, che ve ne sono di varie sorti di caratteri, in guisa che possono i monaci commodamente rendersi esperti nella cognizione di tutti gli antichi caratteri. Qui vi è il suo seminario per i giovani secolari, come in tutti gli altri monasteri di questi paesi, dove viene posta la gioventù da quelle persone, che non possono, o non amano mantenerla per i studii minori nelle università. Hanno in questi monasteri uno o più maestri, che insegnano loro le belle lettere, e nel medesimo tempo istillano loro la pietà. Ma oltre a questo seminario, che serve per i secolari nel monastero, i monaci hanno tutti gli aiuti per coltivar le scienze. Hanno professori di lingua greca ed ebraica, oltre alla latina, e moltissimi sono fra loro che possiedono o una, o più lingue orientali. In questo genere è specialmente notabile il padre *Fintano Linder* al presente professore anche di teologia, uomo di età assai fresca, il quale ha data alle stampe una grammatica ebraica lavorata con un metodo nuovo, e una difesa della medesima contro *Giuseppe Sonnenfelsio*, che era villanamente insorto contro questa grammatica in altra sua. Inoltre ha quasi all'ordine una grammatica greca, e medita ancora di pubblicare un copioso dizionario ebraico, latino, rabbinico, al quale manca solo l'ultima mano. Quest'opera fu a lui confidata da altro monaco defunto di Petershausen detto *Celestino Pfeiffer*, che ci aveva lavorato anni moltissimi. Ha ancora l'idea di dare alla luce un nuovo corso di filosofia e teologia. Questo padre è molto giovane. Ha grandissimo ingegno ed è in tutte le lingue orientali felicissimo. In genere però di teologia temo che doni troppo alla fecondità del talento, che per distinguersi reputa necessario inventar nuovi sistemi, o nuove opinioni, senza comprender forse abbastanza, che la teologia è quella scienza nemica affatto d'idee pellegrine. Altro padre vi ha che si rende cognito al mondo letterario per una *Teologia* già stampata in san Biagio medesimo, dove vi è una ben fornita ed elegante tipografia, e per altre opere che promette intorno alle quali si trova presentemente applicato. La più particolare, e degna di attenzione, è un'opera perfetta sulla musica e canto ecclesiastico antico; argomento nuovo, e degno di essere illustrato, con promettere di pubblicare in questa occasione diciassette autori antichi inediti, che hanno scritto sulla musica. Egli ha già pubblicato il prospetto dell'opera che è stato applaudito. Questo padre si chiama *Martino Gerbert*, ed era professore di teologia, ed ora ha la cura della biblioteca. Altra opera sta parimente travagliando sull'antica liturgia alemannica che in breve tempo potrà pubblicare. Il medesimo ha fatto nell'anno scorso un giro per la Francia sino a Parigi, e per qualche parte della Germania. Questo padre è ancora autore della traduzione dal francese in latino dell'opera intitolata: *Praxis regulae sancti Benedicti*. Darà in luce ancora un *Diario* in occasione di questi suoi viaggi. Ha una facilità che sorprende, componendo le sue opere in brevissimo tempo. Temo però che egli sia troppo sollecito in questo particolare, e che l'arte di scrivere con facilità, non gli toglia il pregio dell'accuratezza. La sua teologia ancorchè consista in otto e più tomi, disse di averla fatta in un anno e mezzo. Il medesimo autore va preparando i materiali per darci una collezione di quattro direttorii del monastero del secolo duodecimo. Fra questi vi sarà ancora *Frovvino* monaco di san Biagio, e poi abbate di Engelberg in Elvezia, che tratta: *De gratia, et libero arbitrio, et, in orationem dominicam;* ed è di dottrina agostiniana ed appartiene al monastero di Einsilda. Il codice ora sta copiandosi in Friburgo, è scritto con grande attenzione, ed è il più esatto ed autentico. Altro padre chiamato *Stanislao Vilpers* ha dato in luce l'istoria dell'accademia di Salisburgo in quarto ed ha preparato molti volumi per l'istoria del suo monastero. Il padre *Marguardo Hergott* ha pubblicato un libro in quarto: *De veteri disciplina monastica*. In oltre colle stampe di Vienna e Friburgo ha dato alla luce tre volumi in foglio della genealogia Absburgica; indi sette o otto volumi di monumenti della casa d'Austria. I due ultimi tomi ora si stanno allestendo ed essendo in età molto avanzata, l'autore ha preso in suo aiuto il padre *Rusteno Heer*, il quale ha già pubblicato un libro in difesa del padre *Hergott* contro un anonimo, che è il padre *Fridolino Kopp*, abbate e principe di Muri in Elvezia ora defunto, con questo titolo: *Anonymus Murensis denudatus*. Difende l'opera del padre *Hergott* per conto della sua genealogia. Tutta quest'opera è un corpo assai rispettabile e necessario per ogni biblioteca, essendovi dentro tutte le memorie di una famiglia così potente e celebre da parecchi secoli nell'istoria. L'opera poi è stampata con molta magnificenza, essendo piena di rami rappresentanti monumenti relativi all'argomento, che tratta il detto autore. Questo padre *Hergott* dimora in una prepositura di san Biagio detta Krozingen; onde da noi non fu conosciuto di persona. Il padre *Beda Meichelbeck* pone all'ordine un diffuso ed erudito commento in lingua peraltro tedesca, sulla regola di s. Benedetto, e ha fatte ancora alcune traduzioni di libri italiani e spagnoli. Il padre *Leopoldo Stern* ha stampata una grammatica in tedesco di lingua latina, in quarto. Il padre *Ignazio Gumpp* ha allestito alcune dissertazioni: *De re monastica, praesertim ad monasterium sancti Blasii pertinente*. In oltre ha scritto: *De Gebellardo II episcopo Constantiensi*. Pare veramente cosa singolare che in un solo monastero separato affatto dal gran mondo letterario (poichè è situato nel mezzo della Selva nera), pure tante persone vi si trovino, che si applicano così di proposito alle lettere. Più singolare però mi sembra l'aver quasi in tutti i monaci del monastero ammirata una cultura non mediocre di buoni studii e specialmente una cognizione presso che generale delle lingue greca, ebraica e di altre orientali; onde può dirsi, che questo sia il monastero di Germania, in cui ora fioriscono i studii. Infatti qui vengono mandati giovani monaci di altri monasteri per approfittare nelle scienze, e ne trovammo due ancora di altro istituto, cioè cisterciensi mandati dall'abbate tenebacense in Brisgoia; ed in altri tempi vi furono anche dei francescani.

A dì 13 febraro dopo pranzo si partì da san Biagio, e nella medesima slitta, con cui venimmo, giungemmo la sera a Gortwilla.

A dì 16 coi cavalli e legno del monastero in compagnia del padre *Martino Gerbert* mandato dal suo abbate principe per servire monsignore, si partì da Gortwilla incamminandoci verso Basilea. Si passò per Waldshut, indi per Laufenburg, città ambedue silvestri spettanti alla casa d'Austria. La prima è assai piccola e consiste, per quanto ci parve di passaggio, in una strada assai larga, ma breve, con edifizii piuttosto miseri. Laufenburg sembra più grande, ma peggio fabbricata. È divisa in due parti dal Reno che qui ha una caduta meno graziosa dell'altra di Sciaffusa, ma che impedisce egualmente la navigazione. Nella parte della città di là dal Reno incomincia la diocesi di Basilea, e di qua finisce quella di Costanza. La città è fabbricata sul piano e sul monte;

la parte del piano ha la forma di un semplice borgo; la parte del monte sembra più considerabile. Fra questa città e Waldshut, scorre il piccolo fiume detto Alba, che viene dal monastero di san Biagio, onde questo fu detto anticamente Cella Alba, e va a scaricarsi nel Reno. Onde passa questo fiumicello vi è una fabbrica di ferro della casa d'Austria, in cui si appura, riduce a varie forme, e anche in filo, il ferro portato d'altronde. Due volte si cola il metallo; la prima volta gli danno la forma di un lungo travicello di mediocre grossezza, che poi in altra fornace meglio si appura. Ciascun trave pesa mille ottocento quintali; un quintale porta cento libbre di sedici oncie e due se ne fanno ogni giorno. La fabbrica in tutto è simile a quella d'Inspruch di ottone, argento e rame. Ora si tiene in affitto per dieci anni dal monastero di san Biagio, che n'è incaricato per sfuggire l'istanza dell'imperatrice di prendere la legna dal monastero. Pranzammo poi in un picciol luogo chiamato Mumps non molto lontano da Seckingen, altra città silvestre, che lasciammo a mano sinistra. Questa città è situata in un angolo del Reno con un ponte contiguo per passarlo commodamente. L'aspetto della città veduto in lontananza, non sembra inelegante. L'edificio che faccia miglior comparsa, è una chiesa piuttosto vasta con terre annesse, spettante a un collegio di canonichesse, le quali non so se vivono in forma di clausura. Indi si passò per Rheinfelden, quarta città silvestre, che giace parimente sul Reno. Sembra città piuttosto grande, costrutta in modo non dispiacevole: all'uscire della città verso Basilea si vedono le vestigia di una fortificazione assai considerabile, piantata parte sulla sponda, e parte su d'uno scoglio del Reno. Nell'ultima guerra restò smantellata e derelitta come si trova anche di presente. Qui si passa il Reno col beneficio di un ponte. La sera giungemmo a Basilea, e fummo alloggiati nella casa del monastero di san Biagio. La strada da Gortwilla sino a questa città è commodissima, piana e quasi sempre sulla sponda del Reno. Il clima si trovò nell'inoltrarsi verso Basilea meno aspro, e le campagne all'intorno coltivate con molta diligenza. Osservammo in questa e nelle vicine campagne una prodigiosa quantità di noci; dissero che se ne vagliono per cavare dal frutto l'olio per ardere, non dandone il paese del migliore. Di qua ne viene in questi paesi che le camere delle abitazioni per l'ordinario siano elegantemente incrostate di legno di noce ad uso delle sacristie e cori d'Italia; il che non solo serve per ornamento, ma ancora difende dal freddo. È da avvertirsi, che le quattro città silvestri non ostante la ottima loro situazione presso al Reno, pure languiscono senza popolazione e commercio.

A dì 18 si andò da Basilea ad Arlesheim, picciol luogo cattolico distante circa due ore, e spettante al vescovo, e principe di Basilea.

Qua il capitolo ha portata la sua residenza dacchè fu obbligato dagli eretici ad abbandonare la città. Sono in numero di diciotto ed hanno una sufficiente chiesa per l'ufficiatura con case canonicali fatte di fresco. Diciotto sono i canonici, che hanno millecinquecento fiorini annui di entrata coll'obbligo della residenza per nove mesi. I più anziani hanno ancora rendite maggiori. Monsignore fu trattato a lautissimo pranzo dal decano, e fu con tutta la distinzione ricevuto da quei signori canonici. Il vescovo principe ha fissata la sua residenza a Prountrut, luogo di sua giurisdizione temporale, ma della diocesi di Bressanone.

A dì 19 si andò a Huningen, fortezza francese, distante un par d'ore da Basilea. La strada è presso al Reno in una amplissima e amenissima pianura, e nella medesima situazione è posta la fortezza fatta ai tempi di *Luigi XIV* di disegno del famoso *Vauban*. Questa è piccola ma assai bene ed elegantemente costrutta. Domina le rive del Reno, e Basilea stessa; di rimpetto alla medesima si vedono dei sostegni, o siano pilastri in mezzo al fiume piantati, per tirarvi un ponte in pochissimo tempo. La fortezza ha cinque bastioni, e con mille uomini per ciascuno può difendersi, per quanto ci fu detto dal sargente. Al presente vi si trova un presidio di quattrocento uomini, ma in altri tempi suole tenersi un battaglione, e mezzo. Vi è una chiesa pubblica che serve ancora per qualche cattolico, che possa trovarsi nel territorio di Basilea. Questa città professa pubblicamente il calvinismo, nè permette il culto pubblico ai cattolici. Bensì facendo qui la sua residenza l'inviato dell'imperatore ai cantoni, non può negarglisi l'oratorio privato, che serve non solo per la sua famiglia, ma ancora per quei pochi cattolici che si ritrovano nella città. Il numero di questi è vario, secondo i varii tempi dell'anno, solendo talvolta contarsene anche tre e quattrocento, quando vi si trovano dei mercanti per qualche fiera; per l'ordinario però non passano il centinaio, e queste sono persone addette al servigio degli eretici, dicendosi communemente in Germania, ch'essi amino di avere servi, e serve cattoliche per la loro fedeltà, e per venire obbligati a confessarsi, e a restituire. I medesimi hanno cura d'ordinario, acciò i cattolici di loro servizio vadano le feste alla messa, e vivano cristianamente; il che però non succede per conto delle astinenze dalla carne nei giorni di venerdì e sabbato, ed in altre vigilie, avendo da moltissimi inteso, che non volendo gli eretici far due tavole, devono i poveri cattolici per necessità accomodarsi ai cibi di grasso: su di che però non so, se sarebbe a desiderarsi meno indulgenza nei confessori, e alquanto più di zelo nei cattolici. Sentimmo ancora, che il governo accorda il permesso di tenere l'oratorio privato ad alcuni cavalieri di Malta, che talvolta vengono a trattenersi in città. Peraltro un cattolico non viene ammesso alla cittadinanza, ancorchè gli fosse accordato il domicilio. Per conto degli apostati, questi difficilmente vengono ricevuti, e molto più difficilmente ammessi alla communione degli eretici. Anni sono rigettarono un prete di Germania, e nei giorni passati uno di Boemia. Se loro accordano la permanenza, non sogliono permettere loro di abiurare la religione cattolica, bensì non faranno caso se si ammoglieranno. Convien dire però, che Basilea sebbene continui ad usare qualche diligenza per tener lontani i cattolici, pure, poco o nulla vi si cura la propria religione, vivendo ognuno per questo capo a modo suo. Pochissimi di fatto sono quegli, che intervengano alle funzioni dei ministri. Il senato ne ha imposto l'obbligo in alcuni giorni dell'anno, ma è facile lo scusarsene con donare qualche fiorino al ministro, e coll'allontanarsi in tal tempo di città.

Nacque nell'anno scorso una nuova setta di calvinisti in questa città, che tuttora si mantiene, e vien detta dei separatisti, perchè alcuni trovandosi nelle raunanze pubbliche di religione, se ne partono in tempo della communione, o sia cena. Fatta su di ciò inquisizione, e carcerati ancora parecchi di questi separatisti, si difesero con dire che consistendo la cena in un segno, e memoria di Cristo, questa da loro si faceva a piacimento in casa propria, e altrove bevendo e mangiando in memoria di Cristo. La ragione non fu disapprovata dal senato, onde furono lasciati in libertà, ed al presente di questa setta se ne trovano parecchi. Intesi ancora, che vi si trovino in città alcuni liberi muratori e che siano persone savie, e che frequentino gli esercizii pubblici di religione; come ancora dei pietisti, i quali chiamano tutti fratelli e sorelle. Queste diverse sette considerate colla libertà di pensare, e colla qualità del governo in mano di soli mercanti ed artefici, sono cagione che la religione sia nella maggior confusione, e che ogni famiglia, anzi ogni particolare persona se ne formi un oggetto a proprio capriccio: e non rade volte succede, che il fratello ignori i sentimenti della sorella, la madre quelli della figlia, il marito quelli della moglie in genere di religione, ch'è pure il vincolo più forte, per conciliare la società. Di qua ne viene, che ciascun cittadino pensa a vivere per l'ordinario solamente a sè stesso e poco o nulla è preso per tutto ciò che non si riduce al privato suo interesse, o piacere. Si sono insensibilmente alienati gli animi dal contrar matrimonii come appunto avvenne in tempo del maggior libertinaggio dell'impero romano; onde ora in Basilea alla fine dell'anno il numero dei morti si suole trovare maggiore di quello dei nati, e la città va sensibilmente a mancare. Il governo lungi dall'apportarvi rimedio, conferisce, per quanto può, alla mancanza della popolazione col difficultare l'ammissione di nuovi cittadini, o almeno non cura, ma dissimula questo disordine, tornando bene ai privati mercanti presso de' quali sta la somma del governo, di dover dividere in pochi i molti vantaggi del commercio. Forse ancora si danno alcuni a credere che l'angustia del territorio non permetta una maggiore popolazione, quasi che fossero per mancare i viveri, non riflettendo ad un principio comprovato dalla giornaliera esperienza, che dovunque è popolo, ivi concorrono senza fallo gli effetti necessarii pel vitto. Al presente la città tuttochè una volta popolatissima, conterà solo diecimila anime in circa, e fu detto, che da mille ottocento case si trovino attualmente disabitate. Non lascia però ciò non ostante di essere ricchissima. Ogni mercante mantiene due, tre, quattro, sei, e talvolta più cavalli per proprio uso, e vi si conteranno da cento carrozze. Il maggior traffico, si riduce a tre capi di manifatture, che sono fettuccie, tele indiane, calzette e berrette di lana. È governata da due consigli, uno detto di duecento, altro di sessanta, chiamato ancora consiglio piccolo. I nobili sono affatto esclusi da tutti gli affari pubblici; onde le antiche famiglie di qualità, o se ne sono partite, o hanno rinunciato alla nobiltà e preso il rango di mercante; tre sole famiglie ancora si mantengono nella città, e senza però alcuna pubblica ingerenza. Tutta la cittadinanza è divisa in diecinove tribù le quali si distinguono dalla professione simboleggiata nelle insegne di ciascuna; così vi è la tribù dei mercanti, dei ferrai, ecc. Da ogni tribù si prendono i membri per il consiglio dei duecento, e da questo si forma l'altro consiglio di sessanta. La prima figura nella repubblica si fa dai borgomastri, che sono due, e alternativamente governano sei mesi per ciascuno. Il loro officio è lucroso, e si considera come perpetuo. Vi sono ancora due tribuni della plebe, che alternativamente stanno alla testa del governo col borgomastro. Così di sei in sei mesi alternano i consiglieri, che devono raunarsi per i pubblici affari e per amministrare la giustizia, nella qual'ispezione non sogliono deferire ad alcun giureconsulto. Vi sono bensì alcune camere particolari destinate per esaminare alcune materie; sono queste composte d'ordinario di persone d'ambedue i consigli, e ancora di qualche ministro, se trattansi materie ecclesiastiche. Le cariche si conferiscono d'ordinario a nomina del consiglio, che suole eleggere sei soggetti per le dignità civili, e tre per le ecclesiastiche, rimettendosi poi l'elezione alla sorte. Suole custodirsi la città dai medesimi cittadini distribuiti la notte in varii siti. Monsieur *I. Conrad Fasch* baglivo dell'abbate principe di san Biagio disse, che a lui toccarebbe montar la guardia ogni nove notti, ma con soli sei fiorini annui teneva un sostituto, come fanno tutti i benestanti. Non viene permesso ai vagabondi di andar questuando per la città, bensì la prima volta sono condotti in un pubblico luogo, e là per alcuni giorni vengono provveduti del bisognevole, con ancora qualche moneta per continuare il viaggio; se poi persistano nella città mendicando, vengono presi e mandati al lavoro.

I principi esteri, che prendono milizie dagli svizzeri, non possono avere da Basilea, che pochi offiziali, essendo ristretto il suo territorio, e spopolata la città. Sono proibite le danze, i teatri ed altri pubblici divertimenti; onde la gioventù più allegra suole andare fuori di città per goder simili spettacoli. Trovammo bensì un'accademia di musica, che si tiene più volte la settimana a spese di parecchi cittadini, i quali volentieri ammettono i forastieri, non però gli altri cittadini. La situazione della città è amenissima, ed il clima, nonostante la rigida stagione, fu da noi trovato assai dolce. Il Reno qui si mostra più ricco di acque, e colla maestà di fiume reale passa in mezzo della città, che perciò resta divisa in due parti unite da un gran ponte, parte di pietra e parte di legno. La città della parte di Francia, è più grande dell'altra ed è ancora alquanto rilevata su di un colle. La miglior vista in Basilea è sul gran ponte, godendosi ivi tutta la lunghezza delle due città, e il maestoso corso del fiume.

Le abitazioni sono ornate con brio ma non si vedono palazzi. La città per altro diletta infinitamente per vedersi tutte le persone occupate a qualche cosa, ed i fanciulli medesimi più teneri se ne stanno nelle botteghe in abito succinto e proprio di chi deve travagliare. Viene considerata questa città come la più grande di tutta l'Elvezia. L'edifizio più magnifico è la chiesa cattedrale, di disegno gotico, ma elegantissimo. La facciata, come tutto il resto dell'edifizio, è di viva pietra con due torri negli angoli e varii altri ornamenti. L'area interna è divisa in cinque grandi navate con un gran presbiterio molto elevato in forma di abside, e con una corrispondente confessione sotterranea. A mezza altezza della chiesa scorre intorno una specie di corridore o galleria sostenuta con balaustre di marmo. Si vedono varie iscrizioni e monumenti antichi posti a persone illustri, ed in specie a caratteri di oro vedemmo l'iscrizione del sepolcro di *Erasmo*. Fra le cose più singolari di Basilea mostrano alcune pitture, che si vedono in un luogo pubblico e vengono dette il *Ballo della morte*, per rappresentarsi la morte, che conduce all'altro mondo persone di ogni grado e qualità, con molti scritti sotto in tedesco. Queste pitture credo siano di mano dell'*Holbenio*, e furono già incise, stampate, e descritte in tedesco; nulla per altro parmi che vi si contenga di particolare. In Basilea tutti gli orologi sono regolati un'ora prima del regolamento comune. Alcune storiette raccontano per mostrar l'origine, e render ragione di questa particolarità. Sembra però doversi semplicemente dire che a Basilea si conta l'ora da principio, quando il costume universale è di contarla allorchè finisce. Così noi diciamo essere un'ora di giorno, quando l'ora si compie, e incomincia a correre la seconda; quelli di Basilea al contrario, quando l'ora è compita considerano unicamente la seguente e non la scorsa. Una biblioteca pubblica si conserva in questa città con una raccolta di antiche medaglie, tenute però con poco buon ordine. La biblioteca è numerosa di libri manoscritti e stampati, ma non avendo un idoneo assegnamento è mancante di moltissimi libri moderni, ancorchè elementari per una pubblica biblioteca. Vi sono due copiosi indici dei libri stampati e dei codici, ma li trovammo poco esatti. Per conto dei codici questi sono molti, ma la maggior parte sono cartacei, o di non molta antichità; ve ne sono ancora dei greci. Osservammo un manoscritto cartaceo del secolo decimo quarto e decimo quinto, in cui fra gli altri opuscoli vi è una cosmografia in lingua latina di *Ligidiota*, che tanto nel titolo quanto che nel corpo dell'opera si enuncia per ravennate. Data questa notizia ai letterati di Ravenna, e posta attenzione al contenuto dell'opera, si è trovato, che non è altro che l'*Anonimo Ravennate*, pubblicato già dal *Muratori*. Lo sbaglio poi corso nel nostro codice deriva dal non avere l'amanuense saputo leggere nel codice più antico quell'*Ego licet idiota*, che sta in detto *Anonimo*, avendolo preso per un *Ego ligidiota*. Una accademia ed università vi è in questa città fondata da *Pio II*, in cui in altri tempi hanno certamente fiorito grandi uomini; ora però è decaduta notabilmente, non concorrendovi i forastieri; e i paesani applicati al commercio, poco o nulla curano le lettere. Degli eruditi e professori non conoscemmo che *Giovanni Rodolfo Iselin*, che legge filosofia e giurisprudenza. Ha una ben scelta raccolta di libri. Egli ha fornito lo stampatore *Turnesio* di nuove aggiunte del glossario del *Du-Cange* che questi ha ristampato, o almeno gli avrà prestato il nome per mettere in espettazione la nuova edizione. Alcuni opuscoli ancora ha dati alla luce, ma di poco, o niun momento. Scrive questo professore assai pulitamente in latino. Altro professore di storia trattammo per una mezza giornata, il quale, come dopo riseppi, è versatissimo nelle lingue orientali, ed in una pubblica lezione fece grande elogio di monsignore, e della sua perizia nelle antichità. Il libraio *Turnesio* ha un negozio di libri assai copioso, ed una elegantissima tipografia. Vende i libri ad un prezzo discreto; ed accorda un ribasso di un venti sui prezzi stampati nei suoi cataloghi. Disse, che il trasporto dei libri da Roma a Basilea per Bolzano a lui costa dodici fiorini imperiali per quintale, che porta cento libbre di sedici once. Da Lipsia a Basilea ora spende otto fiorini, ma in altro tempo cinque. Da Parigi a Basilea parimente cinque. Egli prende gli ungari a cinque fiorini. Il moderno residente dell'imperatore a Basilea è monsieur *Marschall*, persona di età virile, che era segretario dell'ultimo ambasciatore, ed ora è rimasto col carattere di residente.

A dì 20 febbraio 1762 si partì da Basilea, e per la medesima strada fatta nell'andare, e colla medesima compagnia del padre *Martino* si andò a pernottare a Gortwilla. A dì 21 si andò a Sciaffusa, o Schafausen dopo un cammino di circa cinque ore, avendosi dovuto allungar di molto la strada per schivare un torrente che era notabilmente cresciuto. Si alloggiò nella casa del monastero di s. Biagio, che vi tiene un ministro, che si chiama monsieur *Thourn*, cittadino di Sciaffusa, il di cui figlio ha servito nelle truppe di Olanda prima di ritornare alla patria per accasarsi. Due cose fanno vedersi in questa città, come rimarcabili: la chiesa di san Giovanni, che da alcuni viaggiatori si enuncia come la più grande di tutta l'Elvezia, il che però non sembrami vero a riflesso almeno della cattedrale di Basilea di recente veduta. Per altro la chiesa è grande a cinque navate di sei archi, ma semplicissima con pilastri probabilmente di mattoni, e con un'abside forse troppo piccola in paragone del resto dell'edificio. L'altra cosa veramente notabile è il ponte del Reno, rifatto di puro legno nel 1758, dacchè nel 1756 rovinò quello di pietra. È coperto e lavorato con tutta l'eleganza, acciò serva ancora di passaggio ai cittadini. La lunghezza è di centottantasei passi ordinarii di una persona. Quello però, che è ben notabile si è, che tutto il ponte è quasi perfettamente piano, e senza alcun sostegno fra le due sponde; poichè quell'unico, che sta in mezzo, non fa alcuna forza, e fu messo contro la volontà del direttore di tutta la fabbrica, che fu una persona rozza del territorio. L'area di dentro è di otto passi miei ordinarii, quali sono quelli della lunghezza. In questa città vi sono alcuni poveri cattolici, i quali per sentir messa devono andare ad un monastero di monache di là dal Reno sul territorio di Zurigo, ovvero al monastero di Reinau. Prima che fosse rifatto il ponte miseramente ne perirono una ventina che, passando il Reno per trovar la messa, la barca incautamente si accostò alle cataratte, e portata dalla violenza delle acque negli scogli, si ruppe. La città è piccola, ma piuttosto elegante, con qualche buona fabbrica. Il suo commercio si riduce al vino del territorio, che ne abbonda, e allo scarico delle nevi, che si mandano pel Reno. Conterà da circa seimila anime; il suo territorio è di corta estensione, nè passa la parte opposta del Reno. Settimane sono si sparse rumore, che la città verrebbe quanto prima incendiata. Il governo accrebbe le guardie ordinarie, che si fanno dai cittadini, e procurava di invigilare con maggiore diligenza; pure in una delle notti passate fu attaccato fuoco alla casa del vescovo di Costanza, e altrove, senza sapersi in qual modo, e da qual persona; furono nel medesimo tempo trovate materie combustibili distribuite in altri luoghi per il medesimo effetto, per quanto può credersi; si fanno ora molte diligenze per scuoprire i malfattori. Il sistema del governo si uniforma di molto a quello di Basilea. Qui però i nobili, o siano tungheri non sono esclusi dal governo; bensì hanno egualmente parte con loro i cittadini. Dodici sono le tribù della città, ciascuna somministra due consiglieri, che formano il consiglio piccolo e cinque pel grande. I due borgomastri governano alternativamente un anno. Una volta all'anno separatamente si rauna ogni tribù per discorrere sulla condotta degli ufficiali, e dei reggenti della città. Se hanno querele contro alcuno di essi, per mezzo di un deputato le fanno esporre al gran consiglio, il quale può in quel giorno privare di carica anche i primi ministri, e il medesimo borgomastro. Le cariche si danno interamente ad elezione, e non a sorte.

A dì 22 febraro si lasciò a Sciaffusa il padre *Martino Gerbert*, che con i cavalli e carrozza del principe riprese la via del monastero, e noi coi cavalli di posta giungemmo la sera a Stokach, dove il padre priore e cellerario di Salem colla muta a sei del loro abbate attendevano l'arrivo di monsignore. Il viaggio fu assai cattivo, e con neve. A dì 23 andammo in cinque ore a Costanza, trovammo la strada piana, ma cattiva in quella stagione. Fummo alloggiati nella casa del monastero di Salem, dove in tempo del concilio alloggiò l'imperatore; ora però è assai male in ordine; vi è annessa una piccola chiesa. La situazione della città è amenissima per il lago, e il Reno, che le tocca le mura: l'aria però non so se sia del tutto salubre per l'umidità del lago, e la bassezza del terreno. Non si trovano edificii magnifici e palazzi; e non ostante la commodità del sito, e l'antico splendore, questa città langue nell'inerzia e miseria. Non vi saranno più di quattro o cinque mila abitanti. L'unica risorsa, che le resta ancora è la residenza del capitolo composto di venti canonici, è la curia episcopale, che qui rimane, quantunque i vescovi facciano la loro ordinaria residenza a Merspurg picciolissima e misera città all'opposta sponda del lago, ma di loro piena giurisdizione. La chiesa cattedrale è assai grande, di architettura gotica, ma assai elegante. I gesuiti hanno in questa città un collegio per circa trenta religiosi con una buona chiesa. Il rettore attuale era confessore della defunta piissima reina di Polonia. Contiguo a Costanza vi è il celebre monastero benedettino detto *Peter hausen*, o sia *Domus Petri*, il di cui abbate si chiama *Giorgio*, ed è persona di ottimo cuore e di fresca età. Fu fondato nel decimo secolo da *Gebeardo* vescovo di Costanza: costituisce uno stato immediato dell'impero, ed ha quindi voto nei comizii del circolo. Le fabbrica però della chiesa e molto più del monastero è assai angusta, e nulla ritiene della grandezza e maestà benedettina.

Vi si conserva una mediocre biblioteca, e pochissimi codici: uno però del secolo duodecimo è ben rimarcabile, contenendo una minuta cronaca del monastero scritta da un monaco dalla sua prima fondazione sino a suoi tempi con moltissimi racconti relativi all'istoria universale e d'Allemagna del secolo undecimo e duodecimo. Hanno ancora un messale del secolo nono o decimo assai ben conservato. Osservai in questo monasterio la seguente iscrizione dell'altezza e larghezza di un palmo, che dissero mandata da Roma annessa ad un corpo di un santo martire, che vi si conserva ancora:

LOCVM VICENTI
QVEM CVM PARA
VICTVM SVISSI
QVI VOLVERIT REQVI
RE VENIAT IN CLE.

I monaci del monastero sono trenta in circa. L'abbate diede un lautissimo pranzo a monsignore; in tempo della tavola vi furono concerti di musica, giusta il costume comunissimo in questa nazione appassionatissima per la musica. Fra dieci sonatori, che fecero il concerto uno solo era secolare e gli altri tutti monaci, il che è ben rimarcabile in un convento di trenta religiosi; ma l'applicazione per la musica è un difetto presso che comune a tutti i monasteri, anche meglio disciplinati della Germania, difetto notato anche da *Mabillon*. Il più deplorabile si è, che talvolta nel ricevere, o allettare la gioventù a vestir l'abito monastico meno si è sollecito della soda, e sana vocazione, qualora possa aversi l'abilità per la musica. In questo monastero è vissuto, e morto da molto tempo il padre *Sfeiffer*, il quale aveva da sè solo fatto profondissimi studii nelle lingue orientali, ed aveva molto travagliato per un dizionario ebraico rabbinico latino, che poi non avendo ridotto al suo termine, lasciò al padre *Fintano Linder* di san Biagio, che pensa di terminarlo, e darlo alla luce, come si è detto di sopra. In Cosenza osservai un costume bellissimo di tutta la povertà questuante, che processionalmente con un Cristo inalberato avanti, e recitando delle preci va per la città raccogliendo le elemosine, le quali poi si distribuiscono fra di loro da persone destinate a tale effetto dal magistrato. La città è austriaca, ma il suo governo non credo dipenda egualmente, che le altre città di Brisgoia dalla rappresentanza di Friburgo. Dissero alcuni canonici, che nella guerra passata l'imperatrice regina esibisse questa città al vescovo per duecentomila fiorini. Monsignore ricevè in questa città visite da tutti i canonici, che gli fecero molto onore. È da avvertirsi, che un signore di distinzione forastiere deve notificare il suo arrivo alle case di quei signori dai quali ama esser visitato; su di che cade in acconcio di avvertire la superstizione dei tedeschi per conto dei complimenti, e ciò in ogni ceto di persone; cosa che non può non arrecar qualche meraviglia, atteso lo spirito della nazione di viaggiare, specialmente per la Francia e per l'Italia.

Mezz'ora distante da Costanza, nella Turgovia dei Svizzeri sulla riva del lago vi è un monastero o collegio di Premostratensi detto Creuzelinga. Il prelato si chiama *Prospero*; ha venticinque religiosi. La chiesa è piuttosto grande. Una gran cappella vi è adornata, e piena di più centinaia di figurine di legno rappresentanti tutta la passione di Cristo ad uso dei presepii e sepolcri d'Italia. La biblioteca sembra ricca di libri delle prime edizioni. Pochissimi codici vedemmo, fra' quali un breviario del secolo duodecimo, con aggiunte del decimoquinto.

A dì 27 di febraro si partì da Costanza di ritorno a Salem; si passò per l'antichissimo monastero di Reichenau, o sia Augia ricca, piantato in un'isola del lago in vicinanza di Costanza. Si conteranno nella medesima da millecinquecento anime, che attendono specialmente alla coltura del terreno. Tutta l'isola appartiene al monastero unito sin dal secolo decimosesto perpetuamente alla mensa vescovile; onde il vescovo ne percepisce tutte le rendite. La chiesa è assai grande e rinomata per il sangue di Cristo, che qui dicono di conservare, e anche per il corpo di san Marco, il quale con tanta fermezza credono di avere che nelle messe solenni all'Evangelio non dicono: *Lectio Sancti Evangelii secundum Marcum*, ma indicando il luogo del supposto sacro deposito dicono: *Secundum istum*. Dodici monaci benedettini presi dai vicini monasteri, suole tenervi il vescovo di Costanza, per officiare la chiesa, e soddisfare alla devozione dei pellegrini, mantenendoli di tutto il bisognevole per mezzo di un camerlengo, che vi tiene per l'amministrazione delle rendite, che si percepiscono. Il presente vescovo cardinale di Rodt ha dovuto soggiacere ad un processo pertinacissimo con i detti monaci che per ogni verso volevano sottrarsi dalla sua dipendenza, vendicare l'antica libertà e ricchezza.

Dopo di avere tentati inutilmente i mezzi più proprii, finalmente mossi dalla disperazione ricorsero al re di Prussia per non so qual relazione, che la sua casa viene ad avere con tal monastero. Egli di fatto ne scrisse al cardinale con gran precisione, possesso e prevenzione per i monaci, il che pregiudicò, e finì di rovinare i monaci, che il cardinale in virtù di alcune straordinarie facoltà ottenute da *Benedetto XIV*, a forza disperse in varii monasteri, dove ancora si ritrovano, toltone uno, che dimora a Berlino, per attendere l'opportunità di valersi con maggior buon successo della protezione prussiana. Vi è in questo monastero una biblioteca copiosa di libri antichi stampati e manoscritti. I codici in carta pecora sono duecentosessanta o settanta, nella maggior parte anteriori all'anno millesimo, e contengono specialmente opere di santi padri. I cartacei sono centosessanta. Il camerlengo n'è custode, essendo però questo, o potendo essere ignorante, nulla è più facile, quanto che vada finalmente perduto questo tesoro: per lo che sarebbe ben fatto di stare in attenzione di qualche contrattempo favorevole per acquistarlo alla vaticana, o ad altra insigne biblioteca. Vi è specialmente il codice detto di *Predestinato*, che enumera le eresie particolarmente sulla grazia, e libero arbitrio: copia ne volle già il cardinal *Barberini*.

Da Augia andammo a pernottare in Stokach, essendo in questa stagione il lago piuttosto pericoloso, e incommodo per il freddo. A dì 28 febbraro andammo a pranzare ad Uberlinga, città imperiale sull'opposta riva del lago; ci trattenemmo nella casa del monastero salemitano. La città fece trovare i soldati alle porte nell'entrare ed uscire di monsignore. Mandò deputati a fargli visita, e venne il decano della collegiale con varii regolari. Verso sera si continuò il viaggio, e si ritornò felicemente a Salem a riprendere gli affari della commissione apostolica. Dopo le sollecitudini di quasi sei mesi fu questa finalmente ridotta ad ottimo termine, onde a'17 e 18 di marzo monsignor commissario pubblicò parecchi decreti risguardanti la disciplina del monastero, e confermò l'abbate *Anselmo* nel suo governo, cassando di nuovo il decreto di sospensione, che contro di lui già pubblicarono l'abbate di Ebraco e di s. Urbano, commissari straordinari mandati a Salem dall'abbate di Cistercio capo di tutto l'ordine; qual sospensione, senza entrar nei meriti della causa, era già stata dichiarata nulla dalla nunziatura di Lucerna.

A dì 23 di marzo 1769, dopo aver pranzato, monsignore si mise in procinto di partire da Salem col signor cancelliere *Castoreo*, segretario, e famiglia, essendo già terminata nella sostanza la visita e commissione apostolica. Vennero dunque tutti i monaci in camera a baciare la mano a monsignore commissario, e all'uso monastico tutti si inginocchiarono. Vi era presente anche l'abbate, che per ultimo fece un ringraziamento a monsignore, e gli presentò l'aggregazione che gli aveva ricercata dei beni spirituali della comunità religiosa, e in fine con sentimenti di vera umiltà, al pari del più infimo de' suoi monaci, in ginocchioni volle baciargli la mano. Nel partire, fummo accompagnati dal padre abbate, dal padre priore e da altro monaco, oltre al cancelliere secolare del monastero e dal padre *Borsiere*, i quali due erano destinati a venire a servire monsignore e accompagnarlo fino a san Gallo. Tutti erano in due carrozze con mute a sei cavalli. Nel partire si suonarono le campane, e fuori del monastero vi erano distribuiti quantità di pezzi di artiglieria che furono in quell'atto sparati. Si andò con questa comitiva sino a Birnau, chiesa del monastero sul lago dove concorre quantità di pellegrini per devozione ad una celebre immagine della beata Vergine che ivi si venera; indi passati alla prossima casa e grangia di Murach, si montò in barca e, in termine di un'ora incirca, si passò il lago. Murach appartiene pienamente a Salem. Si lasciò a mano dritta nel tragitto un' isola detta Meinau, ove si vede un bellissimo palazzo con altre abitazioni; e questa appartiene all'ordine teutonico, ed è una delle principali commende dell'ordine per la grande sua giurisdizione e ricchezza. Ora si ha in commenda dal barone *Reithner* gran confidente del principe *Carlo di Lorena*.

Si prese terra in un piccolo luogo chiamato Staden, spettante alla suddetta commenda: ivi si trovò la muta a sei con altri legni del padre abbate di *Petershausen di Costanza*, da cui fu alloggiato monsignore con tutta la comitiva, e trattato con tutta la urbanità da quel prelato e dai suoi monaci. È da notarsi che questo monastero è diviso dalla città unicamente pel Reno, che vi scorre in mezzo nel dividersi e uscire che fa dal luogo. La sera giunse da san Gallo il segretario secolare dell'abbate principe di detto monastero significandogli di essere stato ivi mandato dal suo padrone per servire monsignore colle lettighe e con tutto il bisognevole.

A dì 24 marzo si partì dunque da Petershausen con due lettighe, una da un sol luogo per monsignore, altra da due persone per il cancelliere e segretario con inoltre da circa dieci persone a cavallo. È da avvertirsi che per queste parti dell'Elvezia, particolarmente in tempo d'inverno, l'uso delle lettighe è communissimo, e poco o nulla è conosciuto quello delle carrozze per le strade anguste e difficili, praticabili solamente a cavallo o colle lettighe suddette.

Da Petershausen, in quattr'ore incirca di cammino, si giunse a Hagenwil costeggiandosi per lungo tratto il lago. Incontrasi in questo tratto un monastero benedettino di monache, chiamato Munsterlingen, il quale dipende unicamente dalla nunziatura di Lucerna, da cui solamente è visitato. A Hagenwil trovammo il padre officiale, o sia vicario generale della curia sangallense, e il padre economo o cellerario di san Gallo, mandati ivi avanti per imbandire un bellissimo pranzo, come fu fatto, e per servire monsignore nel resto del cammino. È questa una parrocchia appartenente al monastero. Quivi era anticamente una rocca ridotta al presente ad abitazione, per altro incommoda, de' monaci che ivi capitano di tempo in tempo per andare in altri luoghi.

Dopo pranzo si proseguì il viaggio sino a san Gallo, dove si giunse dopo tre buone ore di cammino. Le strade sono anguste, e in questa stagione impraticabili con altri legni, fuorchè colle lettighe. A san Gallo fu il signor conte ricevuto con tutta la gentilezza da quei religiosi e dal loro abbate principe che l'incontrò al principio della scala. Il giorno 27 fummo lasciati dal signor *Cristiano Mayer*, cancelliere di Salem, e dal padre *Borsiere*, venuti fin qui a servire monsignore commissario, essendosi ambedue licenziati per ritornare alla loro residenza. Il monastero di san Gallo è contiguo alla città del medesimo nome, anzi può dirsi compreso nel suo recinto. È situato alle radici di un alto monte, a questi tempi coperto di neve. La struttura del monastero non è nè magnifica, nè bene ordinata; e poco o nulla migliore in questo genere sarà per riuscire la nuova fabbrica aggiunta al medesimo, che ora si sta compiendo. La gran chiesa, che dai fondamenti è quivi stata eretta, forma in mezzo un grandissimo circolo sostenuto da un portico, che si allarga oltre la larghezza della chiesa medesima. Dalle due parti opposte di questo circolo partono due bracci di chiesa, ciascuno di tre navate, uno dei quali finisce con una grande absida e altar maggiore pubblico; l'altro termina in altra simile absida e altare, nel di cui presbiterio sarà il coro de' monaci che ora si sta lavorando. L'architettura di tutta questa chiesa è invero pessima, e piena di errori; ciò non ostante soddisfa il gusto commune di questi paesi per essere grande, luminosa, colle vôlte tutte dipinte a colori assai forti, e per la grande quantità di lavori di stucco, che è la cosa meno cattiva di questa chiesa. I confessionali sono parimenti assai ben lavorati a intagli in legno. La città di san Gallo è assai piccola e angustissimo è il suo territorio o sia lo spazio di terreno, che ha fuori delle mura, il quale non ben si estende a un quarto d'ora di cammino, essendo tutto il rimanente del paese di giurisdizione del monastero. Pure la città è piuttosto allegra, ed è abitatissima, unitamente coi villaggi annessi fuori delle mure: si contano in questa città e distretto circa undici mila anime. Il maggior traffico dei paesani consiste nelle tele che mandano in gran copia in Francia, e che in Italia passano sotto il nome di tela di Costanza. Vi si fabbricano ancora delle tele muscioline, che io medesimo provvidi, il lavoro e commercio delle quali è da pochi anni in qua notabilmente accresciuto. I cittadini sono ricchi, ma più lo erano una volta. Questa città è libera del tutto, e si regge con una specie di governo misto. È confederata con più cantoni, fra i quali contasi Berna, Zurigo, Lucerna e Glarona.

Professa il calvinismo. Poche settimane sono seguì in questa città un fatto, da cui può argomentarsi quanto rigido sia il regolamento della giustizia e quanto al contrario si trascuri la censura dei costumi. Uno degli officiali della città, che veniva ad essere uno dei quattro segretarii di stato, era talmente dedito al libertinaggio, sebben fosse attualmente ammogliato, che si fa conto avere avuto da *sessanta in settanta e più figliuoli, senza che persona gliene facesse delitto*. Scopertosi poi, che questo aveva tradita la pubblica fede col ritenere e far uso di una somma di denaro destinata per redimere non so quali schiavi; non ostante che poi fosse esibita altrettanta e maggior somma per riparar il danno cagionato, gli fu fatto pubblicamente mozzare il capo.

Da san Gallo passammo a Rosacco per osservare la biblioteca dei codici, ivi conservati, finchè sia ridotta a termine la nuova fabbrica del monastero. Questo luogo è poche ore distante da san Gallo, ed appartiene al monastero suddetto. È situato sulla riva del lago di Costanza in una amenissima pianura, e fiorisce per il commercio di tele, che manda specialmente in gran copia in Italia. Fra i mercanti più ricchi uno è il signor *Bayer* che ha un grossissimo capitale, e il suo traffico consiste in sole tele. Sogliono i mercanti comprarle crude dalle genti di campagna, che le lavorano, e le più fine non si pagano mai più di un fiorino per ciascuna ulna di Brabante. Le fanno poi imbiancare a loro conto, nè in questa fattura si impiegano mai meno di sei settimane. Ogni pezza, che tira ordinariamente per ogni ventiquattro camiscie, porta due fiorini in circa di spesa per imbiancarle, e poi il mercante la vende a tanto prezzo da guadagnarci dieci, dodici e più carantani l'ulna, o sia otto, dieci e più scudi la pezza. Quindi se i mercanti stranieri invece di prender le tele da altri mercanti di questi paesi, le facessero a loro conto comprare direttamente dai particolari, le averebbero per un prezzo assai minore, e potrebbero ancora farle imbiancare nel proprio paese con vantaggio della povera gente; seppure la qualità delle acque di altri luoghi, e la diligenza de' contadini fossero eguali a quella di questi paesani, e degli altri luoghi svizzeri, specialmente di san Gallo e di Zurigo.

In questo luogo, come anche in tutta la Svevia, le monete al presente corrono ad un prezzo molto alto. Il ducato d'oro, o sia unghero, a fiorini cinque e carantani dodici. Il luigi nuovo da lire ventiquattro di Francia, vale fiorini dodici e carantani dodici, e in corso anche per carantani venti.

Rosacco non è città, ma è luogo rispettabile di piena giurisdizione anche temporale del monastero. Gli abitanti tutti sono cattolici. Il migliore edificio è un vasto magazzino di grano a più ordini, fatto a foggia di bel palazzo sulla sponda ed a livello del lago con assai buon gusto dal presente padre abbate. Quivi una volta la settimana si fa mercato, conservandosi non meno il grano del monastero, che quello dei mercanti che vengono dall'impero per esitarlo agli svizzeri che ne scarseggiano. Il fitto che pagano è molto discreto. Il principe procura ancora di avere sempre questo magazzino ben provveduto, per prevenire il caso, in cui, o a motivo di guerra o di altro, l'impero non gliene volesse somministrare. Fuori di Rosacco vi è una antica fabbrica di vasto monastero elevato fino al secondo piano, dove risiedono alcuni monaci, e dove noi fummo alloggiati. Fu già idea degli antichi monaci di volere quivi trasferire la residenza del convento di san Gallo, per sottrarsi dalli continui insulti che soffrivano dai ribelli della prossima città di san Gallo. A questo effetto cominciarono una conveniente fabbrica in Rosacco, ma accortisi poi i cittadini di san Gallo quanto pregiudizio averebbero essi sofferto nello spaccio delle loro merci ed entrate, e nella diminuzione dei forastieri, e nel sostentamento di tanti e tanti cittadini che stanno al servizio del monastero, e di tutti i poveri che dal monastero traggono sussidii grandissimi, fatta una improvvisa invasione a Rosacco, distrussero del nuovo monastero quanto poterono, e così obbligarono i monaci a ritornare nella loro propria e primitiva residenza. Al presente, per altro, passa un'ottima armonia e buona corrispondenza fra la città e il monastero. Ciò deriva dalle dolci maniere del presente principe e abbate *Celestino* e dalla religiosissima ed edificantissima sua condotta. Modestissimo nel suo trattamento si astiene da tutte quelle pompe che mal si accordano coll'istituto monastico ed eccitano l'invidia dei secolari. Egli fu eletto nell'anno 1740, senza che prima avesse avuta la menoma ingerenza e cognizione nelle cose temporali e negli affari del principato; pure il suo governo è felicissimo e sarà memorabile a tutti i suoi successori, specialmente per avere sedati i torbidi del Toggenburg, di cui parlerò altrove, e per una composizione che fece coll'immediato antecessore dell'odierno vescovo di Costanza sulle controversie di giurisdizione spirituale, che tutto giorno nascevano con disturbo del monastero e qualche scandalo degli eretici, la qual transazione fu poi confermata da *Benedetto XIV*. Il medesimo ha fondate alcune parrocchie, ed ha in gran parte contribuito con grossi donativi all'erezione o stabilimento di un monastero di zitelle, che di giorno e di notte, senza alcuna interruzione, fanno orazione al santissimo sacramento dell'Eucarestia. È da notarsi che questo monastero è stato eretto in Liebingen nel Toggenburg, nel di cui territorio, e precisamente poche ore distante dal detto luogo, già nacque l'orrendo

Ulrico Zuinglio, che incominciò in queste parti a spargere i suoi errori contro questo sacramento. Ma le lodi di questo principe non hanno termine per conto della ottima disciplina, che mantiene e fa fiorire fra i suoi monaci. È questa di molta austerità, pure tutti i monaci ne sono contentissimi, e ciò non per altro, che per essere animati dalla innata dolcezza e dal continuo esempio del loro abbate e principe. In questo monastero vi è una specie di seminario o di convitto di oblati, che sin dai primi anni dell'innocenza vengono educati ed istruiti nella pietà e nelle scienze, sino a una età conveniente per eleggere lo stato ed entrare, se vogliono, nel monastero. Un beneficio di qua ne viene considerabilissimo, ed è, che ordinariamente i monaci sono innocenti, e, educati fin dalla prima età sotto la disciplina monastica, sono a portata di più facilmente accommodarsi alla vita regolare, ed hanno già fatti tutti i loro primi studii a norma degli altri che devono fare in appresso nel chiostro. Questi giovani vestonsi con tonaca nera tutti uniformemente, e pagano la dozzina, che però è assai discreta, eccetto alcuni che vi sono mantenuti *gratis* dal monastero. In questo seminario apprendono anche la lingua greca ed ebraica, la quale applicazione è riserbata per le feste. Nel monastero vi ha una stamperia ancora. Gli studii per altro non sembrami che fioriscano, e le migliori dottrine, che si allontanano dalla barbarie scolastica, non sono cognite a una parte de' monaci, ancorchè l'abbate sia persona di molto giudizio e di ottima morale e teorica e pratica. La teologia di cui si valgono mi fu detto esser stampata nel monastero poco dopo la metà del secolo passato. Nelle materie della grazia, giusta il detto corso, si è sempre seguito la scienza media, senza però obbligo preciso ai professori di doverla difendere; onde è, che alcuni sono anche tomisti. Per altro le lingue orientali hanno qui sempre grandemente fiorito e fioriscono. Ma qual pro di queste lingue, se poi non vi si accompagna lo studio dei santi padri, e della storia ecclesiastica, e dei concilii, e della sana critica? Resta uno studio sterile e senza verun utile o diletto. Ricchissimo poi è questo monastero di codici manoscritti, contandosene più di mille, e, ciò che è più rimarcabile, quasi tutti del secolo nono, decimo e undecimo. Fra questi si conserva anche un libro in papiro, ove sono alcune cose di sant'Isidoro e due omelie, credo io, di sant'Agostino. Vi sono alcune antiche tavolette incerate scritte da ambedue le parti. *Mabillon* e *Calmet* nei loro diarii non lasciano di dar ragguaglio di questa biblioteca. L'indice della medesima vedemmo in due tomi manoscritti fatto dal padre *Pio Kolb*, già bibliotecario, e che al presente si trova gravemente infermo, e prossimo a morire. Siccome dissero che questo catalogo verrà stampato, così non sarà fuor di proposito di darne un'idea. È commendabilissima, prima di ogni altro, la somma cura dell'autore nel descrivere ogni codice con molta precisione, e nel far delle lunghe animadversioni sulle materie contenutevi, e molto più per assegnare l'età a ciascun codice assai esattamente. È però da notarsi che l'autore, nel comporre dette animadversioni, ha avuto alle mani autori e libri di vecchie edizioni, o meno critici, come sarebbero *Bellarmino*, in materia degli scrittori ecclesiastici, la collezione di Parigi in genere di concilii, le edizioni vecchie dei padri, ed altre simili; onde essendogli mancati o in tutto, o nella massima parte que' moltissimi libri moderni che hanno arrecato nuovi lumi, e aiuti per lo studio utile dei codici, puossi con tutto il fondamento temere che spesso spesso abbia egli fatto gran caso di ciò che è cognito *lippis et tonsoribus*, e che talvolta non abbia potuto rilevare ciò che era più rimarchevole. Pare ancora che sia stato troppo facile nell'assegnare a qualche opera l'autore, avendo egli in ciò deferito a dei segni, che per essere troppo recenti, o per altre ragioni non possono valutarsi di molto. Talvolta non sembra molto oculato nell'avvertire qualche cosetta che nei codici spesso spesso si trova, dove meno si penserebbe, e che per altro non deve mai disprezzarsi, particolarmente se si tratta di materia che in qualunque modo possa riferirsi alla storia. Una diligenza ancora troppo necessaria è stata da lui affatto omessa, ed è di accennare il principio ed il fine delle opere contenute nei codici; onde resta difficoltato al lettore col solo catalogo alla mano di potersi accertare, se il titolo ivi dato all'opera sia giusto, se la detta opera sia stampata o no, specialmente se sotto il nome di altro autore fosse già stata pubblicata. Il catalogo è diviso in sedici classi di libri, e ogni classe ha delle subalterne divisioni assai ben pensate; ma tutto ciò però rende un grande incommodo, qualora avendosi un codice alla mano si vuol riscontrare dove, e quante volte ragioni nel catalogo. Sicchè ho esortato che si faccia un inventario coll'ordine successivo dei numeri dei codici, e ad ognuno si noti quella o quelle pagine del catalogo, dovunque si parla di quel medesimo codice, e così potrà vedersi quel che sia stato omesso e non osservato dal padre *Kolb* in ciascun codice: difetto che per quanto ho potuto accorgermi non di rado si scoprirà. Ma a questa diligenza sarà in istato di supplire il padre *Uldarico Berchtoldt*, nuovo bibliotecario del monastero prima di dare al pubblico detto catalogo. Premettesi al medesimo una dissertazione istorica sugli antichi studii coltivati nel monastero, argomento, che deve esser gradito, qualora venga con la necessaria erudizione trattato, come pare che lo sia.

Della biblioteca dei libri stampati non parlo, non avendo avuto nè tempo nè commodità di vederla; bensì, per quanto può arguirsi, è sprovveduta dei libri più moderni. Disse bensì il principe di conservare una biblia stampata in tempo che si incominciò a spargere l'eresia in Germania, con vecchie note marginali di carattere di *Beza* medesimo, sui passi che nelle nuove edizioni conveniva omettere, come mal coerenti cogli errori che si facevano a predicare quei novatori. Ci riferì ancora che sul principio della pretesa riforma fu da taluno stampata una biblia col titolo: *Verbum Dei melioratum*, la quale fu poi soppressa, e che un codice di detta biblia si conservi in Zurigo.

L'archivio del monastero non fu veduto; deve però credersi pieno di antiche carte; assicurando i monaci di essersi questo, nelle contrarie vicende del monastero sempre conservato. Tengono i loro diplomi e privilegii stampati in fogli volanti presso ciascuno officiale che può averne bisogno nel maneggio degli affari. Usano però una somma cura perchè non si divulghino, affine di non dare talvolta occasione ai critici più rigidi di cavillare e contrastare per via di erudizione al monastero quei privilegii di cui si trova in lungo e quieto possesso. Il governo poi di questo principe può considerarsi in due aspetti, nello spirituale e nel temporale. L'abbate di san Gallo non meno è principe temporale ne' suoi stati; ma è ancora fornito della giurisdizione spirituale. Ha sotto di sè cento quattro parrochi e cappellani curati, senza comprendervi gli acatolici. Ora presiede alla cura del clero il padre don *Isone Walser* col titolo di padre officiale, e viene ad essere come un vicario generale.

Una costumanza particolare vi ha in questo luogo: i *benefizii* anche parrochiali non si conferiscono in perpetuo e in titolo, rimanendo sempre al principe la facoltà di chiunque rimuovere o destinare ad altri beneficii, più o meno pingui; dal che ne siegue, che maggior premura, debbano avere i preti di adempiere i loro doveri per non essere cacciati, e per essere col tempo promossi. Se fosse questa disciplina in ogni diocesi, quanto più soggetto al vescovo, e disciplinato sarebbe il clero! Questa inamovibilità di beneficii, dei quali non si può esser privato, che per processo e sentenza di delitti gravissimi, è contraria alla più antica disciplina della Chiesa, e basta leggere i sinodi diocesani del decimoterzo e decimoquarto secolo, nei quali per pena di varii statuti dei più necessarii, si pone di sovente la privazione del beneficio. Per conto del temporale questo principe è capace di mettere in armi ventimila uomini; tredicimila in circa di cattolici, e settemila di acattolici. Non può negarsi, che nei suoi stati egli non sia vero sovrano. Il regolamento però è tale che nulla o quasi nulla prende dai suoi sudditi; non si conoscono pedaggi e tributi; il maggior obbligo dei sudditi è di prender le armi in difesa del principe, e di mantenersi alla guerra a proprie spese. Suole anche tenere delle milizie al soldo di varie potenze straniere, qual sarebbe la Spagna, la Francia, ecc. colle quali credo sia anche in una specie di confederazione. Al presente ha un solo proprio reggimento, cioè al servigio della Spagna, che ora si trova in Galizia, e non sono che poche settimane dacchè venne ricercato dal re di Spagna di accrescere un altro battaglione; istanza, cui non ha voluto acconsentire per non snervare il suo stato di uomini. Altra simile istanza di assoldar truppe, o di mettere in piedi altro reggimento al soldo della republica veneta gli fu destramente fatta di fresco da una persona terza a istigazione forse della medesima repubblica di Venezia; ma per le stesse ragioni non volle ciò accordare. È poi in una speciale confederazione coi cantoni di Glarona, Zurigo, Berna e Lucerna. Questi in occasione della nuova elezione dell'abbate principe ne sono fatti da lui consapevoli, e ciascheduno manda due deputati per accompagnare e assistere il nuovo principe nel possesso e giuramento di fedeltà, che riceve dai sudditi. Quanto avvenne al moderno principe in tale occasione nel Toggenburgo, lo riferirò ove parlerassi di tale contea.

È da avvertirsi, che nel mandare i detti cantoni deputati per assistere il nuovo principe, non resta punto offesa la sovranità e indipendenza, non facendo essi altro, che assistere come protettori, o per meglio dire alleati, e non già come avvocati; non così avviene agli altri abbati dell'Elvezia, i quali nell'aver presa già tempo l'avvocazia di qualche determinato cantone, o di più cantoni, danno non so quale ricognizione annua e restano soggetti a tutti i diritti dell'avvocazia. Prende però l'investitura il principe di san Gallo dall'imperatore, di cui tutte le terre erano già feudatarie, benchè dopo le rivoluzioni elvetiche, e in specie dopo la pace di Westfalia, l'impero non abbia più verun esercizio di giurisdizione in tutta l'Elvezia, in cui comprendonsi anche gli stati, ossia il territorio di san Gallo. L'imperatore dà l'investitura egli medesimo dal trono, e non per mezzo del consiglio aulico, come si costuma coi stati meno considerabili dell'impero. Quindi l'abbate di san Gallo s'intitola, ed è principe del sacro romano impero. Non porta però alcun peso per conto di ciò; nè mai interviene alle diete di Ratisbona; il che non so se deriva o dal non volersegli dall'impero accordar nella sostanza i proprii diritti, sebbene gli si ammettano gli onori, o piuttosto dal medesimo principe, che non si curerà di avere parte nelli più intrinsechi affari di Germania, per non ingelosire tutto il corpo elvetico, e per non portarne i pesi, o come sembra più probabile, dall'uno e dall'altro. Quattro sono i principali suoi ministri. Il primo ha il titolo di maggiordomo; e al presente è il barone di *Turn*, signore di nascita riguardevole, discendente dagli antichi conti *Della Torre* di Lombardia, che sul principio del secolo passato vennero in Elvezia; onde fra i suoi ascendenti conta quel *Giulio Della Torre*, che sostenne alcune commissioni o nunziature apostoliche sotto *Paolo V*.

Egli è uomo di gran credito, e di molta esperienza, e perciò molto se ne vale il presente principe negli affari politici, di ordinario mandandolo alle diete universali di Fraunfelda, dove l'abbate di san Gallo ha sessione come primo socio della confederazione elvetica. Il secondo ministro ha titolo di maresciallo, e sopraintende alle milizie. Il terzo è il cancelliere. Il quarto è il prefetto della contea di Toggenburg, posto al presente occupato dal signor *Casimiro Crus*, nobile lucernese, giovane di molta abilità, e amante della lettura. Questi quattro formano un consiglio speciale del principe insieme con altri e regolari e secolari ad arbitrio del principe. Sonovi in oltre altri consiglieri onorarii, che non hanno altro attuale servigio, che in quanto tal volta l'abbate li chiamasse o volesse servirsene. Il primo poi fra i consiglieri del consiglio è il decano del monastero, a cui ancora è specialmente commessa la cura di sette monasterii di monache, che dipendono dal monastero.

Il moderno abbate principe coll'abbate principe di Muri, e con quello di Einsilden è ancora visitatore della Congregazione benedettina elvetica; e dalla probità di questi, e dalla maturità e saviezza specialmente del primo, deve riconoscersi l'ottima disciplina che vi fiorisce. Vengono eletti da tutta la congregazione, e per lo più confermati ogni tre anni, non ostante che tre sieno i visitatori di questa congregazione elvetica, due solamente intervengono alle visite, e sono per ordinario quei due che restano più vicini al monastero da visitarsi. Giova ancora questo terzo visitatore a far sì che ciascun abbate visitatore possa senza nuova deputazione essere dai due altri visitato, non potendo un abbate visitare il proprio monastero.

Non ha molto che l'abbate di Reinau (nel 1758) sul Reno contiguo a Schafausen, teneva un governo, che non piaceva ai monaci, e meno era proficuo al monastero, l'abbate di san Gallo maneggiò con tale destrezza tutto l'affare con il nunzio, che giunto coll'altro visitatore abbate *Einsidlen* in un luogo di detto monastero, dove dovea trovarsi l'abbate già convenuto, questo vide presentarglisi e processo e sentenza di deposizione, sottoscritta da monsignore nunzio *Bufalini*, quando credeva di essere stato chiamato come visitatore della congregazione per incamminarsi a visitare il monastero di san Gallo. Il colpo fu regolato con tanta saviezza, che l'abbate per non esserne a forza privato, s'indusse di subito, sebbene ne fosse alienissimo, a rinunciare, e i monaci che nulla sapevano di tutto ciò che si era maneggiato fra i monaci visitatori e il nunzio, all'improvviso si videro intimare una elezione, che fu fatta con tutta la pace, e senza dare occasione del minimo scandalo e mormorazione ai secolari. Un simile affare può dirsi della medesima qualità di quello di Salem, eppure la varia maniera di trattarlo ha fatto, che quello di Reinau nello stesso giorno fosse pubblicato, e finito; quello di Salem ha dato occasione di discorrere per un anno e più, nè ancora resta sopito. Nel detto, la giurisdizione ecclesiastica ha avuto tutto il suo luogo, anzi vi ha trionfato, e l'ordine ne è uscito con tutto l'onore. Nel secondo è stata lesa notabilmente la giurisdizione suddetta, e l'ordine ha dovuto fatalmente soccombere con perpetua infamia di quelli che ne sono i luminari; ed ecco quali diversi effetti produca una causa, e una imprudente condotta.

A dì 4 aprile 1762 si partì da san Gallo per Einsidla. Il principe abbate di san Gallo mandò un suo segretario per servire monsignore con lettighe e cavalli. In termine di cinque in sei ore giungemmo a Gonzanbach, piccolo luogo ove pranzammo, indi continuammo il viaggio sino a Leichtensteig, luogo piccolo che in questi paesi vien considerato per città, ed appartiene al principe di san Gallo, come tutto il paese, per cui passammo in questo giorno. La città è mescolata di cattolici e calvinisti; e questi ultimi sorpassano il numero dei primi. Le chiese sono communi per l'esercizio dell'una e dell'altra religione. Questo luogo è il principale della contea di Toggenburg appartenente al principe e che farà da circa tredici mila uomini atti a portar armi. Il paese è sparso di monti, ma pure fin qui la strada era quasi sempre piana e non difficile, col mezzo delle lettighe. Le case sparse per la campagna e anche per i villaggi sono tutte di legno; frequenti sono le acque che inaffiano il paese, e spesso si trovano dei ponti. Le campagne non sembrano nemiche della coltivazione, e la popolazione è assai numerosa. A Leichtensteig dimora un ballivo costituito dal principe, a cui è commessa l'amministrazione della giustizia e la presidenza delle cose militari. Questo poi ha degli assessori che formano una specie di consiglio.

Questa contea negli anni passati si mostrò da principio renitente a prestare obbedienza al moderno principe di san Gallo. Varii erano i capi di controversie che vertevano fra questi sudditi e il monastero, e che avevano data occasione a una specie di ribellione, ma il principale si riduceva alla facoltà che negavano gli abitanti al principe di levar gente dal loro territorio per portare le armi; l'abbate però colla naturale sua dolcezza ridusse in breve il tutto a un ottimo fine. Per conto del diritto di far genti da guerra acquietò i sudditi coll'istituire un consiglio militare di ventiquattro persone oltre il ballivo di Leichtensteig; dodici consiglieri vengono eletti dai paesani e dodici dal principe; onde sempre quest'ultimo, volendo, può avere a suo piacimento la maggioranza dei voti.

A dì 5 si partì alle ore sei da Leichtensteig e si proseguì il viaggio. Trovammo le strade in pessimo stato per le nevi e geli, parte liquefatti e parte consistenti che rendono più malagevole il viaggio, ma molto più per le frequenti salite e discese precipitose che si trovano. La neve per lungo tratto era alta sopra due piedi, e la strada resta indicata ai passeggieri da varii legni ben alti, che vengono posti opportunamente da ambedue i lati. Le case sono rarissime per le campagne, che per altro sembrano coltivate con diligenza. A ore undici incirca giugnemmo ad un'osteria posta sulla sponda del fiume detto Limeth che va a perdersi nel lago di Zurigo. Pochi passi prima si passò per Utznach, luogo cattolico, che viene considerato per città. È questa una prefettura nel cantone di Suito (vulgo Schweitz) d'onde traggono i svizzeri il nome. Non può per altro dirsi in tutto del cantone; dipendendo da Glarona e da Suito che alternativamente vi costituiscono un prefetto per l'amministrazione della giustizia: nel rimanente passano come quasi liberi. Due ore incirca dopo costeggiato il detto fiume Limeth in una pianura dilettevole si giunse a Lachen, luogo cattolico sul lago di Zurigo assai piccolo, ma che costituisce un'altra prefettura a cui si dà il prefetto da Suito.

Dopo aver preso un pranzo in questo luogo, si continuò il viaggio sino a Pfefficon, castello sul lago di Zurigo spettante al monastero di Einsilda, situato di rimpetto a Rappersvil, città che si governa da sè stessa, e sta sotto la protezione di Zurigo, quale anche prende qualche parte nel governo di essa. L'altra giurisdizione di questo castello è presso il cantone di Suito, il quale, in tempo di guerra, vi tiene le guardie. Non sembra di alcuna fortezza; ha per altro le sue fosse con acqua che continuamente vi scorre. Il sito è bellissimo per dominare il lago e godere la vista della campagna e i monti opposti. Questo luogo è distante da Rappersvil meno di due ore, e la strada è sempre piana. In Pfefficon fummo incontrati dal segretario e dalle lettighe dell'abbate di Einsilda; onde quivi si licenziarono nella mattina seguente quelli di san Gallo.

A dì 6 aprile, di buon'ora, partimmo da Pfefficon e in meno di tre ore, pigliando la difficilissima strada dei monti, giugnemmo ad Einsilden, monastero con un santuario rinomatissimo in tutta l'Elvezia, nella Francia, nella Germania e nelle parti di Lombardia. Monsignore fu ricevuto con festa e molto onore da quell'abbate principe, il quale sospirava coi suoi monaci di poterlo conoscere, trattare e servire in questo suo monastero. Un giorno lo pregò ad intervenire alla mensa comune dei monaci, e durante il tempo della tavola uno dei monaci recitò una assai lunga orazione latina in lode di monsignore. Qui si passarono i giorni santi e la pasqua con avere monsignore fatte gran parte delle funzioni in chiesa, cioè nel venerdì e sabato santi. Nel celebrare le funzioni della settimana santa, ho osservato alcuni speciali riti di questo monastero. Si porta nel giovedì santo al sepolcro non tanto il calice col sacramento coperto, quanto un ostensorio coll'ostia scoperta, che si ripone sotto un baldacchino sull'altare del sepolcro e ivi resta il popolo in orazione fino al venerdì, in cui riportando il celebrante e l'ostensorio e il calice all'altar maggiore; dopo finita la messa si veste di piviale, riprende dall'altar maggiore l'ostensorio, e torna a portarlo processionalmente al medesimo baldacchino del sepolcro ed ivi sta esposto e viene venerato dal popolo fino alla mezzanotte entrando la domenica di pasqua. E allora procede l'abbate a riporlo e s'incomincia il matutino pasquale. La cappella del sepolcro è una vera chiesa molto grande che ha l'ingresso a lato e nella chiesa del monastero. La cappella nelle tre notti suddette era sempre pienissima di popolo che ora recitava preci vocali, ora ascoltava la musica che di tempo in tempo si ripigliava per sollievo del popolo. Nel sabato santo osservai che nel vasello dell'olio santo altro non vi era che un poco di bambace intinto nell'olio; essendo la chiesa di Costanza assai parca nel distribuirlo; anzi sentii dal signor cancelliere *Castoreo* che in Lucerna nella benedizione del fonte l'olio santo non si adopera nè punto nè poco. Si costuma ancora nel sabato suddetto che il sacerdote prima d'intuonare l'*alleluia* deve aspettare che il maestro di cerimonia sia andato ad annunziarlo all'abbate che sta al suo trono o dossale nel presbiterio; ma ciò in questa volta non fu fatto, giacchè io era il celebrante e non l'era un suddito dell'abbate. In questa chiesa, come in quasi tutte le altre dell'Elvezia, gli uomini stanno tutti separati dalle donne, cioè quelli a destra, queste a sinistra. La chiesa è indipendente dall'Ordinario, non così la parrocchia, e la chiesa medesima dove si amministra la cura parrocchiale da un monaco che destina l'abbate, e approva l'Ordinario. Anticamente era retta da un cappellano secolare e in tale offizio era *Zuinglio*, quando nel 1517 cominciò a promovere i suoi errori e a profanare questo stesso santuario. Detta chiesa parrocchiale è separata dal recinto del monastero. Anche nel venerdì santo havvi altro rito particolare. Dopo che il diacono ha posta sulla predella dell'altare la croce solennemente scopertasi dal celebrante, va a prendere un'altra croce, che ha inchiuso un pezzo del santissimo legno, e la pone a sinistra della prima croce suddetta nella medesima predella, sicchè nell'accedere il clero e popolo all'adorazione bacia ambedue le croci, e prima quella prima suddetta, indi l'altra colla reliquia. L'abbate suole procedere all'adorazione prima del medesimo celebrante; cosa assai incongrua.

La situazione di questo monastero può dirsi e orrida, e amena; orrida per i monti alpestri, che in varie foggie lo circondano; amena per una sufficiente pianura con acque correnti, che vi si gode all'intorno con i boschi, che spesso spesso ricoprono il dorso dei monti; in questa stagione però le nevi non lasciano talvolta di tenere ricoperto tutto il paese; e ci fu detto, che l'erba cresca sotto la neve medesima in guisa, che quando si scuoprono le campagne si trovano già rivestite di erbe per pascolare i bestiami, che in tempo d'inverno tengono perpetuamente chiusi nelle stalle, e nutriscono con paglia ben trita mescolata di sale. Il frumento in queste parti poco o nulla cresce, e la popolazione si mantiene quasi di puro latte; essendo i bestiami da macellarsi un capo di traffico, che si manda fuori, per tirare danaro nel paese. Il borgo, che vi è contiguo al monastero è tutto di legno, e farà circa due o tremila anime. Quasi tutte le famiglie di qualunque qualità si sieno fanno la professione di alloggiare i pellegrini e forastieri; onde in questo borgo si contano ora novantasei osterie. Gli uomini atti a portar arme sono circa quattrocento. Il concorso de' pellegrini è sorprendente. Nell'anno scorso le comunioni fattasi in questa chiesa fra paesani e forastieri montarono a centosettantacinquemila, nè minori sono quelle degli anni superiori. La frequenza del popolo incomincia a primavera, e dura fino all'inverno. Nelle feste di pentecoste soglionsi per lo più annoverare sette o ottomila pellegrini. Tutti i monaci sono applicati a sentire le confessioni, altri in tedesco, altri in francese, altri in italiano. In tempo della consagrazione angelica (cioè nella quindicina delle feste, che con maggior solennità si fanno in quegli anni, ne' quali la dedicazione (che è ai 14 di settembre) cade in domenica, nel qual tempo si sogliono contare circa quattordicimila pellegrini, e in tal anno le le comunioni ascendono a circa duecentomila) per il gran popolo che non trova luogo negli alberghi, conviene lasciar la chiesa aperta, perchè non resti esposto agli insulti dell'aria. L'edificio è fatto con molta magnificenza e con qualche buon gusto. Il monastero forma un grandissimo quadrato quasi perfetto di tre ordini, con circa quaranta finestre per ciascun lato e ordine.

In mezzo di questo monastero vi ha la chiesa con una facciata assai bene intesa; è ornata di due torri negli angoli, con esservi avanti una spaziosa piazza abbellita di portici in forma di semicircolo con balaustre, statue di marmo, e fontana in mezzo. Il disegno del di dentro della chiesa non è molto regolare, anche per ragione della santa cappella, che si suppone consecrata da Cristo medesimo nel secolo nono, secondo una rivelazione o visione d'allora, di cui incominciamo a trovar qualche testimonianza nel secolo duodecimo; le cronache più antiche del monastero non facendo menzione all'anno 948, in cui si dice avvenuto il miracolo, che della consegrazione in genere di quella basilica. Vi è una bolla di Leone VIII su questo fatto dell'anno in circa 963, ma ella è assolutamente falsa, e prima dell'anno 1381 incognita. Il santuario per altro non lascia di dover essere tenuto in somma venerazione per le continue grazie spirituali, e per molti miracoli, che dalla divina misericordia, coll'intercessione della beata Vergine, si concedono in questo luogo ai fedeli. La devozione del popolo e dei pellegrini è sensibilissima. Ogni sera convengono nella santa cappella a recitare una o più parti del rosario, il che fanno specialmente gli uomini con voce altissima da insordire i circostanti. Nelle sere dei giorni santi una cappella, in cui stava il santo sepolcro, per tutta la notte fu sempre piena di popolo di ogni sesso e condizione, recitando il rosario e altre preci. Moltissimi vengono in chiesa provveduti di una candela, che tengono accesa in mano durante la messa, e altre sacre funzioni. Quasi tutte le femmine portano in capo un cappello di paglia, che mai non depongono nemmeno in chiesa. Tutti i confessionali sono in un sito a parte a lato della chiesa per maggior commodo, ed i confessori spesso spesso incominciano dalla mezzanotte a sentire le confessioni. Nell'inverno non ve n'ha ordinariamente, che dieci o dodici, ma in tutta la estate ve ne sono sempre circa venti e più. Nella sera precedente il padre decano destina all'improvviso quelli che nella mattina seguente debbono andare al confessionale. Prendono i fedeli per reliquia della santa cappella piccole figurine fatte colla terra della medesima e altre cose, che abbiano toccato l'altare o l'immagine della Madonna.

Nel monastero vi ha una tipografia, ove si stampano breviarii e messali ad uso dei monaci benedettini con privilegio e privativa dell'imperatore, che ogni venti anni deve rinnovarsi, e giova per lo spaccio dei libri nell'impero: altri libri ancora si stampano e vendono; ma il maggior utile, credo, che ritragga la tipografia dai varii libri di devozione francesi, latini, tedeschi e italiani, che si comprano dai pellegrini. I monaci quasi tutti intendono, e molti parlano l'italiano, il che anche deriva da una espositura, che hanno in Belinzona sui confini d'Italia, dove sempre dimora un collegio di monaci. Le scienze non vi fioriscono, nè pare che possano fiorire per l'occupazione continua dei monaci o in coro, o in chiesa. Fra gli altri monaci vi ha il padre *Bonifacio D'Anethan* di Treveri di nascita assai riguardevole, confidente della casa di Bada, e specialmente del margravio presentemente regnante. Questo è ancora protonotario apostolico. La biblioteca è copiosa di manoscritti assai pregievoli. La biblioteca di libri stampati è numerosa, ma mancante di libri moderni e buoni. L'abbate è fin dal decimo terzo secolo principe del sacro romano impero, e prende l'investitura dal trono medesimo dell'imperatore; credo che abbia alcuni feudi nel Tirolo. Gli uffiziali della città dell'abbate sono il signor *Tommaso Antonio Fassbind*, cavaliere di Sweitch, cancelliere del monastero; *Giuseppe Taddeo Schmid* da Bellinzona, medico; *Gia. Domenico Gyur*, ammanno; *Giacomo Giuseppe Zelger* segretario domestico, quali tutti con altri uffiziali, e consiglieri regolari, formano il consiglio intimo dell'abbate. Credo, che la giurisdizione alta del villaggio e territorio, che è d'intorno al monastero, dipenda dal cantone di Sweitch, nel di cui distretto e avvocazia è il monastero tutto. In questo monastero da varie parti, anche d'Italia, vengono mandati i fanciulli dalla più tenera età per apprendere le scienze ed essere educati nella pietà. Sono in assai maggior numero che in san Gallo, perchè ora san Gallo ha dovuto restringere il numero per cagione della nuova fabbrica, e vestono con tonaca nera talare. Per il loro mantenimento prende il monastero da circa dieci fiorini il mese. Molti di questi giunti all'età capace, prendono ivi l'abito religioso.

A dì 19 aprile si partì da Einsilden, servito monsignore dal segretario del principe con lettiga e cavalli. Venimmo per una pessima strada, in alcuni siti tutta piena di neve, a un piccol luogo detto Rappersweil sul lago di Zurigo, che è il primo luogo acattolico. Quivi montammo in barca e andammo sino a Zurigo per il lago, prevalendoci dell'ottimo tempo per goder tutta quella amenissima riviera. Il lago non è di una considerabile larghezza passandosi, ove è più angusto in un'ora. È per altro giocondissimo a vedersi per le continue colline diligentemente coltivate, che si godono dall'una e l'altra sponda. A mezza navigazione i rematori per riposarsi si fermarono alle mura di un casino di campagna spettante ad un signor *Escher* di Zurigo che allora appunto si trovava in villa, onde avemmo campo di vedere tutta quella delizia fatta con ottimo gusto, e in un sito, che nella stagione meno calda non può non essere giocondissimo. Indi proseguimmo la navigazione per tutto il resto del lago, che per essere angusto e costeggiato d'ambe le parti da amene, colte, e abitatissime colline rimane sopra ogni credere delizioso. In fine poi del lago è piantata la città di Zurigo, divisa in due parti dal fiume Limetch, che qui riprende di nuovo il suo corso piuttosto velocemente, e va a porsi finalmente nel Reno. Gran parte della città è fabbricata sul colle; onde venendosi dal lago o dalla vicina campagna, fa una comparsa assai dilettevole; specialmente se si sale qualche colle vicino; godendosi allora tutta la città col lago da una parte, e con una bellissima valle al di dietro irrigata dal detto fiume, e attorniata di graziose colline industriosissimamente coltivate e sparse di case parte rustiche, e parte di delizia, le quali colline poi si vanno dolcemente, insensibilmente perdendo colla vista. La città poi all'intorno è ben munita di mura e fosse con altre molte fortificazioni, gran parte delle quali però non sono fatte sul gusto moderno. Quasi ogni giorno fanno i cittadini gli esercizii militari, e ancorchè non siano generali pure vi saranno sempre in esercizio da cento in duecento persone. Le strade sono piuttosto anguste, gli edifici non sono magnifici, se n'eccettuiamo il palazzo pubblico, la casa della società delle scienze e pochi altri di un gusto non affatto cattivo. Le case sono di tre, quattro e più ordini, ma ordinariamente con sportelli di finestre dipinti di nero che fanno una comparsa lugubre; pure il tutto insieme arreca all'occhio qualche piacere. La piazza di san Pietro posta sul più alto della città è deliziosissima, e per esservi piantati in buona disposizione degli alberi di una altezza ben grande, e per godersi di là una giocondissima prospettiva. Il traffico in questa città fiorisce al maggior segno, e vi sono mercanti, che possiedono un milione di fiorini. Nel paese si lavorano le *muscioline;* ed un solo mercante nell'inverno scorso ne aveva fatte lavorare quarantacinquemila pezze.

La chiesa principale in Zurigo dicesi carolina, perchè fondata da Carlo Magno. Altra si chiama chiesa abbatissale, perchè appartenente prima della riforma ad un monastero di monache. È di struttura gotica a tre navate con coro antico, in cui vi sono delle sepolture per le persone di distinzione. A questa è annesso l'antico claustro del monastero in forma di quadrato con piccoli archi acuminati all'interno. In uno di questi si vede ancora rozzamente scolpito il martirio di s. Felice e Regola, secondo la tradizione che se ne ha, e con il nome d'ambedue. È da notarsi che questi due santi hanno avuto culto speciale in Zurigo, anzi non so se fossero i protettori della città; nella mutazione però della religione e distruzione di tutte le imagini dei santi conviene credere che non fossero osservate dai novatori; onde rimasero illese. Il presente ministro di questa chiesa monsieur *Ulrich* le mostra con piacere, e si pregia di custodirle con gelosia per la relazione che hanno coll'istoria di questi due santi, e per la loro antichità. Altra chiesa vi ha di s. Pietro a tre navate con colonne di marmo finto sul gusto moderno. Quello però che in Zurigo più di ogn'altro mi dilettò furono le ville o siano case di delizia che i cittadini hanno in quelle vicinanze. Sembra difficile di poter trovare un composto di oggetti deliziosi, come in queste ville. Quattro specialmente ne vidi. Non sono edificii di vastissima estensione, ma adornati sul gusto olandese, e situati in luoghi amenissimi con deliziosi giardini non possono non rapire dolcemente la fantasia. Una è collocata sulla sponda del lago a mano destra, dove ci fermammo per far prender riposo ai rematori nell'andare a Zurigo. Questa appartiene a monsieur *Escher*. Altra all'occidente della città è del signor *Giov. Enrico Meyster*, segretario dalla reggenza e cantone. Ha per moglie una figlia del ministro *Ulrico* di cui si parlerà in appresso, e fu continuamente a far corte a monsignore con molta attenzione. Per l'amenità del sito questa villa sorpassa tutte le altre. Contiguo alle mura della città vedemmo la terza di monsieur *Escher à la Montagne*. Qui osservammo il museo di questo ricchissimo signore che ha raccolto in Berlino e in altri paesi. Questo consiste in una copiosa serie di medaglie dei moderni principi di Germania. Alcune sono di mano di *Heideliguero* del cantone di Svitto, ora in età molto avanzata, il quale passa per il più perito in queste materie del nostro secolo, ed ha pensioni da varie corti di Europa.

Una medaglia vedemmo ancora del *Landgravio d'Assia* del 1552, quando fu liberato di carcere. Inoltre ha tutta la raccolta delle medaglie fatte incidere da *Luigi XIX*. Per conto di produzioni naturali conserva questo signore petrificazioni, serpenti indiani, conchiglie rarissime in gran copia, oltre alla serie delle varie specie di pesci che si trovano nel contiguo lago. Vedemmo un *Cornu Amonis* impietrito divenuto quasi agata di un palmo e più di diametro con alcune concamerazioni non ancora affatto incrostate e appianate dall'umore petrificante. Vi è una scattola fatta da un pezzo di albero intero impietrito, che fu trovato in Berlino col saggio dei varii strati di terra, in cui l'albero fu trovato. Ha ancora la serie dei marmi di Sassonia e del Tirolo.

Altro museo di cose naturali assai più copioso fummo ad osservare presso il signor *Giuseppe Gesnero* canonico e professore di fisica e matematica e preside della società delle scienze. Questo ha avuto per maestro il famoso *Albino* anatomico ed ha scorsa la Germania, Olanda e Francia. Disse esservi in Olanda mercanti di professione di conchiglie, che vendono a carissimo prezzo; e che il principe di Orleans per trentacinque di queste esibisse ad un mercante diecimila fiorini, ma inutilmente. Ha fatte delineare i pezzi più belli del suo museo, e alcuni ne furono già stampati dallo *Scheuchzero* nell'opera, che porta il titolo: *Lapides diluvii testes*. Per conto di queste petrificazioni disse di portar egli opinione, che dopo la creazione e separazione delle acque queste non si ritirassero immantinente da tutto il continente, ma bensì per divina provvidenza si andassero ritirando a poco a poco secondo che aumentavasi la popolazione. Con tale supposto, che per altro non so, se ben convenga colla Scrittura, egli vuole spiegare d'onde derivi, che si ritrovino dei corpi petrificati in alcuni monti ora lontanissimi dai mari, ne'quali si producono. Disse, che nel cantone di Berna si cavano ostriche pietrefatte in gran copia, e in quello di Glarona molti pesci rinchiusi in pietra fossile di colore nero. Ha ancora nel suo museo una raccolta di semi delle piante. Questo letterato fu a servire monsignore nel palazzo della società, ove si tiene ancora l'accademia delle scienze ogni lunedì, recitandosi qualche dissertazione e discutendosi di materie erudite. È fornita l'accademia di una buona raccolta di libri e di istrumenti per la fisica e le matematiche con un erbario secco di trentotto o quaranta gran tomi contenente da circa ottomila piante.

Questo è distribuito secondo il metodo di *Linneo*, ora comunemente abbracciato, rifiutandosi quello di *Turnefort*. *Linneo* ha veduto più di qualunque altro piante esotiche, ed ha avuto l'aiuto di altri osservatori. Fra gli istrumenti matematici della società vedemmo una macchina in piccolo per diseccare il frumento, che si voglia conservare per lunghissimo tempo e anche per un secolo. Questa poi trovammo in Berna posta in esecuzione. Colà almeno vi è un edificio, dove attualmente si dissecca perfettamente il grano, come a suo luogo può vedersi descritto. Una calamita ancora artificiale vedemmo in questa accademia, la quale attrae il ferro con eguale e maggiore forza della calamita naturale. Nella casa della società sogliono raunarsi per divertirsi gli uomini di varie tribù, i quali però hanno i loro appartamenti separati, e possono a vicenda discorrere della propria professione e dei mezzi per renderla più utile e facile. L'appartamento della tribù dei pittori trovammo dipinta dai medesimi.

Si conobbe e trattò in Zurigo monsieur *Ulrich*, ministro della chiesa abbatissale, il quale disse di discendere da una femmina di *Pietro Martire*: egli è primo elemosiniere, è anche membro o capo del decastero ecclesiastico e prefetto dei proseliti. Non può esprimersi quanto questo uomo si mostrasse appassionato per fare onore a monsignore. Volle perfino regalarlo di un lungo rotolo cartaceo di preci maomettane in lingua arabica, che nell'assedio di Vienna del 1682 fu trovato nella tenda del gran visir da un capitano di Zurigo dell'esercito cristiano. Ha una scelta libreria: conserva una pietra, che contiene varie produzioni di piccoli dadi che si cavano nelle vicinanze di Bada. Questa sembra naturalissima, pure è artefatta da un impostore svizzero che in Parigi ne vendè in gran copia come produzioni naturali; onde chi non è a giorno dell'impostura si crede che questi dadi dalla natura si producano, e non sieno artefatti. Fu poi questo impostore in una delle vicine città severamente punito non so, se per questa o per altre frodi commesse. Mostrò ancora il signor *Ulrich* tutto un intero assortimento degli istromenti di cui si valgono gli ebrei per la circoncisione, dicendo che questi per saldare la ferita si valgono della polvere che le tarle fanno nelle tavole, di cui non si ha specifico migliore per questo effetto. Egli a spese del pubblico ha viaggiato per le università più celebri dell'Europa, ed in ogni luogo ha procurato di trattare coi rabbini per prendere cognizioni maggiori della lingua ebraica, in cui non meno che nella greca si mostra intendentissimo. Ha stampato varii opuscoletti; ed in lingua tedesca, ad istanza di alcuni, ha composto e stampato l'esposizione della Scrittura in più tomi; ora è all'Apocalisse. Si protestò che nelle sue opere teologiche aveva usata tutta la maggiore cautela per non porvi la menoma cosa controversa dai cattolici; ed assicura di esservi riuscito, restringendosi sempre a parlare della pietà, e virtù in generale, il che ci fu poi confermato da alcuni religiosi che avevano lette ad istanza del medesimo le sue opere. In fronte di questo commentario pose l'immagine del crocefisso, per cui fu riconvenuto dal senato, quasi cosa contraria alle massime della riforma; ma egli si difese con dire, che nella camera del senato medesimo si permetteva una imagine simile. Egli si mostra assai bene inclinato per i cristiani cattolici, e dice di dissuadere chiunque da lui prende consiglio per abbracciare la riforma: nè può soffrire gli apostati che per quanto dipende da lui con qualche elemosina manda a cercare altro ricetto, e ne se viene ricercato, fa anche consegnare ai cattolici, come alcune volte ha realmente eseguito. Il medesimo ha composto in tedesco una *Storia degli ebrei dell'Elvezia* dai tempi più remoti sino all'anno 1760 facendo uso di parecchie memorie avute ancora dai rabbini.

In Zurigo vi ha la biblioteca detta civica, perchè composta dai cittadini, che si apre in alcuni giorni della settimana. L'edificio è in forma ovale, divisa nella sua altezza in tre ordini sostenuti da colonne. I libri stampati non credo siano di un pregio particolare; vi è però gran quantità di codici da aversi in somma estimazione, molti dei quali portano la marca del monastero di san Gallo al quale probabilmente appartenevano. Parecchi risguardano la storia dell'Elvezia; alcuni sono dell'undecimo secolo. Il più stimabile però è un *Psalterio* greco in pergamena sottilissima in carattere maiuscolo di argento colle iniziali d'oro, e con in margine la versione latina indicata in minio al principio dei versetti. *Gesnero*, fratello dell'altro *Gesnero* professore di fisica, di cui si parlerà più a basso, ha stampato un piccolo libro in quarto diretto al cardinal *Quirini* ad illustrazione di questo codice. Vi sono ancora tre codici ebraici della biblia. Uno è scritto in Rieti nel 1493, altro colla data dell'anno del mondo 5082. Il terzo è assai rimarchevole perchè contiene varianti lezioni in margine ed è similissimo all'antichissimo codice ebraico dei padri dell'oratorio di Parigi. Sul principio del codice leggesi essere stato venduto in Avignone nel 1514 per dodici scudi d'oro: *Cunei Avenion. cum signo solis a Bonsves iudeo de Vallobrica iudeo habit. allicen. Biblia vocata apud eos Mandesya, etc.* Sottoscrivesi: *Karolus Nuselli notarius*. Per la lettura di questa breve nota di carattere dei notari antichi della camera erano divisi i sentimenti dei letterati di Zurigo, e solo si accordavano nel leggerla malamente. Monsignore però gli assicurò della giusta lezione. Altro codice ben singolare vedemmo in questa biblioteca, contenente una specie di collazione delle liturgie ambrosiana, gelassiana e gregoriana del secolo decimo o undecimo, se mal non mi ricordo.

Altra biblioteca vi ha nella chiesa carolina. Questa non fu da noi veduta, ci dissero però non essere numerosa. Fra i varii codici che vi si conservano, vedemmo il più insigne presso il canonico *Giacomo Breittingero*, professore di lingua greca e perito nelle lingue orientali. Questo contiene una gran biblia in bellissimo carattere fatta scrivere da *Alcuino*. I salmi sono della versione gallicana con gli obeli e diaspalmi. Manca il luogo controverso di san Giovanni sulla Trinità. Disse *Breittingero* che la causa di non trovarsi antichi manoscritti ebraici della Scrittura derivi dalle persecuzioni sofferte dagli ebrei, specialmente dopo il secolo decimo. Egli disse che gli eruditi oltramontani che ritornano da Roma, si lagnano di non aver potuto bene esaminare il testo vaticano dei LXX, e che egli avendo fatte premurose istanze ai cardinali *Quirini* e *Passionei* per averne il saggio dei caratteri, non ne ha mai riportato alcuna risposta, sebbene i detti due porporati in ogni altra cosa lo abbiano sempre soddisfatto; onde è persuaso che in questo codice si contenga qualche mistero. *Bullingero*, oltre alla storia generale della riforma di cui si è valsuto *Gerdesio*, ha lasciato un'opera col titolo: *Historia reformationis canonicorum gueringensium*, la quale non si stamperà per molte notizie politiche inseritevi. Due altri letterati conoscemmo in Zurigo celebri nelle antichità: uno è *Gesnero*, fratello del già menzionato, il quale ha ancora una piccola raccolta di tutte le medaglie publicate, che di nuovo fa incidere a profitto di chi non è sfornito di museo, e anche di copiosa suppellettile di libri. Disse di essersi indotto a fare tale raccolta per tenere occupati gl'incisori della città. Temo però che tale opera venga eseguita almeno dagl'incisori con o niuna eleganza. L'altro antiquario è il *Haggenbuchio*, celebre per le sue opere pubblicate e specialmente per l'*Illustrazione del dittico quiriniano*. Dacchè fu colpito da un accidente è rimasto molto impedito nella persona, pure non lascia di fare le lezioni pubbliche di sua ispezione e di continuare ad applicarsi negli studii di antichità coll'aiuto di una figlia che gli fa le veci di bibliotecario, e gli ha anche composto con molta diligenza l'indice della scelta sua libreria. Trovammo questo letterato di una memoria sorprendente, e di un possesso giudizio e precisione singolare per ogni sorta di antichità. Egli non lascia di confrontare diligentemente le citazioni che incontra nella lettura di qualche opera, facendovi per l'ordinario in margine qualche breve ma sugosissima annotazione. Nelle sole prime cento pagini di *Grutero* ha, in un bel grosso volume, notate le sue osservazioni e correzioni. Ha ancora l'avvertenza di notare nell'indice della sua biblioteca tutti i nomi dei letterati lodati in qualche libro; onde, all'arrivo di monsignore, fecegli trovare sul tavolino varii libri aperti nei quali facevasi degna menzione di lui, assicurandolo con ciò, che il nome e merito suo era già noto in quelle parti. Egli ebbe ancora gran piacere della conversazione di monsignore per le novelle letterarie d'Italia, e per fare acquisto di nuovi mecenati romani dopo di avere perduti i due cardinali *Passionei* e *Quirini*. Il nome di quest'ultimo specialmente è in grande estimazione in questa città non meno per la dottrina che per la liberalità. Ad *Aggenbuchio*, per la *Illustrazione del dittico quiriniano*, fece un regalo di mille scudi. Procurogli ed ottennegli l'aggregazione all'accademia delle iscrizioni di Parigi; e ciò in occasione di avere *Aggenbuchio* assai dottamente confutato il sentimento dell'accademia medesima per conto del dittico. Teneva in qualche pregio e faceva grand'uso questo letterato della descrizione letteraria d'Italia del padre *Zaccheria*, quantunque appresso di noi se ne formi giudizio meno vantaggioso. Mostrò una lettera del medesimo padre, in cui anni sono gli communicava l'idea che aveva di comporre una specie di storia letteraria oltramontana, onde lo pregava di mandargli di tempo in tempo un ragguaglio ristretto e giudizio delle opere che usciranno alla luce e saranno a sua cognizione. Era *Aggenbuchio* in particolare amicizia coll'abbate *Gori* di Fiorenza, e mostrava per lui una particolare stima; il che sia detto per il concetto meno sublime che in Italia suol formarsi della sua dottrina.

Passando dal letterario al politico della città, la popolazione di questa ascenderà a circa dodici mila anime, e col suo distretto è capace di armare in pochissimo tempo trenta mila uomini. Il principal nerbo della città consiste nella mercatura, la quale viene assai bene concepita dai cittadini e dal governo. Di qua, credo, che pigli origine il provvedimento di non permettere il corso delle monete estere, che dai mercanti non si ricevono che a bassissimo prezzo. Non si lascia, come si è detto altrove, di tenere in qualche esercizio le milizie, il che si costuma in tutta l'Elvezia. Tre arsenali vedemmo in Zurigo. Due in città ed uno contiguo alle mura. Il primo è diviso in quattro piani, nel primo dei quali si contano circa trentasette cannoni del calibro di 24 e più libbre, con incirca trenta mortai da bomba, il maggiore dei quali porta, per quanto dissero, cinque quintali, vale a dire cinquecento libbre di Zurigo. Nel secondo piano osservammo da cinque in sei mila fucila fucili ridotti all'uso moderno con i suoi accessorii. Vi sono ancora parecchie colubrine, ed una particolare per tirare più colpi in un minuto. Dissero, che da due anni sono fu stabilito di ridurre annualmente cinquecento fucili all'uso moderno. Non salimmo gli altri due piani, che dissero parimente forniti di archibugi, che per altro non possono essere in gran quantità per l'angustia del sito. L'altro arsenale della città contiene da cento e più cannoni di diverso, ma sempre piccolo calibro. Quello contiguo alle mura è di una grandissima estensione a tre lati con angoli retti. Vi si conservano molti carri per i bisogni della guerra e una quantità prodigiosa di palle di ogni grandezza. Vi osservammo una macchina che porta l'acqua prontissimamente sugli edificii più alti in caso d'incendio, ed altre simili ne sono distribuite in varii siti della città con uomini addestrati a maneggiarle. Un terzo arsenale da noi non veduto dissero esistere nella città ed altri nelle prefetture.

    Il governo del cantone è un misto di aristocrazia e democrazia. Ogni borghese deve essere ascritto ad una tribù, che però può mutare a suo piacere. Quindici in circa saranno le antiche famiglie nobili e patrizie, e formano una tribù particolare. Il governo però è talmente regolato che non v'è a temere che questa ultima prevalga alla cittadinanza o *borgoisie*. Una avvertenza hanno i cittadini nel dare danari ad interesse. Lo fanno a nome della propria tribù, impegnandosi così a garantire i crediti dei particolari tutta la repubblica. Per conto della religione è comune sentimento in questi paesi, che i zurigani siano i più tenaci in sostenere la riforma, e abborrire i cattolici: il che può benissimo esser vero rispetto alla plebe. Certamente le persone colte che trattammo, si mostrarono assai indifferenti verso dei cattolici, e sto per per dire anche favorevoli, almeno nella persona del ministro *Ulrich*, che parlò della riforma o riformatori con molta schiettezza e libertà. Sono da gran tempo nella città destinate parecchie rendite e varii soggetti per il mantenimento ed istruzione dei proseliti. Il medesimo *Ulrich* n'è il capo; confessò per altro, che sarebbe suo sentimento di togliere questo asilo dove non si ricoverano che persone di pessima condotta; e difatti egli, piuttosto che di ammetterle, si studia con qualche elemosina di mandarle altrove, o anche di farle consegnare ai cattolici, se ne viene ricercato. È mente però del senato che questo asilo resti aperto. I cattolici non vengono tollerati di permanenza continua, toltine i vecchi e inabili. Le rendite ecclesiastiche furono in tempo della riforma affatto incamerate. Parte ne fu assegnata ai ministri e professori pubblici, i quali hanno per l'ordinario un antico canonicato, col ritenerne anche il titolo. Parte ne fu assegnata per le elemosine. Queste si distribuiscono dall'elemosiniere, che ora è il ministro *Ulrich* ed ascenderanno annualmente a sessanta mila fiorini distribuiti in pane, vesti e danaro. La casa destinata per questo effetto era già il convento dei padri agostiniani. La chiesa piuttosto grande a tre navate di architettura gotica ora è ridotta a varii piani, in uno dei quali si conserva il vino, e negli altri il grano di questo pubblico luogo. Nelle raunanze ancora suole farsi una raccolta di limosine, che per ogni parrocchia vengono distribuite secondo il bisogno. Non so se queste sieno comprese nella somma indicata di sessanta mila fiorini. Nell'assegnarsi ai pubblici professori i canonicati, che sono nove ascritti alla chiesa carolina, si ha l'avvertenza che questi leggano o teologia o altra cosa relativa agli studii ecclesiastici, eccettuatone uno, che ora si occupa dal professore di fisica e matematica monsieur *Gesnero*.

Il capo del corpo ecclesiastico, che è il primo ministro della chiesa suddetta, ha il titolo di *Venerabilis sacrorum antistes*. Il senato conferisce le parrocchie sì dentro che fuori della città colla previa nomina di otto soggetti, che si fa dal capitolo. Alcune poche sono di collazione dello antistite. Molte ancorchè acattoliche sono di patronato del monastero di Einsidla, Muri, ed altri cattolici. Per queste il senato nomina tre soggetti uno dei quali viene eletto ad arbitrio del patrono. Prima che uno venga ascritto al corpo ecclesiastico deve essere rigorosamente esaminato in teologia ed altre facoltà: indi resta fra il numero degli espettanti, finchè il senato lo assegni per diacono o ministro in qualche chiesa. Tutto il corpo ecclesiastico dipende immediatamente dall'antistite a cui si dirigono i ricorsi. Egli però è obbligato di proporre le cause in concistoro, d'onde le più gravi passano al senato, o sia governo, che propriamente si arroga il diritto episcopale. Li 22 aprile si tenne il concistoro solito sulle cause matrimoniali. Questo è composto del console e di due senatori o consiglieri, di due ministri, uno dei quali era monsieur *Ulrich*, e di altri.

Nelle chiese si suole predicare quattro volte la settimana, non sempre però dai ministri, ma talvolta dai loro sostituti. Mostrano in Zurigo i ministri gran zelo contro gl'irreligionarii; ed il senato ha ancora proibito lo spaccio di alcuni libri di *Voltaire* e di altri autori simili, e specialmente se mal non mi ricordo *La Pulchelle de Orléans*. In Zurigo da gran tempo si trova stabilita una famiglia *Pistalozzi* di Bergamo, dove, come narrocci monsieur *Ulrich*, quando volevasi nominare un eretico, dicevasi un *Pistalozzi*.

A dì 23 aprile si partì da Zurigo incamminandoci verso il monastero di Muri, il di cui abbate principe aveva mandato sino a Zurigo il segretario con cavalli e lettighe per servire nel viaggio monsignore. Dopo un viaggio di due ore incirca si giunse a Far, monastero di monache in tutto dipendente dall'abbate di Einsidlen, che vi tiene due monaci, e costituisce alle monache, che saranno in numero di circa ventiquattro, la superiora. Il monastero è situato sulla sponda opposta del fiume Limetch; onde venendo da Zurigo convien passarlo in barca. Il sito è amenissimo, come lo è tutta la pianura e le colline all'intorno coltivate con singolare industria. Resta nel distretto di Baden; ed è il luogo più vicino a Zurigo ove sia rimasto il culto pubblico della religione. La chiesa è assai piccola, e qui vengono per sentir messa i pochi cattolici di Zurigo che per l'ordinario sono persone dipendenti dal monastero. Tutto l'edificio è piuttosto leggiadro. Le monache non osservano clausura; cosa, che mi viene supposta sia quasi comune in questi paesi, se n'eccettuiamo le monache clarisse. Un altro costume hanno le monache in Germania, che ora si procura di togliere, come felicemente lo ha tolto l'abbate di Salem dai monasterii commessi alla sua cura. Costumano queste pranzare coi forastieri, specialmente di riguardo che si sogliono dai monasteri ricevere, e trattare a titolo di ospitalità; la qual costumanza invero non sembrami edificante, specialmente se è vera l'opinione di alcuni, che sostengono un vero pranzo di Germania non significare in buon linguaggio italiano che crapule ed ubbriachezza. Il monastero poi ha un avvocato da cui in parecchie cose dipende. Dopo aver pranzato in questo luogo, ripassato il fiume, si proseguì felicemente il cammino sino a Muri. Due ore in circa prima di giungervi si passò per una piccola città cattolica con sue mura presso il fiume Limetch detta Bremgarten. Mi fu supposto che sia città quasi libera sotto la protezione dei tre cantoni di Zurigo, Berna e Glarona, che vengono ad esercitarvi qualche specie di giurisdizione.

Dopo un agiatissimo viaggio di quattro in cinque ore da Far si giunse a Muri, ove il moderno abbate principe *Bonaventura* coi suoi monaci ricevè e trattò monsignore con molta urbanità e convenienza. L'edificio al di fuori fa una comparsa strepitosa, quasi il monastero gareggiasse in ampiezza coi più celebri di questi paesi, ma giunto che siavisi, trovasi piuttosto angusto e di non ampio recinto, levandone fuori le abitazioni separate dal monastero degli officiali. La chiesa ancora è di mediocre grandezza. Per altro tutta la fabbrica non è dispiacevole, ed è tenuta con tutta la polizia. Questo monastero fu fondato dalla casa Ausburgica nell'undecimo secolo, e l'abbate ha anche il titolo di principe del sacro romano impero. La sua giurisdizione si estenderà all'intorno per un'ora di paese: ha il diritto di eleggersi l'avvocato. Dopo la sottrazione dei sette cantoni confederati dal dominio austriaco, per qualche tempo stette il monastero senza avvocato; in appresso si sottopose all'avvocazione dei sette cantoni allora soltanto confederali, ai quali essendosi poi unito di quello Berna, questo ancora viene a godere dell'avvocazia. Paga il monastero a ciascun cantone avvocato ottanta fiorini annui a questo titolo, e ciò per un obbligo assuntosi dell'abbate *Iscudi*, il quale, sebbene fosse da principio accordata l'avvocazia *gratis*, assunse volontariamente questo peso per redimersi da varie vessazioni. L'avvocato ha giurisdizione e conosce le cause del monastero. Passa l'avvocazia per turno in tutti gli otto cantoni, ciascuno dei quali l'esercita per due anni. Le cause in grado di appellazione si portano, se non erro, nella dieta, che suole tenere a Franfeto di tutti i cantoni, indi avanti ciascuno dei cantoni avvocati, e non resta luogo a nuova appellazione quando la maggior parte dei cantoni convengono nei loro giudicati. È da avvertirsi che ordinariamente chi si trova mal provveduto di ragione, si sforza di portare le cause ai cantoni popolari, presso i quali poco o nulla sono conosciute le buone regole per l'amministrazione della giustizia.

Al presente il monastero ha una lite di molta considerazione per conto di decime contro i sudditi. Teme che in grado di appellazione venga portata a qualche cantone popolare, a cui il monastero volentieri preferirebbe qualunque altro cantone, anche eretico per le forti ragioni, dalle quali suppone essere assistito. Qui ancora vi è una stamperia, ma non serve che per le stampe ad uso del monastero, e per qualche opera composta dai monaci. La biblioteca è assai copiosa e ben provveduta di buoni libri moderni. Si conserva ancora una mediocre raccolta di medaglie antiche e moderne. Non si trovano che pochi codici; uno dei riguardevoli è del duodecimo secolo, e contiene una cronaca scritta nel monastero di san Biagio, con appresso le cronache di *Reginone*, di *Harmanno Contratto* e di *Bertoldo*, che meritano però di essere con diligenza collazionate colle impresse. Altro codice hanno assai più rimarchevole, in cui sono descritte le carte e possidenze del monastero, con una prefazione in cui in memoria della casa Ausburgica, fondatrice del monastero, si descrive tutta la genealogia di questa celebre famiglia. Chiunque ha scritto della genealogia di questa famiglia ha dovuto far capitale di questo codice; ed il moderno padre *Hergoff* di san Biagio, nella sua opera, che è la più insigne e magnifica veduta finora, ha ancora dovuto valersene: e per avere osato in alcune cose diminuir la fede del codice ha dato occasione ad un'acre controversia fra i monaci del suo monastero e quelli di Muri; poichè avendo questo ultimo voluto difendere il loro codice con un libro stampato nel monastero medesimo dal padre *Kopp*, in appresso poi abbate, ed ora defunto, il padre *Rusteno Heer* di san Biagio replicò con un libro asperso della più sanguinosa satira e intitolato: *Anonymus denudatus*, in cui vuole porre in chiaro chi fosse l'autore del codice e quanta fede gli si debba prestare. Esacerbò questo libro all'ultimo segno i monaci murensi, e il padre *Kopp*, già divenuto abbate, ne morì di rammarico, come alcuni pretendono; nè potè replicare, come era impegno e suo e di tutti i monaci, trattandosi di un codice che il monastero ha necessità di produrre ogni giorno nei tribunali per giustificare i proprii diritti e privilegii. — Ha bensì prese le difese del defunto abate il padre *I. B. Wieland* segretario del principe, persona assai fresca, di gran capacità, spirito e talento. Ha già stampato un libro in Muri medesimo col titolo: *Vindiciae Vindiciarum Actorum Murensium*, che si è astenuto fin ora dal pubblicare per un officio passato (quanto disse) da monsignore *Oddi* nunzio apostolico di Lucerna, il quale forse a istigazione dei monaci di san Biagio, e a motivo di alcune rappresentanze provenute dalla corte di Vienna, ha mostrato poca soddisfazione, se il padre *Hergott* e *Rusteno* fossero maltrattati, e se fosse combattuta la cronologia assegnata. — Il libro però, ciò non ostante si vedrà finalmente alla luce, non potendo il monastero di Muri veder con indifferenza diminuita l'autorità del loro codice. — È questo in carta papiracea del 1400 innoltrato, essendo palpabile lo sbaglio del padre *Hergott* che lo ha fatto più antico di molto forse per non averlo veduto. — Fra i monaci ancorchè scarsi di numero molti giovani trovammo assai bene incaminati negli studii. Ora s'introduce la coltura delle lingue.

Il martedì 27 aprile si partì da questo monastero con essere monsignore stato servito sino a Lucerna dal segretario dell'abbate principe. Il viaggio non è che di circa sei ore. La strada è sempre piana e buona, si trovano campagne amenissime, e assai coltivate, ma non vi è il minimo vestigio di una vite. Provammo nel viaggio gran caldo contro la nostra aspettazione. — In Lucerna ci trattenemmo sino alla mattina del 6 maggio appresso di monsignor nunzio *Oddi*, che trattammo con il conte *Enrico* suo fratello, e con tutta la sua corte con infinito piacere, non meno per la naturale loro cortesia, che per la consolazione di conversare con persone della medesima nazione. — L'uditore di monsignore è l'abbate *Gio: Batta: Donati*, il segretario *Filippo Evangelista*, e il cappellano italiano don *Pietro*

Ciampolini. — Partimmo da Lucerna incaminandoci verso Berna. È da avvertirsi, che in questi paesi non è distribuito il corso delle poste, onde fa d'uopo prender cavalli a vettura. — Il prezzo ordinario è di due fiorini meno pochi soldi al giorno per ogni cavallo che si levi; tre fiorini al giorno per nolo della carrozza a quattro luoghi, qualora non si abbia del proprio, e un fiorino e mezzo al giorno a ciascun uomo, che guida i cavalli; che sono ordinariamente due quando si levino quattro cavalli. — In oltre è da avvertirsi, che altrettanto convien pagare il ritorno al luogo d'onde si levano li cavalli. Valendosi della lettiga la spesa monta al medesimo; onde il viaggiare in questi paesi resta gravissimo. — Da Lucerna si partì a ore sei della mattina, e alle dieci in circa si giunse a Sursee, luogo che si considera come città libera, ma che sta sotto la protezione di Lucerna, e può dirsi dipendente dalla medesima, portandosi là le cause in grado di appellazione. — Il luogo è di passaggio, ben fabbricato e molto piacevole; farà da circa cento ottanta famiglie. Vi è una chiesa piuttosto grande, e di buona struttura. Vi osservammo quattro arboscelli molto alti e sottili, i quali sono posti e conservati in chiesa per tutto il mese di maggio, non so, se per ornamento, o divozione svizzera. Contiguo a questo luogo vi è un convento di cappuccini con chiesa sufficiente. — La strada che da Lucerna conduce a Sursee è spaziosa, e quasi sempre piana, ma per altro sassosa. Passato mezza strada si trova il lago, per altro di poca estensione, che dà il nome a Sursee. La campagna e le colline all'intorno sono amene, e coltivate con molta industria. — Da Sursee partimmo a dodici ore, e circa le sei della sera giugnemmo a Hurtwil piccol luogo situato sui confini del cantone di Berna. La strada è piana, e mediocremente commoda. Vedemmo in molte campagne il fuoco acceso con legna a bello studio portatevi dai contadini per impinguar il terreno.

A dì 7 partimmo da Hurtwil a sei ore della mattina. Facemmo una strada assai incommoda e' scoscesa quasi sempre fra monti. A ore undici giugnemmo a Berthou, città soggetta a Berna, piantata su di una collina assai pulitamente fabbricata. — Le case quasi tutte sono composte di vive pietre, che si cavano dai monti vicini. Nel sito più alto del luogo vi è una chiesa tutta di pietra con torre nell'ingresso, ed abside in fondo. — Non potemmo vederla al di dentro, essendo chiusa; dall'esteriore però si arguisce essere fabbrica di architettura gotica delle non ordinarie. — La città di Berna qui tiene un inviato, che amministra la giustizia. Dopo pranzo si continuò il camino sino a Berna per quattro ore in circa. La strada è sempre piana, spaziosa e assai ben mantenuta: nelle vicinanze poi di Berna è sostenuta da muri di viva pietra con altra strada a lato men larga e che corre fra due spalliere di alberi per commodo di passeggio dei cittadini. — A Berna ci trattenemmo la sola notte, avendo in idea di fermarvici nel ritorno.

A dì 8 alle sei si partì, e circa le ore nove giugnemmo a un piccol fiume chiamato *Gaintoyne*, che divide il territorio di Berna da quello di Friburgo. Trovasi un piccolissimo villaggio con una assai buona osteria, e con chiesa, dove vengono in giorno di festa a sentir messa i cattolici, che si trovano in Berna, che per ordinario sono mercanti. Qui non dimora nessun prete, ma suole in ciascuna festa chiamarsene uno da Friburgo. — Da questo luogo alla città di Friburgo vi è un camino di circa quattr'ore assai ben mantenuto, sebbene sia ineguale. In una discesa è proibito di legare alcuna ruota per non danneggiare la strada. — Friburgo città riconosce la sua fondazione dai duchi di Laringia nel 1179. È situata sopra di un monte, che gira all'intorno di un fiume chiamato *Ar*, che resta navigabile con piccole barchette; nel liquefarsi delle nevi si rende formidabile alle abitazioni fabbricate sulle sponde. Una gran parte della città si gira salendo: alcune strade però sono in piano con case assai ben fabbricate di pietre che cavansi in queste vicinanze. — Vi è una chiesa collegiata a tre navate di architettura gotica con una torre altissima, che si vede sopra la porta maggiore sul gusto gotico, come il resto della chiesa.

Questa viene officiata da dodici canonici soggetti immediatamente alla santa sede. — Altra chiesa vi ha assai più antica, dove una volta i canonici facevano le loro funzioni; ma per quanto ci fu detto, questa sarà in breve ridotta ad uso profano. — Vi è un buon convento di francescani con chiesa piuttosto grande fabbricata di fresco. In questa vi è una cappella fatta sulla forma di quella della madonna di Einsidlen. — Nella libraria vedemmo un manuscritto cartaceo, in cui si contiene: *Lectura in quatuor libros sententiarum compilata per magistrum* Petrum de Aquila *qui nominatur* Scotellus *Theologiae doctorem ord. Minorum fratrum an. Domini 1469, 4 die mens. april.* In fine si legge ancora questa nota: *Explicit* Scotellus *super quatuor libros sententiarum an. Domini 1469. In die SS. Soteris et Gaii per me fratrem Stefanum Berti (vel lege Versi). Conventus fratrum Minorum Aselci, et fuit compilatus in conventu fratrum Minorum eiusdem ordinis Avinion. tunc temporis quo ego Iohes Ioch. eram studens loco Parisis ibidem et cet. Deo gratiam.* — In fronte al codice vi è la presente nota: *Liber fratris Iobis Ioh. ordinis Minorum quondam Cust. et Gard.* Il carattere del codice è del secolo decimoquinto. Vi sono anche altri tre o quattro codici corali in pergamena in foglio grande, del secolo decimo quarto, o decimo quinto. — I gesuiti ancora hanno un collegio di fabbrica antica con chiesa grande fabbricata di nuovo, e non disgradevole. Hanno una biblioteca ben provveduta di libri stampati. — Vi è una casa delle orsoline, che fummo a vedere. Queste danno l'educazione alle fanciulle della città che in numero di cento in circa vengono mandate mattina e sera nel monastero.

In questa città dimora il vescovo di Losanna, dacchè la sua residenza fu invasa dagli eretici; onde egli si trova senza cattedrale e capitolo. Suole bensì nella collegiata di Friburgo fare le sue funzioni. Le rendite del vescovato sono tenuissime, nè passano seicento fiorini annui, per essere stati usurpati i beni dagli eretici. — Ha per altro una diocesi, che si estende a quaranta leghe di paese, e conta cento quaranta parocchie. Due di queste sono nel distretto di Neuchatel appartenente al re di Prussia. Alcune altre sono in Francia. Il moderno vescovo disse di avere ricevuti molti onori dagli acattolici in occasione della visita, che ha fatto per la diocesi. Disse ancora, che ogn'anno succedono delle conversioni di eretici, sino al numero di quaranta, e più. Le donne per altro convertite non fanno mai buona riuscita, e sogliono condurre una vita licenziosa. — Disse che in Losanna è stata fatta una nuova edizione di Busembaum per maneggio del padre *Zaccaria*. I gesuiti di Francia, che sentono ancora il caldo del grande incendio seguito nell'anno scorso in Parigi di questo, e di altri loro libri, ne hanno scritto con premura al vescovo, per la soppressione. Ed ora si tratta di soddisfar lo stampatore, che ha speso per l'edizione sei mila lire. — Disse, che il famoso stampatore di Losanna *Grasset*, sia stato cacciato per la stampa della vita di madama di *Pompadour*, e forse per altre stampe, che hanno irritata la Francia, e non so se altre corone. Questo per quanto disse, ha stampato le *Lettere provinciali* con le note che ultimamente furono in Roma abbruciate per mano del carnefice. Ora costui si ritrova in Madrid. — Il cantone di Friburgo è tutto cattolico. La città è molto applicata al commercio, e farà da cinque in sei mila anime. Contiene tutto il cantone da circa dicidotto mila uomini atti per portar armi. Ciascun paesano da 16 a 60 anni dev'esser sempre provveduto oltre della divisa uniforme a quella del cantone, di tutte le armi necessarie per andare in guerra. — Vi è in Friburgo un arsenale con circa una cinquantina di cannoni nella maggior parte di piccolo calibro, con tutti gli attrezzi militari. Vedemmo tutti gli archibugii che si conservano nell'arsenale con assai buon ordine e polizia: questi potranno ascendere a quattromila e cinquecento o anche a cinquemila, secondo un conto fatto all'ingrosso; altrettanti dissero conservarsi in altri luoghi. — Diecinove sono i balliaggi del distretto, ai quali vengono destinati altrettanti baglivi dal consiglio, il governo dei quali dura cinque anni. Altri quattro balliaggi vi sono comuni col cantone di Berna. L'elezione dei baglivi è alternativa, e si rinnova parimenti ogni cinque anni. — Quando il baglivo è stato eletto da Berna, deve render conto del suo governo a Friburgo; per lo contrario resta soggetto a Berna, allorchè l'eletto è di Friburgo, e ciò non so se sia per una convenzione fatta nell'ultima guerra dell'Elvezia. — Il corpo della città è diviso in quattro bandiere; e si chiamano *du Bourge, de l'Auge, de la Neuve-ville, des Places.* — Il consiglio della città è composto di duecento, presso i quali risiede quasi l'intero governo del cantone: dissi quasi l'intero governo; poichè alcune volte si raunano ancora tutti i borghesi per qualche elezione, qual'è quella del borgomastro, e dell' *advoyer.* — Questo consiglio si divide in tre; il primo è il piccolo, che si rauna ogni giorno: è composto di 24 consiglieri con li due *advoyers*, o siano sculteti, oltre ai quattro *banneret*, il segretario di stato, le grand *sautier* e il segretario del consiglio. I due segretarii; e il gran *sautier* non hanno voto. Da questo piccolo consiglio si eleggono i due *advoyers*, o sculteti, che sono ordinariamente perpetui con l'annua conferma, e governano alternativamente un anno. — Questi presiedono ai consigli, fanno la prima figura, conoscono privativamente le piccole cause, che poi in grado di appellazione passano nel consiglio piccolo. — Si cava ancora da questo consiglio il borgomastro eletto da tutta la *bourgeoisie* al pari degli *advoyers*, officio, che dura cinque anni. L'elezione si fa in una chiesa, e l'eletto suole sulla porta all'uscire degli elettori dare a ciascuno qualche ricognizione in moneta per gratitudine all'arbitrio. Avanti il borgomastro si portano tutte le querele piccole, che nascono fra i cittadini, o paesani; questi li compone, e punisce di qualche multa, che resta a lui; onde fa d'uopo della vigilanza di altre persone, acciò per avarizia non oltrepassi la moderazione. Dal piccolo consiglio ancora si eleggono il tesoriere, e il maestro della munizione. — Quelli chiamati *bannerets* si eleggono a sorte dal consiglio dei sessanta e il loro officio dura tre anni, che consiste in una specie di tribunato della plebe. — Il secondo consiglio è di sessanta persone, prendendone quindici per ciascheduna delle quattro bandiere della città. In ciascuna bandiera cinque di questi si chiamano secreti, ed hanno autorità, e talvolta lucro maggiore di tutti gli altri officiali. — A loro appartiene di presentare al consiglio dei duecento i candidati che debbono riempir i luoghi vacanti. — Il candidato deve esser giunto all'età di venti anni, e non suole giammai avvenire, che la presentazione dei secreti non sia attesa. Non presentano però tutti i venti secreti uniti in corpo; ma ciascuno quelli, che mancano alla propria bandiera, in guisa che mancando cinque consiglieri in una bandiera, ciascuno dei cinque secreti ne presentano uno, se ne mancano sei, due ne presenta il primo, e quattro gli altri. — Questa presentazione è di gran conseguenza per una buona somma di denaro, che ricevono dagli eletti, la quale credo giunga a mille duecento scudi; lo scudo credo, che corrisponderà a sei paoli dei nostri paesi. — Questi secreti si eleggono dagli altri secreti, e formano una camera particolare, in cui si trattano gli affari più gelosi, e si invigila sulla condotta degli altri magistrati, e specialmente del borgomastro. I nobili sono inabili alla carica di secreto, se non rinunciano prima alla loro nobiltà. — Tutti gli altri del consiglio di duecento si riducono a ventisette, o ventotto per bandiera; questi non essendo nè del piccolo consiglio, nè nell'altro di sessanta, hanno semplicemente voto in quegli affari, che si propongono in consiglio grande di tutti i duecento, che si suole raunare due volte la settimana, e dove si risolvono in fine gli affari più rilevanti dopo di essere stati discussi negli altri consigli, e ancora in alcune camere destinate per la giustizia, per la guerra ecc. Se per cagion di esempio vi è nel piccolo consiglio una causa, questa vien rimessa alla camera, a cui appartiene. Questa forma il suo voto, che riferisce, e il consiglio pronuncia. Di là può passare la causa in grado di appellazione al consiglio grande, che è il supremo. Gli avvocati agitano le cause avanti il senato. — Per conto delle cause criminali si tiene un metodo ancor più solenne. Lo esame si fa dalla camera del gius civile, che lo riferisce il mercoledì al piccolo consiglio, il quale se non trova difficoltà giudica della vita, o della morte del reo in quel medesimo giorno. Viene annunciata tantosto la sentenza di morte al malfattore, acciò vi si prepari per il sabbato. In questo giorno poi si rauna tutto il consiglio de' duecento, e si propone a discutere, se il malfattore debba veramente morire, assegnandosi ad un consigliere di prender le sue difese, e perorare in questa occasione. Se la risoluzione è affirmativa, si propone allora a risolvere la qualità della morte da subirsi dal reo, e tutto si conclude per la pluralità dei suffragii. — Da questo metodo ne siegue, che chi è stato condannato a morte il mercoldì sia talvolta assoluto il sabbato.

Costumano nell'Elvezia, che i condannati compariscono avanti il tribunale che gli ha giudicati, e ringraziano i giudici della sentenza pronunciata nel tempo che s'incaminano per subire l'esecuzione: onde si trova in ogni città una spezie di tribunale sulla piazza, o altro pubblico luogo destinato per questo effetto. — Le cariche della città si danno in parte a coloro, che sono semplicemente del consiglio dei duecento. La principale è quella di cancelliere, che dura dieci anni. I balliaggi appartenenti al cantone si danno a quegli del consiglio di sessanta, e anche di duecento. E quando un consigliere ne ha ottenuto uno, non può ottenerne altro, eccettuatine due, per i quali non fa d'uopo abbandonare la città. — Il segretario del consiglio e le *grand-*

sautier, dopo cinque anni di servigio hanno il privilegio di eleggere un balliaggio vacante. Tutti gli altri si eleggono a sorte.

Su di che è da avvertirsi, che i nomi dei concorrenti ad un balliaggio si pongono in una macchina, che nel girarsi ne spande in buona parte; questa si gira tante volte, finchè rimane un solo a cadere, e questo è il ballivo. — Quando fra pochi rimane la sorte, questi costumano fra di loro di scommettere qualche somma di danaro da pagarsi dall'eletto; onde succede, che l'eletto debba pagare, e gli altri non inutilmente abbiano esperimentata costante la loro sorte sino agli ultimi periodi dell'elezione. — Non tutti i borghesi possono entrar nel senato, ma conviene essere ascritto alla *bourgeoisie* secreta, che equivale all'esser patricio di Friburgo. — I senatori non esercitano mercatura pubblicamente.

È ancora d'avvertirsi, che questo cantone ancorchè piccolo, pure esige gran rispetto, particolarmente dal vasto cantone di Berna, da cui resta quasi affatto circondato. Ciò deriva e dalla ferocità de' suoi soldati, e dalla numerosa uffizialità, che ha al presente in servizio della corte di Francia; onde moltissimo contano sulla protezione di quella corona. E si racconta, che dovendo un inviato della città trattar negozii con il cantone di Berna, per reprimere l'animosità di quei signori, dicesse loro che il cantone di Friburgo si estendeva fino a Parigi.

A dì 9 partimmo da Friburgo, e ci incaminammo verso Losanna. È da avvertirsi, che in Friburgo non si trovano facilmente vetture; onde non essendovi l'uso delle poste conviene prender cavalli da Berna per tirare avanti il viaggio. — In Berna vi è bensì la diligenza, colla quale non so, se una volta la settimana si possa speditamente passare a Ginevra. — Noi proseguimmo il viaggio coi cavalli condotti da Lucerna. Due sono le strade, che portano da Friburgo a Losanna. Noi prendemmo quella che passa per Bulle, poichè l'altra, sebben più breve di qualche ora, ci fu detto essere in pessimo stato e difficilissima.

Alle dieci della mattina arrivammo a Bulle, luogo piuttosto grosso, ma meschinissimamente fabbricato. Qui risiede un baglivo di Friburgo. Oltre una parocchia vi è un convento di cappuccini, dove monsignore celebrò la santa messa. — La strada fin qui è larga, e ottimamente mantenuta, sebbene quasi tutta sia fra monti con parecchie salite e discese. I monti, che si incontrano sono per l'ordinario vestiti di folti boschi, nè sembrano molto atti alla cultura. — A Bulle non solo tutti parlano il francese come a Friburgo e Berna, ma di più comunemente non si intende neppure il tedesco.

Da Bulle si partì a ore una della sera; alle cinque si giunse a Chiastel saint Denys. La strada è tutta fra monti, ma non riesce punto incommoda. Il castello è fabbricato sulla sponda di un piccolo ruscello, che scorre fra dei monti ben alti. — Su di una eminenza è la residenza del baglivo, che vi costituisce Friburgo, la quale trovasi in assai buon ordine. Questo castello fa da quattrocento uomini atti a portare armi ed è l'ultimo luogo cattolico, che si trovi andando da Friburgo, a Losanna, e Ginevra.

Alle sei si proseguì il viaggio, e alle otto si giunse alla città di Vevei situata sul lago di Ginevra, che incomincia due leghe sopra questo luogo. Dal castello di san Dionigi sino alla città sempre si scende con qualche incommodo de' cavalli. — Vevei è tutta in piano, e ben piantata. Le strade, e le case ci parvero assai ben disposte, e fanno buona comparsa. Vi sono molte botteghe, e ci fu detto essere la città molto applicata al traffico. — Vi è un baglivo di Berna che ogni sei anni si muta. La sua abitazione è piuttosto grande e di buona struttura. Contiguo alla città scorre un fiume chiamato.....* che si passa su di un ponte ben lungo di un solo arco. Vi sono in questa città alcuni pochi cattolici, specialmente addetti al servizio de' cittadini. Vanno le feste a sentir messa al castello di san Dionisio. Contiguo a questa città verso san Dionisio vi è un villaggio fabbricato sul dorso di una montagna.

A dì 10 maggio si partì da Vevei a ore sette della mattina e a ore dieci e mezzo si giunse a Losanna. La strada è sempre cavata dalle falde delle montagne, che si estendono sino alla sponda del lago. Nella parte opposta sorgono monti anche più alpestri, che si vedevano colle cime sparse di neve. — Il lago resta ristretto fra questi monti, e in questo sito è molto angusto. Vi sono da Vevei a Losanna parecchie salite e discese, ma di poco incommodo, per essere le strade mantenute con gran diligenza. — Quattro luoghi abitati s'incontrano in questo piccolo tragitto. Il primo è Saint Sanphorain, il secondo Cully, il terzo Lutry, il quarto Pully. — Lutry è città, ma di niuna considerazione. Gli altri sono villaggi, il maggiore de' quali è Cully, a due leghe in circa da Vevei. Passato Sanphorain si trova ben tosto un piccol forte fatto sul gusto antico con due torri sulla sponda del lago, per guardar forse le coste dalle incursioni degli abitanti dell'opposta riva, che spetta al duca di Savoia. — È delizioso in questo viaggio il vedere le montagne scoscese e altissime, che finiscono nel lago coltivate a vigne con particolare industria: e poichè il pendio eccessivo della montagna non può naturalmente ritenere contro il corso delle acque nè le viti nè il ter-

---

* Nel ms. i nomi delle persone, paesi, ecc., non sempre corrispondono alla ortografia moderna, come appunto Vevei che ora si scrive Vevey; qui il nome del fiume è lasciato in bianco, coll'animo forse di porlo accurato in seguito. Non vi ha dubbio per altro che sia il Veveyse che sbocca nel lago di Ginevra.

reno posto a lavoro dagli agricoltori, vi hanno opportunamente tirati dei muri, i quali dividono in moltissimi strati o gradi tutto il monte, ed assicurano contro l'impeto e violenza delle acque la coltivazione. — Coll'approssimarsi di Losanna i monti prendono un pendio meno ripido.

Losanna è piantata pochi passi in distanza del lago, e nella maggiore sua parte è montuosa. Non vi sono edificii magnifici, nè si vedono palazzi. Le abitazioni peraltro sono per l'ordinario di pietra su di un gusto non dispiacevole, e non male a proposito collocate. In una parte delle più alte della città vi è la cattedrale dedicata già alla santissima Vergine. — È questo un amplissimo edificio fabbricato di sola pietra, che può considerarsi come uno dei più insigni antichi monumenti che ci rimangono sul gusto detto impropriamente gotico. — Nell'ingresso maggiore, e nell'altro laterale la porta è cavata da un grand'arco acuminato con in giro varie colonne, bassi rilievi e mensole per sostener statue, tutto lavorato con grande industria sul gusto suddetto. — Le statue alla porta laterale rappresentano i dodici apostoli distribuiti nei quattro angoli con Gesù Cristo sopra la porta, e parecchi bassi rilievi rappresentanti la gloriosa assunzione della beatissima Vergine. — Nella porta maggiore mancano alle mensole le statue, che probabilmente saranno state gettate a terra. All'ingresso maggiore vi è una specie di atrio; indi viene il gran vaso di chiesa a tre navate, sostenute da grandi pilastri travagliate a forma di tante colonne di piccol diametro collocati in varie degradazioni. — Gli archi sono notabilmente aguzzi e sei se ne contano sino al presbiterio. A questo si sale per alquanti gradini, e ha la forma di abside, intorno di cui continuano le navate laterali, che vanno a unirsi nella sommità dell'abside.

Si divide questo presbiterio in sette archi. I due primi col quinto e sesto sono della grandezza degli altri. Il terzo e quarto sono di una altezza e larghezza assai maggiore. L'arco settimo sta in fondo, e in forma di semicircolo chiude l'abside; questo poi per maggior ornamento è diviso in otto archi. — Nell'ascendere al presbiterio vi è un portico sostenuto da colonne di marmo nero, su di cui, credo, si trattengono i musici o cantori, e sotto vi sono due mense, ove si distribuisce quella spezie di comunione praticata dai calvinisti. — In questo presbiterio si vede ancora tutto intiero l'antico coro de' canonici: e all'intorno vedonsi varii depositi di vescovi, e persone illustri; uno dei quali contiguo alla porta laterale viene dai cittadini anche eruditi assegnato a *Felice V*. — Per altro è d'avvertirsi, che non vi si legge alcuna iscrizione, e agli abiti pontificali della statua, che sopra vi è scolpita giacente, manca chiaramente il pallio, e sul capo rimangono vestigii di mitra episcopale gemmata piuttosto che di triregno, con una specie di corona intorno sulla fronte. — Sopra gli archi della chiesa scorre una specie di galleria, o portico con spesse colonne e archi, per cui dissero potersi caminare commodamente.

A mano dritta della porta maggiore vi è la torre, che si alza per altro non molto sopra la chiesa, e a mano manca vi è una camera, dove anticamente sarà stata qualche cappella, ma al presente ivi si fa la predica, o catechismo ai nobili. — Il soffitto è tutto a volto con cordoni di pietra, che prendono origine dagli respettivi angoli, e sono tirati per tutto il soffitto con varii scherzi.

A lato della chiesa vi è un terrazzo con alberi ad uso di passeggio, cosa, che spesso si trova in Elvezia, non solo contigua alla chiesa, ma in altri luoghi ancora a pubblica commodità. — Gli alberi, che costumano piantare a questo effetto sono castagni piuttosto alti e frondosi, che ora portano dei fiori in gran copia e producono castagne salvatiche. Il proprio loro nome è *Marons des Indes*.

Losanna farà da otto in dieci mila anime. La quantità delle botteghe, e la moltitudine, che trovammo per la città in moto, e intesa a qualche arte o azione, ci fa credere essere città molto dedita al commercio, e non all'inerzia. — Resta soggetta a Berna, che vi manda un baglivo, e che ogni sei anni si muta; per altro vi è ancora il suo magistrato, e vi sono due consigli, uno minore, e l'altro maggiore. Una piccola parte della città resta specialmente riserbata al corpo della città. — Il baglivo ha la sua residenza nell'antico castello, che è fabbricato nel più alto della città, e ora ridotto quasi interamente a casa di abitazione. — Vi è una specie di università con una buona libraria ad uso pubblico, e con sette professori. M.r *Arnay* che fece corte a monsignore n'è il rettore, e professore di belle lettere. — Due sono i primi pastori della città indipendenti; uno si chiama M.r *Ber*, che fu a trovare e servire monsignore per un avviso avuto da Lucerna del di lui passaggio.

Qua il celebre libraio *Grasset*, che ora si trova in Spagna, ha la sua stamperia, e il più copioso magazzino di libri. Questo imprese la stampa di *Bussembao* per convenzione fatta col padre *Zaccaria*. — I gesuiti di Lione carpirono dalla reggenza di Losanna una specie di promessa, perchè questa edizione non si pubblicasse, e ne presero documento autentico. Non sarà per altro difficile di eludere la promessa, quando si tratterà di rifare al libraio le spese. — Disse il giovane di questo negozio, che le *Lettere provinciali* erano state stampate in Berna dal *Felici*, e che d'Italia fossero venute le note aggiuntevi. — Questo libraio progettò alcuni anni sono una edizione di tutte le opere di

Arnauld, che poi non ha ancora avuto effetto; sentimmo però, che ancora non se ne sia lasciata affatto l'idea: medita ancora l'edizione delle opere di M.r *Nicole*. — Fummo a Losanna alloggiati all' *Orso* con discretezza. Osservammo nella tavola comune, che quei calvinisti nell'alzarsi da pranzo stavano per pochi momenti come in atto di orare, con porsi avanti il viso il cappello. Ricercai cosa significasse tal ceremonia, ma null'altro mi dissero, che di ringraziar allora Iddio de' suoi beneficii.

La sera a ore sei in circa partimmo da Losanna, e alle ore otto ci trovammo a un luogo chiamato Morge. La strada è tutta piana a riva del lago. — Morge è un villaggio senza mura ma composto di due strade eguali assai larghe e lunghe, con cave non mal fabbricate: vi è anche un castello di forma antica, che domina il lago. — Il luogo sembra di commercio per due bracci, che si estendono in forma perfetta di semicircolo nel lago e formano una specie di porto alle barche, munito di due piccole torri sull'imboccatura.

Li 11 di maggio partimmo da Morge alle ore cinque della mattina, e alle ore nove giugnemmo a Nion piccolo villaggio, e mal costrutto sul lago con una specie di castello situato sul monte. La strada è tutta piana, e amplissima sulla sponda del lago, che nelle vicinanze di Losanna estende il suo letto notabilmente, e in appresso in varie foggie ora ristringe, ed ora allarga. — A mezza strada da Morge a Nion si passa per un borgo chiamato Rolle, che consiste in una larga strada con case fabbricate con sufficiente polizia, i di cui abitanti sembrano applicatissimi al commercio, come lo sembrano quelle di Morge e Nion. Incominciando da Berna le femmine usano portare non busto, ma corsaletto.

Da Nion si partì a ore dodici della mattina, e alle cinque giugnemmo a Ginevra. La strada è magnifica e piana. Una sola salita, che vi è in vicinanza di Nion, attualmente si lavora per renderla piana a spese di Berna, a cui appartiene questo villaggio.

Dopo due leghe in circa di camino si passa per altro villaggio chiamato Copet, che si gode a titolo di baronia da un signore particolare con qualche subordinazione a Berna. — In appresso trovasi altro piccol luogo posseduto dal re di Francia, che si chiama Valsoy. Questi piccoli dominii divisi dal regno servono a render meno facile la diserzione de' sudditi e soldati. — La campagna da Nion a Ginevra è deliziosa. In alcuni siti si trovano viti coltivate, non a vigne, ma con oppii e salici come in parecchi luoghi d'Italia. — Il lago sino alle vicinanze di Ginevra è assai ristretto, onde l'occhio gode distintamente l'una e l'altra campagna assai ben coltivata, e sparsa di case di delizie dei signori ginevrini. Le montagne, che in maggiore distanza si vedono da ambedue le parti del lago, sono ricoperte ancora di neve.

Ginevra è situata sulla sponda in fondo del lago del medesimo nome, ove appunto il Rodano riprende il suo corso distinto, e s'incamina verso la Francia con rendersi navigabile in distanza di sei leghe in circa di questa città, dopo un piccol tratto di terra, dove il fiume resta nascosto. — È fabbricata la città in gran parte sul monte con case assai alte di tre, quattro e cinque piani, a motivo della numerosa popolazione, che ascende a ventitrè, in venticinque mila anime, numero ben considerabile per il piccol suo recinto.

La parte della città in piano ha strade larghe e maestose con portici di legni, che per altro sono dell'altezza delle medesime case: il che li rende luminosi all'ultimo segno, ma poco utili in occasione di piogge. — Quattro ordini di botteghe si vedono in questa parte di città; due annesse alle case, e due in qualche distanza dalle medesime costrutte di tavole, onde questo composto è molto piacevole a vedersi.

Monete di Ginevra

Lira — vale fiorini 3, soldi 6, ovvero soldi 42.
Fiorino — vale 12 soldi.
Soldo — si divide in 12 denari.

Moneta corrente o grossa

Lira — vale soldi 20 a 24 denari per soldo.
La lira francese — vale 25 soldi piccoli in circa.
La lira di Ginevra — vale soldi 34 di Francia.
La lira elvetica — vale soldi 40 piccoli.
Il luigi d'oro nuovo — vale fiorini 49, o lire 14.

La parte di città, che rimane sul monte, sebben più tosto incommoda, pure ha buone strade con fabbriche di pura pietra, fatte con assai buon gusto, e con qualche eguaglianza. — In genere però di architettura il pezzo più bello è la facciata della chiesa cattedrale detta di san Pietro, la quale è stata di fresco innalzata di sole pietre, e sul medesimo disegno del prospetto della Rotonda di Roma; il resto della chiesa, che è molto vasta, è di architettura gotica, non molto dissimile nella sostanza, dalla cattedrale di Losanna. — La torre annessavi è parimente antica, su di cui si può scuoprire tutto il materiale della città con il lago, che si fa letto tra due amenissime campagne dolcemente rilevante e sparse di moltissime ville de' cittadini. — In maggiore distanza si godono dall'una e dall'altra parte dei monti altissimi, non senza qualche ombreggiatura di neve nella sommità. Il sito più ameno della città è presso la porta, che conduce nel Piemonte, dove vi sono due amplissimi passeggi pubblici uno in piano, e l'altro sul pendio del monte con varie file di castagni d'India, che in questa stagione specialmente fanno una comparsa aggradevole al maggior segno. — Qua si gode ancora in prospetto un aggregato di case fatte con assai buon gusto nel più alto della città, e si trovano le persone di ogni condizione sull'ora del passeggio.

Dimora in questa città un inviato di Francia col titolo di residente. Ha per abitazione un assai buona casa fattagli fabbricare a pubbliche spese dalla città. Nell'atrio vi è la chiesa ad uso del medesimo, in cui si conserva la sacra Eucaristia, l'oglio santo, e si amministra anche il battesimo. — Qua convengono per esercizio di religione i cattolici, che si trovano in città, il numero de' quali è di qualche centinaio, specialmente in tempo di qualche fiera.

Vi è un pubblico ospedale con luogo a parte per i cattolici; a ciascun pellegrino si dà alloggio, vitto, e sei soldi. — Il governo della città è retto da tre consigli: uno è di circa ventisette consiglieri, altro detto di sessanta, altro detto di duecento, sebbene a duecentocinquanta sia fissato il loro numero. Il piccolo consiglio è giornalmente alla testa degli affari, e specialmente quattro di loro che hanno il titolo di sindici. — In questo consiglio si rende ragione con l'appellazione agli altri consigli maggiori. Quello di duecento si completa ogni volta che ne siano mancati cinquanta, e l'elezione spetta al consiglio piccolo. Questo per il contrario riceve i consiglieri dai duecento. Tutti i consiglieri sono perpetui. — I sindici si mutano ogn'anno a beneplacito dei borghesi e cittadini che si raunano a quest'effetto in un determinato giorno dell'anno nella chiesa di san Pietro, dove si rende conto al popolo delle cose rimarcabili avvenute in quell'anno nella repubblica.

Convien distinguere tre classi di persone in questa città: altri borghesi, altri cittadini: gli abitanti sono esclusi affatto dai negozii pubblici. I borghesi si fanno per elezione, nè senza un considerabile sborso del candidato. I cittadini sono i figli di un borghese nati dopo di essere stato dichiarato tale il loro padre. La cittadinanza e borghesia ascenderà a circa mille cinquecento persone, che devono essere capi di famiglia, e sopra i venticinque anni. — Fra i cittadini e borghesi passa la differenza di potere i primi solamente aspirare alle cariche di sindico, di segretario di stato, di uditore, ed altre.

Vi sono ancora varie distribuzioni di camere, e di officii, che si rinnovano, cred'io, ogni anno. Una è la camera dei conti, delle guardie, ovvero tasse, delle appellazioni, dell'artiglierie, delle fortificazioni, della moneta, dell'ospedale, della sanità, della riforma, del commercio ecc. — Queste sono composte di consiglieri del piccolo consiglio grande. Quelli del piccolo consiglio si dicono ancora nobili, gli altri signori. — I sindici precedenti tengono posto distinto dagli altri consiglieri col titolo di antichi sindici. — Tanto sembra potersi inferire dall'almanacco di questo anno, dove sono descritti tutti i consiglieri, e le camere.

Vi è ancora il collegio de' professori, che sono dieci in circa. Questi eleggono nove reggenti, che destinano a nove classi, per le quali devono passare i fanciulli avanti di apprendere alcuna facoltà. — La prima classe è destinata per apprendere a leggere, e per il catechismo: la seconda per scrivere, la terza per l'ortografia coi primi rudimenti della lingua latina: la quarta per la grammatica con fare delle composizioni, la quinta per esercitarsi nel latino, e apprendere i principii del greco, la sesta per i poeti più facili, e avanzarsi nel greco, la settima e l'ottava per i poeti più difficili. La nona per *Omero*, et altri poeti coi principii della rettorica. — Un anno è destinato per ciascuna di queste classi, infine di cui si fa un esame con premii ai giovani più applicati di medaglie d'argento, e di altro. Indi passano a studiare le belle lettere sotto di un professore, che ora è *Jean Perdriau*, e questi in due anni li esercita nei poeti greci e latini più difficili, e dà loro i precetti della rettorica con i principii di istoria e d'antichità. — In appresso devono per due anni apprendere le matematiche e filosofia, e poi passa ciascuno alla facoltà di medicina, o di gius civile, o di teologia, che dura per quattro anni. In fine si fanno gli esami. Quelli, che vogliono abilitarsi a potere divenire col tempo ministri, sono esaminati nel modo seguente.

Oltre alle pubbliche tesi, che si sostengono dai candidati, si propone a questi un testo della Scrittura, perchè vi compongano un sermone da recitarsi il giorno appresso: indi si propone loro un testo dell'antico testamento per una dissertazione da farsi in termine di tre giorni. Si esaminano sul greco, ebraico, fisica, logica ecc. Devono nel termine di sei ore comporre e recitare un discorso morale: sono poi esaminati su tutte le parti della teologia; e il tutto dissero essere così ben regolato, che resta impossibilitata affatto qualunque frode anche negli esperimenti dei candidati.

In Italia nella comune opinione degli uomini vi è una falsissima idea di questa città, dandosi a credere, che qua regni una sentina di vizii e di oscenità. Io non dirò mai di avervi trovato quel buon costume, e quella mortificazione, e austerità, di cui si deve pregiare anche in mezzo al secolo ogni buon cattolico. Dico bensì, che in Ginevra il costume per rapporto alla società civile è regolato su di un ottimo piede. Il ministero ha per principio di affettare austerità; onde tiene lontano ogni sorta di divertimento, che possa arrecare l'effeminatezza. — Quindi nè teatri, nè commedie di alcuna sorta si permettono. I balli ancora sono proibiti, nè si ammettono altri divertimenti simili, che potrebbero dissipare i cittadini e toglierli dal commercio, che è l'anima della città, e a cui si vogliono assiduamente applicati. Altrettanto avviene in Zurigo; talmente che se qualche giovanotto nel passato carnevale era preso dalla passione del ballo, gli era d'uopo per soddisfarsi passare a Schafausen, città otto ore distante.

In Ginevra vi è ancora una pragmatica sul vestire, e sulle spese di ciascun particolare, cui sopraintente la camera della riforma. Non vien permesso di portar oro, o argento, diamanti, o altre cose preziose. In villa però credo, che si lasci ai particolari maggior libertà per questo conto. — Vi è un concistoro composto del corpo dei pastori, e di dodici antichi consiglieri del corpo dei duecento. Qua si portano le cause matrimoniali, e tuttociò che appartiene alla correzione del costume. Non si conosce multa pecuniaria, bensì a chi ha commesso qualche fallo si interdice la cena; il colpevole qualor si ravveda, deve chiedere in ginocchio perdono al concistoro, che per ordinario suole rimetterlo all'esame del proprio pastore per assicurarsi della sincerità del pentimento. Qualora si trovino difetti di rimarco se ne dà parte al magistrato. — Gli apostati, che dall'Italia, o da altre parti vengono qua a ricovrarsi, difficilmente si ricevono, come mi assicurò M.r *Pictet*, pastore e bibliotecario, che sovraintende ancora alla casa dei proseliti.

Vi è in questa città una biblioteca, che sembra la più copiosa da noi veduta finora in questo viaggio fuori d'Italia. Si aumenta di giorno in giorno per la liberalità dei cittadini, da cui riconosce ancora la sua origine. — Vi si conservano ancora parecchi codici, fra' quali alcuni sono del secolo decimo e undecimo. Vi è ancora un codice di papiro in foglio piccolo di carattere maiuscolo romano framezzato con parecchi fogli di carta pecora del medesimo carattere; contengonsi alcune omelie di sant'Agostino, avvi anche un papiro imperfetto in antico carattere corsivo simile a quello, che trovasi in altri papiri del sesto o settimo secolo. — Il marchese *Maffei* lo osservò, e lo ha stampato; rilevò però monsignore un manifesto errore preso da detto letterato nelle parole: *venduntur tua*, dovendosi senza dubbio leggere: *Rem claritas tua presenti auctoritate*. Vi è ancora una gran Bibbia del secolo decimo, o undecimo, in cui si nota da altra mano: *Fredericus Ianuen. Episcopus hos libros Ecclesiae de suo dedit*. Altro del decimo, in cui sono delineate, e spiegate le note dette volgarmente tironiche, e stampate dal *Grutero*.

Vi sono ancora sei tavole in forma di foglio alto, legate in libro, incerate di nero d'ambedue le parti, e minutamente scritte. Sono ivi notate le spese della corte di *Filippo il Bello* re di Francia del 1308. — Avvi una bibbia in due gran volumi in foglio tradotta in lingua francese nel 1294, il di cui autore s'intitola *prestres et canoine de sainte Pierre Daire de l'Eveché de Terovène, e Guiars des Moulins suis appellé*. Vi è ancora un libro con questo titolo *Speculum humanae salvationis*; è scritto in lingua fiamminga, e credesi uno dei primi stampati in Harlem da *Lorenzo Costero*. — Osservammo ancora due tomi cartacei in foglio contenenti il Registro *Amedei Episcopi Sabinen. legati apostolici in Alamannia, Gallia etc.* dell'anno 1449 e 1450. — Vedemmo ancora due edizioni di Cicerone *De officiis* in pergamena di *Giovanni Fusi*, una del 1465, e l'altra dei 4 febbraio 1466; la disposizione delle lettere, ortografia e pagine è la medesima, per credersi esser questi due esemplari di una stessa edizione; ma oltre alla diversità dell'anno, dissero quegli eruditi di Ginevra, che vi avevano trovata qualche differenza nelle abbreviature, il che però colla collazione della prima facciata monsignore non potè verificare. Nel libro, che porta l'anno 1466 si legge questa nota manuscritta *Hic liber* Marci Tullii *pertinet mihi* Ludovico de la Vernade *militi cancellario domini mei ducis* Borbonis, *et Alveniae quem dedit mihi* Ioannes Fust *suprad.us Parisius in mense iulii anno Domini 1466 pro generali reformatione totius Francorum regni*. — Altro codice papiraceo del secolo XIV in bel carattere contenente in quattro libri un poema latino *De vita, rebusque gestis etc. Mahometi Turcorum principis* di *Mario Filelfo*, presentati e dedicati da *Lillo Ferduccio* anconitano ad *Amira Osmanno* imperatore de' turchi. — Altro ne osservammo del 1498 di *M.ro Luca del Borgo san Sepolcro* dell'ordine delli minori sulla proporzione delle matematiche a *Ludovico Sforza* duca di Milano.

Due persone specialmente in questa città servirono monsignore. Uno si chiama *M. Jean Perdriau* professore di greco e di belle lettere nell'università, e pastore ancora destinato a predicare nella chiesa italiana. — È questo una persona molto gentile e di molte cognizioni; l'altro è M.r *I. F. Pictet* pastore, (M.r *Cullin* altro bibliotecario) e bibliotecario, uomo avanzato in età, ma festoso e per quanto sembra sincero. Si conobbe ancora M. *Paul Henri Mallet*, che già trovasi in carreggiata di divenir professore, ed attualmente lo è di belle lettere francesi nella corte di Copenaghen; sebben sia stato costretto a ristabilirsi in patria a motivo di salute con un annuo regio assegnamento. Il medesimo ha già dati alle stampe due tomi in francese dell'istoria di Danimarca.

Attualmente sta preparando il terzo tomo con una nuova edizione dei due primi notabilmente accresciuti e corretti. Egli è l'autore della traduzione in francese della forma *Du gouvernement du Suede avec quelques autres pièces concernant le droit public de ce royaum;* in ottavo a Copenague, et a Geneve, 1756.

Fiorisce ancora in questa città il celebre *Teodoro Tronchin,* che vien riputato uno de' più abili medici de' nostri tempi ascritto alle più rinomate accademie d'Europa.

Nelle vicinanze di questa città sulle terre di Francia ora dimora in un suo feudo il famoso poeta *Voltaire,* che tiene condotte alcune case di delizia anche sul territorio ginevrino. Il medesimo si mantiene splendidamente con grassi appannaggi che trae da varie corti, e con le rendite sue proprie. Dà frequenti banchetti, festini, comedie, e tragedie alle molte persone che vanno a trovarlo. È nella età di 69 anni, conserva tutta la sua vivacità. Egli vien creduto in Ginevra l'autore dell'operetta sulla finta morte e apparizione del P. *Bertier.* — Ci dissero alcuni letterati di Ginevra, che tale satira fosse composta per porre in ridicolo il P. *Bertier* gesuita, che nei giornali di Trévoux avea assai giustamente dipinto l'autore, e i suoi sentimenti circa la religione.

Ora il *Voltaire* è nell'impegno di dare una nuova edizione delle opere del gran *Cornelio,* arricchite di sue note. Gran somme ha già ricevute da varie corti, e signori per un buon numero di esemplari. Il governo di Ginevra, e le persone più savie non vedono di buon occhio la vicinanza di questo uomo derisore della religione, e molto meno approvano, che i cittadini frequentino la sua conversazione. Sentimmo per altro da parecchi altri acattolici, che non ostante l'empietà e irreligione tanto pubblica dell'autore, egli quando cade malato, preso da un grave timore di morire, soglia tantosto far chiamare i cappuccini ad assisterlo, cosa però, che altri dissero di ignorare.

In Ginevra non vi sono conversazioni pubbliche, ma i cittadini, e le persone colte sono divise in varie società, e si raunano per l'ordinario ogni settimana il dopo pranzo; una se ne tenne presso *M. Paul Henri Mallet* a cui intervenimmo, nè di altro si discorse, che di novelle pubbliche e letterarie.

La religione pubblica è la riformata da Calvino. Ma vi è anche un pastore della confessione augustana. Vi sono tre classi di pastori. La maggiore è destinata per la lingua francese, che è l'idioma comune; altra è per le istruzioni degli italiani; la terza poi consiste in un pastore di lingua tedesca. — Il corpo dei pastori di questa città è in gran concetto di dottrina, onde altri stranieri ancora se ne trovano ascritti. — Quattro cene generali si fanno in tutto l'anno, ed un sol giorno di digiuno, in cui vien differito il pranzo sino alle ore due della sera, e finisce al tramontare del sole. — Il senato desidera che le istruzioni e prediche abbiano per oggetto qualche argomento di morale, e che non si tocchino i dogmi, il che forse deriva dalla massima politica di inculcare al popolo la morigeratezza, che conferisce infinitamente al bene della società civile con lasciarlo digiuno di quegli articoli specolativi, che possono di leggieri per la loro mal coerenza indurre una pericolosa agitazione d'animo in materia di religione. — I ministri di questa vennero accusati di *socinianismo* da *D'Alembert*: cercarono di purgarsi con una dichiarazione, che come mi vien supposto era inconcludente. — I cattolici quando non facciano brighe non vengono cacciati, e col beneficio della chiesa del residente di Francia trovano tutto l'agio per l'esercizio della religione. -

Vi è nella città un presidio di ottocento uomini ascitizii oltre alla cittadinanza, che deve prendere le armi in caso di bisogno, per il quale effetto non lascia di spesso esercitarsi nel militare, come vedemmo nei pochi giorni di nostra dimora.

Il nerbo della città consiste nel gran commercio, e specialmente nelle manifatture di tele, orologii, e lavori di cose preziose. Ci dissero alcuni cittadini che dalla pragmatica fatta in Portogallo sentiva un grandissimo pregiudizio la città di Ginevra; dal che si può arguire quanto sia propagato il suo commercio. — L'oglio si trae dalla Provenza, Nizza e Genovesato. Varie famiglie d'Italia si trovano qua stabilite, fra le quali contammo *Burlamacchi, Collandrini, Micheli, Bottini*. — Alloggiammo all'osteria dei *Tre re*, dove fummo benissimo trattati, ma come suole accadere in tutti i paesi a carissimo prezzo. — Il residente di Francia fece molte finezze a monsignore, e lo trattò una mattina a pranzo: si chiama M.r *Monperou*.

A dì 14 maggio si partì da Ginevra alle cinque della mattina, e alle dieci e mezzo si giunse a Rolle e alla sesta in circa della sera si arrivò a Losanna. — Qui monsignore era aspettato dall'accademia, o sia dai professori del collegio, che per mezzo di M.r *d'Arnay* professore di belle lettere, e insieme rettore lo invitarono a una cena solita a farsi il giorno avanti alle vacanze, ma che in grazia di monsignore fu differita a questo giorno. — La cena fu fatta nel collegio medesimo, e dieci erano le persone del collegio. — La cena fu lauta, e la città mandò a regalare a monsignore parecchie bottiglie di vino di distinzione, che qua chiamano del vino di onore. Vi erano i due principali pastori, cioè M.r *Pollier de Bottens*, il quale aveva già conosciuto monsignore nei giorni avanti, e gli usò molti segni di onore e civiltà. — Questo era già professore di lingue orientali, e a lui propriamente compete il titolo di gran pastore nella città, sebbene alternativamente presiede al corpo del clero ogni settimana. — M.r *Pollier de Bottens* regalò a monsignore un libro in dodici stampato colla data di Parigi l'anno 1733 con questo titolo *Conferences sur la religion a l'usage des fideles du diocese de ... par ... docteur en théologie* dicendo, che egli aveva avuta qualche parte nella composizione dell'operetta che, in sostanza, non è che un catechismo della religione riformata a confronto della cattolica. — L'altro pastore si chiama M.r *de Crousaz* decano del collegio, figlio del famoso filosofo e metafisico *Crousaz*. Ora è in età assai avanzata, e disse di avere molto studiato e scoperto sulle istorie della chiesa e de' vescovi di Losanna. M.r *D'Apples* è professore di lingua greca e di morale; disse, che nella prima facoltà avrà da cinquanta scolari della città e distretto. — Due classi di libri, egli disse, di dare a spiegare ai suoi discepoli. Una è di libri profani, e l'altra di libri sacri. Per questa seconda egli si vale della versione greca dei settanta e d'altri simili libri, ma non già di santi padri. M.r *Vicat* è professore di gius civile e naturale. Detta i suoi scritti per rapporto al gius naturale. Ha stampato in Losanna un vocabolario *Iuris civilis et canonici*, in più tomi, che disse volersi ristampare ora a Napoli. — Ha ristampato le opere di *Harpprecht* con tradurre in latino tutti i passi germanici. Avrebbe ancora in idea di donare al pubblico un vocabolario *Iuris medii publici et civilis aevi*. M.r *Rosset* è professore in teologia. M.r *de Bons* è professore di polemica, e M.r *Salchly* di lingue orientali. M.r *Mellet* è baccelliere, e M.r *de Leuze* secretario.

M.r *Pollier de Bottens* e M.r *d'Arnay* ci parvero le persone più polite e cortesi: quest'ultimo ha stampato in francese un libro in ottavo col titolo *La vie privée des romains* il quale è stato tradotto in varie lingue. Il suo fratello ha comprato con il *Grasset* il negozio del libraio *Bosquet;* onde ha qualche parte nel medesimo. — M.r di *Pollier de Bottens* disse di aver fatti i suoi studii in Leiden in tempo, che fiorivano in quella università *Hauvercamb*, *Meibomio*, *Burmanno*, un *Gronovio*, *Musembroek*, *s'Grovvesant*, *Boherave*, *Albino* ... *Fabricio*, *Bynkersoek*. — Il medesimo *Pollier* riferì che il sudetto *Meibomio* fra gli altri codici che possedeva uno ne avea antichissimo, contenente i commentarii inediti di *san Girolamo* sopra Giobbe, e che essendogli stati offerti sino a dieci mila fiorini d'Olanda, non volle mai privarsene. Sicchè questo codice fu ereditato dalla figlia, e portato in Vevei sua patria sul lago di Ginevra, dalla quale è ultimamente passato per successione in altra persona, che ora desidererebbe di venderlo. — Disse pure, che in Vevei conservasi un antico messale, o altro libro ecclesiastico pieno di notizie istoriche spettanti non so a qual chiesa.

Vedemmo anche un signore assai avanzato in età, già al servizio militare di *Carlo XII* re di Svezia, uomo di una memoria prodigiosa, dottissimo in lingua greca, e che cita a mente non solo i passi intieri degli autori, che ha letti, ma spesse volte sino le pagine. Chiamasi M.r *des Eloires*.

Morì non ha molto in questa città M.r *Quiros* già religioso domenicano, e in grande riputazione nella sua religione in Roma che quivi si ritirò avendo apostatato, della di cui dottrina conservano ancora vantaggioso concetto. — M.r *d'Arnay* per stimolare monsignore a trattenersi il giorno seguente, e ad accettare un pranzo, che gli destinava il baglivo si esibì di condurre monsignore la domenica mattina in una parrocchia due leghe solamente di là distante, dove la chiesa era comune ai cattolici, e riformati; onde ambedue avrebbero soddisfatto ai doveri della propria comunione, dicendo ancora, che indi si poteva proseguire il viaggio di Berna per Neuchatel.

A dì 15 alle ore otto della mattina da Losanna incaminandoci verso Berna per la strada, che fa, cred'io, la diligenza come più breve e commoda dell'altra da noi fatta per Friburgo, a ore due della sera arrivammo a Moudon dove furono rinfrescati i cavalli. La strada è ben mantenuta, ma quasi sempre si sale, e in alcuni siti è sassosa. La campagna poco si gode, ed è nella maggior sua parte ricoperta di boschi. A mezza strada vi è una casa con osteria. — Moudon è luogo assai mal costrutto, ma di qualche estensione: dissero, che sia città. A quattr'ore si riprese il camino, e alle otto arrivammo a Payerne. Trovammo la strada ottima, che per lungo tratto dolcemente sale, ed è cavata in mezzo di una pianura ristretta fra due catene di piccoli monti poco suscettibili di cultura. Rarissime abitazioni si incontrano sparse per questo tratto di campagna, toltine due piccoli villaggi. In appresso la pianura prende una assai maggiore estensione. Payerne è un luogo mal fabbricato, ma grosso, e viene considerato per città.

A dì 16, giorno di domenica, partimmo alle cinque ore della mattina in tempo, che da circa trecento uomini del paese si erano radunati per fare gli esercizii militari. Alle ore dieci e mezzo arrivammo a Murat situato sul lago del medesimo nome, che ha comunicazione con il lago di Neuchatel, e con quello di Bienna. In distanza di una o due leghe di Payerne ci arrestammo a un piccolo villaggio detto Bonpierre, che appartiene al cantone di Friburgo ed è cattolico, dove monsignore disse la messa: seguendo il medesimo camino si trova ben tosto il villaggio detto Don-de-Dieu parimente cattolico del cantone di Friburgo. — È da avvertirsi, che per ordinario dove comincia, o finisce qualche tratto di paese cattolico, si trova nelle pubbliche strade innalzata qualche croce.

Dopo il villaggio di Don-de-Dieu si passa per Avanche, luogo piccolo, ma antico. Dicono conservarsi presso le mura un antico mosaico, che resta chiuso in una casa; nè ci volemmo arrestare per vedere. — La strada da Payerne a Murat è piana, e ben mantenuta. Si gode a mano manca la vista di una bellissima e vasta campagna coltivata con molta diligenza; in mezzo di cui si trova poi il lago, sulla di cui sponda continua la strada sino a Murat.

È questo un luogo mal fabbricato con qualche fortificazione, governato da un baglivo, che ogni cinque anni alternativamente si costituisce dai due cantoni di Berna e Friburgo, nei confini de' quali è situato. — Parlano i paesani il tedesco, o il francese, e in ambidue i linguaggi si fanno le prediche e le altre istruzioni dai ministri, essendo tutto il luogo acattolico.

Alle ore due e mezzo della sera si partì da Murat, e alle otto in circa si giunse a Berna. La strada è magnifica con qualche salita e discesa, e spesso spesso si gode una campagna spaziosissima e deliziosa. Due villaggi si trovano in questo tragitto. — Berna è fabbricata in una penisola del fiume Aar, che le scorre presso le mura. Nell'ingresso si sale alquanto, ma poi tutto il rimanente è in piano. La città si estende molto in lunghezza, ma assai poco in larghezza. All'ingresso venendo dalla parte di Lucerna si trova un ponte, e una porta assai magnifica e di buon disegno. La strada principale assai spaziosa traversa quasi che l'intera città con case di sola pietra fatte tutte su d'un medesimo gusto con portici dall'una e l'altra parte assai bene intesi. Le altre strade della città sono parimente ornate di portici, ma non tutte le abitazioni sono ridotte al buon gusto e alla polizia delle prime. La chiesa collegiata è di disegno gotico, ma assai grande ed elegante, con una facciata sul medesimo gusto, e carica di ornamenti. — A lato della chiesa vi è un terrazzo assai spazioso a pubblica commodità con alberi che fanno una piacevolissima comparsa, anche per la loro bene intesa distribuzione. È abbellito all'intorno con balaustre di pietra, dove si gode in una considerabile altezza il corso del fiume, che scorre appresso. — La fabbrica dell'ospedale merita di essere veduta non meno per la sua vastità, che consiste in una grande isola a forma di quadrato, ma ancora per la sua eleganza. È ad uso de' pellegrini non infermi, ed averà da cinquanta mila scudi di rendite.

La chiesa ancora detta dello Spirito Santo è su d'un gusto non perfetto del tutto, ma moderno, e migliore assai di ogni altro fin ora veduto. — È da avvertirsi, che questi due edificj sono stati di recente costrutti a spese dei cittadini, i quali di continuo si studiano di abbellire la propria città con nuove fabbriche; e fin da quest'ora si conviene, che Berna sia la città più propria e maestosa di tutta l'Elvezia, sebbene piccola. — Altra chiesa vi è di architettura gotica, officiata una volta dai domenicani, ed ora assegnata al ministro di lingua francese, dove si vedono ancora due pitture dell'anno 1495, che probabilmente restavano ai due lati dell'altare maggiore. — Fra i pubblici edificii può contarsi anche un gran magazzino di grano sostenuto con portici, dove concorrono i mercanti due volte la settimana per farne lo smercio.

È a carico della reggenza di tener qua una buona provvisione per qualunque accidente di carestia. Per assicurarlo da ogni infezione o deterioramento a cui è pur troppo soggetto il grano ammassato in magazzino, hanno costrutta una macchina riscaldata da una piccola fornace, per la quale fanno disseccare tutto il grano in tal modo, che passando regolarmente il grano per varii gradi, il custode può, e deve diligentemente notare il tempo, e l'intensione del calore, per cui passa il frumento. — Il grano così disseccato ritira alquanto le sue fibre, ma la diminuzione non è considerabile, e per qualunque tempo può sicuramente restar ammassato anche sino alla sommità del magazzino. — Fuori della città vi sono amenissimi passeggi pubblici. La città riconosce la sua fondazione dal duca *di Zaring* nell'anno 1191; alza nelle armi un orso; dal che è nata la costumanza di mantenerne alcuni vivi a pubbliche spese in un serraglio.

Il cantone supera in potenza tutti gli altri forse anche uniti, e collegati in uno. Divide il suo gran territorio in paese d'Allemagna e di Vaud. Questo secondo comprende tutto il tratto adiacente al lago di Ginevra, in cui è posto Vevey e Losanna, due città di qualche considerazione. — Conta cinquanta e più balliaggi, oltre ai quattro comuni con Friburgo. Può armare ottanta mila uomini, ed in caso di grave necessità anche cento venti mila.

In Berna vi è un arsenale con assai buon numero di cannoni, che attualmente si rifondono di nuovo in massa, perchè siano più consistenti e compatti, valendosi poi non so di qual macchina per ridurli concavi. Vi si conservano ancora da trenta mila fucili sulla forma moderna, oltre a quegli che sono distribuiti in diversi balliaggi. Una potenza di questa sorte doverebbe tenere in grande apprensione tutti gli altri cantoni, specialmente di religione diversa; ha per altro la repubblica un freno, ed è che i sudditi non sono bene affezionati alla reggenza, onde questa ha sempre occasione di temere qualche ammutinamento e ribellione, specialmente in occasione di guerra. — Il governo è aristocratico, vi sono due consigli uno di ventisette, altro di duecento novantanove. Questo secondo si completa ogni dieci anni. Credo, che dal consiglio vengano tutti coloro, che contano cento anni di cittadinanza, ed è certo, che cinque famiglie, che sono le più antiche possono aspirare ai primi posti tosto che siano ammesse nel senato senza fare il giro degli altri, il che credo, che sia causa di qualche confusione nella repubblica. Capo della medesimo è un *advoyer*. Gli affari sono assegnati a varie camere, fra le quali due ve ne sono per le appellazioni, che vengono dal paese di Allemagna e quello di Vaud. La lentezza nel sentire e risolvere i ricorsi dei sudditi credo sia una delle cagioni della loro esacerbazione. — La città conterà da circa ottomila anime e forse anche meno; vi è un presidio ben numeroso (di ottocento uomini) di milizie ascetizie.

La religione in tutto il cantone è uniforme a quella di Zurigo, Basilea, Schafausen, san Gallo, Ginevra ecc. la di cui confessione fu stampata in Berna l'anno 1759 in quarto, col titolo *Confessio et expositio simplex orthodoxae fidei, et dogmatum catholicorum etc.* Nell'anno 1758 a Berna parimente fu pubblicata una *Recueil d'ordonnances pour les églises du pays-de-Vaud* fatta dal consiglio di Berna, che per altro, non credo abbia avuta ancora esecuzione. — Si tollerano in città alcuni mercanti cattolici di cristalli, o d'altre merci, che non arrecano pregiudizio alla mercatura del paese. — Questi per l'esercizio della religione vanno ad una chiesa sui confini di Friburgo due ore distante da Berna, come si è notato di sopra. — Gli apostati qua vengono non difficilmente ricevuti, se possono mettersi sotto la protezione di qualche signore, o se hanno abilità. Uno che trattai, gode un assegnamento di cento scudi annui. — Vi è stabilita una camera, o sia collegio, che sopraintende ai proseliti. Da principio gli eretici istituirono queste camere con rendite, per poter far vedere ai cattolici di trovar nuovi seguaci di giorno in giorno, ma al presente si sono illuminati, nè hanno questo zelo per la loro riforma, ma bensì per il loro interesse. — Le prediche e le altre funzioni si fanno in lingua tedesca e francese, intendendosi e parlandosi quasi comunemente l'uno o l'altro linguaggio.

In questa città come in tutta l'Elvezia, toltone Schafausen, non vi è l'uso delle poste. A Berna però oltre alle vetture, vi è di particolare una diligenza capace di sei persone, che va per Losanna sino a Ginevra, e indi ritorna. Si suole pagare cinque bazzi per ora di camino, vale a dire circa un terzo di fiorino di quattro paoli. Parte il giovedì, e torna il mercoledì, nè cammina di notte. — Vi è in Berna una biblioteca pubblica assai copiosa, e che ora diverrà molto più ricca per la cura di quei letterati. Vi è specialmente una raccolta di circa ottocento manoscritti, il di cui catalogo nel 1760 fu stampato in Berna in ottavo con molta accuratezza ed erudizione dal signor *I. R. Sinner* bibliotecario. Altri tomi oltre al primo ci fa sperare questo dotto autore. Annesso alla biblioteca vi è un piccolo museo di idoletti, e di altre antichità con alcune cose di storia naturale, e con una tavola dittica tempestata di pietre con l'imagine di san Pietro martire. — Vi sono in questa città pubblici professori di greco ed ebraico, et altri, che credo sieno in numero di sette senza comprendervi i reggenti per i primi elementi. Da quindici esami, o siano esperimenti pubblici devono subire coloro, che vogliono abilitarsi a divenire ministri, e tutto si trae a sorte.

Fra i letterati di questa città è celebre il signor *Alberto Aller* famoso in tutta l'Europa, che non conoscemmo per essersi trovato a Roche, dove ha una direttoria.

Vi è Mr *Bertrand* primario pastore della chiesa francese, il quale ha una superbissima raccolta di cose naturali, specialmente di conchiglie di ogni genere, e di moltissime specie.

Tiene ancora una quantità sorprendente di petrificazioni, oltre a una gran copia di minerali e marmi distribuiti secondo i paesi, dai quali derivano. — Ha poi una raccolta di marmi e di tutte le specie di terre dell'Elvezia: su di queste ha fatte, e fa varie esperienze ed osservazioni meditando di comporre e pubblicare sopra tale argomento una dissertazione. — Egli si mostra intendentissimo in questa materia di storia naturale, ed ha già stampata una dissertazione sulla pietra detta amianto, di cui hanno dato conto i novellisti di Berna nell'*Excerpta Litteraturae Europae*. — Egli è stato in Ollandia, dove ha avuto campo di far la sua raccolta. Disse, che per acquistare un ordinario museo di conchiglie faccia d'uopo spendere almeno duemila e cinquecento scudi di nostra moneta. Il prezzo minore di un solo pezzo suole essere d'ordinario di cinque soldi, il maggiore di cinquanta fiorini di Ollandia. — Egli ha corrispondenza colla principessa di *Valdech* (nella diocesi di Colonia) la quale è amantissima di cose naturali, e quando non sa assegnare il nome a qualche produzione, ne manda a lui il disegno, e deferisce al suo giudizio. Disse, che in Ollandia si stampano i cataloghi delle conchiglie vendibili.

Oltre la società tipografica di Berna, ve ne ha un'altra economica, che ha specialmente in mira l'agricoltura, e tiene corrispondenza con altri letterati, a norma di un *projet pour l'établissement de quelques Societés correspondantes pour l'avancement de l'agriculture, des arts, et du commerce par la societé économique de Berne* in quanto a Berna. — Le memorie di questa società si stampano in ottavo colla data di Zurigo in lingua francese e tedesca separatamente, e finora è uscito il primo tomo diviso in quattro parti, e tre parti del secondo. — Il signor *B. Tsharner* con altro fratello specialmente si fanno onore in questa società. Il primo, che conoscemmo e trattammo di persona, ha dato in luce alcune cose riguardanti la storia dell'Elvezia, ed è interessato nella società tipografica. Il padre si chiama Emanuele ed è governatore di Koenigsfelde. — Questo usò molte finezze a monsignore e aveagli preparato un sontuoso pranzo coll'invito delle persone più dotte della città. — Ci fu detto trovarsi in Berna *M. Samuel Schmidt* di anni venticinque, giovane che ora va facendo de'viaggi, e che ha già riportati più premi dall'accademia Reale delle Iscrizioni di Parigi, per conto di antichità egiziane.

La gran ricchezza dei Bernesi deriva non solo dalla ampiezza del loro territorio, contando fin settantadue balliaggi, ne' quali possono arricchirsi, ma anche dal traffico del denaro, che hanno in Ollandia, e più in Inghilterra con un lucro grandissimo. — Hanno incominciato ogn'anno a porre a parte trecento mila fiorini da tenersi morti per valersene unicamente in caso di pubblica e gran necessità. — Il pubblico è talmente ricco, che continuamente si studia di fare nuovi edificii e ornamenti alla città, per impiegare così il denaro.

In questo viaggio di Berna e Losanna sentimmo che in Bienna, città protestante tra Berna e Neuchatel sotto la protezione specialmente della prima, vi sia stata nuovamente introdotta una stamperia, dalla quale saranno per escire in luce opere molto perniciose alla religione.

A dì 18 si partì da Berna alle ore sei e mezzo della mattina, e alle dodici si giunse a Soletta. La strada è ottima, e quasi sempre piana. La campagna è ben coltivata, e in parecchi siti assai spaziosa: s'incontra qualche villaggio, ma di niuna considerazione. — È d'avvertirsi, che ritornando da Berna a Lucerna non si suole per ordinario fare la strada di Berthou, ancorché più breve, attese alcune lunghe, e anguste salite, che converrebbe fare.

Soletta è città antichissima dell'Elvezia, detta da' latini *Solodurum*, e *Soleure* da' francesi. È posta in piano presso il fiume *Aar*, piuttosto copioso di acque; da una parte resta circondata dai monti, e dall'altra ha una grande e deliziosa pianura. — La città è assai piccola e fabbricata con poco o niun buon ordine. Vi sono peraltro alcune abitazioni di gusto sufficiente, e le mura con le porte sono fabbricate assai politamente con sole pietre non ordinarie. — Trovammo la chiesa collegiata demolita, o caduta; ed ora si travaglia per riedificarla. Vi è un monastero di conventuali con chiesa antica e assai infelice. Qua i gesuiti hanno un collegio, dove dimorano quindici padri in circa. La chiesa è sul gusto moderno, e non mal costrutta. La biblioteca non è di alcuna considerazione. — Soletta, è città cattolica, che conterrà da circa due mila anime. Forma col suo territorio un cantone del medesimo nome. Qua ha da lungo tempo fissata la sua residenza l'ambasciatore di Francia presso i cantoni, e vien questa considerata per una delle migliori ambasciarie del regno, riserbata ordinariamente in premio a chi ha fatto il giro delle altre, nè so, se ciò derivi più dalle pingui rendite annessevi, che dalle pochissime spese, che vi abbisognano.

Alle ore tre della sera partimmo da Soletta, e alle sei giungemmo a un piccolo villaggio del medesimo cantone chiamato Einsignen, dove vi è una mediocre osteria. — Nelle vicinanze di Soletta incontrammo varii contadini, che con la divisa e armi se ne tornavano alle case loro dopo di aver fatti gli esercizii militari. — La strada è sempre piana ma piuttosto sassosa cavata dalle radici di una catena di monti a mano manca con una continua pianura amplissima, e amena a mano dritta. — Due osterie si incontrano in questo tragitto con due piccoli castelli sul pendio delle montagne, il primo de' quali è acattolico, ed appartiene al cantone di Berna; l'altro è situato in pochissima distanza da questo villaggio.

A dì 19 dopo aver detto messa, si proseguì il cammino dalle ore cinque e mezzo della mattina sino alle dieci e tre quarti, giungendo a un luogo chiamato Zofingen. Si incontrano per la strada alcuni villaggi con qualche osteria. In appresso si passa in un piccolissimo luogo murato detto Olten, situato sul fiume Aar, e questo appartiene al cantone di Soletta. — Non molto lungi si passa per Arburg, luogo piuttosto grosso con fortezza sul monte, dove risiede un commandante che si costituisce da Berna. La strada è sempre piana, e mediocremente commoda. — Da Einsignen sino a Olten continua a godersi a mano destra una campagna amenissima e amplissima, e a mano sinistra dei monti mediocremente alpestri, e vestiti per ordinario di folti boschi. A Olten si passa l'Aar, e si va sempre risalendo pel fiume che insieme colla strada resta fra due catene di monti.

Zofingen è luogo assai considerabile, nè dubito, che venga considerato per città. È sotto la protezione di Berna, che vi tiene un governatore. — Trovammo i paesani raunati in buon numero per fare gli esercizii militari. — Alle due e mezzo si partì da Zofingen e alle sette si giunse a Sursee. Poco lungi dalle mura di Zofingen si passa sotto un piccolo castello antico posto sulla sommità di un monte assai scosceso, che si lascia a mano destra. La strada è mediocre. Per lungo tratto si camina in una angusta pianura abbellita da ambedue le parti di colline piuttosto che di monti posti in parte a coltura, e in parte vestite di alti boschi. — In appresso la campagna prende maggiore estensione e vaghezza, finchè si sale su di un colle, che concatenato con altri vi presenta una semicircolare figura, la quale poi dolcemente termina in una pianura. — In mezzo a queste colline abbellite dalla natura e dall'industria degli agricoltori si trova una sufficiente campagna con in fondo la città di Sursee, che si vede in un giusto punto di prospettiva, godendosi ancora più avanti il piccolo lago, che le dà il nome.

In maggior lontananza poi si vedono gl'ispidi dorsi di una catena di monti, le cime de' quali ricoperti ancora di neve, una men giusta idea dell'Elvezia farebbe riputare per scherzi dei nuvoli. — Si continua indi il cammino costeggiando a sinistra le colline, finchè si giunge a Sursee, di cui altrove si è avuto occasione di far menzione.

A dì 19 maggio si ritornò in Lucerna presso monsignor nunzio *Oddi*, nè prima dei 17 di giugno si partì. — Per conto di Lucerna poco mi accade di notare, rimettendomi alla relazione, che per tratto della sua amicizia già me ne fece in scritto il signor canonico *Giuseppe Castoreo* cancelliere della nunziatura, soggetto di molto merito, con cui ho stretto la più sincera amicizia. — Aggiungerò solamente alcune poche cose che ivi non sono accennate, e che nel decorso di qualche settimana vi ho rilevato. — Sebbene il lago e il fiume dividano la città in modo non dispiacevole all'occhio, pure è da avvertirsi, che tutto il rimanente nulla ha di galante o magnifico. Le case sono ordinarie, non si veggono palazzi di sorta alcuna e ciò, che è più rimarcabile, la città è affatto spopolata, non ben giugnendo con le parocchie suburbane a formare tremila anime.

Il modo di vivere dei cittadini è assai semplice, e dirò anche villano. Neppure i più facoltosi tengono servitori, ma al più si contentano di due serve, le quali fanno tutto il bisognevole, e di notte sogliono con lampioni girar sole per città, a fine di servire e ricondurre alle proprie case i padroni, o le padrone. — Non usano carrozze nella città, e rari sono i cittadini, che abbiano qualche legno per la campagna. Le mogli de' senatori non reputano tal volta disdicevole prender mano nelle cure più infime. — Nel tratto però scrupulosamente distinguonsi i varii ceti, portando le senatrici un segno in testa proprio solamente di loro. — Nelle conversazioni, ossiano assemblee, sono divise le zitelle dalle maritate, solendo raunarsi per turno in una casa le prime, in altra le seconde; nè colle zitelle troverassi compagnia di donna maritata, o di uomo, seppur non si trattasse di qualche giovanotto. — È costume invariabile, che alle ore sette della sera si chiuda la conversazione delle zitelle, e alle otto l'altra delle maritate. — Non lasciano di distribuirsi ivi rinfreschi nelle assemblee, ma questi consistono in una tavola, che si trova sempre ben fornita di confetture, di paste, di pane, di vino, di cascio, di salame, di presciutto, che prendono con molta indifferenza i signori e le signore.

La libertà del tratto è molto sciolta, sebbene la vogliano far credere innocente, attesa la frigidezza della nazione. Non è cosa rara incontrar femine, e zitelle anco del primo rango andare indifferentemente girando dentro e fuori della città affatto sole, o colla compagnia di qualche giovanotto, che ha talvolta anche l'attenzione di servirle alla chiesa, portando loro l'offizio, o altro libro di devozione. — Nell'occasione poi di qualche solennità non arreca la menoma maraviglia veder sull'organo un mescuglio di uomini e di donne, che cantano in tempo de' divini officii, come osservammo nel giorno di Pentecoste. — Ma qui voglio avvertire il costume di un luogo confederato cogli svizzeri, e che credo sia posto nei Grigioni, in cui si mandano le fanciulle a scuola dai padri cappuccini; la qual cosa volutasi dal nunzio e da Roma impedire, non è stato possibile; nè altro si è ottenuto, che di non farvi intervenire le fanciulle che giungano all'età di dieci anni.

I signori sono per l'ordinario affascinati per la loro repubblica e autorità: vogliono essere trattati con delle distinzioni, e sovente accade, che per qualche puntiglio si avanzino negli impegni i più irragionevoli. — Ordinariamente sono persone di poco o niuno studio, e imbevute di massime distruggitrici de' diritti ecclesiastici. Ed il senato ha fino proibito ai gesuiti d'insegnare gius canonico, affinchè questo venga universalmente ignorato, quantunque il senato medesimo si arroghi l'autorità di conoscer parecchie cause ecclesiastiche. — Hanno ancora vietato ai medesimi padri gesuiti d'insegnare alla gioventù la la lingua greca, temendo, che ciò potesse far trascurare la latina. — Non vogliono far visita ad un forastiere ancorchè di distinzione, e già noto alla città tutta, se questo non siasi prima presentato allo scultetto reggente. — I medesimi senatori fanno l'avvocato delle cause civili, e poi danno il loro voto decisivo, con questo di più, che l'avvocato, è il primo a votare, e tal volta accade, che il suo voto sia contrario al sentimento, che aveva pubblicamente nell'istesso tempo difeso, come appunto avvenne in una causa del monastero di Muri, in tempo della mia dimora in questa città. Ricercato quel senatore da me e da altri, come egli accordava il suo voto dato colla sentenza presa a difendere, rispose, che egli intanto aveva così agito, poichè dal mormorio dei giudici in tempo della perorazione capivano talvolta gli avvocati il sentimento dei più al quale credeva di potersi uniformare anche *contra conscientiam*.

I paesani, o siano abitanti della campagna e territorio, sono mal contenti da grandissimo tempo del senato e governo per le asprezze dei nobili, e può giustamente temersi che questo cantone sia per divenire un giorno popolare. — Dal paese si estraggono bestiami e formaggio, che si mandano fuori in gran copia. Il vino manca affatto, e si trae di fuori; la gabella del vino renderà da circa sei mila fiorini, altra credo bene sia sopra il sale. Un testatico di quindici soldi esigono ogni anno i ballivi dai paesani; alcune comunità si sono composte, e pagano assai meno. — Il nunzio apostolico suole risedere in Lucerna, oltre all'ambasciatore di Spagna, che da qualche tempo manca. Il nunzio esercita in gran parte le funzioni episcopali per supplire alla lontananza del vescovo di Costanza, che vi manda il suffraganeo ogni dieci anni per la visita. — I canonici sogliono recitare mattutino tre ore dopo mezzanotte. — Quando si predica osservammo, che l'oratore sale in pulpito col piviale, che depone dopo avere recitato il testo della sacra Scrittura, che prende per tema del suo ragionamento. Nelle solennità maggiori qual'è quella della Pentecoste sogliono il diacono e suddiacono leggere l'epistola, e l'evangelo sui due coretti laterali all'altare. Sogliono in questa solennità far discendere nel coro una colomba con sette lumi accesi all'intorno per denotare la discesa e i doni dello Spirito Santo. — Il senato suole intervenire a questa funzione, e i due sculteti con altri senatori sogliono portare in occasione di qualche processione le molte reliquie, che si conservano nella collegiata in grandi reliquiarii di argento. — Nel tempo medesimo della messa solenne s'incomincia una messa bassa, finita la quale accade, che gran parte dei senatori se ne partano. — Si costuma ancora durante la messa di fare una oblazione in moneta all'altare, che ciascuno uomo o donna va a porre a *cornu epistolae*, e ciò ho veduto praticarsi nelle messe solenni, e parocchiali, e per i defunti, e talvolta in altre messe basse non solo in Elvezia, ma ancora in Svevia. — In giorno di festa i cittadini di Lucerna sono obbligati di portare un mantello nero sotto pena di dieci fiorini.

In occasione della festa del *Corpus Domini*, in cui monsignore fu pregato dal capitolo di fare la solenne processione, osservammo, che reputano i Lucernesi circostanza di gran rimarco l'esservi in tale giorno nella città da ottomila persone. Tutte le persone di ogni ceto intervengono a questa processione. Le zitelle si distinguono con certi segni dalle altre, e la gioventù porta in testa una fascia di cartone dorato con la punta in fuori sul mezzo della fronte. — Tutto il corpo del senato in abito nero suole con torcie accese seguire il venerabile, e ciò forma la parte più decorosa. — In quattro siti, nei quali il venerabile si riposa, sogliono leggere il principio dei quattro evangelii, e ogni volta si benedice il popolo. È anche d'avvertirsi che nel darsi le benedizioni col Venerabile nelle chiese, il sacerdote che fa pontificale non attende che sia terminata quella parte d'inno solita cantarsi in simile occasione, e che comincia *Tantum ergo* ma benedice il popolo allorchè dicono *benedictio*. — Nella processione di s. Antonio osservammo il costume di rappresentare nella medesima varii fatti del Santo, con fanciulli vestiti a questo effetto, i quali assicurati sopra alcune macchine vengono processionalmente condotti con la reliquia del Santo e col Venerabile, che si suole portare in tutte le processioni.

Relazione della città e cantone di Lucerna, fatta dal signor Giuseppe Castoreo, cancelliere della nunziatura e canonico lucernese.

Lucerna, il primo cantone fra i cattolici, è situata ad un lago e viene tramezzata da un fiume detto la Russa, onde viene chiamata una parte la città grande, e l'altra piccola. Non vi è fortezza, ma le torri che la circondano le danno la vista di una fortezza. Tutta la città è in pianura: vi sono tre ponti coperti. Il più lungo è quello che conduce al Duomo, il secondo è quello che conduce dalla chiesa de' padri gesuiti alla vice-parrochiale, il terzo è gettato sopra il suddetto fiume. — Questi tre ponti ornati di pitture sono in forma triangolare opposta l'una all'altra, sicchè nel ritornare si veggono le altre. — Quelle del ponte maggiore rappresentano i fatti dell'antico testamento, ed anche del nuovo. Quelle del secondo i fatti insigni de' svizzeri, ed in specie dei lucernesi. Quelle del terzo, che si chiama il ponte della morte rappresentano i diversi stati degl'uomini, e la morte che gli assalisce. — Oltre di questi tre ponti vi è un altro scoperto, che congiunge la città minore colla maggiore, e questo serve all'estate ai signori per passeggiare.

Vi è il collegio de' padri gesuiti, che unitamente colla chiesa rende gran lustro alla città per essere questo una fabbrica veramente superba. La chiesa è vasta, bella, chiara, con otto cappelle, fra le quali vi è quella di san Luigi Gonzaga con buona pittura ed indoratura, rinnovata dal signor cardinale *Acciaioli* mentre era nunzio. — Bello pure e sontuoso è il collegio, o monastero delle monache dette orsoline. Non inferiore è la chiesa di san Francesco de' padri conventuali. — È da notarsi che i padri conventuali, come pure i cappuccini, godono tutti i privilegi de' cittadini, e per tali vengono ancora chiamati dal senato, per essersi questi contradistinti in mantenere la fede cattolica. — La fondazione è del 690. Il fondatore è *Wighardo* prete e suo fratello *Ruprecho* duca della Svevia. Furono ivi i padri benedettini sino all'anno 1455, in cui fu secolarizzato da *Callisto III*.

Ma di lungi avanza tutte queste fabbriche la collegiata, o il duomo, qual'è anche parocchiale, e madre chiesa. — Questo maestoso tempio ha due torri altissime con sei campane grosse e con sei inferiori, le quali accordano *musicaliter*. Di più tre diversi organi magnifici, e di questi il principal organo viene stimato sì nell'estensione come nella composizione per il più sontuoso di tutta l'Europa. Basta dire, che quest'organo ha duemila ottocento ventisei tibie del più fino stagno d'Inghilterra, quarantotto registri, fra i quali la maggior parte ha sette e più labiali. — Dodici sono i canonici col preposto, qual'è concistoriale, e viene eletto col presidio del nunzio nella chiesa medesima dai canonici ed altrettanti più anziani del senato, da' quali vengono anche eletti i canonici. — Viene servito il coro da tredici cappellani, oltre i canonici ed il plebano, qual'è obbligato alcune volte d'intervenire. Hanno i canonici il privilegio da Sisto IV del 4 gennaro 1479, che in tutte le feste principali del Signore e della Madonna, e della collegiata il canonico ebdomadario in fine della messa possa dar la benedizione solenne coll'indulgenza d'un anno e quaranta giorni a chi riceve la benedizione. — Vi è un'altra collegiata con ventuno canonici e sedici cappellani a Berona, distante cinque ore da Lucerna; il di cui preposto è anche signore temporale, e ha il *gius gladii* nel suo distretto. La fondazione è del 720. Il fondatore fu *Berone* conte di Lentzburg. — In oltre conta il cantone settantadue parocchie grosse, due monasteri di monache dell'ordine cisterciense; uno di monaci del medesimo ordine, cioè sant'Urbano, due conventi di conventuali, tre di cappuccini, ed uno di monache del terz'ordine di san Francesco, o di santa Chiara.

Il governo della città risiede appresso la nobiltà. Il capo si chiama scoltetto, e vi sono sempre due di questi scoltetti, in quali alternativamente governano, cioè un anno per uno. Con tutto ciò l'elezione è libera ogn'anno, così che se non si fosse contento con uno di questi scoltetti si può eleggere un altro, senza dar ragione o far processo a chi non è stato confermato. — Viene diviso il governo nel senato intimo e nel consiglio. Il primo consiste in trentasei persone, ed appresso di queste vengono riconosciute le cause in prima istanza e tutti gli affari di stato, eccettuate le cause giudiziali, le quali in prima istanza si dibattono avanti una speciale congregazione, che consiste in tre senatori, due del consiglio, ed il giudice. — Il consiglio, quale unitamente col senato rappresenta la suprema piena potestà, è composto di sessantaquattro, quali pure, eccettuati due o tre, sono nobili. Questi due o tre però, che non sono nobili, non possono essere artigiani, ma cittadini di qualche riguardo; i quali col lungo andare del tempo possono anche, o per le ricchezze, o per i maritaggi, rendersi così rispettabili, che qualcheduno dei loro discendenti abbia la sorte di entrare in senato.

Non può però tutta questa per altro suprema potestà conchiudere alleanze nuove, o intimar guerra, che col consenso della cittadinanza, quale in questo caso viene citata di comparire nella chiesa vice-parocchiale, dove si raduna allora il senato e consiglio, come ogni anno due volte, cioè nel giorno di san Giovanni Battista e san Giovanni Evangelista, compaiono in quella chiesa, ove la cittadinanza deve rinovare il giuramento di fedeltà. — Vi è poi il segretario di stato, quale non può essere nè consigliere, nè senatore, ma deve però esser nobile, quale interviene al senato in tutti gli affari, e questo ha il giuramento d'invigilare, che non si conchiuda qualche cosa contro i diritti e privilegi della cittadinanza. — Il senato si raduna indispensabilmente quattro volte la settimana, e dura quattr'ore almeno. Gli altri due giorni si radunano i tribunali speciali composti da senatori e consiglieri. — Il consiglio si fa radunare tante volte quante vi è di bisogno. I voti si danno secretamente con tante palle, e quando siano uguali, decide il senatore giudice di quel tempo, qual carica si muta ogni mezz'anno, e questo non ha altro voto che il decisivo.

Nel senato non vi possono essere due fratelli, ma bensì uno, e l'altro nel consiglio. Ai senatori succedono ordinariamente i figli, quando non vi sia qualche fratello possente. — Ai consiglieri succede un fratello, ma rare volte un figlio; quale però viene sempre considerato col tempo. — I senatori si eleggono dai soli senatori, anzi non da tutti i senatori, ma solamente da quella metà, che è in attuale reggenza, giacchè diciotto soli sono obbligati di frequentare il senato sotto il giuramento, ed il torno si fa ogni mezz'anno, e questi che sono obbligati di frequentare il senato, hanno questo gius. Non è però, che altri dicidotto senatori non frequentino il senato, o che siano esclusi, quando non siano di reggenza, ma l'unico è che non sono obbligati, se non vengono chiamati negl'affari più gravi, ed allora si fanno chiamare quelli *sub iuramento*. — Tutti i senatori poi assieme hanno il privilegio di conferire i benefizii curati di tutto il cantone, pochi eccettuati che vengono conferiti dal capitolo di Lucerna e da quello di Berna. — I consiglieri, e tutte le altre cariche e prefetture, vengono conferite dal senato e consiglio assieme. I parenti dei competenti sino al terzo grado inclusivo sono esclusi e non possono dare il voto. — Le cariche più insigni e lucrose sono del tesoriere, prefetto d'annona, prefetto degli ospedali.

La reggenza dei sudditi in prima istanza è commessa ai rispettivi prefetti, che si chiamano landvogi. Dodici sono queste prefetture; sei appartengono al senato intimo, e sei al consiglio grande. — Dura ciascuna prefettura due anni, terminati i quali si conferiscono ad altri, giacchè chi ha avuta una prefettura, deve aspettare per due anni prima che egli possa di nuovo concorrere ad un'altra. Queste prefetture però non sono molto lucrose, eccettuate due o tre. — Da questi prefetti va l'appellazione al senato, ed allora quel prefetto non ha voto. Tutte le pene pecuniarie che dettano i prefetti, appartengono al pubblico erario, ed il prefetto non ha parte alcuna di quelle; come pure non ha tassa alcuna per le udienze. Sicchè l'entrata d'un prefetto consiste nel fisso che gli dà il paese, nelle citazioni, e nelle sentenze. — In occasione che il prefetto entra in reggenza deve radunarsi tutto il popolo di quella prefettura, a cui egli fa un discorso sopra la fedeltà ed ubbidienza dovuta, dopo che il fu prefetto suo antecessore lo ha proposto al medesimo, ed in appresso gli presta il giuramento di fedeltà. — Vi sono due altre prefetture inferiori, e non con quella giurisdizione che esercitano gli altri prefetti.

Sono poi ancora varie istanze o camere, che si chiamano, in cui si dibattono gli affari prima che si portino in senato, e sono le seguenti:

I. La camera detta consiglio di Ginevra. Questa consiste in otto senatori ed un consigliere.

II. La camera degl'orfani, avanti la quale si obbligano i tutori al fedele rendimento de' conti, e questa consiste in due senatori e due consiglieri.

III. La camera sopra le fabbriche del pubblico, qual'è composta di quattro senatori e due consiglieri.

IV. La camera che si chiama civile, in cui si dibattono le cause de' debiti ed ingiurie. Questa è composta di sei senatori ed un presidente.

V. La camera sopra il sale; consiste in tre senatori.

VI. La camera della sanità; consiste in cinque senatori.

VII. La camera della liquidazione de' conti di tutte le cariche e prefetture; consiste in quattro senatori, un consigliere ed un cittadino.

VIII. La camera per la grascia consiste in tre senatori, un consigliere ed un cittadino.

Tutte queste camere hanno il loro segretario rispettivo.

Oltre di queste camere o tribunali, viene in ciascun affare di conseguenza e di più lunga inquisizione deputata una camera ossia commissione, che suole consistere in alcuni senatori e qualche consigliere. Questa tal commissione si raduna il dopo pranzo tante volte quante vi è necessario, esamina l'affare, e poi riferisce al senato ciò che si è rilevato unitamente col parer suo; e questo poi o abbraccia il parere, o trovando qualche altra difficoltà, fa radunare di nuovo la camera suddetta. — Avanti la camera quarta come si è detto, può sciascun cittadino fare il procuratore, o avvocato, ma avanti al senato non può essere avvocato che un senatore.

È da notarsi, che quei senatori i quali sono di reggenza, cioè obbligati *sub iuramento* di comparire in senato in quel mezz'anno, sono anche *sub eodem iuramento* obbligati di accettare l'avvocazia di ciascheduno, e questa senza mercede alcuna. Gli altri senatori possono accettare una tal avvocazia, ma non sono obbligati. — Nessuno può proporre in senato la causa sua propria, che un senatore o consigliere, e quel tale deve alzarsi dal suo luogo ed andare in mezzo della sala a far la proposizione. Fatta che è, deve uscire, e deputare un avvocato che difenda ulteriormente la sua causa.

Un cittadino per qualunque delitto che sia, non può essere messo in carcere prima che col suo avvocato non sia stato ammesso alla udienza del senato, ma egli deve lasciar parlare il suo avvocato; bensì può egli essere arrestato. Di più non puole un cittadino essere messo in carcere infame, giacchè vi è un carcere speciale detto de' cittadini per delitti minori prima che sia stata riconosciuta la causa sua capitale, ed allora gli si leva prima la cittadinanza. — In cause capitali non possono dare il voto il senatore che fa l'esame, i quattro senatori ed i due consiglieri che lo assistono, cioè, che intervengono al finale esame per testimonii, anzi tutti questi sono obbligati di rilevare le circostanze favorevoli al reo e di raccomandarlo per la grazia. — Prima che si venga a dar la sentenza d'un reo, vengono esattamente esaminati gli esami, e non è caso raro che siano stati riconosciuti invalidi per qualche interrogatorio suggestivo, o altro difetto. In questo caso non si attende più agli esami passati, ma si devono cominciare da capo. — Scritture non si fanno in nessuna causa, ma le parti vanno a informare i senatori e consiglieri, e poi gli avvocati dell'una e dell'altra parte perorano e replicano pubblicamente con ragionamenti studiati; onde dipende dalli avvocati quando la causa si debba proporre in senato, avvisando questi però il capo, o scoltetto reggente qualche giorno prima, acciò possa fare intimare alle parti che nel tal giorno si proporrà la loro causa. — Il venerdì non si propone causa, ma unicamente affari che riguardano il governo e bene del pubblico.

È da notarsi, che ogn'anno due volte si raduna il senato, in cui ciascun senatore ha la libertà di fare qualunque proposizione che riguarda il bene pubblico, ed è obbligato a ciò farlo *sub speciali iuramento*. — Una tal proposizione vien registrata in un protocollo speciale e segretissimo, e viene imposto il silenzio *sub speciali iuramento* che nessuno riveli chi abbia fatta una tal proposizione. — Ora queste proposizioni vengono in appresso nei venerdì dell'anno, o quando questo giorno sia impedito, in un altro della settimana successivamente riproposte dal segretario di stato, che le legge dal protocollo, e vengono dibattute nel senato.

Il militare è bene istruito. L'arsenale di Lucerna può provvedere d'armi almeno diecimila. Quanti cannoni abbia non mi ricordo, so bene che ha tanti che basterebbero per due cantoni di Lucerna. — È da notarsi di più, che nessun suddito si può maritare, quale non sia provveduto di armi proprie. Ogni anno si fa la rivista delle truppe, le quali vengono in quell'occasione esercitate, o, per meglio dire, provate se siano bene esercitate, giacchè alcune volte l'anno vengono esercitate dai loro rispettivi subalterni uffiziali di ciascheduna terra. — Sei sono i maggiori, i quali hanno un certo distretto, e questi visitano ogn'anno le loro truppe, ed in questa occasione devono tutti di quel distretto comparire coll'armi ed abito proprio in quel tal luogo che assegna quel tal maggiore. — Il maggior distretto ha i due maggiori che sono senatori, due altri sono consiglieri, e due cittadini, ma nobili.

I cittadini medesimi vengono esercitati più volte l'anno, oltre di che sono obbligati in certi giorni dell'anno di comparire in quella casa pubblica, da dove si tira collo schioppo alla meta. — Il medesimo obbligo hanno i sudditi nelle loro rispettive terre. Per tutto l'estate ogni giorno di festa propone il senato alcuni premii a chi più da vicino coglie la meta, onde non manca l'esercizio. — Un altro esercizio con premii vi è in Lucerna colle frezze, e questo è proprio dei signori di Lucerna.

I cannonieri vengono esercitati ogni due anni per alcuni giorni tirando co' suoi cannoni parimenti alla meta con molti premii; ed in quell'occasione si esercitano ancora con bombe ecc. — Chi viene promosso a qualche carica sì ecclesiastica, come secolare dà per antichissimo uso qualche premio sì ai tiratori di schioppi, come ai cannonieri, onde non mancano premii oltre di quelli del senato. — Il numero di queste truppe esercitate ascende almeno a sedici mila. — L'anno 1712 in occasione di quell'ultima guerra tra i cantoni cattolici ed acattolici sono state mandate le armi dall'arsenale del pubblico a tutti i religiosi, ed anche in nunziatura medesima, per il caso, in cui il nemico si potesse avanzare sin' alla città.

Vi sono tre altre piccole città nel cantone con alcuni privilegii speciali riguardo al di loro governo; ma sono però suddite del cantone, e da loro si può appellare al senato di Lucerna. — Il cantone è provveduto di tutti i viveri, ed altro non gli manca che il vino; anzi per un particolare trattato che ha con i cantoni di Urania, Svitto ed Underwaldo, deve ogni settimana lasciar la libertà a questi di provvedersi d'una certa quantità di grani per un prezzo che, secondo i tempi, viene stabilito dal senato. — Godono i cantoni cattolici generalmente dal santissimo pontefice il titolo onorifico: *Ecclesiasticae Immunitatis defensoribus.*

Qui finisce la relazione.

In tempo della nostra dimora in Lucerna fummo un giorno a Stans, luogo principale del cantone di Underwald, della parte del cantone detto Sotto-Selva. — Dall'annessa descrizione si può rilevare qual sia il suo governo, e la sua situazione; onde aggiungerò solamente che il luogo detto Stans è distante da tre quarti d'ora dal lago, che comunica con quello di Lucerna. — È piantato in una piccola pianura, che resta circondata da monti altissimi. La chiesa principale dedicata a san Pietro è grande, con colonne di marmo e di gusto non cattivo.

Ancorchè il cantone sia popolare, pure vi sono delle persone polite che hanno il maneggio degli affari pubblici; la casa del pubblico, e dove si rauna il senato, è sufficientemente adornata e tenuta con molta polizia. — Sessanta, credo, siano i senatori o consiglieri, i quali hanno un capo. Suole però di tempo in tempo raunarsi tutto il popolo, dal quale dipende la risoluzione di moltissimi affari, e dal quale dipende ancora la cognizione delle cause in grado di appellazione; che non consiste però in altro, che in commettere ai giudici una nuova revisione della medesima, per quanto potei rilevare.

Fummo a vedere l'archivio pubblico di Stans, che trovammo in assai buon ordine: vi si conservano ancora alcune bandiere con due chiavi bianche in campo rosso con un piccol crocifisso, e l'immagine della beata Vergine, e di san Giovanni nell'angolo del vessillo. — L'iscrizione all'intorno suppone data questa insegna alla repubblica da *sant'Anastasio papa:* una bandiera però rilevammo proveniente da *Giulio II.*

In Stans vi è un monastero di monache cappuccine assai numeroso, che dipende immediatamente da monsignor nunzio apostolico. — Vi è ancora un convento di cappuccini, i quali sono tenuti in venerazione grande presso i cantoni specialmente popolari; e presso il popolo minuto possono questi padri moltissimo, con disporne anche a piacere.

Questo e gli altri cantoni cattolici popolari hanno grandissimo rispetto per la santa sede apostolica e pel suo nunzio: nè sarebbe difficile che i paesani di ogni cantone cattolico prendessero ancora le armi, qualora credessero trattarsi di sostenere la dignità del nunzio e del papa.

Breve e compendiosa descrizione del cantone di Underwaldo nelli Svizzeri e del suo governo, fatta da una persona di detto cantone.

I. Il cantone di Underwaldo confinante a mane col cantone di Zogo e Svitto, a mezzogiorno col cantone di Urania, all'occidente col cantone di Berna, e a mezzanotte col cantone di Lucerna, è uno delli tre primi cantoni che furono l'origine di tutta l'Elvezia per mezzo della prima confederazione fatta con li due cantoni Urania e Svitto nell'anno 1315.

II. La religione è cattolica apostolica romana, e il suddetto cantone per continuo fervore nella fede, ed a varii pontefici resi differenti servigii militari, ha ottenuto da sua santità *papa Anastasio* un regalo d'una bandiera colla doppia chiave (che si conserva ancora oggidì nell'archivio del principal borgo a Stans) e con quella la potestà di menare tal segno nelle sue armi, per ricognizione della sua fedeltà, coll'aggiunto titolo, che li underwaldesi sieno difensori della fede.

III. Toccante (*sic*) la terra di detto cantone non è grande, nè ampia, consistente tutto il paese del cantone in ventiquattro miglia d'Italia di longhezza e dodici di latitudine; vi sono più monti che pianure, ma la pianura consiste in tanti belli prati provisti con tanti arberi fruttiferi, et è una delli più buoni fondi in tutta l'Elvezia.

IV. Tutto l'interesse di quel cantone si tira dalle alpi, e dal bestiame, cioè dal butiro, formaggi, pelli, bestie e legni, che si vendono attualmente in abbondanza fuori del paese, et il numero delli uomini da quindici sino a sessanta anni ivi abitanti non passerà settemila.

V. Abbenchè detto paese, o sia cantone di Urderwaldo a rispetto degli altri cantoni svizzeri faccia un solo cantone, è diviso fra sè in duoi cantoni sovrani, cioè Underwaldo sopra et Sotto selva, dei quali nel suo governo nissuno dipende dall'altro, ma ogn'uno tiene il suo magistrato e casa pretoriale separata.

VI. Ambi duoi cantoni separati consistono cadauno di loro in sei parocchie, delle quali le principali sono a Sopra selva *Sarnen* ed a Sotto selva *Stans*, ove sono le case pretoriali; il numero delli abitanti sarà press'a puoco uguale in ambiduoi li cantoni.

VII. Il numero dei consiglieri in ambi duoi cantoni consiste de circa 7 capi li quali vengono eletti per maggioranza de voti tanti per vicinanza, e restano poi durante la vita senatori. N. B. La potestà delli senatori si estende fin di poter mandare in galera, et ad altri castighi arbitrarii opprobriosi.

VIII. Il governo in ambiduoi cantoni è democratico; in conseguenza di ciò il giudice supremo è il paesano, il quale ha il *ius* di decidere tutte le cose di grande importanza, e li gravi crimini malefiziosi con quella restrizione però, che nelli tribunali di malefizio tutti quelli, che non hanno compito li 30 anni non possono essere assessori.

IX. Tutti li anni all'ultima domenica di aprile si fa la dieta generale in luoghi a tal fine in ambi duoi cantoni nominati, dove si eligono i capi delli cantoni (che si chiamano landmanni) come anche tutti li altri uffiziali del paese, prefetti, sindacatori, e per maggioranza dei voti, e ogn'un paesano, che ha passato li 14 anni ha il *ius votandi*.

X. A rispetto delle potenze estranee, e nel voto di decidere le appellazioni dalli balliaggi comuni della repubblica ambi duoi li cantoni separati sono uguali e si eligono li prefetti, i sindacatori alternativamente; l'usufrutto però delli balliaggi comuni aspetta due terzi a Sopra e il terzo a Sotto selva; ma invece versa ancora in tempo di guerra. Soprasselva è obbligato di mandare due terzi de' soldati a difendere tali paesi.

XI. Soprasselva non ha sudditi particolari, ma bensì Sottoselva unitamente con li duoi cantoni *Urania* e *Svitto*, le tre prefetture Bellinzona, Blenio e Riviera, di là del san Gottardo.

XII. Tutte le controversie e liti del cantone toccanti onore, o beni, che passino il valore di dieci fiorini, si decidono da undici consiglieri, che vengono eletti annualmente dalle vicinanze, li quali sono chiamati senatori giurati, e la loro sentenza, passato un anno fissato per la revisione, è inappellabile. Le cause di minor conseguenza poi da sette altri giudici a tale effetto nominati.

Qui finisce la relazione.

A dì 17 giugno si partì da Lucerna per ritornare a Salmansweiter. Per non essere obbligati a fare il viaggio a cavallo fummo necessitati di passare a Bada e Schafusa con legno e cavalli levati da Lucerna, non essendovi per tutta l'Elvezia l'uso delle poste. — La strada per la prima mezza giornata fu assai cattiva costeggiando dei monti con a destra il luogo detto .... è la campagna in collina non dispiacevole. — La sera si giunse a Bada, dopo di esser passato un'ora e mezzo prima per Meningen, luogo murato ma piccolo, sulle sponde della Rusa del distretto di Bada medesima.

Bada è città rinomata per i bagni minerali, che attirano il concorso de' forastieri, e ancora per i dadi, che nelle vicinanze de' bagni si trovano ad ogni piccolo scavo e in tanta quantità, che alcuni hanno dubitato, e forse anche creduto, che vengano dalla terra prodotti, e non sieno piuttosto artefatti e di osso, come evidentemente appare. — In

Bada i cappuccini hanno un convento. È questa una prefettura libera di venti in trenta mila anime. Bada, che n'è la capitale ne conterà circa quattro mila. Non sembra il luogo dispregievole, benchè non contenga cosa alcuna rimarcabile.

E governato tutto il distretto da un prefetto che si costituisce successivamente dal cantone di Berna, Zurigo, Glarona; con la differenza che le prefetture dei due primi durano sei anni, e quella di Glarona, che è cantone di mista religione unicamente due. — Tale regolamento fu convenuto nella pace Elvetica di Arau conchiusa circa il 1712. Prima vi era un diverso regolamento assai più vantaggioso per i cattolici, e in specie per Lucerna. Si convenne ancora nella medesima pace che se nei luoghi di questa prefettura tre famiglie borghesi vorranno abbracciare la religione riformata, si debbano dividere per metà i beni ecclesiastici, e introdurre la promiscuità del culto. — Fino a quest'ora però, per la Diograzia, ciò non è giammai avvenuto, e non ostante il governo quasi continuo di prefetti acattolici, non è mai a questi riuscito di indurre tre sole famiglie a cambiar di religione. Onde Bada e tutto il distretto è cattolico. — È bensì vero, che contiguo alle mura vi è una pubblica chiesa con ministro protestante per commodo degli acattolici, che frequentano i bagni.

Surzac nelle vicinanze del Reno è luogo celebre per la fiera, che si suole tenere in questi tempi; è misto di cattolici e di eretici; non so poi se in virtù della pace di Arau o di qual altro motivo. — Gli acquisti però che fanno alla giornata gli acattolici in questa prefettura, fanno giustamente temere ulteriori pregiudizii in materia di religione, ed il popolo per quanto volesse zelare e farsi forte contro qualunque innovazione, dovrà naturalmente soccombere per essere stato privato affatto di armi. — Nella guerra che diede occasione alla pace di Arau seguì nelle vicinanze di Bada un fatto d'armi fatalissimo ai cattolici; ed è voce costante che ciò derivasse dalla nobiltà lucernese, la quale temendo che i paesani, o siano contadini già inaspriti dal governo rivoltassero le armi contro i nobili, qualora avessero vinta la battaglia contro i bernesi, non ebbe difficoltà di studiosamente esporre l'armata ad una rotta fatalissima, come seguì.

A dì 18 giugno si proseguì il camino per Schafusa e dopo un viaggio di cinque ore si giunse a Rayserstuhel. — La strada è affatto impraticabile per i continui fossi, discese e salite che si trovano. La campagna resta amenissima nelle vicinanze di Rayserstuhel, presso di cui scorre il Reno, che si passa per un ponte di legno. — Questo luogo è assai grande a paragone dei pochissimi abitanti che vi sono, ed appartiene al vescovo di Costanza sotto l'alta giurisdizione però della prefettura di Bada.

Da Rayserstuhel si passa a Reinau, monastero della congregazione elveto-benedettina, dopo un camino di circa quattr'ore per una amplissima e fertile pianura adiacente alle sponde del Reno.

Giace questo monastero in una isola, che forma il fiume in un giro stravagante, che fa in questo sito: onde il monastero resta perfettamente circondato dalle acque che scorrono con grande velocità. — La fabbrica è assai grande, ma antica con chiesa molto spaziosa e di gusto moderno. Vi è una mediocre biblioteca di libri stampati con parecchi manoscritti. — I soli codici in pergamena sono cento sessantatre, de' quali vi è un catalogo assai voluminoso e minutissimamente circostanziato, composto pochi anni sono dal padre *Schedler* bibliotecario, ora defunto. — Il codice XXVI in fol. contiene: *Glossas seu commentarium in Psalterium*, ed è del secolo XIII. Nel principio si leggono i seguenti versi:

> *Codicis est huius Rodulphus Presbyter auctor*
> *Divini cultus bonus, atque fideli adauctor*
> *Turegi natus generoso germine pridem*
> *Quina quinquennia tetra tetrennia vixit ibidem*
> *Post opibus, Patria, notis spretis, et amicis*
> *Est Monachus factus ad claustra Dei genitricis:*

Il codice XLV incomincia così: *Incipit praefatio. Epistola Angelonii ad Liutharium Imperatorem Gloriosissimo, atque praestantissimo Imperatori Dno Hluthario semper Augusto Angelonius ultimus Monachorum, et orans.* Contiensi un commentario sulla cantica, e l'autore era monaco di san Gallo. Il codice, se mal non mi sovviene, non sembrava più antico del secolo XI o XII. — Il codice LXXIII vien riputato del secolo XI, ed è scritto da *Reginberto*, monaco nel medesimo monastero, come si accenna nel catalogo.

È però da avvertirsi che altro codice scritto dal medesimo monaco si trova in Augia, o sia Reichenau, da cui già copiammo una protesta, che incomincia: *Hunc Codicem* ed alcuni versi dello scrittore, che si leggono in questo codice ancora. — Alla pagina 30 vi è il seguente opuscolo: *Incipit libellus de locis sanctis extramarinis, quae infra vel circa Hierusalem suat. Praecedente Beato Antonino Martyre ex eo quod a civitate Placentina egressus sum, in quibus locis sum peregrinatus, idest ad sancta loca, exeuntibus nobis de Constantinopolim venimus in Insulam Cyprum.* Il carattere è diverso dalla descrizione di Terra Santa di *Arcolfo*, che vi precede stampata già da *Mabillon* negli Atti de' santi benedettini. — Il codice LXXVI del secolo XIII porta un commentario *in Horatii artem poeticam,* ed incomincia *Pisones nobilissimi Romani aliorum scripta reprehendi videntes.* Vi si contiene ancora un commento: *In Ovidium de remedio amoris;* e frammenti sui fasti parimente di Ovidio.

Vi sono ancora parecchi codici cartacei, de' quali non vedemmo il catalogo. Uno di questi in lingua tedesca di pagine 974 in fol. scritto nel 1667 contiene la storia della riforma dell'Elvezia, composta nel 1587 da *Gio. Salat* (grefier) notaio di Lucerna, dall'anno 1517 al 1534. — Altro codice contiene il catalogo delle medaglie che attualmente si conservano nel monastero, le quali furono raccolte *ex diversis locis tam Germaniae quam Italiae,* dal padre *Giorgio Sebastiano Hartzer de Salenstein* religioso di questo monastero, e vissuto sul finir del secolo XVI. Allorchè però sotto Clemente VIII s'introdusse la riforma ed esatta osservanza della regola benedettina nell'Elvezia, e che ne fu formata la congregazione in oggi detta elveto-benedettina, questo religioso mal volentieri accomodandosi alla più stretta riforma di vita, passò nel monastero di Murbae, dove morì. — Egli ha il merito di essere stato uno de' primi tedeschi che siasi applicato allo studio delle medaglie. — Vi è ancora la vita manoscritta del cardinal *Sfondrati,* o sia un diario del suo viaggio a Roma, della sua malattia e morte scritto da un monaco che era seco, molto minutamente col suo testamento ancora.

I monaci di Reinau sono in numero di circa quaranta. Il P. *Teodoto Müller,* odierno bibliotecario, prepara la storia dell'insigne monastero di Ognissanti di Schafusa dell'ordine benedettino, ora in mano degli eretici. — Uno dei monaci insegna lingua greca. Il P. *Sebastiano Greuter* monaco di questo monastero è l'autore del libretto in ottavo stampato anni sono contro l'abbate *Wengense* di Ulma, in cui difende *Gersenio* essere l'autore del libro *De imitatione Christi.* Non vuole però scoprirsi per autore di tale opera. — In un angolo dell'isola di questo monastero ora si edifica una cappella di tre altari fatta a grottesco con sole produzioni naturali e petrificazioni, che si cavano nel territorio di Zurigo. L'idea è vaghissima ed ottimamente eseguita, ma non pare propria per un altare. — L'abbate odierno fu eletto nel 1758, quando il suo antecessore ancora vivente e dimorante in luogo spettante al monastero di san Gallo, venne obbligato a rassegnare l'abbazia; il che seguì senza il minimo disturbo, come si è riferito altrove. — Il monastero di Reinau fu fondato nell'anno 796. Parecchi diplomi e antiche memorie furono stampate in Lucerna nel 1748 con certe tesi, o sia tratttato *De iure advocatiae tutelaris Renoviensis,* composte dal P. *Beato Muos.* I sette o otto più antichi cantoni ne hanno la protezione.

A dì 19 si partì da Reinau nella carrozza di quell'abbate, che ci condusse sino a Schafusa, dove la muta a sei dell'abbate di Salem attendeva monsignore. Il cammino è di circa due ore quasi sempre piano. — Si passa contiguo alle cateratte del Reno che trovammo più copiose di acque del febbraro passato, e quindi più dilettevoli a vedersi. Ancorchè queste incomincino ad impedire la navigazione a Schafusa, onde dallo sbarco, che ivi fassi delle merci, ha avuto origine, e preso il nome questa città; pure si rompono con impeto straordinario, e fra scogli molto elevati a Laufen luogo situato ad ambedue le sponde del fiume, i di cui abitanti saranno certamente di udito piuttosto tardo, atteso il continuo rumore delle acque. Questo luogo credo appartenga dalla parte di Schafusa a questo cantone, e dall'altra a Zurigo.

Da Schafusa andammo a Singen, dove rinfrescammo i cavalli. Presso a questo villaggio vi sorge un gran monte isolato con delle abitazioni sopra, come altrove fu detto. — È questo un castello chiamato Hocantwiel del *Duca di Wirtemberg*, dove risiede un presidio di settanta soldati in circa, nè altro è, che una specie di asilo, essendo affatto separato dagli altri beni del duca. — La religione è la riformata, sebbene sia cattolico tutto il resto di quelle vicinanze sino ad un'ora di Schafusa, dove incomincia il territorio di questa città. — Negli anni addietro essendo venuto a morte un cattolico colà rilegato dal duca, non so per quali delitti, non fu permesso ad alcun sacerdote di accostarvici per amministrargli i sacramenti, quantunque il duca sia cattolico. Il castello credo sia diviso in due, uno inferiore, l'altro superiore.

Da Singen prendemmo il cammino alla dirittura di Costanza per essere ad inchinare il signor cardinale *di Rodt*, che si trovava ad Eana, luogo di sua villeggiatura in quelle vicinanze. — Si passò per Zel, piccola città austriaca con fabbriche miserabili, e spopolata. Giace sulla sponda di uno dei due bracci del lago di Costanza, il quale continuammo il resto del cammino sino a Petersausen, dove ci trattenemmo la notte. — Merita di essere qui notato un fatto seguito in Costanza nello scorso mese di maggio di cui ancora si parla. — Morì in casa del figlio la madre di un ecclesiastico, e si fece luogo alla questione, se alla curia ecclesiastica, ovvero alla città competesse il *ius obsignandi* i beni della defonta, come si costuma di fare in questi paesi.

La città per impedire agli ecclesiastici quest'atto, fece prender l'armi a tutti i cittadini, acciò guardassero la casa, dove giaceva il cadavere, affinchè questo non fosse sotterrato, se i congiunti non avessero prima permesso alla città questa pretesa obsignazione. In fatti presentatosi solennemente il clero per levare il cadavere, ne fu impedito; ma avendo poi saputo, che la cassa con le poche sostanze della defunta era già passata preventivamente nella curia ecclesiastica, si ritirarono i cittadini alle case loro. — Si suppone, che il solo magistrato sia in colpa di questo attentato, avendo egli comandato ai cittadini sotto gravissime pene di prendere le armi secondo i suoi diritti, che pretende di estendere sino a questo segno. — Ora il cardinal vescovo fa compilare il processo di quanto è seguito per farsene render conto avanti l'imperatore trovandosi ingiuriata ancora la dignità di un principe del S. R. I., ch'egli sostiene. — Potrebbe ancora farne una rappresentanza alla imperatrice regina, da cui dipende la città, ma potendosi temere, che la rappresentanza di Friburgo costituita al governo de' paesi austriaci in queste parti sia inclinata a sostenere la città, o abbia anche animato l'attentato in pregiudizio della curia ecclesiastica, è stato giudicato proprio l'astenersene.

È per altro d'avvertirsi, che ciò irriterà il ministero austriaco, il quale è gelosissimo di sostenere i moltissimi privilegii della casa d'Austria i quali si vorrebbero estendere in modo da non avere alcuna dipendenza dall'imperatore e suo consiglio.

A dì 20 si andò a Egna a trovare il signor cardinale *di Rodt*, presso cui si pranzò, indi si venne a... luogo della commenda di Meinar sul lago di Costanza dirimpetto ad Uberlinga. Qui si montò in barca, e dopo una navigazione di circa due ore si giunse a Birnau espositura di Salem, dove il P. abbate con altri monaci ricevè monsignore, d'onde la stessa sera dei 20 tornammo al monastero, da cui si era partito li 23 marzo, ponendo così termine al viaggio fatto dell'Elvezia. — Dell'Elvezia in generale può dirsi, che tredici sono i cantoni: se si considerano per l'ordine de' tempi, ne' quali si posero in libertà e si unirono in alleanza precedono a tutti gli altri Uri, Schwitz e Underwald; nel 1307 Uri concertò la lega con gli altri due, e nel 1315 fu il primo fatto d'armi per difendere l'assunta libertà. Indi venne Lucerna nel 1332, e poscia Zurigo nel 1351.

Zug, Glarona e Berna entrarono in alleanza nel 1352, e questi sono gli otto cantoni antichi, che hanno anche alcune protezioni, e alleanze separatamente dagli altri venuti in appresso. Friburgo e Solotorno si unirono cogli altri nel 1482, e sul cominciare del secolo seguente venne Basilea e Schafusa, e finalmente Appenzel, che redimè la propria libertà con uno sborso di danaro dall'abbate e principe di san Gallo. — Altro ordine però tengono i cantoni nelle diete generali. Precede a tutti Zurigo, indi vengono Berna, Lucerna, Uri, Schwitz, Undervald, Zug, Glaris, o sia Glarona, Basilea, Friburgo, Solotorno, Schafusa, ed Appenzel.

La religione è in parte cattolica romana, in parte riformata sugli errori di *Zuinglio* e *Calvino*, e in parte mista. — Cattolici sono i cantoni di Lucerna, Uri, Schwitz, Underwald, Friburgo, Solotorno, Zugh. Lucerna è il capo dei cantoni cattolici, ove si sogliono raunare ancora gli altri per affari di religione; il secondo è Uri, onde allorchè il cardinal *Passionei* nunzio già in Elvezia si disgustò con i Lucernesi, mutò la sua residenza in Altorf luogo il più popolato di detto cantone, preferendolo a Friburgo e Solotorno, dove con maggior commodo e decenza avrebbe potuto dimorare. — I cantoni riformati sono Zurigo, Berna, Basilea e Schaffusa, e tengono le conferenze in materia di religione in Arau città dipendente da Berna. — È da avvertirsi, che in questi paesi acattolici niun'altra cosa è rimasta a cattolici ed ecclesiastici di queste vicinanze, che poche possidenze, decime, ed altri simili diritti, quali pure sono, o possono essere col tempo di qualche risorsa alla religione. Gli eretici per altro si studiano di redimerle anche a prezzo esorbitantissimo. — Si trova per l'ordinario nei cattolici tutta la generosità in ricusare simili offerte, per non pregiudicare la religione. Per altro è sempre da star guardingo per questo conto; ed è certo che alcuni ecclesiastici se non ardiscono per avarizia di venire a positiva alienazione, prestano orecchio, e acconsentano in fare contratti di locazione dei medesimi diritti, o possidenze per lungo tempo cogli eretici. Così ultimamente fu dato in locazione, anzi in pegno al cantone di Schaffusa parecchie rendite, che il vescovo di Costanza ritiene ancora in quel territorio; ciò che non sembra di vantaggio alla religione, ancorchè lo fosse all'interesse privato.

Glaris, o sia Glarona è in gran parte di religione riformata, ed Appenzel è per metà cattolico. — Il governo di questi popoli è vario, tutti però egualmente si piccano di essere liberi, quantunque in parecchi la libertà di cui si gloriano le persone specialmente di bassa condizione, sia ridotto ad un puro nome privo di sostanza. — Berna, Lucerna, Friburgo e Solotorno possono dirsi di governo aristocratico. Il consiglio di questo, che chiamasi delli duecento, ancorchè il numero dei consiglieri non corrisponda al nome, è composto di famiglie della città coll'esclusione totale delle territoriali, e scelte dal medesimo consiglio.

Vi sono però alcune particolarità anche in questi cantoni, che non so, se ben converrebbero ad una perfetta aristocrazia. In Friburgo, per cagione di esempio, tutti i borghesi eleggono gli *advojers*, o siano i scultetti, che fanno la prima figura. Vi sono inoltre alcuni detti *bannerets*, che corrispondono ad una specie di tribuni della plebe; così in Lucerna il secretario di stato ha un consimile officio, e a lui incombe nei consigli di invigilare che nulla si risolva in pregiudizio de' privilegii della cittadinanza. — Talvolta ancora si raunano tutti i borghesi per deliberare su qualche affare d'importanza, qual'è d'intimare una guerra, e conchiudere la pace, su di che il solo consiglio non risolve.

Di governo democratico sono Uri, Schwitz, Undervald, Zug, Glaris, Appenzel. Questi cantoni sono composti di tanti villaggi, o siano comunità libere, le quali hanno voto in tutti gli affari d'importanza. — I capi hanno il titolo di landmanni. Questi cantoni popolari sono più degli altri da tenersi nelle risoluzioni, che si fanno nelle diete; poichè ciascuno avendo il voto eguale a quello di tutti gli altri, niente è più facile, che siano vinti con denari, specialmente dai ministri esteri quei pochi capi, che godono il favore popolare, e dispongono del voto della moltitudine. — La Francia con pensioni segrete, che passa a taluno di quei tali, ha modo di farsi rispettare e temere; oltre alle molte pensioni che dà a Lucerna, Friburgo, Solotorno, e non so se ai cantoni eretici ancora. — In conferma della venalità dei cantoni popolari, riflettasi a ciò che intorno al progetto di una nuova strada si dirà in appresso.

I cappuccini ancora possono aversi in molta considerazione nelle risoluzioni, poichè da tutti i cantoni cattolici, e specialmente popolari riscuotono una grandissima venerazione, e possono, quando vogliono regolare i voti dei loro divoti, che sono in grande moltitudine.

Gli altri cantoni, cioè Zurigo, Basilea e Schaffusa si regolano con un governo misto che partecipa cioè dell'aristocratico, e del democratico; i capi di questi hanno il titolo di borgomastro. — Tutti i cittadini, o siano quelli, che non sono semplici abitanti, sono descritti in dodici, o più tribù, che si distinguono dalla professione, quantunque questa non sia in pratica un necessario requisito per esservi ammessi. — I capi di queste tribù vengono chiamati *Zunftmaster,* e dalle medesime con certi regolamenti si estraggono, o eleggono i membri del senato, che sta alla testa degli affari giornalieri. — La nobiltà non viene in tali governi per nulla considerata, ed in Basilea un nobile non può neppure concorrere coi più infimi cittadini ai pubblici officii, se prima non rinuncia espressamente alla nobiltà, e non si fa ascrivere ad una tribù.

Universalmente parlando nell'Elvezia vi sono delle ottime leggi, confermate ancora con giuramenti, perchè le cariche nei rispettivi cantoni vengano distribuite senza venalità, precauzione troppo necessaria in una republica; pure è antico il rimprovero, che fassi per questo conto agli svizzeri; ed ora ancora succede, che pochi, o niuno offizio venga conferito, senza, che sia venduto da chi ha gius di conferirlo. — Grazioso poi è il modo, che si tiene per eludere la legge, e i giuramenti in alcuno dei cantoni cattolici. Nulla suole dare il candidato agli elettori, ma bensì fa il tutto per distribuire ai loro prossimi congiunti, qual sarebbe la moglie ecc.

Gli esercizii militari si fanno di tempo in tempo dalle persone di ogni condizione, nè vi è paesano, che non sia obbligato ad essere provveduto di moschetto, e del bisognevole per un soldato; il che forse con maggior diligenza si osserva nei cantoni eretici. — Per mezzo di alcune guardie distribuite sulla cima dei monti guardano, o possono guardare i confini, e con certi segni in brevissimo tempo fanno porre in armi tutta l'Elvezia, essendo già convenuta tutta la tangente di milizie, che ciascun cantone deve somministrare per la comune difesa; onde in termine di uno, o due giorni si può raunare un'armata ben numerosa, e già addestrata all'uso delle armi. — In quanto alle milizie, che si assoldano dalle potenze straniere nell'Elvezia, non accade far parola, essendo cosa a tutti nota. Solo mi pare di non dover tralasciare di avvertire la necessità, che hanno i svizzeri prendere impiego negli altrui dominii, attesa la popolazione prodigiosa, che non trovarebbe modo da vivere nel proprio paese. — Conferisce a questa, se mal non mi oppongo, oltre alla naturale fecondità del sangue della nazione, l'economia civile dei cantoni. Non conoscendosi primogeniture e fideicommissi, almeno nel modo praticato in altri paesi, vengono i beni delle famiglie distribuiti egualmente fra i maschi, e quasi egualmente fra le femmine, il che particolarmente succede in Lucerna, onde queste provvedute di dote ordinariamente assai pingue, nè hanno occasione per scarsezza di onesti partiti di ricorrere qual mezzo termine di vocazione al ritiro de' chiostri; nè i genitori si prendono gran cura d'istillargliene col latte la necessità; anzi permettendosi comunemente un tratto assai libero, e lasciandosi le zitelle conversare sole indifferentemente con altra gioventù di ogni sesso, ne siegue, che il più delle volte non può da esse sperarsi neppure quella vocazione al celibato, che nasce bene spesso dall'innocenza. — Nè diversamente succede per conto dei maschi. Vedendosi questi alla testa di un eguale patrimonio, è difficile, che s'inducano a non abbracciare quello stato, in cui taluno di loro è pervenuto, e vi si mantiene.

Ogni cantone fa figura di repubblica, ed ha il suo territorio separato, e può anche entrare in qualche alleanza particolare coi principi esteri, la quale non si opponga al corpo elvetico e agli impegni già contratti dal medesimo. — Hanno bensì varie protezioni e prefetture comuni a tutti, o a molti cantoni, per le quali l'interesse, e la giurisdizione è comune. Così per cagione di esempio il monasterio di Muri, come si è detto a suo luogo, è sotto la protezione degli otto cantoni più antichi, ciascuno de' quali ne hanno due anni la cura, e giudicano delle cause del monastero, finchè la maggioranza dei voti dei cantoni renda inappellabile la decisione.

Nel monastero di Reinau sul Reno succede altrettanto. Bàden ancora è una prefettura, ridotta al presente a ricevere i prefetti da Berna,

Zurigo e Glaris. Le altre sono Fervenfeld, capitale della Turgovia, confinante col lago di Costanza, quasi tutta protestante, la contea di Treyambter cattolica, Sarganz parimente cattolico, Rynthal, o Val di Reno per un terzo cattolico. Vi sono inoltre quattro prefetture d'Italia, che sono Lugano, Locarno, Mendrisio e Valmadia, nelle quali però non ha parte l'ultimo cantone Appenzel, perchè ricevute in dono da *Massimiliano Sforza* duca di Milano nel 1513, quando questo cantone non era entrato in alleanza con gli altri.

I tre altri baliaggi d'Italia, Bellinzona, Valbruna e Riviera sono soggetti ai tre soli cantoni d'Uri, Schwitz e Underwald. — Sogliono i cantoni per turno mandare in queste e in altre prefetture di minor momento uno del proprio consiglio, il quale amministra la giustizia, o esercita quella giurisdizione che gli si compete; poichè questa in tutte le prefetture non è la medesima, nè è estesa di molto.

Hanno ancora i cantoni varie leghe particolari fra di loro per aiutarsi scambievolmente, qualora fossero attaccati da altri cantoni; come ancora non meno tutto il corpo, che varii membri tengono alleanza con altri paesi, principi e città vicine. Tali sono per cagione di esempio, i Grigioni, i Valdesi, l'abbazia e città di san Gallo, la contea di Neufchatel, il vescovo di Basilea, che credo abbia rinnovata la confederazione già spirata in questi ultimi anni.

Nelle diete generali, che ora si tengono in Fervenfeld nel mese di giugno per la festa di san Giovanni sogliono raunarsi i deputati di tutti i cantoni e parecchi degli alleati, per deliberare sulle cose concernenti il comun bene. — Prima di ogn'altro si risolvono le materie comuni a tutti i cantoni, indi si passa agli affari che per ragioni di alleanze, protezioni e prefetture sono proprii di alcuni in particolare; e qua sogliono i baglivi delle prefetture comuni comparire a render conto della loro condotta. — Due deputati per ordinario manda ciascun cantone. Zurigo presiede alla dieta, manda lettere d'invito a tutti gli altri, assegna il giorno e le materie da trattarsi. Altre diete straordinarie sogliono tal volta raunarsi dove le circostanze il richiedono.

Il paese poi de' svizzeri e loro alleati è in gran parte sterile, nè corrisponde alla assidua industria degli agricoltori, non servendo per lo più che ai pascoli, e rendendo pochissima quantità di frumento; onde fa d'uopo ricorrere al grano di Svevia, che qua in abbondanza viene portato; così sono privi di sale, che non solo tirano dal Tirolo, ma ancora dalla Baviera per Bouchorn, città in qualche modo addetta alla medesima sul lago di Costanza. — I grani della Svevia per passare ne' svizzeri in gran parte calano dagli stati del duca di Virtemberg, e tal volta, se il prezzo è straordinario, dall'alto Palatinato, e fanno scala in Uberlinga. — Nella passata settimana dei 20 giugno da questa sola città ne saranno passati due mila sacchi. Qualora restasse chiusa questa porta, o venisse gravata di un grosso pedaggio, non può dubitarsi che gli svizzeri non fossero per risentirne danno non leggiero.

Ciò però è difficile a succedere per i diversi stati che doverebbero accordarsi per tale effetto. Questi sono Uberlinga città libera, Merspurg città del vescovo di Costanza, Buchorn città addetta alla Baviera, e quasi libera, Lindau città libera e luterana, luoghi tutti sul lago e atti a far passare i grani nell'Elvezia. — Converrebbe ancora, che ne fosse intesa la casa di Austria per ragione di Stokach, luogo sopra il lago, dove fanno scala le merci per passare a Schaffusa per terra, donde si possono inoltrare negli svizzeri, benchè con assai maggior spesa.

Hanno ancora di bisogno gli svizzeri di tenere sempre vivo il commercio colla Svevia per cagione dei zuccari, e di altri simili effetti, che ritraggono dall'Olanda, e per le manifatture, che in grande quantità vi mandano. — Queste sono muscioline, tele ricamate, calancà, e altre simili, le quali da Uberlinga passano per terra a Stutgard, e ad Elbron, dove prendono il corso del Necker, che va a scaricarsi nel Reno. Parerà strano questo giro di circa quaranta ore per terra, che gli svizzeri per la parte del lago di Costanza fanno prendere alle loro mercanzie per incaminarle sul Reno, quando questo fiume passa per il loro paese. La causa però è facilissima ad intendersi, se si riflette alle due cadute di questo fiume a Schiaffusa, e a Laufenburg, dove conviene porre in terra le merci con spesa certamente maggiore di quella, che porta il giro accennato. — Come altrove si è accennato, per l'Elvezia non vi è l'uso delle poste, anzi buona parte della medesima non è praticabile coi calessi, il che è di grande incommodo, specialmente per passare dall'Italia negli Svizzeri, convenendo far la montagna di san Gottardo difficilissima, e non senza pericolo anche in tempo di estate. — In Lucerna ed altrove però sentimmo un progetto già ideato, ma non mai ridotto ad esecuzione, su questo proposito.

È stato osservato, che da Bellinzona potrebbe cavarsi una strada calessabile, la quale lasciando a sinistra la montagna di san Gottardo passasse per Dissentis, monastero di monaci cisterciensi, e indi conducesse ad Altorf, dove si entra nel lago che porta sino a Lucerna; dissero di più che il progetto sia talmente fondato, che l'abbate di Dissentis non ha dubitato di eseguirlo nel suo distretto. — Il vantaggio pubblico sarebbe considerabile, aprendosi così una nuova strada tutta facile per passare dall'Italia in Francia e nell'impero germanico, poichè da Lucerna resta commodissimo l'uno e l'altro tragitto, qualora specialmente si fissassero le poste. — Pure non vi è stato modo fin ora di eseguirlo, e difficilmente potrà eseguirsi in appresso, atteso il discapito che ne verrebbe al cantone di Zurigo per il passaggio delle mercanzie, che allora certamente si ridurrebbe a Lucerna. Su questo riflesso i zurigani non lasciano con denari di opportunamente distogliere quei cantoni popolari, che devono necessariamente concorrere nell'esecuzione del progetto, ed in tal guisa resta impedita un' opera che, oltre al pubblico commodo, arrecherebbe lustro e vantaggio a quasi tutta l'Elvezia. — I ministri esteri presso gli svizzeri al presente hanno fissata la loro residenza così:

A Lucerna dimora il nunzio apostolico e l'ambasciatore di Spagna, benchè questo ora non vi sia; a Solotorno l'ambasciatore di Francia; a Basilea il cesareo, che ora ha il titolo di residente; a Berna quello d'Inghilterra. — Quel di più, che potrebbe dirsi dell'Elvezia e confederati, vedasi nella relazione de' svizzeri e loro alleati d'*Arminio Dannebuchi* stampata in Venezia in ottavo l'anno 1708, la quale viene riputata dai svizzeri medesimi una delle migliori relazioni del loro paese e governo. Essendo però antica, in alcune cose non corrisponde allo stato presente di questa repubblica.

A dì 3 luglio si partì per l'ultima volta da Salem dopo pranzo con due mute a sei, e si giunse a Stokach servito monsignore fin colà dall'abbate di Salem. — La città è situata sopra una collina, è ben fabbricata dopo che fu distrutta dai svezzesi nel secolo passato. Nella guerra ultima della successione austriaca fu presa dai bavaresi che vi commisero enormi crudeltà fino a scorticar vivo un uomo. — Ivi il monastero di Salem ha una casa con un ballivo che vi risiede.

A dì 4 si partì con una muta parimenti a sei, e la sera si pernottò a Reinau col padre *Tommaso Brescianello* monaco salemitano mandato dall'abbate a far corte a monsignore. — In Reinau si trovò il padre *Martino Gerbert* mandatovi dal suo abbate principe di san Biagio per ricevere monsignore.

A dì 5 si giunse da Reinau a Gortwila, dove trovammo l'abbate principe ritornato poc'anzi dai bagni di Plombières nella Lotaringia ossia Lorena.

A dì 7 si passò col principe e suo seguito al monastero di san Biagio di Selva nera, dove si ebbe campo di rivedere tutti quei dotti e degni religiosi conosciuti già nel mese di febbraio scorso. — Trovammo il monastero attualmente soggetto ad una esecuzione militare per ordine della casa d'Austria che vorrebbe esigere dagli ecclesiastici sì secolari che regolari la nota dei beni che possiedono *In vim collectationis;* il che per conto dei beni di prima fondazione si vuole da' monasteri più potenti accordare senza un breve pontificio e specialmente dal monastero di san Biagio che è il più rispettabile per ricchezza e dignità, e la di cui condotta servirebbe di norma a tutti gli altri prelati di questo stato ecclesiastico di Brisgovia. — Per obbligare i monasteri a dar questa nota vi sono stati mandati dei soldati, e undici specialmente a san Biagio, i quali esigono ogni giorno una somma di danaro per vivere, cioè quindici kreutzer per ogni soldato e un tallero per officiale; la quale poi suole successivamente accrescersi continuando la contumacia.

San Biagio è disposto a qualunque violenza piuttosto che pregiudicare ai diritti dell'immunità ecclesiastica. Presentemente è stato mandato a Vienna il padre decano del monastero, per trattare immediatamente colla corte questo affare. — La resistenza degli ecclesiastici deriva da puro zelo di non rinunciare a quella immunità di cui sono sempre stati finora in possesso; essendo peraltro pronti a dar nuovi sussidii caritativi, o in imprestito in assai maggiore somma delle contribuzioni che si vorrebbero ora imporre, come hanno fatto finora.

Essendo la Brisgovia una provincia che si è data alla casa d'Austria con varie condizioni, tanto lo stato ecclesiastico che l'equestre si oppongono fortemente a tutte le innovazioni che si fanno dai ministri austriaci per ridurre il paese a norma degli altri stati ereditarii. — Il popolo medesimo ossia lo stato terzo è così animato che credesi communemente che se per non ubbidire a questi nuovi ordini del ministero austriaco dovesse soffrire qualche esecuzione militare, tutti prenderebbero le armi e seguirebbe qualche rivoluzione, come si è fatta ultimamente nel Tirolo per conto delle monete.

A dì 14 si partì da san Biagio, dopo di avere il principe coi suoi monaci con calde preghiere indotto monsignore a permettere di essere ritrattato da un pittore del monastero per conservare sempre viva la memoria di lui. — Si dormì a Dortnau espositura del monastero nella Selva nera quattro ore in circa distante da san Biagio.

A dì 15 si pranzò a Kircoffen altra espositura dove risiede, come nella antecedente, un monaco. Qui l'abitazione è ottima ed ameno è il sito posto in una gran pianura adiacente al Reno. In queste vicinanze finisce la Selva nera per l'interno della quale siamo passati finora. — Non si trovano che montagne vestite di folti boschi, e che producono ancora fieno, pascoli e frutti silvestri; pure s'incontrano dei villaggi e case di legno; tutta l'industria degli abitanti si riduce ai bestiami e a travagliare sul legno, di cui abbonda il paese; gli orologi di legno si lavorano in questi paesi in grandissima copia, e quindi se n'è propagato lo spaccio in tutta l'Europa, i quali sebbene non fossero prima affatto ignorati, pure qui sonosi perfezionati, e qui si è incominciato a farli col suono del cuccù; ultimamente si è anche provata l'arte di fare le mostre di legno da saccoccia, che in grandissima copia si mandano in Olanda, d'onde si faranno probabilmente passare nell'Indie. — Il prezzo di questi e di altri orologi di tale spezie è vilissimo e tal volta anche di uno o due fiorini al più.

Dopo pranzo si passò a Crozinga, distante poco più di un'ora. In questo luogo di pochissima considerazione ed appartenente ad una signoria dello stato equestre di Friburgo, il monastero di san Biagio ha una casa destinata dal moderno principe per residenza del padre *Hergott*, che in nome del suo abbate interviene alle raunanze che tengonsi di tempo in tempo in Friburgo de' prelati e degli altri stati di Brisgovia, essendo l'abbate preside di san Biagio, preside di tutto lo stato ecclesiastico di Brisgovia. — Questo padre ora in età di sessantotto anni si è reso assai rinomato per la genealogia della casa Habsburgica, pubblicata. — Fu mandato nella sua gioventù dall'abbate in Roma nel collegio dell'Apollinare, ma non avendovi nulla appreso, fu in appresso posto sotto la direzione del padre *Girolamo Pez* cognito nella repubblica delle lettere per i suoi aneddoti. — Egli per molti anni ha fatto la sua residenza in Vienna come deputato per gli affari dello stato dei prelati di Brisgovia.

Si seppe col suo spirito guadagnare la grazia dell'imperatore *Carlo VI*, che in occasione di avergli presentato il primo tomo della genealogia Habsburgica lo dichiarò anche suo istoriografo.

Aveva dalla corte un assegnamento di tremila fiorini l'anno oltre la casa e il vitto. — Vi si trattenne dal 1728 sino al 1741. Mille copie furono stampate della genealogia Augsburgica a spese della corte che poi furono regalate tutte all'autore. — Sicchè poi con questo fondo di capitale ha potuto il monastero di san Biagio intraprendere la magnifica edizione dei monumenti Habsburgici che in breve resterà compita colla pubblicazione del sesto volume. Di questi monumenti se ne stampano cinquecento esemplari. — Era amico del cardinale *Passionei*, avendolo trattato a Lucerna, Vienna e san Biagio; ciò però non impedì il padre *Hergott* dall'usare un'astuzia, che doveva pungere al vivo il cardinale nella passione sua predominante.

Aveva il cardinale allora nunzio in Lucerna carpito dall'abbate di san Biagio alcuni migliori codici e libri che aveva trovato nella biblioteca. Il padre *Hergott* bibliotecario non potendosi acquietare in vedere questo sacrificio adocchiò le ceste dove i codici furono riposti per mandarsi a Lucerna, ed occultamente e in modo da non avvedersene subito vi levò il fondo, pigliando non solo i proprii codici, ma quanti altri ne trovò avuti da altri monasteri, i quali ora ancora si conservano in san Biagio. — Si racconta ancora di questo padre che essendo egli velocemente tornato nel monastero per l'elezione del moderno abbate, presentasse al capitolo una lettera della corte austriaca, la quale avrà forse anche ricevuta con buona fede, e senza ricercarla. — I più assennati però del capitolo ben figurandosi che questa avrebbe contenuta una commendatizia per il latore la quale veniva a impedire la libertà dell'elezione, ricorsero al mezzo termine di non aprirla avanti che fosse creato il nuovo abbate, scusandosi col latore, e dicendo che il rispetto dovuto alla loro sovrana, non permetteva di sentire i suoi oracoli, senza avere alla testa il proprio abbate e principe, che con maggior decoro sarebbe in stato di eseguirli; onde fu fatta l'elezione dissimulando ignorare la commendatizia.

Presentemente questo padre si trova grandemente infermo con manifesti segni di idropisia; onde nei giorni passati fu munito del santissimo viatico ed è ancora in prossimo pericolo di morte: pure in tempo della nostra dimora appresso di lui, avemmo occasione di trovare nella sua conversazione le reliquie della sua gagliarda vivacità ed alegria, sebbene egli non ignori l'attuale suo pericolo. — Dopo la genealogia della casa Absburgica ha egli dato alla luce parecchi tomi di monumenti della casa Austriaca de' quali non sono stati stampati che cinquecento esemplari, e questi a spese del monastero. — Siccome però per condurre a fine questa grand'opera gli fu destinato in aiuto il padre *Rusteno Heer*, la maggior fatica ed industria devesi riconoscer da questo, siccome da lui se ne averà in breve il compimento, consistente nella pinacoteca della casa d'Austria e nelle lettere di *Ridolfo I* promesse già dal padre *Hergott*. — Questo religioso fu da noi trovato fornito di molta erudizione nelle antichità, e di un criterio maturo e giusto. Penserebbe di comporre la storia ecclesiastica della diocesi di Costanza, qualora gli venga assegnata una espositura nella quale possa con tutta quiete applicarvisi.

A dì 18 si partì da Crozinga e si passò a Friburgo distante circa due ore. La strada è affatto piana. Noi alloggiammo nella *casa di san Biagio*. — La città è tutta in piano con case in gran parte di legno, ma pure non ineleganti con strade piuttosto larghe.

L'edificio più celebre è la chiesa principale di pura pietra a tre navate con archi acuminati e con una torre ben alta nell'ingresso. — Il disegno è di architettura detta improppriamente gotica, ed il tutto è stato eseguito con molta diligenza. Il cono della torre è tutto composto di marmi bene intagliati e traforati, cosicchè rende un vaghissimo aspetto. Dopo la torre o campanile di Strasburgo questa dicesi la più celebre della Germania. — Questa chiesa dissero essere stata compita nel 1214 e fondata insieme colla città dal *Duca di Zaringia* nel secolo precedente. L'altare maggiore è isolato con tavole dipinte dall'*Holbenio*, insigne pittore tra il secolo XV e XVI in ambedue le facciate.

I domenicani hanno qui un convento mediocre; il coro della chiesa fu fatto da *Alberto Magno*, di cui mostrano ancora la cattedra di legno; la buona qualità però di questo fa dubitare se veramente ella sia di tanta antichità. — Questa città e fortezza era prima dell'ultima guerra riputata come inespugnabile per le molte fortificazioni che vi erano all'intorno fatte, per quanto dissero, dai francesi nel 1680, ma al presente non se ne vedono che le vestigie e le rovine. — La fortezza era all'intorno di un monte che alquanto si estende in lunghezza con parecchie munizioni nel piano. Soleva la casa d'Austria tenervi da circa quattro mila uomini di presidio, che dava occasione allo smercio dei viveri con vantaggio de' cittadini e abitanti vicini. Al presente la fortezza è affatto distrutta nè più se ne conosce vestigio, le fortificazioni della città sono diroccate.

Vi è nella città una università con parecchi professori, tre de' quali sono gesuiti. Vi devono essere ancora due professori di lingua francese, ed italiana. Ora però quest'ultima cattedra è vacante. Nella città si contano da circa seicento famiglie cittadine; la popolazione però ascenderà a seimila anime. — Vi è in questa città la rappresentanza austriaca, la quale sopraintende a tutti i stati vicini compresi nella Brisgovia e Svevia con qualche subordinazione dalla rappresentanza d'Insprug ad arbitrio sempre di Vienna. — È composto questo tribunale di un presidente che ora è il *Barone di Summerau*, e di parecchi consiglieri eletti dall'imperatrice, i quali devono risiedere in Friburgo, ed hanno voto decisivo nelle cause che si decidono per pluralità. — I consiglieri costituiscono due banchi; altri sono cavalieri, altri sono persone di fortuna, o per meglio dire di studio; i primi sogliono d'ordinario avere minore stipendio de' secondi. La rappresentanza è composta di soli cattolici siccome cattolici sono tutti questi stati austriaci.

La divisione presente della Brisgovia è regolata su questo piede. Tre sono gli ordini delli stati provinciali. Il primo è quello dei prelati ecclesiastici in cui vi sono tutti gli abbati, il prevosto di Waldkirch. Presidente perpetuo n'è l'abbate principe di san Biagio, che ha anche il privilegio di potere nelle diete inviare un deputato, dovendo tutti gli altri comparire in persona. — Il secondo stato è l'ordine equestre composto di nobili che hanno feudi nel distretto con la dipendenza austriaca. — Il terzo stato è quello delle città, che dicesi ancora semplicemente terzo stato. I due primi costituiscono ancora due proprii tribunali composti di assessori del medesimo loro ceto, i quali conoscono in prima istanza le cause che insorgono contro qualche prelato o membro dell'ordine equestre, passando poi queste in grado di appellazione alla rappresentanza austriaca. — Il terzo stato comprende duecento paghi, o luoghi, computate ancora quattordici città fra le quali si contano le quattro silvestri. — I magistrati rispettivi conoscono le cause in prima istanza, e non costituiscono un tribunale a parte di tutto il corpo, come gli altri due.

Lo stato equestre contiene ottanta paghi, e venti ne conta lo stato ecclesiastico. I pesi che s'impongono di tempo in tempo dalla casa d'Austria si dividono per metà fra lo stato terzo e i due altri; questi poi dividono ugualmente la loro tangente, onde se viene imposta una collettazione di mille fiorini, cinquecento ne deve lo stato terzo e duecento cinquanta ciascuno dei due altri, nella quale divisione dicono gli ecclesiastici essere manifestissimo l'aggravio che ne ricevono, possedendo essi una sola quarta parte dei beni rispetto all'ordine equestre, su di che in altri tempi sento che si siano introdotti formali processi. — Il monastero di san Biagio possedendo però molti beni dell'ordine equestre, poco deve curarsi per proprio interesse di questa sproporzione. Anche altri monasteri possiedono signorie già spettanti allo stato equestre.

È da avvertirsi che questa provincia di Brisgovia non abbraccia tutti i stati della casa d'Austria nel circolo di Svevia essendo questi divisi ancora in due altre parti che sono i stati prossimi al Tirolo, detti ancora Voralperg, e l'Austria di Svevia che comprende il Meclemburg, Altorf ed altre possidenze. L'Austria di Svevia dipende presentemente in parte dalla reggenza di Friburgo, e in parte da quella del Tirolo.

A dì 19 luglio si partì da Friburgo, incamminandoci ad Argentina ossia Strasburg. Questa mattina lasciammo la dolce compagnia del padre *Martino Gerbert*, e di fra *Tommaso Brescianello* che coi cavalli di san Biagio vennero sino a Friburgo accompagnando monsignore. — Pigliando dunque i cavalli di posta si partì alle quattro della mattina, e alle sei si mutarono i cavalli a Emendingen luogo piuttosto considerabile con qualche buona fabbrica, ma acattolico spettante al margravio di Durlach. Da Friburgo fin qui vi sono tre quarti di posta, onde si pagano solamente quarantacinque carantani per cavallo.

A sette ore e tre quarti giugnemmo a Kentzingen, villaggio cattolico ed austriaco. Vi sono da Emendingen soli tre quarti di posta, onde si paga come sopra. — Alle undici giugnemmo a Friesenen distante un'intiera posta da Kentzingen: è un villaggio assai piccolo e mal fabbricato, appartiene al margravio di Bada, ed è cattolico; prima di giugnervi si passò per Kippeneim, luogo mediocre del medesimo margravio. — Alle dodici e mezza si partì e alle due e un quarto della sera si giunse a Offenburgo, città imperiale, ma piccola; si pagò per tre quarti di posta. — Alle quattro e un quarto giugnemmo a Kehl, fortezza imperiale sul Reno. È posta intiera. Kehl è luogo misto di cattolici e luterani, le fortificazioni furono distrutte nella ultima guerra, ed al presente vi si trovano pochissimi soldati.

Il sito è paludoso, e circondato dalle acque stagnanti e correnti del Reno. Qui si passa il fiume su di un ponte lunghissimo di legno. Le acque si erano accresciute e gonfie, e in appresso sentimmo che nelle notti precedenti avessero portato via due piloni del medesimo, che tantosto furono rifatti. Per passare il Reno si pagarono dieciotto soldi. — Dopo quesso lunghissimo ponte che si passò in undici minuti, se ne passano altri quattro sugli altri bracci e stagni che forma il Reno sino ad Argentina. Tutti i detti ponti non sono che di legno. — Sono piantati nel fiume alcuni grossi travi a guisa di piloni che sostentano il piano del ponte. Questo piano poi non costa che di una semplice contignazione di travi posti trasversalmente l'un presso l'altro senza essere inchiodati; sicchè nel passare la carrozza trema tutto il ponte e saltellano tutti i travi. — Ogni giorno questi ponti si visitano per rimettere quei legni che minacciano rottura.

La notte seguente, come sentimmo in appresso, il fiume portò via altri piloni, che in termine di pochi giorni furono rifatti.

Da Kehl a Strasburgo, non vi è che un'ora di posta. Nell'ingresso dell'opposta riva del Reno si trovano le guardie francesi, alle quali si lascia in iscritto il proprio nome. — Fummo ricercati ancora se portavamo cosa contraria agli ordini del re, e specialmente tabacco. Fu risposto che non sapevamo quali fossero questi ordini, bensì, che nè tabacco nè merci si portavano, e che si voleva continuare il viaggio pel Reno, e non per la Francia; ricercarono allora la chiave del baullo da ritenersi finchè fossero giunti all'albergo i doganieri per far la visita, ma avendo risposto, che non si aveva alla mano si acquietarono; vennero poi all'albergo dell'*Esprit*, dove prendemmo alloggio, e con tre lire di mancia se ne partirono senza fare perquisizione. — Circa alle ore sei giugnemmo a questa città. La strada di Friburgo fin qui è commodissima in mezzo di una continua e vastissima pianura. Le campagne sono coltivate con diligenza, e sembrano molto fertili; vi osservammo sparsi moltissimi alberi carichi in gran copia di frutti.

A dì 24 dopo pranzo facemmo una scorsa sino a Saverna, città distante circa cinque ore di posta da Strasburgo sulla strada di Parigi. Si mutano i cavalli da Strasburgo a Stissen, che è una posta e mezza, e poi a Villen, che è una posta; altra posta e mezza è sino a Saverna. Si pagano cinque lire per posta a ragione di venticinque soldi per cavallo, e quindici o più soldi si danno ad arbitrio del postiglione. —

Essendo legno a quattro ruote devono necessariamente levarsi quattro cavalli. La strada è ottima e piana; grandi pianure si trovano coltivate nella maggior parte, ma con pochi alberi. — Nell'Alsazia venti soldi fanno una lira, e ventiquattro lire un luigi, che in Roma vale quarantaquattro paoli.

A Saverna fu monsignore alloggiato e trattato dal novello cardinal di Rohan vescovo di Strasburgo, presso di cui trovammo monsignor Lanti di ritorno per Italia da Parigi, ed il padre *Paciandi* teatino. — La città di Saverna è ben piccola e malamente fabbricata. Il palazzo però, ossia castello del vescovo è grande e magnifico, con passeggi e giardini amenissimi. — Di rimpetto al palazzo vi è un larghissimo canale di acqua della lunghezza di una lega fatto unicamente per piacere e magnificenza dal cardinal di Rohan zio del presente. — Il trattamento del cardinal vescovo è tutto sul gusto di Parigi, nè in corte si parla altro linguaggio che il francese, sebbene la lingua propria del paese sia la tedesca.

In questa stagione di estate suole pranzare e cenare il cardinale con tutta la corte nel pubblico ingresso che consiste in atrio a tre navate ben grande, e dove è libero a chiunque di essere spettatore. — Il cardinale è in età di sessanta in settant'anni, e per l'ordinario si trova incommodato dalla gotta. È persona di una singolare ingenuità, di facilissimo tratto, di molta prudenza e saviezza, e di gran zelo per il bene della sua diocesi. — Alcuni riprendono in lui una troppo economia: per altro in tutto il suo trattamento nulla vi ha d'improprio o indecente. Ma il paese ama gran magnificenza, e vorrebbe che tutti i vescovi facessero quelle eccessive spese e lussi che fece il vecchio cardinal di Rohan.

In questo luogo risiede la curia ecclesiastica, e qua si conserva l'archivio che ora dal cardinale si fa porre in buon ordine per mezzo di M.r *du Bois* archivista e consigliere della reggenza. — Questo signore ha un fratello elemosiniere di sua eminenza, che allora non si ritrovava in Saverna. — In occasione della dimora di monsignore, essendo stato stimolato di mostrare qualche carta delle più antiche, una ne ritrovò di *Eddone* vescovo di Argentina a favore di un monastero fondato di nuovo da *Rotardo Conte*, *In insula, qui vocatur Arnulfo auga iuxta fluvium Reni* (che poi in appresso fu trasferito a Schwarzach, dove anche presentemente sussiste) *infra nostra parrocia in honore Sanctorum apostulorum, et Sanctae Mariae Dei genitricis, eorumque Sanctorum cum Dei adiutorio et nostro consilio etc. in suo proprio.*

L'abbate, che aveva preso il governo di questo monastero, si chiamava *Saroardo*, e viveva, *cum suis peregrinis monachis etc. sub regula Sancti Benedicti*. Vuole ancora che le benedizioni, le consacrazioni di altari, il crisma vengano prese dal vescovo della medesima loro communità, *si de se Episcopum habent*, o da qualunque altro. La carta porta l'*Actum Strasburgo civitate publicae sub die quinto ante kalend. octobris anno septimo regni Domini nostri Helderici regis*. — Si leggono varie sottoscrizioni di caratteri diversi di vescovi e abati, senza enunciazione di luogo, oltre quella di *Eddone*. — Si fa menzione in questo privilegio dei monasteri: *Lirinensis, Agaunensis, Luxoviensis*, ecc. *in partibus Galliarum*.

Vedemmo ancora un diploma di *Leone VIIII* in favore della chiesa della Madonna. *Ubi requiescit corpus sanctae Virginis Odiliae, quae dicitur Hochenburch, et per eam sanctimonialibus perpetuo inibi famulaturis*. Dice il papa di essere passato per quel monastero e di essersi anche ricordato *parentum nostrorum semper inibi devote famulantium et in Xpo quiescentium*, e ciò in occasione che egli visitava *pio respectu* le parti dell'Alsazia. — La data della bolla è la seguente: *Data XVI kal. ian. per manus Udonis Tulensis primicerij, et sanctae apostolicae sedis cancellarii, et bibliothecarii anno Domini Leonis noni papae II.° indictione IIII*.

Vedemmo ancora il testamento di *Odilia* in carattere che potrebbe anche portarsi al secolo XI o XII. *Odilia* dicesi figlia del duca *Adalrico* e fu già abbadessa di Hochenburch a favore del qual monastero è la donazione, o sia il testamento: dice in esso di apporre alla carta il proprio sigillo; quello che vi è attaccato porta una figura sedente vestita di clamide con scettro alla destra, e globo crucigeno nella sinistra, e tiara o corona in testa colla croce in cima. — Il sigillo è rotondo della grandezza degli altri imperiali e sebben le lettere all'intorno siano spartite, pure pare che al principio si legga . . . . . . OTHERIV . . . e in fine AVG . . . , onde rilevasi la falsità del monumento per esser stato attaccato a questa carta un sigillo imperiale di *Lotario II*, in cui essendo presso che sparite le lettere, credè l'impostore di farci vedere il sigillo proprio di santa *Odilia*, che al più sarebbe stato assai piccolo, e di altra figura, e non imperiale. — Altra carta contenente la medesima donazione ad istanza di *Odilia* medesima porta la sottoscrizione dell'imperatore *Lotario* in questa forma:

Signum domini Lotherii invictis.^{mi} ad Rom. Imp. Aug. vicem Erchambaldi episcopi et archicancellarij; Gunterius cancellarius recognovit.

Data V kal. ianuarii anno incarnat. Dnicae DCC.... VIII. indict. XV anno regni domini Lotherii XXXIIII. Imperij autem XIII. Actum Franchonrfurt. — Fra il DCC, e l'VIII vi è una rasura di numeri ma il principio e fine sono chiarissimi. Anche questa carta di *Lotario* credo falsa, non parendomi che mai gli imperatori abbiano costumato d'apporre le note e soscrizioni proprie dei loro diplomi per dare autenticità a una carta privata. Confermavano le carte private, ma le inserivano in un particolare diploma concepito con tutte le solite formole. — Questo testamento, che pare certamente falso, fu confermato nel 1280 da *Ridolfo* re de'romani, e nel 1323 da *Ludovico il Bavaro*, come appare dal medesimo archivio.

Altro diploma vedemmo di *Ludovico Pio* imperatore riconosciuto da *Hirminmaris* notaro, *ad vicem Fridugisi* colla data *VIII idus iunias anno Cristo: propitio XVIII. Imperii Domini Hludovuici piissimi Augusti indictione IX; actum Ingelinhe in palatio regio in Dei nomine feliciter.* — Confermasi in questo ad istanza di *Bernardo* vescovo di Strasburgo altro diploma, *Domni et genitoris nostri Karoli praestantissimi Augusti* in cui concedevasi alla chiesa di Strasburgo e ai suoi uomini il libero passaggio delle merci.

Il cardinale di Rohan odierno vescovo avrebbe in idea di far illustrare le cose del suo vescovado dall'abate *Lovis* che ora sta appresso di M.r *de Lué Intendant d'Alsace*, in qualità di aio e precettore del figlio. È questa persona di studio e di erudizione, desidera l'indicazione delle memorie della chiesa di Argentina che si troveranno nelle biblioteche ed archivii di Roma. — Altro soggetto di spirito conoscemmo nella persona di monsignor *Toussaint du Vernain évêque d'Aratch* suffraganeo d'Argentina. Egli ha la cura di tutta la diocesi, e gode tutta la confidenza del cardinal vescovo. — Era inteso della commissione apostolica di Salem, e confessò pubblicamente di essersi valsuto della copia della sentenza di monsignore *Garampi* assolutoria del padre abate di Salem per finire altro processo simile, che alcuni monaci di Gengenbach avevano introdotto contro il loro abate e che egli pure terminò nel mese di aprile scorso, assolvendo l'abate dalle imputazioni impostegliesi. Questo monastero è sulla sponda opposta del Reno, ed è stato immediato dell'imperio.

A dì 29 luglio si ritornò in Argentina all'osteria dell' *Esprit*. L'estensione di questa città è assai considerabile. Restò addetta al corpo germanico sino all'anno 1685, in cui passò sotto il dominio della Francia. — In appresso *Luigi XIV* fece munirla di una fortezza, di disegno del famoso *Vauban* dove in tempo di pace sono destinati dodici mila uomini ed ora un solo migliaio incirca, abbisognando di milizie la Francia nel teatro della guerra ben lontano di qua. — Questa fortezza è piantata dalla parte del Reno, ha fosse all'intorno di acqua, buoni edificii e strade assai ben regolate al di dentro: è ancora ornata in quasi tutte le sue parti di belle piantagioni di grossi alberi. Lascio a chi è del mestiere il notare ciò che appartiene alle regole militari. — Il fabbricato di Argentina non è eguale: in alcuni siti e contrade può bastantemente soddisfare l'occhio del forastiere, in parecchie altre però non può che disgustarlo. — La strada, per cagione di esempio, che è sul canale, può dirsi non dispiacevole con parecchie altre piuttosto larghe, che sono in tutto o in parte fornite di edificii moderni di pietra o mattoni; quelle però, che hanno le case composte di mattoni e di legnami, e che quindi per coprire la deformità sono assai grossolanamente dipinte non possono non dispiacere. — Continuandosi però a fabbricare sul gusto incominciato, diverrà la città fra non molto elegantissima. Bello è il gran passeggio dento la città ornato da più file di alberi ancora teneri; più bello ancora è il passeggio fuori della città il quale ha una vastissima estensione ed ha varie strade tutte coperte di alberi di una vaghezza singolare.

Nella città è da vedersi la piazza d'armi per la sua estensione. Il migliore degli edificii moderni da noi veduti è il palazzo vescovile con un gran cortile nell'ingresso, ed una ordinaria piazza dalla parte di dietro; dove godesi tutta l'estensione del palazzo senza però vedersi porta alcuna corrispondente al vasto edificio. — Tutte le pareti esteriormente sono vestite di grosse pietre tagliate a scalpello. — Nel disegno vedonsi parecchie di quelle licenze famigliari al gusto della nazione francese e che distruggono quanto di più sodo, e regolare abbiamo in questo genere della colta e sempre venerabile antichità. — Le finestre per cagione di esempio sono altissime e assai strette; la porta davanti ha delle deformità, manca la scala, essendo la maggiore che vi è cavata da un cantone, angusta e in forma di scala segreta. — Il solo primo appartamento o pian terreno ci fu mostrato come degno di esser veduto: ed infatti lo trovammo maestosissimo ed addobbato di gusto esquisito. In questo appartamento fu ricevuto e dormì il re presente quando si trovò in Argentina. — In vece di sala, vi è un peristilio vaghissimo di tre ordini di colonne, se mal non mi ricordo; qui si costuma di mangiare pubblicamente, come nella villeggiatura di Saverna. Tutto questo edificio fu fatto dall'antecessore immediato dell'odierno vescovo. — Non so, se l'architetto possa avere avuta l'idea di costruirlo sulla forma delle case degli antichi romani: nè so, se con ciò si possa giustificare parte dei difetti accennati di sopra.

Questa città riconosce dalla Francia il florido stato, in cui ora è divenuta. Appena contava ventimila anime prima di passare sotto il dominio francese, ed ora ne conta ben settantamila. — Il commercio vi fiorisce e dà alla città un brio ben singolare. Uno dei gran capi di commercio consiste nel tabacco che si coltiva nel territorio, e anche nell'abbondanza di viveri. Il tabacco straniero, che si introduce nello stato, è gravato di un dazio che supera il prezzo di quello del paese.

Il numero delle famiglie cattoliche in tempo del cambiamento del governo, era ridotto a due o tre; un solo convento di monache vi era rimasto. In brevissimo tempo crebbe talmente il loro numero specialmente per le famiglie venutevisi a stabilire, che otto anni dopo furono dal re distribuite le magistrature per metà fra i cattolici e gli eretici, ed ora è certo che il numero de' primi è eguale, se pure non supera, quello dei secondi. — Sette chiese parrocchiali sono officiate nel coro dai cattolici, nel resto dagli eretici. La chiesa cattedrale ora è affatto libera al vescovo, e al capitolo e ciò in virtù di un ordine del re. — È questa la più superba e vasta chiesa, che io abbia finora veduta di gusto gotico, e tutta composta di pietre con statue ed altri ornamenti del medesimo gusto: forma una croce latina, ha gran navate, oltre alle nicchie per le cappelle. La storia o descrizione di questo edifizio è già stampata; la facciata all'intorno corrisponde alla magnificenza dell'interno.

La torre però supera di gran lunga ambidue, e per la sua sorprendente altezza, e per esser fatta di pura pietra, come il resto dell'edificio, e diligentemente lavorata. Posa questa gran mole su di un angolo della facciata della chiesa, onde sulla piazza, in cui la chiesa è posta, fa una maestosissima comparsa. — Attualmente si risarciva una parte della chiesa che ha patito non so per quale infortunio, e si ha cura di conservare l'antico disegno. — Vedesi ancora dentro questa chiesa un orologio, che passa per una delle maraviglie del mondo. È posto sul muro a lato di una delle porte laterali della chiesa; indica le ore, ciascun giorno della settimana, del mese, la festa dei santi, la situazione del sole e della luna, il corso dei pianeti, l'anno e l'indizione. E tutto questo si fa con un solo moto, onde osservando tutte le parti che sono in vista, di questa macchina, si apprende non solo l'ora, ma il giorno, il mese, la festa, la stagione, e l'anno e l'indizione che corre. — Fu composto questo ingegnosissimo orologio nel secolo XVI. Vedasi la descrizione stampata di tutta la cattedrale, menzionata di sopra.

Dodici sono i canonici capitolari coll'annua rendita di dodici mila lire per ciascuno. Portano in coro abito rosso con alamari d'oro (altrettanto costumano i canonici di Magonza). Si dicono obbligati a soli tre mesi di residenza; e credono, che per la residenza basti l'intervenire alla messa cantata. — Vi sono inoltre dodici domicellari coll'annua rendita di quattro mila lire. Questi succedono ai canonici per anzianità.

Sei del capitolo sono francesi, e sedici tedeschi. — I canonici eleggono il vescovo, e sono in vigore i concordati di Germania. Il presente vescovo di Rohan ha già avuto per coadiutore il suo nipote, giovane di grande spirito. — Le rendite del vescovo ascendono a quattro in cinquecento mila lire annue; ventiquattro lire formano un luigi, che in Roma vale quarantaquattro paoli.

Annesso alla cattedrale vi è un collegio di gesuiti, i quali hanno una angustissima chiesa; onde hanno ottenuta la permissione di ascoltar le confessioni e dir messa, e predicare nella cattedrale. — Il loro collegio è piuttosto grande, ed ora si accresce notabilmente con una nuova fabbrica. I gesuiti tengono una specie di seminario, e possono dare il grado dottorale in teologia e fisica. — Dieci dottori di fisica crearono una mattina assai giovani. Intervenimmo alla funzione. L'esperimento che fecero i giovani avanti tutto il collegio fu di commentare un passo di *Aristotile*, che si fingeva di trovare a caso, nè vi erano oppositori. — Hanno i gesuiti a Strasburgo una biblioteca assai rispettabile, e che viepiù lo diviene di giorno in giorno, essendo provveduta di una assai pingue dote. Colla biblioteca mostrano ancora un gabinetto di cose naturali e curiose, ma che poco o nulla contiene di rimarcabile. — Il padre *Q. Feure* confessore già di *Filippo V* re di Spagna n'è il bibliotecario.

Vi sono in Argentina ancora due conventi di cappuccini; uno di quarantotto, è l'altro di otto religiosi. Disse il guardiano di avere essi più credito dei gesuiti per non essere sospetti d'interesse. Il primo convento per quanto disse farà da ducento, il secondo da venticinque proseliti ogn'anno.

In Strasburgo vi è una università assai rinomata, la quale rimane ancora in mano dei luterani. Dieci anni sono il magistrato cattolico tentò di ricuperarla, ma inutilmente.

Il convento dei padri domenicani è ora occupato dalla università; vi è ancora un seminario per la gioventù che vuole prendere la carriera del ministero presso i luterani. — Nel medesimo monastero si conserva la biblioteca della università fondata da *Giovanni Strumio* promotore della riforma nel 1521. Non si conservano che libri vecchi, con parecchi manoscritti di non molta antichità. In uno in quarto cartaceo del secolo decimo sesto si contiene fra le altre cose un apologo di *Pandolfo Collenucci* giureconsulto pesarese diretta ad *Ercole Estense* duca di Ferrara intitolato *Misopenes*: Incomincia così *Venalem ad hastam mango*. — Questo apologo con tre altri fu stampato in Argentina medesima l'anno 1511.

Il più celebre professore dell'università è senza dubbio *Giovanni Daniele Schoefflino* professore di storia e di eloquenza, soggetto ben rinomato per le sue opere, e particolarmente per la sua *Alsazia illustrata*. — Del primo tomo in foglio egli ha fatto tirare mille esemplari e cinquecento del secondo. Non si trovava allora in Strasburgo, ma pure fummo a vedere la sua sceltissima e copiosissima biblioteca, di cui non può desiderarsi cosa migliore presso un particolare in genere d'istoria particolarmente di Germania. — Ha ancora una piccola raccolta di antichità che adornano il cortile della sua piccola casa. Nella sua gioventù egli ha fatto un giro letterario per l'Italia, Germania, Francia ed Inghilterra a spese della città, non permettendogli il suo scarso patrimonio altrimenti.

Attualmente egli travaglia sulla storia della illustre famiglia di Bada, di cui è nato suddito. Monsignore fu servito da *Giovanni Michele Lorenz* professore ordinario di eloquenza e poesia e straordinario di storia. Questo è di età assai fresca, ed ha dato alla luce varii opuscoli. È allievo di Schoefflino, e sarà suo successore nella cattedra d'istoria.

Tenne questo professore *Lorenz* discorso di religione, si dolse delle invettive mordaci che disse farsi nelle cattedre dai gesuiti contro gli eretici; si ride della maniera con cui trattano la controversia, facendo un dialogo fra due religiosi, uno de' quali sostiene le parti dei cattolici e l'altro propone quelle de' luterani. Disse che questa sia una commedia. — Lodò *Bossuet* per aver trattato la controversia con modestia senza invettive. Egli per altro condanna la massima di agitare la controversia; il suo sistema nella religione è di porre per base la corruzione del cuore umano; onde fa bisogno della grazia di Dio per bene operare. — Tutta la religione la riduce alla morale, ossia osservanza dei commandamenti: con questa e coll'odio ad ogni peccato crede, che tutti si salvino siano cattolici, luterani e forse anche pagani. — Tutto quello che non è chiaro nella scrittura non lo suppone necessario a credersi; la presenza reale che non poteva nella scrittura venire espressa con maggior chiarezza, pure egli si figura che non sia chiara, e quindi si esenta dal crederla.

Una mattina ci trovammo nella università ad una dissertazione medica, che si difendeva pubblicamente. La forma di argomentare era in parte accademica e in parte sillogistica, giacchè proponeva ciascuno sillogisticamente la sua difficoltà ed incontanente entrava nella sostanza della materia; onde in breve tempo dicevasi molto e assai chiaramente.

Vi è nella città un assai grande ospedale diviso fra i cattolici ed eretici, annesso al quale si vede una sala di anatomia con varii scheletri ed altre particolarità relative alla professione che ivi si insegna pubblicamente in tempo d'inverno, facendosi la sezione di parecchi cadaveri.

Vi fu collocato in questo museo il prepuzio di un ebreo, ma tale e tanto fu lo zelo della sinagoga per togliere questa supposta profanazione, che giunsero a pagare ottomila lire per riscattarlo.

Le rendite dell'ospedale fu detto ascendere a centoventimila lire annue. Si mostra coll'ospedale la cantina o grotta annessavi, ma senza che meriti l'incommodo di un forestiere. — Fuori della città vi è un orto botanico, dove si danno le lezioni agli amatori di questa facoltà. L'orto non ha grande estensione, pure contiene varie piante esotiche, ed è utilmente impiegato tutto lo spazio di terreno assegnatovi.

Vedemmo ancora l'archivio della città dove si conserva una prodigiosa quantità di carte e memorie antiche. Ci fu mostrato un piccolo carroccio con l'imagine della beata Vergine, il quale dissero fosse il primo delle città imperiali. — Raccontarono che nella pace di Rastat fosse ricercato dall'impero e che fosse negato. Vedemmo un antico sigillo della città di argento, ed altro di *Enrico* vescovo del 1249 colla facciata di un edificio e coll'epigrafe: *Hoc anno formatum est.*

I diplomi incominciano da *Lotario* del 1129. *Dat. Argentinae Lotarius tertius romanorum rex*. In un sito a parte vi sono le carte e memorie appartenenti al vescovado; non credo che siano della più remota antichità. — Vedemmo una raccolta manoscritta delle notizie delle famiglie di Europa colle loro armi, come ancora un vocabolario manoscritto di più tomi delle voci teutoniche raccolte da un letterato della città. — È commendabile la diligenza con cui tutto è stato conservato di sorte che dal fine del secolo XIV fino ai giorni nostri si vedono tutte le lettere scritte alla città e gli ordini dei pagamenti e altre simili memorie distribuite in tante cassette a parte piene di piccole carte volanti. Un incendio seguito tempo fa dell'archivio, dissero che cagionasse al medesimo pochissimo danno. L'indice dell'archivio è stato fatto di recente in lingua francese e tedesca.

Quello però che in Argentina è forse più capace di divertire la curiosità di un forastiere letterato, e che forma una delle più belle rarità, è la biblioteca che si conserva non so se in una commenda o priorato dell'ordine gerosolimitano, consistente in moltissimi manoscritti e in una numerosissima raccolta di libri delle prime edizioni. Il catalogo è stato già stampato in un tomo in foglio da *Gian Giacomo Vittero* nel 1746 il quale può consultarsi.

A dì 30 luglio si partì da Argentina, e si ritornò a Kehl sull'opposta sponda del Reno. Di là si andò a Bischeim, piccolo villaggio lontano una sola posta imperiale: indi si passò a Schwarzach, monastero benedettino presso Stolhoffen, altra posta imperiale. — Il monastero è piccolo, di trenta monaci in circa, ed è compreso nella congregazione benedettina d'Alsazia. — Non viene considerato al presente per stato immediato dell'impero, ma dipende dal margravio di Bada-Bada con cui ha una lite già introdotta nella camera di Vetslar per conto di varie contribuzioni ascendenti a circa tremila fiorini annui, che il margravio pretende. — Credo che la pretensione del margravio sia di avvocazia o padronato. Lo stato però temporale è di dominio diretto del vescovo di Spira. — Il monastero e la chiesa sono piuttosto piccole, ma di un gusto sufficiente. Hanno una antica carta sulla fondazione del monastero del secolo VIII, che ci fu mostrata solamente stampata, ma che probabilmente è falsa. — L'antica carta che si conserva nell'archivio vescovile di Argentina del vescovo *Eddone*, di cui si è parlato altrove, appartiene a questo monastero, che dal sito della sua antica fondazione è stato già trasportato, come disse M.r *Schoefflino*.

La sera coi cavalli del monastero giugnemmo a Rastatt, residenza del margravio di Bada-Bada. Questo luogo è piccolo, senza mura, ed ha edificii bassissimi a soli due ordini di finestre; pure è piacevole per la sua uniformità, essendo tutte le case eguali nello stesso ordine e disegno, e le strade tutte dirette e bene incrocicchiate. — È poi degna della attenzione universale la bellissima residenza che in sito alquanto elevato vi hanno fabbricato al principio di questo secolo i margravii, la quale è quanto può essere magnifica e deliziosa. — Il margravio presente *Augusto* è in età di cinquantasei anni, non ha successione: la moglie è inferma senza speranza di ristabilirsi.

La mattina seguente dei 31 fatta prima passare l'ambasciata al gran maresciallo, monsignore fu con carrozza e servitori della corte condotto a far visita al margravio che lo trattenne sempre a pranzo e cena in corte, e lo fece servire di carrozza. — È costume ordinario in questi paesi di Germania di non alloggiar forastieri nella corte, ma di farli prendere alloggio in qualche osteria, tenendoli poi in corte tutti i giorni per il pranzo e cena, che si dà ancora al seguito esclusone i servitori di livrea; viene ancora al forastiere di distinzione destinata la carrozza con uno o più servitori di corte. — Il dopo pranzo fu fatta visita alla principessa *Elisabetta*, nipote del margravio regnante e figlia del margravio poco anzi defunto. È in età di trentasei anni e difficilmente si mariterà. — Questa alla morte del margravio senza lasciar successione erediterà tutti i beni allodiali liberi della famiglia, e ne potrà disporre a suo talento. — I stati poi passeranno nel margravio di Durlach, che professa il luteranismo. — Una sorella del margravio di Bada fu maritata al duca di Orleans padre del presente; onde alcune pretendono che i francesi possino contrastare al Margravio di Durlach la libera successione nel margraviato di Bada, il che gioverebbe per conto della religione, che ora quasi in tutto il margraviato è puramente cattolica, senza infezione di eresia; vantaggio che si anderà a perdere, ben tosto che lo stato passerà in mano di acattolici. — Per altro il margravio di Durlach ha il suo gius chiaro e fondato sopra un antico patto di famiglia: e la duchessa di Orleans fece un'ampia rinunzia a ogni suo diritto anche per i beni allodiali.

In Rastatt vi è un convento di zoccolanti, che in gran parte girano per le parocchie vicine, per predicare e amministrare i sacramenti. — Vi è ancora una casa di scolopii che devono far le scuole, ed hanno l'officiatura della cappella della corte con la cura di anime di tutta la famiglia. Questi piaristi sono stati introdotti in luogo dei padri gesuiti, a' quali era stata prima affidata la chiesa. — Un solo gesuita confessore della moglie del margravio ora si trova in tutto Rastatt e nella corte. Il confessore del margravio è padre cappuccino guardiano del convento, cred'io, di Bada. — I piaristi sono qui stati introdotti dalla madre del presente margravio, che ha loro assegnati dei fondi in Boemia per loro mantenimento. Abitano in una bella casa fabbricata in faccia alla chiesa della corte, e separata per ciò dalla residenza o palazzo della corte.

Il margravio di Bada somministra ora all'armata dell'impero quattrocento soldati a piedi e ottanta a cavallo, oltre a un battaglione, che il presente margravio tiene al soldo della imperatrice regina. — Cento e più soldati tiene il margravio per sua propria guardia, la quale è assai più numerosa, quando non ha i soldati fuori per soddisfar alle contribuzioni dell'impero. — Tiene il margravio una scuderia di circa trecento cavalli, ed una corte ben numerosa di cavalieri e dame, paggi e palafrenieri, ed altri officiali che in tutto passeranno il numero di cinquecento.

Vedemmo ancora il tesoro della famiglia, che è ricchissimo di oro, argento, diamanti e altre cose preziose. Un diamante vi è del peso di trentadue grani che serve di bottone al cappello, che è anche fornito nell'attaccatura di molti altri ben grossi diamanti. — Il margravio presente, quando regnava il fratello maggiore ora defunto, aveva un appannaggio di venticinque mila fiorini; ed altrettanti egli ne passa attualmente alla vedova del medesimo figlio dell'imperatore bavaro, a cui è stato per residenza assegnato il castello che è nella città di Hettlingen.

La madre del margravio era della famiglia *Saxen-Lavenburg;* questa signora in venti anni di reggenza ha saputo pagare varii milioni di fiorini di debiti, senza però averli tutti estinti: inoltre fabbricò Rastatt e una deliziosa villeggiatura, detta la *Favorita,* in queste vicinanze. — Gli affari politici, e altri più importanti si risolvono nel consiglio intimo, composto di quattro consiglieri, che avanti il margravio si raunano due volte la settimana. — I consiglieri intimi sono in maggior numero, ma gli altri sono piuttosto onorarii che di servigio.

Vi sono altre camere per l'economico e per il regolamento della corte, e per altre ispezioni; oltre il dicastero civile, di cui è capo il gran cancelliere *Baron di Kininger*. — Gli officiali della corte, per natura del loro officio, poca o niuna ingerenza hanno negli affari di stato, ma devono solamente sopraintendere alle convenienze della corte. Il primo officiale è il gran maresciallo, che ha l'ispezione su tutta la famiglia toltane la stalla, alla quale sopraintende il gran scudiere ecc. Pare che goda attualmente la confidenza del margravio il conte di *Hening* consigliere intimo e presidente della camera de' conti, persona educata, e non so se nativa di Lorena, e ben informata degli interessi politici dell'Europa.

M.r *de Harant*, aiutante di campo del margravio e capitano del reggimento di sua altezza al servizio del circolo di Svevia, gode anch'egli la confidenza del margravio, non credo però che sia adoprato negli affari di gabinetto. — Il *Barone de Günberg* è capo governatore della margravia, e il *Barone di Rechbach* lo è della principessa.

A dì 6 agosto si partì da Rastatt e si andò a Hetlingen, piccola città del margravio di Bada, distante una posta da Rastatt con un castello mediocre, ma commodo, assegnato ora alla duchessa di Baviera *Giuseppa*, vedova del margravio defunto e figlia dell'imperator *Carlo VI*.— Si pranzò in corte, dove con la duchessa vi sono tre dame e due cavalieri con altra famiglia.

La sera si passò a Carlsrù, residenza del margravio di Durlach, distante due o tre sole ore di cammino. Qui si trovò M.r *Schopflino*, professore dell'università di Strasbourg, celebre letterato, che con grande ansietà attendeva monsignore per fare la di lui conoscenza. — Egli travaglia attualmente la storia della famiglia di Bada, di cui è nato suddito; cioè negli stati di Durlach; ed è già a buon termine della medesima; onde ne ha incominciata l'edizione che si fa in Carlsrù medesimo. — Essendo egli professore d'istoria nella università di Strasbourg, ed essendosi molto applicato sulla maniera di scrivere l'istoria, credo che ci darà una storia corredata di antichi documenti. — È scritta con studio, e in certo modo rettoricamente sul gusto degli antichi. Ha già preparata la materia per una nuova opera, che sarà *L'Alsazia letterata* oltre a un altro tomo di monumenti alsatici da servire alla storia dei tempi bassi, quale parimente in breve si pubblicherà.

Carslruhe fu incominciato nel 1717 da *Carlo* avolo dell'odierno margravio, e immediato antecessore nel governo. Prima non vi era che un folto bosco, il quale rimane ancora, dove non si estendono gli edificii ed i giardini. — La corte non è ancora finita del tutto. In grandezza e in magnificenza di disegno è inferiore a quella di Rastatt. È migliore però per conto dei giardini, passeggi, e per la bella simmetria e corrispondenza con il resto del fabbricato, che forma la figura di un ventaglio. In oltre il di dentro del palazzo è adornato di un gusto più brillante e moderno. — Carlsruch significa in tedesco *Requies Caroli* che ne fu il fondatore.

Concesse questo margravio trenta anni di franchigia a chiunque si fosse stabilito in questo luogo; onde divenne in breve popolato. — Dimorano in questo luogo luterani, calvinisti, cattolici ed ebrei; i primi hanno due chiese, una i secondi, ed una chiesa privata officiata da tre cappuccini hanno i cattolici. — Di questo esercizio di religione si è debitore ad un prete musico detto *Natali*, che era al servigio del margravio defunto, che gli accordò la licenza di potere privatamente dire la messa coll'intervento dei cattolici del paese, purchè fosse andato a cantare sul teatro, condizione, che egli col previo consiglio del vescovo di Spira, si indusse ad accettare. — In appresso ottenne con bel modo la permissione di poter chiamare un cappuccino ancora in suo aiuto, e per maggior commodo dei cattolici. Indi i cappuccini sono stati accresciuti sino a tre, mantenuti dalle elemosine dei medesimi cattolici e in parte anche del margravio medesimo. — Hanno una sufficiente abitazione con un oratorio, che quantunque non abbia ingresso formale in strada, e sia senza campane, pure resta aperto a tutti, e vi si celebrano i divini officii con molta proprietà, con suono di organo ecc.

I cattolici di Carlsruh compresa la campagna vicina saranno da circa mille, e parecchi sono al servizio della corte. È ben vero, che il margravio non ha voluto accordare a questi religiosi alcuno di quei diritti, che potrebbe meglio assicurare il loro stabilimento e l'esercizio di religione; per questo motivo non permette l'uso delle campane. Vuole che i cattolici si battezzino dai ministri protestanti, supplendo poi i cappuccini alle ceremonie, nè permette la sepoltura ecclesiastica. — Ha posto anche per condizione il margravio di dover essere considerato come vescovo, senza che i cappuccini dipendano dall'ordinario, che è il vescovo di Spira; per lo che fa duopo tenere occulte le facoltà di confessore ed altre simili cose, per le quali deve necessariamente farsi capo dell'ordinario.

Il presente margravio si chiama *Carlo Federico*, è uomo serio, e partecipa per quanto sembra del carattere inglese, particolarmente si diletta di leggere, e raccogliere libri sulle arti e sull'agricoltura, economia e buon regolamento di un principe. Ha per moglie una della famiglia di Darmstatt da cui ha già due figli maschi minori dei dieci anni. — È questa signora di una grande vivacità, ed è applicata continuamente alle lettere e belle arti.

Si vuole che il margravio prima di accasarsi fosse inclinato a farsi cattolico, ma ciò non si è ridotto ad effetto, o non sussisteva; vero si è che anche presentemente lascia vivere i cattolici tranquillamente, ed una volta mostrò assai poco conto di una cattolica del suo servigio, che indegnamente apostatò coll'idea di acquistar maggior benevolenza presso di lui. — Per altro è da avvertirsi che questo margravio è prossimo a succedere in tutto il margraviato di Bada-Bada, dove non vi sono che cattolici, onde potrebbe tal volta per fini politici mostrare un buon animo verso dei medesimi, tanto più, che non ostante tutte le buone apparenze in Carlsruh si ricevono di sovente dei religiosi apostati; ed attualmente se ne trovano parecchi, fra quali un cappuccino, che nel passato mese di aprile sostenne pubbliche tesi in difesa della nuova religione da lui abbracciata. Il che tanto più fa maraviglia, quanto è più certo, che ora i medesimi eretici che si piccano di polizia e di ben regolata politica, non amano di ricevere simili fuggitivi, che per esperienza hanno trovato essere persone perniciose alla società anche civile. — Il margravio di Durlach ha un fratello cugino per nome principe *Cristoforo*, che ha date buone speranze per convertirsi, e alcuni vogliono che attualmente sia convertito; il che però io non credo.

Il bibliotecario del margravio *Federico Molter* parla e scrive bene italiano. Ha composta una grammatica italiana stampata in Lipsia. — Un tiratore di rami col titolo di consigliere del margravio è cattolico di nascita, e francese di nazione.

Nel passato inverno i francesi fecero una esecuzione militare nel margraviato di Durlach, che ha costato da cento mila fiorini. Si vuole, che il motivo ne fosse l'aver fatte il residente del margravio in Ratisbona alcune proposizioni non piacevoli ai nemici del re di Prussia, e l'avere negati alcuni foraggi all'armata francese che sta nell'impero.

Il governo del margravio viene universalmente lodato: egli si applica molto alla lettura, ha una corte meno numerosa di Bada-Bada; si fa conto che superi l'altro margraviato in beni feudali, ma non in allodiali. — Questa famiglia di Bada governa i suoi stati da sovrano, non dipendendo dagli stati ed ordini provinciali. Tali sono ancora nell'impero le case di *Anspach*, *Bareith* e *Brandemburgo*. — All'armata dell'impero somministra tre compagnie di cento quattordici uomini per ciascheduna. Due altre ne tiene presso di sè: una è destinata alla guardia della corte, l'altra per le reclute dell'armata.

Ha un giardino presso al palazzo il margravio di Durlach di piante esotiche e di altre piante rare; lo fa coltivare con tutta diligenza, e procura di accrescerlo colle piante e semi che fa venire dall'America e da altri rimoti paesi. Un amatore di questo studio troverebbe di che occuparsi in questo giardino.

In tutto il margraviato di Durlach si professa il luteranismo; nelle vicinanze di Basilea vi è una espositura del monastero di san Biagio detta Bürglen dove si permette l'oratorio privato ad un monaco che colà dimora continuamente, quantunque sia nei stati del Durlacense.

A dì 8 agosto si partì da Carlsruche e si giunse a Bruchsall, una posta e mezza distante. La mattina seguente si andò a far visita al cardinale, che volle alloggiare in corte monsignore. — Questa città conterà sei mila anime. La corte dal vescovo e principe è magnifica con molte commodissime abitazioni per tutta la famiglia. Questa residenza fu fatta dal cardinale di *Schenborn*, immediato antecessore nel vescovato. — Tutta la diocesi di Spira contiene da trecento parocchie, e conterà dieci mila anime. È divisa dal Reno in due parti; quindi per maggior commodità dei diocesani tiene il vescovo due tribunali, cioè il vicariato di Spira, ed il consiglio ecclesiastico in Bruchsall. — Il primo è composto del vicario, che è un canonico, del suffraganeo, di tre consiglieri, e di un assessore e segretario nel medesimo tempo che sottoscrive e spedisce le sentenze *ex mandato*. Ciascuno ha voto decisivo nella cognizione delle cause, che si risolvono per pluralità. A Bruchsall il consiglio ecclesiastico è composto di sette consiglieri, che collo stesso metodo decidono le cause del loro distretto.

Per gli affari civili, o siano del principato, vi è il dicastero, di cui è capo il cancelliere; per l'economico vi è la camera dei conti, e per il politico il consiglio intimo, dipendendo però dal vescovo principe di sentire il dicastero, o il consiglio intimo, uno o più consiglieri nelle risoluzioni politiche. — Tiene il cardinale una scuderia a Bruchsall di cento venti cavalli, non comprese le razze e i muli per il trasporto.

È questo il primo stato nell'ordine geografico del circolo renano superiore, venendo dall'Alsazia. Il suo principato conterà da quindicimila famiglie. Contribuisce all'armata dell'impero da trecento e più uomini; da circa cento soldati ha continuamente in corte per guardia propria. — Ha dato questo vescovo ai francesi in varie provvisioni circa cinquecento mila fiorini di contribuzioni, senza quelle dell'impero. — L'entrata del vescovo è di trecento ottantamila fiorini annui; ventimila in circa sono destinati per il peculio proprio del vescovo, il resto per il mantenimento della corte e spese quotidiane, che si fanno per mezzo della camera dei conti, e sulle quali ha il capitolo diritto di essere inteso. —

Ora il principe è convenuto colla Francia per conto delle opere, servigii, ed altro da prestarsi da' suoi sudditi dimoranti nell'Alsazia, dai quali per lo spazio di circa cento anni nulla aveva potuto ricavare. — Questo accomodamento porta al vescovato un annuo accrescimento di rendite per trentamila fiorini, qualora abbia effetto, il che non è sicuro.

Contiguo alla residenza vi è una fabbrica di tabacco, ed altra di sale, che si cava da un torrente di acqua salsa, la quale si fa cadere gradatamente sopra dei spini e fascine, per depurarla delle particelle non salse; poichè il vento trasporta le particelle più leggiere delle acque, e le salse dopo di essere passare per tutta l'immensa catasta di fascine cadono nel canale, che è in fondo, dal quale nuovamente si rifonde la medesima acqua salsa sulla stessa catasta, affinchè perda maggiormente le particelle acquose. Indi quest'acqua si porta in una gran fornace, dove in diverse caldaie si cuoce, e se ne separa il sale che riesce bianchissimo.

Questa gran fabbrica è stata fatta a spese di alcuni appaltatori, che nel 1748 l'hanno presa a loro conto per trentasei anni, dopo di che resta tutta a beneficio del vescovato. — Per ora il vescovato non ne ritrae che la decima, che monta a circa tremila fiorini l'anno. L'acqua che si adopera sorge presso Bruchsall. — Nella vigilia dell'Assunzione fece il cardinale una caccia di cervii; parecchi giorni prima incominciarono più centinaia di persone a travagliare sotto la direzione dei cacciatori del principe.

Il primo giorno furono cinquecento uomini sudditi del vescovo principe, che devono prestare l'opera loro senza alcun pagamento. Circondano il bosco, da cui vogliono prendere i cervi per la caccia, e con rumore si avanzano cacciando i cervi ed altri animali verso il sito destinato, che è circondato di tele per impedirne la fuga. Di mano in mano li vanno sempre più stringendo, facendo con le tele varie divisioni, per averne separatamente più partite. — Il sito poi della caccia, che è un prato di non molta estensione, lo circondano parimente di tele, e in mezzo vi piantano una tenda con ringhiera all'intorno un po' elevata, dove si pone il principe con tutto il suo seguito. In appresso i cacciatori vestiti tutti di verde, ma riccamente trinati di argento, suonano alcuni istromenti, indi coll'aiuto degli uomini ivi già raunati spingono una partita di cervi in questo serraglio, dove restano rinchiusi finchè il principe gli ha tranquillamente uccisi tutti, o una gran parte, se così gli piace, lasciandosi allora gli altri uscire liberamente dal parco.

A niuno è lecito tirare, eccetto il principe e chi ne riceve ivi la permissione, grazia, che non concedesi che alle persone più nobili e di gran qualità, ed anche parcamente. — In questa caccia in pochissimo spazio di tempo furono uccisi ventinove cervi, dodici cerve, ed altri animali sino al numero in tutto di sessantaquattro. Parecchi altri furono fatti uscire dal parco liberamente. — In fine della caccia suonano nuovamente i cacciatori, ed allora, come pure in principio, ciascuno del seguito deve avere in mano il palosso denudato sotto pena di alcune percosse sulle parti posteriori, che si devono dare dal principe medesimo, o da chi ne riceve l'onorata commissione; sotto la medesima pena è proibito di usare alcuni vocaboli, come sarebbe sangue, bestia ecc. e ciò per dare occasione di divertire la brigata con qualche esecuzione. Gettasi ancora in fine del pane ai poveri che sono all'intorno.

Da Bruchsall passammo una mattina a vedere la fortezza di Filisburgo sul Reno, non più di tre ore in circa distante. — Questa fu fabbricata nel secolo passato da un vescovo di Spira; ora però il vescovo non è rimasto padrone che della piccola città che vi è dentro, la quale conterà circa ottocento anime, appartenendo la fortezza all'impero, e mantenendovisi il presidio dal circolo franconico: presentemente però vi si trovano pochissimi soldati, attesa l'alleanza della casa d'Austria colla Francia. — Può la piazza, quando vogliasi, restare tutta all'intorno allagata dal Reno; si vedono ancora i danni dell'ultimo assedio che soffrì nell'ultima guerra colla Francia: questi però possono ripararsi assai facilmente. Cinque o sei mila uomini vi abbisognano di guarnigione in tempo di assedio.

Poche ore distante da Filisburgo, passato il Reno, vi è Spira, città di cinque mila anime di mista religione. La maggiore e presso che intiera parte però dei benestanti sono acattolici, e in mano di loro è il governo. — In questa città risiede il capitolo: vi sono in oltre i gesuiti, agostiniani, carmelitani, ed altre case religiose, senza che per altro si profitti punto per conto di conversioni. La città ci fu detto essere desolata e languente, onde lasciammo di vederla.

Conobbi in Bruchsall il barone *Penserath*, capo del consiglio ecclesiastico. L'abbate *Betersciat*, consigliere parimente ecclesiastico; questo è stato a far pratica in Roma. Trovai ancora due canonici di Spira, e sono il canonico *Hutten* fratello del cardinale, e il *Barone di Wessenberg*, canonico ancora di Worms; questo porterassi fra non molto a Roma. La famiglia sua è di Svevia, ma è sempre stata addetta alla corte di Sassonia, dove il padre gode cariche assai onorevoli. — Il primo nella corte è il *Barone di Rodenhausen* negli affari di gabinetto, indi il barone *Turn* per il regolamento della corte, di cui è gran maresciallo. Cavalieri di corte sono i *Baroni di Eterdorf, Gaismar, Mirbach*. Segretario italiano l'abbate *Bonfiglioli* di Arezzo; mastro di cerimonie l'abbate *Giovanni Battista Felici* di Urbino.

Nell'archivio episcopale vi è un diploma col *Data est XVI kal. febr. anno dominicae incarnationis 1035 indictione III anno autem domini Kounradi secundi regnantis XI.^{mo}, imperantis vero IX.^{no}; actum est Lintburch feliciter amen.* — Questo è dato a favore di una chiesa abbaziale fatta costruire da *Corrado* e da *Gisila* sua moglie, la qual chiesa per altro non si nomina. Si crede però che fosse in Limburch, dal qual luogo è dato il diploma, e dove fu già una badia o prepositura assai celebre innanzi la mutazione della religione. Si enumerano le qualità dei servigii, che dovevano prestar i sudditi all'abbate; onde il diploma è degno di attenzione.

A dì 16 agosto si partì da Bruchsall colla muta a sei del cardinale e dopo un'ora e mezzo di cammino si mutarono cavalli ad un piccol villaggio del cardinale; indi si proseguì sino a Schwezingen, dove trovasi in tempo di estate la corte palatina. — È questo un villaggio, che di giorno in giorno si accresce, e si abbellisce in grazia della dimora che per cinque o sei mesi continui vi fa l'elettore con tutta la corte. La residenza non è magnifica. Il giardino è piuttosto grande, e di giorno in giorno piglia miglior vaghezza per il buon gusto dell'elettore. — La casa o palazzo invero non è di gran commodo, e riesce ancora di minore apparenza. È stato fabbricato da un elettore per abitazione di una sua concubina. — A questo palazzo il presente elettore ha aggiunto dalla parte del giardino due bracci di gran lunghezza e larghezza, che insieme col palazzo formano un semicircolo. Invece di archi ogni braccio ha cinquanta e più grandissime finestre, e amendue sono di un piano solo e destinati unicamente al piacere. Il sinistro è distribuito in quattro o cinque gran saloni, nei quali si pranza e giuoca, e si tiene conversazione. Presso il destro è il teatro, che è assai proprio.

A dì 19 da Schwezinga si partì per Eidelberga coll'idea di ritornarvi. Il viaggio non è maggiore di tre quarti di posta. Questa città capitale del palatinato fu sino all'anno 1720 in circa la residenza degli elettori; giace sulle rive del fiume Necker laddove si ergono due monti che divisi dal letto del fiume si estendono nelle parti superiori della Svevia. — La città resta totalmente dominata dalla montagna, in cui vi è l'antico castello e palazzo elettorale, e si estende assai più in lunghezza che in larghezza, a motivo della sponda del fiume e del monte imminente. Le fabbriche non sono magnifiche, ma piuttosto galanti e di un mediocre buon gusto, tutte fabbricate di nuovo dopo l'eccidio che di questa città fecero i francesi sul fine del secolo scorso. —

Sull'antico castello vi è un palazzo assai grande di grossi travertini. Le fortificazioni che lo circondano giacciono in uno stato assai infelice e ruinoso, a cui fu già ridotto dalle armi francesi. Ciò tanto più è deplorabile, quanto più elegantemente e sodamente sembrano essere state costrutte, quantunque non vi si trovi la moderna maniera di fortificare.

È celebre l'università di Eidelberga non meno per gli uomini insigni che vi hanno fiorito, quanto per avervi *Lutero* incominciato a spargere il suo veleno.

Il convento, che era allora degli agostiniani, ora è palazzo dell'università.

Fiorirono nel secolo XV *Giovanni Vessel*, detto ancora *de Vassaliis*, *Ridolfo Agricola* e *Giovanni Reuchlin*, che si pongono fra i ristoratori delle buone lettere. — Qua fu fondata la prima cattedra di gius di natura e delle genti, già occupata da *Samuele Puffendorfio*. Al presente è composta di più professori di teologia, filosofia e giurisprudenza, la maggior parte delle quali cattedre si occupano attualmente da' gesuiti e altri professori cattolici, contandosi tre soli professori acattolici, due di teologia ed uno di medicina *.

---

* Qui il Diarista, mons. GAETANO MARINI, opportunamente avrebbe dovuto accennare alla biblioteca Palatina, celebre per i suoi manoscritti, ed istituita nel 1386 dal principe tedesco Ruperto I col concorso di Urbano VI, la quale dall'elettore Massimiliano, duca di Baviera, (che aveala tolta al ribelle conte palatino del Reno) fu destinata a Gregorio XV nel 1622, a compensarlo in parte degli aiuti dal medesimo elettore ricevuti nella memoranda guerra dei Trent'anni. Ed avrebbe anco potuto accennare che la biblioteca Palatina venne trasportata a Roma per cura di LEONE ALLACCI, bibliotecario della Vaticana, a tal fine spedito dal pontefice in Eidelberga.

Noi dal canto nostro aggiungiamo, che dopo esser stata con altri cimeli trasferita in gran parte a Parigi dai rapitori francesi, mentre nel 1815 stava per ritornare in Roma mercè i buoni uffici di MARINO MARINI e di ANTONIO CANOVA, Pio VII degnossi di annuire alle iterate istanze del governo di Baden e del re di Prussia a che tornassero in Eidelberga i trentanove codici (e non trentotto come dice il MORONI) riguardanti la storia tedesca, scelti e portati a Parigi dai commissari francesi nel 1797; e permise altresì che dal professor WILKEN venissero estratti dalla Vaticana gli altri codici della stessa specie che ancora vi rimanevano. « Il numero dei codici, scrive il MORONI, che furono così donati, montano a ottocento quarantasette. »

Veggansi le *Memorie storiche della occupazione e restituzione degli archivii della Santa Sede* ecc., raccolte da MARINO MARINI, e pubblicate nel 1884 coi tipi vaticani nel primo volume dei Regesti pontifici di *Clemente V* dai MONACI BENEDETTINI (pagg. CCLXVII, CCLXXXIV e CCCX. — Vedasi anche GAETANO MORONI, *Dizionario di erudizione*, agli articoli *Biblioteca Vaticana* ed *Heidelberg*, nonchè il proemio preposto all'*Inventario dei libri stampati palatino-vaticani*, edito nel 1886 coi tipi vaticani per ordine di LEONE XIII da ENRICO STEVENSON giuniore, festeggiandosi in Eidelberga il quinto centenario della fondazione di quella celebre Università e biblioteca.

A proposito dei trentanove codici palatini concessi da Pio VII ad Eidelberga, ecco un paragrafo di una lettera in data 30 ottobre 1815, scritta a MARINO MARINI dal cardinal Consalvi: « Per ciò che riguarda li trentanove codici reclamati dall'Università di Heidelberga, sebbene fossero stati questi donati nell'anno 1623 da Massimiliano duca di Baviera, quindi elettor palatino,

Vi è ancora un seminario a parte per un buon numero di alunni e convittori, affidato alla direzione dei padri gesuiti. L'edificio destinato per questo seminario è assai grande. Assai più grande però è il colegio e la chiesa de' padri, di struttura decente e modesta, dove si trovano da circa quaranta gesuiti. — In Eidelberga sono stabilite ancora case religiose di carmelitani, cappuccini ed altri.

La città come tutto il resto del Palatinato, è ora mista di cattolici, luterani e calvinisti, a' quali tutti è permesso il culto pubblico della religione. — I cattolici ora sono in numero di duemila quattrocento, come assicurò il curato, dicendosi universalmente che questo numero sia accresciuto notabilmente da poco tempo in qua, come ancora va di giorno in giorno accrescendo. — La chiesa principale di san Spirito, che è sulla piazza di gusto gotico, è stata assegnata nella parte del coro ai cattolici, il rimanente è ad uso degli eretici. — Il defunto elettore nell'anno 1719, o 20, voleva avere tutta la chiesa libera per i cattolici, pronto a farne un'altra ad uso de' soli eretici, ma non fu possibile di vincere la loro ostinazione su di questo punto; onde l'elettore, sdegnato della città, non vi comparve più e portò la sua residenza a Mannheim, con notabilissimo danno di Eidelberga.

In questa città vi è la camera dell'amministrazione dei beni ecclesiastici del Palatinato, passati in mano de' secolari in tempo della riforma, ed ora ritenuti dagli elettori per indulto del papa, ad oggetto di impiegarli in opere pie. — Questa camera è composta di calvinisti e cattolici, e fra di loro si dividono le rendite, in modo però che di sette porzioni due sono per i cattolici e cinque per i calvinisti.

La prima viene assegnata ai parochi, alle scuole e alli poveri. Non si traspira a quanto ascendono le rendite di tutti i beni, e gli uffiziali hanno giuramento di secretezza su questo particolare; fummo bensì assicurati da persona informatissima, che nella presente guerra l'amministrazione ha dovuto contribuire fin ora cento mila talleri per le sole contribuzioni straordinarie all'armata francese. — *Talero* semplicemente detto in questi paesi, è di un fiorino e mezzo; quello di due e mezzo, è detto grosso *talero*.

Presso l'amministrazione (come ci fu detto in Mannheim) conservansi le antiche carte e memorie dei monasterii caduti in mano degli

---

al sommo pontefice Gregorio XV e sieno perciò divenuti una proprietà della Santa Sede, ciò non ostante il Santo Padre al sentire che i trentanove codici sono desiderati da S. M. Prussiana che ha tanto favorito la Santa Sede per la ricupera delle sue provincie, ed altri oggetti, mi ha commesso di ordinare a V. S. di farne in suo nome un dono alla detta Università di Heidelberga. » Vedi *Regestum Clementis papae V, Appendix Documentorum*, vol. I, pagg. CXLIII-CQXLIV, § XXVI. — A pag. CCLXVII vedi la lettera del Marini in data di Parigi, 17 novembre 1815, *A Son Excellence Mons. le General Mufflingh*.

acattolici. — *Andrea Cetti* italiano, mercante stabilito in Eidelberga, è uno dei revisori de' conti dell'amministrazione; usò molte finezze a monsignore.

La città di Eidelberga farà in tutto circa dieci mila anime: havvi una buona guarnigione. Il traffico consiste specialmente nel tabacco, come in tutto il resto del Palatinato. Il fiume Necker è navigabile sino Elbrona avanzandosi dalla parte della Svevia. — Il rettore de' gesuiti si chiama padre *Gasparo Hoch*. Il padre *Cristiano Mayer* è professore di matematiche, di fisiche sperimentali, e custode del gabinetto di cose naturali dell'elettore.

Alli 20 agosto si passò verso sera a Mannheim, una sola posta distante da Eidelberga. La strada è sempre sulla riva del Necker, che appunto in Mannheim si scarica nel Reno. — In compagnia di monsignore venne il padre *Mayer* gesuita: onde fu condotto a prendere alloggio nel collegio della compagnia che è annesso alla corte elettorale con una chiesa di recente fatta fabbricare dall'elettore con molta eleganza e maestà. — Corrispondente all'edificio è anche il refettorio, che l'elettore *Carlo Filippo* fece anche ornare con pitture, per renderlo più proprio a certi pranzi, che tal volta soleva ivi dare colla sua corte. I padri gesuiti vi hanno posto in capo al refettorio il ritratto dell'elettore col motto *Dixit ad Philippum, unde ememus panes, ut manducent hi?*

Il recinto della città non è amplissimo; assai più ample sono le fortificazioni all'intorno, fatte sul gusto moderno e che si estendono anche dalla parte opposta del Reno verso la Francia.

Il disegno ed impianto della città è bellissimo a vedersi per essere tutte le strade diritte regolarmente, incrocicchiate e larghe. Le abitazioni però scompariscono, ancorchè eguali ed ornate con qualche polizia, per esser per lo più di due soli piani, compreso il piano terreno, e quindi assai basse.

La corte però è maestosa e vastissima; il disegno, dissero, essere del *Bibiena*, architetto italiano; in alcune parti però è difettoso, sebbene nella sostanza corrisponda a quel buon gusto che fuori d'Italia di rado si trova ed apprezza. — La divisione degli appartamenti è molto incommoda per mancanza di retrocamere; parimente la forma non è regolare estendendosi il palazzo moltissimo in lunghezza con varii bracci, che circondano una buona parte del recinto della città. — Nel palazzo vi è una chiesa ben grande, ed il teatro, dove si danno in tempo d'inverno magnifici spettacoli. — Vedemmo il tesoro assai copioso di cose preziose. Vi si conservano alcuni vasi di cristallo negro.

Ha l'elettore una raccolta di stampe di ogni qualità distribuite come dissero in seicento volumi. — La galleria dei quadri è ancor assai numerosa. Molti pezzi vengono attribuiti al *Rubens* e ad altri insigni pittori; il tutto però è stato assai maltrattato per una grossa rilucente vernice data sul colorito. — Altra gran galleria di pitture ancora più rispettabile possiede l'elettore in Dusseldorf; questa per ora è stata portata in Mannheim, ma non potè vedersi per essere ancora le pitture nelle casse di trasporto. — Vi è ancora una raccolta di medaglie sì antiche che moderne, la quale sebben dicessero essere la più numerosa, che si abbia dai principi di Germania, pure sembrocci non ricchissima. L'antiquario è M.r *Goes* che tiene corrispondenza con *Fabrini* di Toscana per le cose letterarie di Italia. — Vi è un museo di cose naturali incominciato di fresco, ma che di giorno in giorno si accresce.

La biblioteca attualmente si riduce in buon ordine dall'abate *Nicolao Majhot de la Treille* bibliotecario; non è cosa insigne, pure è provveduta di buoni libri, che di continuo si accrescono. Non vi sono che pochissimi manoscritti di non remota antichità, fra i quali vi sono tutte le opere di *Raimondo Lulli* divise in più volumi, fatte trascrivere in pergamena da un elettore, che fu gran dilettante di alchimia. — Conservasi una gran quantità di lettere originali di *Gronovio* e di *Grevio*. Nella corte vi è ancora la fabbrica di una specie di arazzi che sono lavorati in forma di velluto, ma nella maniera stessa degli arazzi.

È mantenuto dall'elettore in Mannheim uno scultore di Roma con pensione di mille e duecento fiorini, oltre il pagamento di tutti i lavori in particolare e l'abitazione. — Deve questo istruire la gioventù; per il quale effetto tiene di tempo in tempo l'accademia del nudo. Si chiama *Pietro Verschattelt*. Il marmo per le statue si fa venire da Carrara a Mannheim dall'Olanda per il Reno.

In Mannheim vedemmo l'archivio elettorale: vi osservammo un diploma di *Corrado II* a favore della chiesa *S. Saturnini in pago Wormatiensi et episcopatu Maguntino: data apud Bamb. anno 1144, ind. 6. regni 7.°* Si sottoscrivono *Fridericus Magdeburg. archiepiscopus, Bucco Wormat. Sigefridus Spiren. Embric. Wirzbergen. Egilbertus Bambergen. Heinricus Marensis. Uto Cicen. Oto Frisingen. Wicgerus Brandeburg. Heinricus Ratisponen.* Confermansi in questo diploma ancora i beni che *Beatrix et Mathildis comitissae Tusciae pro animabus suis, et maritorum suorum Gotefridi, et Bonifacii eidem Ecclesiae donaverant*.

Vedemmo ancora un diploma di *Ridolfo re dat. Hagenowe 15 kal. iunii ind. XI 1283, regni 10*; incomincia *Naturae lex praecipit filiis ampliorem caeteris gratiam impartiri. Sane cum erga nob. virum Albertum com. de Levenstein filium nostrum dilectum sic vigeat nostra affectio paternalis etc.* Altro di *Adalberto* re de' romani *apud Nurbergh. id. Xmbris 1298*,

Indictione XII, anno I, per il medesimo *Adalberto* chiamato *germanum nostrum carissimum*.

Vedemmo ancora una bolla di *Gregorio X* con piombo, in cui si ingiunge all'arcivescovo di Treviri e a *Ottone* prevosto di Spira di assolvere *Ludovico* conte palatino del Reno duca di Baviera dalla scommunica fulminata da *Clemente* papa e da lui *Occasione consilii, auxilii, et favoris, quae quondam Corradino nepoti suo veniendo cum eo, sive ducendo ipsum usque Veronam, et alias contra inhibitiones ipsius praedecessoris etc. Dat. Urbevet. 3 nonas maii, anno II.*

Vi si conserva ancora una cronaca *De principibus terrae Bavarorum*, che comincia *Magnifico et Excell. D. Ludovico comiti Palat. Reni, duci Bavar. et comiti Mortaniae cariss.º D. suo frater Andreas presb. Monast. S. Magni Confessoris in Pedepont. Ratisponen. Orationes suas cum ardore sincerissimae caritatis summe princeps et Dne; dudum Deo donante cronicis Rom. Pontif. etc.* Il codice è cartaceo, e sembra mancante nel fine.

In altro codice cartaceo del secolo XVI vi è *Vita Iohannis Friderici ducis Wirtembergue a Thoma Lansio*. Pare non altro essere che una orazione funebre. — Mostrano ancora in questo archivio la bolla d'oro di *Carlo IV* in forma di libretto in pergamena; manca il segno e le sottoscrizioni; e la bolla d'oro che ora si vede, pende da un cordoncino di seta evidentemente rotto e poi ricongiunto; onde per questa parte ancora non può dirsi autentico il monumento. Il carattere per altro sembra del medesimo secolo e tempo di *Carlo IV*.

Mannheim è composta di cattolici, calvinisti, luterani ed ebrei, oltre agli anabattisti, che non sono molti. Tre sono le parrocchie cattoliche, una della città, il di cui parroco ci assicurò di contare dieci mila anime nel suo distretto; altra parrocchia in mano de' gesuiti per la sola corte, ed altra in mano de' cappuccini per la sola guarnigione e milizia che è composta di parecchie migliaia di uomini. Quindici mila in circa sono gli eretici, e tutta la città colla corte e presidio conterà sopra trentamila anime.

I cattolici nella maggior parte sono venuti qua a stabilirsi dopo la residenza elettorale. Sono stabiliti in questa città di regolari i soli gesuiti e cappuccini. Ogni anno dissero i primi di avere da trenta abiure, e molte più se ne avrebbero, se avessero i novelli convertiti di che mantenersi. — Il rettore de' padri gesuiti si chiama *Giuseppe Engelmohr*. L'abbate *Maillott* bibliotecario è di nazione francese, è uomo di una grandissima vivacità, fornito di molte cognizioni di letteratura, e sembra di un ottimo cuore. Fece nell'anno scorso un viaggio per l'Alsazia e per il corso del Reno sino a Basilea, di cui ha steso un minuto ed erudito diario in francese.

A dì 22 di agosto da Mannheim si passò a Franckenthal, mezza strada di Worms passato il Reno, per vedere una fabbrica di porcellana introdottavi da pochi anni, che ora si continua a conto dell'elettore. — La terra, dissero, trarla da Ratisbona, che riducono in pasta finissima di colore bianchiccio con mescolarvi qualche altro ingrediente. Le forme sono di saiola (*blatter*, dissero in francese) e possono adoperarsi per duecento pezzi in circa senza bisogno di rifarle. — I pezzi di porcellana si pongono nella fornace dentro alcuni vasi tondi di terra, che si ammassano uno sopra l'altro e si lasciano al fuoco per dodici ore. Questa fornace non sembra dissimile dalle ordinarie d'Italia della maiolica.

Cotta la prima volta la porcellana viene colorita colla vernice, o sia con una materia che le dà il lucido e trasparente, e poscia viene posta in una nuova fornace. In appresso si colorisce a oglio ciascun pezzo, come meglio aggrada, e si fa passare in altra piccola fornace di tegole di terra cotta colla lunghezza di circa tre buoni palmi naturali, con avere due palmi in circa di altezza e due di lunghezza. La parte superiore è semicircolare, ed in mezzo vi è una specie di tubo, ad effetto, se mal non mi appongo, di fare passare l'aria. Le tegole sono della grossezza di un buon dito.

I pezzi di porcellana si distribuiscono dentro in varii strati sino alla sommità, in modo però che uno non tocca l'altro. Questa fornace è vestita di un'altra fornace di mattoni che le resta in distanza di uno o due palmi: nella sommità l'arco resta aperto; almeno così lo trovai, quantunque la fornace interna contenesse già alcuni pezzi di porcellana da cuocersi quanto prima. — Nella parte inferiore si pone il fuoco, che riscalda l'area della fornace interna, il quale passa poi ad accendere il carbone che si pone intorno intorno alla piccola fornace, acciò il carbone sia eguale in tutte le parti. Ventiquattro o ventisei ore continua il fuoco in questa; ed in altra fornace o anche in ambedue, non essendosi il nostro conduttore spiegato chiaramente. I pezzi centinati, ancorchè inegualmente, dissero che si fanno colla ruota, o sia al torno.

Trentasei sono i pittori impiegati in questa fabbrica e ottantasei tutti gli operai. Un pezzo dipinto, ma non ancor cotto, avea alcune parti di color violetto, che dissero, nel cuocersi dovere divenire rosso. — Una gran parte della porcellana la ritrovai grossa e non trasparente, ma molto bianca ed ottimamente colorita e dipinta. Vi sono ancora dei pezzi lavorati a oro, ma intesi poi da chi ne ha fatta l'esperienza, che questi pezzi non lo mantengono. — Riguardo ai pezzi di queste porcellane i tondi da tavola dipinti e dorati, vagliono tre e quattro fiorini. Una chicchera col piattino può aversi a quattro fiorini, e secondo la squisitezza della pittura può ascendere anche fino a fiorini dodici. Delle tabacchiere ve n'è da quaranta fiorini a ottanta fiorini.

Il signor di *Beekers*, che ha la principale direzione di questa fabbrica, disse essere stata da pochi anni introdotta ed avere preso gran credito e spaccio: e sebbene le grandi spese, che vi occorrono la facciano riescire all'elettore di poco o niun guadagno, e forse anche fin ora di perdita, pure vuole mantenerla e aumentarla per mantenimento di tutte quelle famiglie, che vi sono impiegate, per introduzione di denaro nel paese, e per servire a varii regali, che l'elettore deve tal volta fare a' ministri esteri e ad altri personaggi qualificati, meglio essendo per lo stato, che il principe regali proprie manifatture che scatole, oro e gemme, che conviene tirare da paesi stranieri.

In Hoechst, come si dirà più a basso, vi è altra fabbrica di porcellana dell'elettore di Magonza. Non viddi le fornaci, rilevai per altro chiaramente dal discorso, che quattro volte ogni pezzo passa per il fuoco. Nella prima fornace resta il fuoco per venti quattr'ore, o ventisei, si adopera legna grossa e lunga. Nella seconda si pone perchè resista al fuoco; nella terza resta dodici ore per la vernice, o sia lustro; è la medesima legna della prima, ma ridotta in sottili e lunghi pezzetti. Nella quarta fornace resta sei ore, e si adopera solo carbone. Questa serve per i colori. L'oro si dipinge sciolto; dopo cotto convien *glassir*, cioè brunirlo, o strofinarlo. La porpora si fa coll'oro. Il nero costa egualmente che la porpora; si fa parimenti coll'oro, se non erro. Dove dipingono vi è grand'odore di vernice.

Franckenthal è città ora miserabilissima, ma una volta rinomata; dipende dall'elettor palatino. Vi è un convento di cappuccini.

Nel ritornare a Mannheim ci fermammo a mezza strada in un villaggio detto Oggersheim, dove vi è una missione di tre gesuiti, che predicano, e s'impiegano a istruire i paesani e convertire gli eretici. — Vi è una cappella fatta sul modello di quella di Loreto. Qui vi è una delizia dell'elettore, ora assegnata al principe *Federico di Due-Ponti*. — Non è grande, ma sì il palazzo che il giardino con un canale che va sino al Reno, sono molto deliziosi.

Questo principe ha per moglie la sorella dell'elettrice. Ora è separato dalla moglie, la quale si dovette già ritirare in un monastero nella diocesi di Metz, per gelosia passata fra lei ed il marito, per quanto si può congetturare. — Ha avuto dalla medesima due figli maschi, il maggiore de' quali detto *Carlo*, dopo la morte dell'elettore odierno, che non ha successione, e del *Duca di Due-Ponti*, che non può averla capace a succedere negli stati, per avere fatto un matrimonio disuguale, succederà nell'elettorato palatino, e nel ducato di Due-Ponti, e nella

Baviera. Il principe *Federico* fu convertito in occasione del matrimonio fatto colla sorella dell'elettrice, ed ha buon fondo di religione. Dimora presso la corte palatina, quando non è obbligato a stare lontano per il servigio in cui è della casa d'Austria.

A dì 23 agosto si partì di mattina da Mannheim e si ritornò a Schwezinga, distante una sola posta. Il giorno seguente giunse il vescovo principe di Augusta con tutto il suo seguito di bagni di Spaa nella diocesi di Liegi. — Il principe di Augusta, per sua natura è persona di delicata coscienza, e piuttosto liberale, e di debolissima complessione, e aggravato quasi continuamente da molti incommodi.

La corte dell'elettore palatino trovammo molto numerosa, quantunque ora si trovi in campagna. Tiene l'elettore di continuo al suo servigio una partita di circa cinquanta ballarini, oltre una compagnia di commedianti francesi, con molti musici, cantarine e suonatori, ai quali ha assegnati onorevolissimi appuntamenti; tenendo tutta questa truppa occupata di continuo con opere, e commedie ed accademie, sì in campagna, che in Mannheim. — Ha ancora presso di sè il signor *Mattia Verazzi* romano con il titolo di poeta e coll'assegnamento di mille talleri annui, oltre cento luigi per ogni opera nuova che produce, e la carica di segretario intimo italiano, di cui ha l'aspettativa. — Questo autore compone continuamente per le opere da prodursi in teatro.

Nel ritorno a Schewezinga fummo alloggiati in sua casa per essere stati impegnati gli alberghi per la corte del principe di Augusta, e per altri forastieri. — La descrizione minuta di tutta la corte, e ancora dei balliaggi può vedersi stampata. Due sono i ministri più confidenti M. *Beekers* e *Zebettriz*.

Ogni officiale primario di corte oltre agli stipendii fissi, ha un balliaggio che rende ordinariamente moltissimo. Le maggiori rendite dell'elettore derivano dal ducato di Guliers e Bergen posti sopra Colonia. — Il piede delle truppe dell'elettore è fissato a diciottomila uomini, che tiene sparsi in tutti i suoi stati, ma specialmente a Mannheim ed Eidelberga.

L'elettore ha ottimo fondo di religione ma non credo, che ami di affettare bigotteria, onde poco o nulla può sull'animo suo la cabala o il maneggio colorito col manto nella pietà. — Ama sinceramente gli avanzamenti de' cattolici, ma si astiene da tutto quello che potrebbe dare occasione di maggiore irritazione agli eretici.

Tutto il Palatinato, che da cinquanta anni prima non contava che una terza parte di cattolici, ora ne conta una metà. L'altra metà è composta nella maggior parte di calvinisti, di non molti luterani, pochi ebrei e pochissime famiglie di anabattisti. Il numero di questi ultimi è fissato non so se a duecento famiglie in tutto il Palatinato; nelle loro raunanze parlano ad uno ad uno coloro che credono di sentirsene allora ispirati. — Non ammettono come lecito il giuramento; onde ne sono dispensati tanto nel fare i contratti e prestar omaggio al principe, che in ogni altra occasione in cui soglia intervenire. Sono peraltro fedelissimi e tranquilli. La loro occupazione è di coltivate la terra; nel che sono così industriosi e fedeli, che i medesimi gesuiti talvolta danno loro in affitto i proprii terreni, per quanto ci fu detto. Sono esclusi dagli offizii pubblici e dalle cariche. Il loro abito è particolare, non portando saccoccie al vestito.

In Bruchsall, Eidelberga, Mannheim per l'ordinario le femmine, specialmente cattoliche, costumano di andare in chiesa con un lungo panno nero di seta, o cammellotto in testa, che loro copre anche il viso, e che giugne ordinariamente sin presso al ginocchio senza punto ripiegarlo. — L'elettore palatino fece molto onore a monsignore, lo tenne giorno e sera alla tavola presso di sè, e nel partire volle regalargli la serie delle medaglie, che egli ha fatte coniare di tutti gli elettori palatini, la quale consiste in trenta medaglie.

Il nome dell'elettore è *Carlo Teodoro*; passa buona armonia tra lui e la moglie, non ostante che siasi talvolta intorbidata. L'anno passato ebbe dalla medesima un figlio maschio, che non campò più d'un'ora. È in buona corrispondenza coll'elettore di Magonza, ed ha particolare stima ed amore per il vescovo di Augusta; nè l'una però, nè l'altro mostra per il vescovo di Spira cardinale di *Hutten*. — Si piglia particolar cura dei figli del principe *Federico di Due-Ponti*, perchè abbiano specialmente un fondo di religione, attesa la ormai morale certezza, che questi saranno per succedere nell'elettorato, s'egli verrà a mancare senza successione maschile.

A dì 30 agosto si ritornò a Mannheim per continuare poi il viaggio il giorno seguente. L'abbate *Maillot* diede a monsignore un buon pranzo, si dormì dai gesuiti. Monsignore *Verazzi* e il dottore *Algardi*, medico del vescovo di Augusta, accompagnarono monsignore sino a Mannheim.

A dì 31 agosto si partì da Mannheim per Worms alle sei e mezzo della mattina, alle nove e mezzo si arrivò. La distanza è di una posta sola. La strada è piana in vicinanza della sponda del Reno, ma poco bene mantenuta. — Worms, città imperiale, sembra piuttosto piccola; non vi si vedono grandi edificii e copia di abitanti: la fabbrica della cattedrale è grande ed antica per quanto appare al di fuori, avendola noi trovata chiusa. Contigua vi è altra chiesa di struttura parimente antica in forma quasi rotonda, la quale serviva di battisterio ed ora è parrocchia.

Alle dieci ore si proseguì il viaggio: a un' ora della sera si giunse a Pappennheim, dove si mutano cavalli. È questa una piccolissima e miserabile città su di una collina, che si alza sulla sponda del Reno spettante all'elettore palatino. Da Worms sin qui si pagano i cavalli a ragione di una posta e mezza. In tre ore si fece altra posta essendo giunti a Magonza alle quattro incirca: prendemmo alloggio al *Re d'Inghilterra*. La strada da Worms a Magonza è quasi sempre a riva del fiume, la quale in tempo d'inverno sento sia pericolosa per le corrosioni occulte del Reno che possono sprofondare e far cadere i cavalli e i legni nel fiume. Si vedono spesso spesso nel fiume piccole isolette vestite di alberi. La campagna all'intorno è amenissima con qualche collinetta coltivata a vigne. È d'avvertirsi che da Strasburgo fin qui la strada è sempre piana in poca distanza dal Reno, ed anche buona se n'eccettuiamo qualche parte arenosa, e quindi difficile a farsi speditamente.

La città di Magonza giace sulla sponda sinistra del Reno dirimpetto allo scarico che fa il Meno delle sue acque in questo fiume. Il circuito è piuttosto di grande estensione con all'intorno delle fortificazioni fatte nel secolo passato dai francesi. — Un ponte di barche unisce la città ad altro piccol luogo detto Cassel sull'opposta sponda del Reno, ed appartenente parimente all'elettore. Queste barche sono in una non grande distanza fra di loro fermate con ancore e legate insieme con catene di ferro, sostenendosi così scambievolmente contro l'impeto dell'acqua, che talvolta potrebbe portarne via qualcuna. Sopra queste barche poi è tirata una contignazione di grossi travi, che colle spalliere sui lati rendono sicuro e commodo il tragitto, anche quando fosse il fiume notabilmente cresciuto, alzandosi allora a proporzione ancora le barche. — Per passare il ponte in carrozza si pagano da sei carantani a testa. — La città di dentro non è molto amena, trovandosi per lo più strade strette, oblique e tortuose; alcune per altro sono ancora larghe e diritte. Gli edificii sono mediocri con parecchie abitazioni sul piede di palazzi possedute dalla nobiltà ch'è numerosa. Lungo la sponda del fiume vi sono continui magazzini per riporvi gli effetti che si mandano o si tirano dall'Ollanda.

Qua si gode una vista assai graziosa per l'arsenale che vi è stato fabbricato con molta eleganza e magnificenza, e per la facciata assai ben intesa di un palazzo dell'ordine teutonico, e per l'altra di un nuovo braccio aggiunto di fresco al palazzo elettorale. — Tutto il resto di Magonza contiene fabbriche piuttosto antiche, se ne eccettuiamo la chiesa collegiata di san Pietro, costrutta di recente con molte sproporzioni ed improprietà, e la chiesa dei padri gesuiti che nulla ha di singolare. — Annesso al palazzo elettorale vi è un giardino pubblico senza statue, ma non inelegante. La chiesa cattedrale è assai grande, a tre navate, con porte solamente laterali e due altari nella sommità e nel fondo, oltre parecchi altri nei lati. — Il coro dei signori canonici ora si sta costruendo di nuovo, e tutta la chiesa ancorchè antica è stata abbellita in gran parte sul gusto moderno.

All'intorno si vedono varii monumenti di marmo degli elettori defunti, ma il più elegante e maestoso è quello di un prevosto del secolo passato, che eletto vescovo di Eichstett, costantemente ricusò di accettare tale dignità. — Due pulpiti si vedono nella navata di mezzo; uno di rimpetto all'altro, dove fanno le loro prediche i gesuiti e cappuccini in diverse ore delle domeniche. Uno è ornato intorno con elegantissimi bassi rilievi di marmo rappresentanti le sette opere della misericordia. — Queste certamente sono le migliori scolture della chiesa. Annessi alla cattedrale vi sono varii chiostri di gusto gotico con parecchi monumenti antichi ricoperti per altro di polvere. Contiguo poi vi è altra chiesa, ora collegiata detta di santa Maria, sul medesimo gusto gotico, la quale ci fu detto essere stata anticamente destinata per il battisterio.

Contiguo alla città sulla sponda parimente del Reno vi è una casa di delizia dell'elettore detta *Favorita*, ove egli suole passare parte dell'estate. La situazione è amenissima per corrispondere appunto allo sbocco del Meno nel Reno. — La fabbrica è assai piccola e capace di alloggiare pochissima famiglia. Vago bensì è il giardino annesso, che hà varie degradazioni. Nella sommità vi sono fabbricate diverse abitazioni destinate ad alloggiare i principali ministri dell'elettore in tempo di villeggiatura. — È abbellito il giardino di parecchie vaghe fontane assai ricche di acqua, come ancora di non poche statue di marmo. — Confina il giardino con un monastero di certosini, il quale gode la stessa amenissima situazione. La fabbrica construtta di nuovo è molto elegante e commoda ai religiosi, che vi sono in numero di circa venticinque o trenta. — Il coro è bellissimo per la minuta e vaga incrostatura e intarsiatura di varie specie di legnami, essendo costato ogni stallo cento zecchini, per quanto fu detto.

Hanno una biblioteca che meriterebbe di essere con diligenza osservata per seicento codici manoscritti che vi sono. — Quelli che osservammo erano in gran parte cartacei, e di età tra il secolo XIII e XV. Ecco quali libri notammo nel breve spazio che avemmo per osservarla.

Nel codice 84 del secolo XIII o XIV si contiene un commentario sul decreto di *Graziano*, *Iohis de Magoan Yspani Aragon. origine*. Il codice 133 del secolo XIV contiene un trattato morale *De vita cardi-*

nalium. Dice l'autore nella prefazione di avere scritto l'opera per insinuazione *Petri Prenestin. episcopi vicecancellarii*, ed accenna di essere vescovo *Culmens. D.* ed è notato ancora nel codice da altra mano esserne autore *Giovanni episcopus Hildesemensis*. Nel codice 151 del secolo XIV si contiene la storia o descrizione di Terra Santa sino al secolo XII. La quale comincia: *Orientalis Ecclesia ab origine sua*.

Il codice 165 del secolo XII porta un sagramentale *divini officii*: è composto di cinquantasei capitoli, ed incomincia: *Presbiter cum se parat ad missam iuxta romanam consuetudinem decantet psalmos: Quam dilecta* ecc. Viene in appresso la spiegazione e i riti dei divini officii di tutto l'anno. — Altro codice segnato 209 contiene: *Summa clavium edita per magistrum Iohannem de Wetflavia sub anno 1418 completa in oppido Werthey feria quinta proxima ante Trinitatem fabricata ad preces nobilis iuvenis, et Domini Iohannis filii insig. comitis, et famosi militis Iohannis comitis senioris*. — Altro codice cartaceo in foglio contiene un trattato: *F. Iordani Ordin. Eremitarum s. Augustini de sacrificio missae, et oratione dominicali*.

Nella chiesa cattedrale vedemmo altra biblioteca del capitolo anche più copiosa, e certamente assai più rispettabile per i libri, sì stampati che manoscritti. Fra i stampati vi è ancora il decreto di *Graziano* del 1472. E il noto libro detto *Catholicon* del 1460. — Fra i manoscritti notammo un *Excerpta ex moralibus s. Gregorii* fatto da *Adalberto Levita*, e diretto ad *Hermannum presbyterum*. Il codice è del secolo XII.

Altro codice cartaceo scritto in Magonza nell'anno 1452 contiene: *Sophilogium F. Iacobi Magni Ordines Eremitarum s. Augustini ad Mich. episcopum Antisiodor. confessarium regis francorum*.

Mancò l'ozio e la commodità per osservare il resto della biblioteca con diligenza. Non può dubitarsi però, che qua non si contengano codici di maggiore antichità, e forse di molta importanza. — Alcuni ne vedemmo alla sfuggita di carattere del secolo XI, X ed anche IX, ma niuno ci parse più antico di quello che contiene le lettere di san Bonifazio arcivescovo di Magonza, colle altre dei papi a lui dirette, e sembra del IX o X secolo: ci fu detto dal bibliotecario che era stato già collazionato e trovato uniforme nella sostanza, benchè non già nell'ordine delle lettere allo stampato dal *Serrario*, onde non ci dammo gran pena ad esaminarlo.

I padri agostiniani hanno in questa città un convento piuttosto grande con chiesa meschina. La biblioteca è piccola e provveduta di assai pochi *corpi* moderni. — Un solo manoscritto tedesco si conserva del secolo XIV, che contiene la vita degli arcivescovi sino a *Sebastiano* dell'anno 1555, ed in fine si legge una descrizione latina della diocesi di Magonza. — Altri manoscritti osservammo nel tesoro della metropolitana ad uso del coro: sono in grandissimo numero, ma quasi tutti del secolo XIV o XV; alcuni pochi più antichi non si ebbe campo di esaminarli: uno bensì che è il più rimarcabile contiene infine: *Ordinarium divini officii scriptum a cantore principalis ecclesiae Mogunt. vicario anno 1164, indictione XII.* — Il codice, che è di carattere del mesimo secolo, contiene sul principio la descrizione di una solennità che si fa ancora in Magonza nella settimana santa contro gli usurpatori dei beni della chiesa magontina coll'esposizione di un crocefisso e della nota dei nemici della chiesa medesima, e credo sia desunto da questo istesso codice.

In Magonza non conoscemmo persone rinomate per conto di letteratura, e quantunque vi sia una università e copiosa quantità di ecclesiastici, tanto secolari che regolari, pure poco o nulla vi fioriscono le scienze. Le letture dell'università si conferiscono dall'elettore e in gran parte sono occupate dai padri gesuiti. Negli anni passati il professore di gius canonico *Oria* pubblicò un piccolo trattato *De fontibus iuris canonici*, il quale non solo non riscosse l'approvazione di Roma, ma allarmò la curia ecclesiastica di Magonza, per i principii avanzàtivi lesivi dei diritti canonici e della giurisdizione ecclesiastica. Fu quindi obbligato a solennemente ritrattarsi e a fare di nuovo professione di fede, con essere ancora stato obbligato a lasciare la lettura di gius canonico e a contentarsi solamente di quella di gius civile e di storia.

Questo autore ha fatto i suoi studii in università acattoliche, come succede ora comunemente in Germania. Nelle università acattoliche si trovano sempre professori dottissimi per i grossi stipendii che sono loro assegnati. Per lo contrario nelle università cattoliche lo stipendio è tenuissimo, e quindi i professori sono ordinariamente assai mediocri, e la religione ne risente un danno notabilissimo. — Il padre maestro *Alessandro Sambaber* agostiniano, lettore ordinario di sacri canoni, ha stampato una dissertazione contro quella di *Oria* col titolo............. Altra ne stampò *De iudice causarum matrimonialium*. Sembra persona di studio e di buon criterio.

Sentimmo in Magonza che un tal *Würth-Wein*, ora divenuto decano della collegiata di santa Maria, travaglia attualmente sulla storia della chiesa metropolitana, e credo specialmente sui concilii, meditando di dar fuori qualche cosa contro il padre *Hartzem* di Colonia, che ha già dati alla luce più tomi dei concilii di Germania, di cui non sono soddisfatti i magontini. — La città di Magonza appartiene pienamente all'elettore; si fa conto che sia numerosa di sessanta in settanta mila anime. La religione è affatto cattolica; vi sono bensì degli ebrei, ma non degli eretici. — Il capitolo della metropolitana è composto di ventiquattro canonici e eleggono il proprio arcivescovo ed elettore insieme.

È singolare la buona armonia che passa fra l'odierno elettore e il suo capitolo. Quest'ultimo ama nelle elezioni di non escire dal proprio gremio. Essendo già ben avanzato in età l'elettore presente si congettura che il gran prevosto *Conte di Oltz* o più probabilmente il gran decano *Barone di Breidbach* detto *du Burresheim* sia per superare in una nuova elezione. — Questo gran decano sembra persona di molta saviezza e di riflessione. Il barone *Shütz di Holzhausen* è parimenti canonico della metropolitana e delle chiese equestrali di Bruchsalls e di sant'Albano; è persona di ottimo cuore. — La residenza dei canonici è di cento ottanta quattro giorni, e credono di avere obbligo d'intervenire ad una sola delle quattro officiature per soddisfare alla residenza. Il mattutino suole recitarsi alle cinque ore.

Ordinariamente i canonici sono primogeniti, i quali vengono assunti a tali dignità in età assai tenera per giungere assai per tempo agli officii e prebende più pingui, che se taluno giunto agli anni della discrezione vuole mutar stato, allora rinuncia al beneficio a favore di qualche suo fratello o congiunto; onde accade spessissimo che si trovano giovani in abito affatto secolare, ed anche addetti al servigio di qualche principe in grado di paggi o d'altro, i quali già sono canonici di una o più chiese. — In Magonza i canonici si considerano come principi elettorali, e il gran decano che ha grande giurisdizione si intitola negli atti pubblici *Nos Dei gratia etc.* — Nella chiesa collegiale di santa Maria vi è l'abuso nella messa solenne che il celebrante intuona solamente il prefazio e il Pater noster rispondendo subito il coro Sanctus, ed il celebrante è obbligato a recitare sottovoce il rimanente.

Appresso del capitolo si conserva un tesoro ricchissimo specialmente di perle delle quali sono affatto ricoperti molti paramenti sacri ed un grande baldacchino. Il tutto fu lasciato dal cardinale *Alberto* di Brandemburgo elettore di Magonza. Si suppone che molte altre cose egli lasciasse perdute in occasione della guerra de' svevi, che saccheggiarono tutti questi paesi. — Quello che è deplorabile per la letteratura si è, che si smarrirono anche le biblioteche e gli archivii, e che alcuni bastimenti carichi di preziosi monumenti naufragarono nel Baltico. — I padri certosini però di Magonza hanno avuta la sorte di ricuperare dalla Svezia due quadri (che credono di *Alberto Duro*) già a loro appartenenti.

Ritornando al tesoro del cardinale *Alberto*, supponesi che egli qua portasse in tempo delle turbolenze della religione anche i tesori delle altre chiese, delle quali era vescovo, e in specie quelle di Halberstat; onde è che il re di Prussia, per quanto dicesi, abbia delle pretensioni sul detto tesoro. — Poche però sono le gioie che vi si conservano, ma tutto consiste, come si è detto, in una prodigiosa quantità di perle che arricchiscono i sacri arredi. Vi sono in oltre alcuni reliquiarii con camei e intagli.

Il detto cardinale fu un uomo di gran mente, e le sue ordinazioni servono in gran parte di base per il governo sì civile che ecclesiastico. Si dice che egli fosse molto prossimo ad abbracciare la riforma di Lutero, ma che sia stato sempre trattenuto dalla favorita che egli aveva, e che amò a segno di averne fatto dipingere il ritratto in molti quadri anche di chiesa; e suppongono essere tutti quegli che da una parte rappresentano un santo vescovo e dall'altra una santa Maria Maddalena. — A proposito della indisciplinatezza del clero di quel secolo e dei precedenti, raccontasi che nella provvista di certa chiesa in Franconia, fra gli altri requisiti che si adducevano per uno dei concorrenti uno ve n'era così espresso: *Scit bene legere et cantare, habet unam tantum concubinam, quae potest ire et redire, caeterum est vir bonus et honestus.*

Seppi dall'elettore, che egli ha un prete suo diocesano in qualità di cappellano del Langravio presente di Hassia-Cassel, ora dimorante in Copenaghen, e che da esso di tempo in tempo riceve ottime relazioni della perseveranza di questo principe nella religione cattolica. — Primo ministro dell'elettore è stato fin ora il *Conte di Stadion*, al quale niuno niega l'elogio di essere il più gran politico della Germania, ma bensì se gli contrasta quello di pio e religioso cattolico. Al presente disgustato della corte, si è ritirato nei suoi feudi in Svevia, ritenendo però anche il titolo di primo ministro dell'elettore.

Ora tutti gli affari politici si sbrigano coll'intelligenza dell'elettore e di alcuni pochi consiglieri dal signor............ gran cancelliere; egli è uomo savio, ma aderente in tutto alla corte di Vienna, della quale era consigliere intimo prima ancora che ottenesse questo grado di gran cancelliere. — Noto questo, perchè tutti i gran cancellieri dell'elettore quando vengono assunti sono anche dichiarati consiglieri intimi di sua maestà cesarea. — Gran maresciallo della corte è il signor *Conte di Oltz*.

L'elettore suole fare la sua residenza in tempo di estate, o alla Favorita o a Aschiafenburgo, dieci ore di là da Francfort, dove ha un magnifico palazzo con gran commodo di caccie.

Questa curia non è delle più dipendenti della santa sede. Sta ferma nella pretensione di non riconoscere veruna giurisdizione in verun nunzio apostolico, e di non soggiacere che alle appellazioni che si interpongono direttamente a Roma; onde continue querele vi sono fra questo tribunale e quello del nunzio apostolico in Colonia. — Dicono ancora, per quanto intesi da alcuni cortigiani, che l'elettore non è obbligato a riconoscere altro nunzio fuori di quello all'imperatore. — L'elettore ha per confessore un domenicano, che aveva anche quando era canonico, e che non si mischia nel governo.

Monsignore fu trattenuto dall'elettore a due pubblici pranzi alla Favorita, uno dei quali fu espressamente fatto in grazia della sua venuta. Fu fatto servire dai servitori della corte e di carrozza nobilissima, che suole mandarsi agli ambasciatori. Il corpo intiero dei soldati dell'elettore gli presentavano le armi.

In Magonza risiede un inviato del re di Francia, che ora è monsieur *Kempfer*, persona di fortuna e di molte cognizioni; risiede ancora il *Conte di Pergen* già destinato dall'imperatore plenipotenziario al congresso di Augusta. — Il signor *Barone di Brabeck* canonico di Halberstat, e Ildesheim trovandosi ora in Magonza usò molte attenzioni a monsignore. È giovane molto proprio; disse che per incominciare la residenza in Halberstat deve portarsi ciascun canonico per quattro intere settimane a dormire nella chiesa cattedrale senza compagnia di alcuno in un casotto di legno costrutto a questo effetto dentro la chiesa, e dove sono introdotti dagli altri canonici non so con quali solennità. — Essendo nella maggior parte composto il capitolo di canonici eretici, i cattolici devono celebrare la messa in tempo di residenza in alcune cappelle della chiesa.

Il re di Prussia da cui fu già secolarizzata questa chiesa, suole far torto ai canonici cattolici ogni volta che vaca un canonicato pingue, in cui debbono a titolo di anzianità subentrare, conferendolo agli acattolici, con manifesta lesione delle ragioni dei cattolici. — Il sig. *Pietro Tossetti* mercante in Magonza usò mille attenzioni a monsignore e lo servì puntualmente per tutti gli indirizzi. — Questa famiglia è oriunda d'Italia del lago di Como, d'onde ordinariamente sono esciti tutti gli italiani che abbiamo fin ora ritrovati stabiliti in Germania, e che ordinariamente hanno negozio di pizzicheria, e che esigono molto maggior considerazione di quelli d'Italia.

In Magonza devono sbarcarsi tutte le merci che passano pel Reno, venendo o andando in Ollanda, e questo è un antico diritto che rende moltissimo. — Ogni cento quintali, che si sbarca vi è la tassa di un carantano e di due nel caricarlo. In tempo di fiera il dazio è doppio, e questa precede quella di Francfort del settembre. — Per sbarcare e imbarcare le merci si vagliono di varie macchine ad uso di cassotti lungo il fiume. Nella sommità il coperchio acuminato gira intorno per mezzo di due gran rote inferiori mosse dal peso di due uomini, che vi entrano dentro. Nella sommità del coperchio si alza un trave che sporge in fuori, e da cui discende una catena o canapo sino alla barca. I colli si raccomandano a questa catena o canapo, e poi si levano in aria col benefizio delle medesime rote, che sono capaci di differenti movimenti. Uno è verticale o sia orizzontale, e serve per raggruppare il canapo che viene applicato al collo di merci, e quindi per alzare questo in aria; altro è tutto contrario per allentare il medesimo canapo acciò possa nuovamente caricarsi; l'altro moto è in circonferenza girando le ruote all'intorno del diametro; e con questo moto il collo di merci dalla barca va a portarsi in terra, o sul carro medesimo che deve levarlo.

Credo che gli uomini destinati per far girare le ruote di queste macchine siano mantenuti dal pubblico, e che il mercante non debba pensare a nulla, oltre il dazio riferito. Di queste macchine ve n'è una quantità in Magonza e negli altri luoghi sul Reno e sul Meno.

A dì 6 settembre si partì da Magonza alle ore otto della mattina, e a un'ora della sera con cavalli di vettura si giunse in Francfort, che è due sole poste distante dalla città di Magonza. — Si passa il Reno in questa città, e alla destra del Meno si giugne a Francfort; godendo sempre una vastissima pianura da ambedue le sponde del fiume, s'incontrano più villaggi murati, fra i quali Hattersheim, e indi Hoechst; ambedue sono dell'elettore di Magonza. In quest'ultimo luogo si lavora porcellana assai bella, e migliore di molto di quella di Frankenthal. Fummo a vederla, e vi osservammo dei pezzi molto fini e bizzarri. — Sono da circa venti anni che è stata introdotta, e va a conto dell'elettore. Quello che rilevai intorno all'arte di lavorarla fu notato dove parlossi di Frankentthal, cioè alla pagina 158.

In Francfort essendosi trovati occupati tutti gli alberghi, si prese alloggio presso i padri domenicani. È questa città imperiale, dove fassi l'elezione dell'imperatore. Giace contiguo al Meno che si passa sopra un magnifico ponte di pietra, il quale unisce alla città un borgo detto Saxenhausen, dove l'ordine teutonico ha un palazzo assai considerabile. — Vi sono in Franchfort alcune strade larghe, e si incontrano edificii non ordinarii, essendo però questi nella maggiore parte di legno e quindi dipinti per coprire la deformità, che produrrebbe la vista di un miscuglio di legname e di sassi. L'aspetto esteriore riesce caricato e ridicolo all'occhio di un italiano. — Un'altra deformità si trova negli edificii di Francfort, ed è che moltissimi pigliano gradatamente una maggiore larghezza nella sommità, il che per altro è un effetto della numerosa popolazione.

È graziosa a vedersi la piazza, dove è il palazzo pubblico, ad una finestra del quale pranza l'imperatore nuovamente eletto.

Qua convengono ancora gli elettori per formare la capitolazione cesarea da giurarsi dal nuovo imperatore. Si mostra in Francfort la bolla d'oro di Carlo IV colla ricognizione di un ungaro a chi la tiene in custodia; prezzo in vero un po' esorbitante per chi ha continuamente per le mani bolle pontificie e antichi diplomi imperiali di ogni sorta. — La chiesa di san Bartolomeo, dove si fa l'elezione è in forma di croce greca sul gusto antico. È chiesa collegiale, in cui nulla trovasi di singolare, fuori della polvere, che si dice essere ivi più antica di Lutero. — L'elezione precisamente si fa in una piccola camera *a cornu epistolae*, dove ancora prestasi dall'eletto il giuramento per l'osservanza della capitolazione. — Il decano di questa collegiata è il canonico *Ixstein*, che ha stampato un catechismo ed alcuni altri libri di controversia in tedesco. In occasione delle elezioni egli ha prestato di buon cuore l'opera sua ai nunzii apostolici.

In Francfort vi ha una biblioteca con qualche codice, che non vedemmo.

I luterani, per portare i cadaveri alla sepoltura, fanno raunare alla casa del defunto una quantità di scolari con ferraiolo nero, i quali per lungo spazio di tempo cantano ad alta voce in tedesco, non so, se preci, o qual altra cosa. — Indi levano il cadavere coperto in una carrozza, e con parecchie altre di seguito tutte ornate a lutto, nelle quali vanno i congiunti del defunto. — Tengono una croce presso al cadavere; fatto che sia il sotterramento, se ne ritornano alla casa del defunto, dove il ministro fa un'orazione in di lui lode, e così finisce la funzione. — In Strasbourg ancora vidi un simile accompagnamento di carrozze a lutto, e le donne erano separate dagli uomini.

A Francfort dovevasi conoscere M.r *l'abbé Granz*, che dimora presso i cappuccini per indirizzo dataci dall'abbate *Lovis* di Strasbourg, ma mancò il tempo per andarlo a trovare. — Trovammo le strade di Francfort assai fangose ed incommode. Ci fu detto che la comunità spenda quindici mila fiorini ogni anno per mantenerle.

La città è imperiale, onde si governa da sè; ogni anno sogliono i legati di Norimberga, e non so se ancora quelli di Wormans, portarsi a Francfort per vedere la nota dei processi fattisi in tutto il corso dell'anno, il che viene mostrato con molta solennità; ed i legati di Norimberga danno in regalo un calice di legno pieno di pepe con un paio di guanti. — La città conterà da settanta mila anime; ventiquattro mila sono ebrei, sei mila in circa sono cattolici, il rimanente consiste in calvinisti e luterani. Questi ultimi solamente hanno in mano il governo della città. I calvinisti, ebrei e cattolici ne sono affatto esclusi. — Per divenire borghese (qualità di gran considerazione per non dover soggiacere a molti aggravii) basta a prendere in moglie la figlia di un borghese.

I cattolici hanno una sola parrocchia, ed esercitano pubblicamente la religione. Vi sono tre conventi di religiosi, oltre un monastero di monache e sono domenicani, carmelitani-calzati, scalzi, e cappuccini. — Questi ultimi furono una volta cacciati dalla città, ma nell'anno 1732 in circa furono restituiti al possesso del loro convento e chiesa per decreto imperiale. Rarissime sono le conversioni dei cittadini, ma solamente ne sieguono di persone povere.

La città è divisa in quattordici quartieri. Fiorisce per conto del commercio, approfittandosi del vantaggio della situazione. Due fiere si fanno annualmente, le quali sono anche più importanti di quelle di Lipsia; una si tiene a Pasqua, l'altra si apre gli 8 di settembre e dura sino a san Michele. — In quest'anno però dissero che mancava una buona parte del solito concorso, a motivo delle vicine armate francesi e annoveriane. — Per altro noi ritrovammo una prodigiosa quantità di forastieri, mercanti, ed ufficiali francesi. Da per tutto trovammo merci di ogni sorta, ma non vedemmo gran brio ed eleganza nei fondaci sì dei paesani, che dei forastieri.

Per la sicurezza dell'accesso e della partenza dei mercanti sono distribuite sulle strade maestre dei soldati di guardia in distanza fra di loro circa mezz'ora. — I soldati sono mantenuti dai padroni dei territorii, ed ogni mercante nel mutar territorio deve pagare una somma di denaro a proporzione del numero delle persone, o delle bestie che conduce, non badandosi alle merci. Due persone per esempio con tre cavalli di posta, pagano sei bazzi, o siano ventiquattro carantani; quindici bazzi o siano sessanta carantani, compongono un fiorino, e per cinque fiorini al presente in Svevia si valuta l'ungaro d'oro, benchè in altri paesi di Germania vaglia meno. — Per undici fiorini poi si valuta il luigi di Francia, che in Roma vale paoli quaranta quattro. Chiunque non è mercante, nulla è obbligato di pagare.

Le guardie incominciano in varii siti, come per esempio in Augusta, Norimberga, Treviri, Colonia ecc. Dalla prima guardia che si trova si deve prendere un bollettino, che si mostra alle guardie seguenti mutandosi in ogni nuovo dominio. — Il paese così munito di soldati si chiama *Gelait*: che se un mercante entrato nel Gelait senza pagare viene fermato dai soldati, può esser trattato a discrezione. Al contrario, se dopo aver preso il Gelait viene danneggiato dagli assassini, senza che i soldati siansi curati di difenderlo, il padrone del territorio deve indennizzarlo. — Questa è la situazione del Gelait, come mi fu spiegato da un mercante; intesi però da altri, che presentemente sia questo divenuto piuttosto un titolo per smunger denaro, che una vera difesa dei mercanti.

Da Heidelberga a Francfort si paga sei volte. — La fiera rende alla città, per quanto mi fu detto da un mercante, novanta mila talleri. Il tallero è di un fiorino e mezzo. L'accesso e l'escita delle merci non è libera, ma soggetta a dazio. È ben vero, che le merci per terra transitate pagano la metà di quelle portate per acqua a riflesso delle maggiori spese che occorrono per le prime. — La libertà della fiera consiste principalmente nella permissione che si concede a tutti i forastieri di aprire bottega. Ci fu detto che una sola fiera vi si tenesse tempo fa; l'altra apparteneva a Fridberg; ma questa città ha venduto il suo diritto a Francfort.

Il signor *Pietro Brentano* quondam di *Domenico* ricco mercante di pizzicheria diede a monsignore i necessarii indirizzi, e usogli molte attenzioni. Una di lui figlia è maritata nei *Vannotti* di Uberlinga. — La famiglia viene dal lago di Como, ed è congiunta col general *Brentano* e con altri Brentani dimoranti in altre città di Germania.

In Francfort vi sono parecchi mercanti di libri; il più rispettabile è M.r *Varrentrapp* acattolico, ma esatto nei prezzi. Non ricerca giammai più di quello che onninamente vuole. Ha una biblioteca provveduta di tutto. Tiene un *Catholicon* del 1460 stampato in cartapecora, mancante del principio e di una pagina nel fine.

A dì 9 settembre si partì da Francfort, e per la medesima strada si ritornò in Magonza: può scendersi ancora per acqua, ma impiegasi quel medesimo, se non un più lungo tempo, che venendo per terra. — Alloggiammo come nel primo arrivo all'albergo del *Re d'Inghilterra*, dove si riceve buon trattamento, e non a prezzo esorbitante.

A dì 10 si partì da Magonza verso Colonia imbarcandosi in legno assai nobile con tre piccole stanze per dormire; vi era unita un'altra barca ordinaria, ma di maggior grandezza, in cui fu posta la carrozza, e dimoravano alcuni passeggeri. — Il prezzo convenuto sino a Bona fu di novanta fiorini imperiali con aver dovuto il barcarolo attendere la nostra partenza quattro giorni in Magonza e con patto di arrestarsi due altri giorni a Coblentza a nostro piacimento, pure essendo una barca di ritorno, credo che il prezzo accordato sia stato troppo alto.

In barca convien portare le provvisioni per il vitto durante il viaggio. Somministra poi il barcarolo tutti gli arnesi necessarii per la cucina e per la tavola. — Quantunque si discenda a seconda dell'acqua, pure essendo vento contrario, convenne sempre far viaggio a forza di remi.

Da Magonza si partì circa le tre della sera, e circa le dieci ci arrestammo a Bingen, città dell[a provincia Renana, vicino a Bonna] dove comodamente passammo la notte senza prender terra. — M.r *Mayera* mercante italiano fu di buona ora a far visita a monsignore presentandogli del buon vino della Mosella.

A dì 11 settembre di buon mattino si continuò la navigazione con vento meno contrario, e primieramente ci arrestammo a Coup, luogo dell'elettore palatino, dove convien pagare non so qual somma per il passaggio, come pure a Bingen, e negli altri luoghi che si accenneranno più a basso; il che però è a carico del barcarolo. — In faccia di Coup vi è un piccol forte in mezzo al Reno che servirà per impedire, quando si voglia, la navigazione. Indi ci arrestammo a Reinfeltz luogo di Hassia Cassel, a Pupper dell'elettore di Treviri, a Langstheim dell'elettore di Magonza, e finalmente circa le sette ore della sera giungemmo a Coblentz. — Il corso fin qui del Reno è quasi sempre in mezzo a monti piuttosto aspri, ma mediocremente alti che fanno ala al suo letto, spessissimo s'incontrano dei villaggi, e dei piccoli forti che rendono all'occhio grandissima soddisfazione, quantunque presso che tutte le fortificazioni sulle cime dei monti appariscono inabitate e quasi del tutto smantellate.

Coblentz è situato in una gran pianura sulla punta di terra dalla parte di Magonza, che fa angolo, dove la Mosella scarica le copiose sue acque nel Reno: onde vi sono in questa città due specie di porti. — Dalla parte della Mosella vi è un bellissimo ponte di più archi di pietra per passare dalla città alla opposta sponda del fiume. Dalla parte però del Reno convien valersi di un ponte volante composto di due grandi barche unite, ed accomodate con qualche eleganza, non pagandosi più di un carantano per persona. — Vi è ancora un ponte su di piccole barchette costrutto dai francesi, che al finir della guerra credo si distruggerà.

La città di Coblentz non sembra molto grande, ma contiene qualche buona fabbrica, una assai bella e grande piazza con alberi all'intorno per maggior commodo e vaghezza del passeggio, i quali non restano giammai spogliati delle loro foglie come in tutti gli altri alberi di Germania piantati sulle piazze e sui passeggi.

La corte dell'elettore è all'opposta riva del Reno alle radici di un ripido ed alto monte, munito di un forte sulla sommità, il quale per varie strade di comunicazione si unisce colla residenza dell'elettore, che resta a basso. — Questo palazzo corrisponde direttamente colla sua facciata alla imboccatura della Mosella nel Reno; onde non può essere più delizioso il suo prospetto. — La struttura però è piuttosto antica e grossolana. — Un solo appartamento merita di esser veduto non per altro, che per l'ottimo gusto, con cui è adornato. È questo il medesimo appartamento dell'elettore. Contiguo alla corte vedesi una assai buona fabbrica recente destinata per i tribunali dell'elettore, e un giardino ben delizioso, ma piccolo per l'angustia del sito.

Continuano poi risalendo il Reno delle mediocri abitazioni che formano un'altra piccola città divisa dal solo corso del fiume da Coblentz, la quale si chiama [Ehrenbreitenstein] e dove vi ha ancora un convento di cappuccini. La popolazione in tutto forse ascenderà a trenta mila anime. — L'elettore erasi per pochi giorni portato alla caccia in sei ore di distanza da Coblentz; onde la seguente mattina dei 12 dopo di avere veduto il palazzo elettorale, continuammo la navigazione.

Presso di Coblentz vedemmo una flotta di legnami del signor *Salvatore*, mercante italiano ivi stabilito, sopra della quale pensava fra pochi giorni passare in Ollanda. — Consiste questa in una forte contignazione di più strati di grossi e lunghi travi, con altri legnami di minor mole al di sopra la quale è della lunghezza di un gran palazzo, e di una non mediocre larghezza. — Nel mezzo vi è alzato un gran casotto di tavole, con varie camere destinate per dormire, cucinare, e per tenere al coperto le provisioni. — Tutta questa amplissima macchina viene portata sino in Olanda dal naturale corso del fiume colla destrezza dell'arte nautica. In Olanda viene disfatta, ed il legname venduto. — Suole andare con tale velocità ed impeto, che convien mandare avviso avanti, perchè non incontri impedimento di barche, o ponti, che sarebbero dalla forza della flotta rovesciati, come talvolta per mancanza di precauzione succede. Sulla flotta si trovano più centinaia di persone necessarie per condurla, oltre qualche passeggiero.

Da Coblentz venendo a Bona ci arrestammo ad Armesteim per motivo di dazio. Questo luogo appartiene all'elettore di Treviri. Circa le ore nove della sera giungemmo a Bona dopo un viaggio piacevolissimo, specialmente da Coblentz, dove il corso del Reno passa in mezzo a deliziose pianure, ed ha le sponde abbellite di frequenti villaggi.

Da Bona, residenza ordinaria dell'elettore di Colonia, non si potè partire per Colonia prima dei 14 per mancanza di cavalli di posta. — Resta incommodo e lungo il viaggio da Bona a Colonia per acqua; onde ordinariamente si fa per terra, non essendovi più di una posta e mezza di distanza, vale a dire sei ore di strada ordinaria. — Si passa per una amenissima pianura coltivata con molta industria e vaghezza, e circondata in lontananza da parecchie deliziose collinette. — La strada è da ambedue i lati vestita di alberi ad uso di passeggio di giardino, toltone un piccolo tratto a mezzo cammino, dove vi sono alcuni villaggi dell'elettore palatino.

In Colonia si smontò direttamente in nunziatura da monsignore *Lucini*. Colonia è città situata sulla sponda del Reno dalla parte della Francia, ed ha una estensione amplissima, sì in larghezza che in lunghezza. — Il passaggio di tutte le merci, che pel Reno si levano, o si mandano dall'Ollanda, pone il suo porto in un piede rispettabilissimo, e rende commerciante e viva la città. — Il fabbricato non è elegante, e immondissime sono le strade.

La metropolitana è uno de'vasti edificii di gusto gotico, ma non compito in tutte le sue parti. È composto di cinque navate con torre all'ingresso di mole straordinaria, e non ridotta a termine. Tutto l'edificio è di pura pietra. — In questa chiesa si mostra un ricchissimo deposito, in cui si suppone giacere i corpi dei tre re magi. L'urna è di lamina di argento con parecchi rapporti e ornamenti, che si dicono di oro. Intorno intorno vi è una quantità prodigiosa di bellissimi camei antichi, che meriterebbero di essere illustrati; diligenza da usarsi ancora rispetto ad altri camei, che si trovano nei tesori di tutti i monasteri e delle chiese principali di Germania; i quali non possono essere che poco o nulla conosciuti dai nostri antiquari.

In quest'urna al ritratto di un vescovo, si legge questa iscrizione *Regum translator Reinaldus episcopus archi*. — Secondo il *Mörkens* nel suo conato cronologico agli arcivescovi di Colonia stampato dalla Krakamp in quarto in Colonia 1745, Rainaldo fu fatto vescovo nel 1159 e morì nel 1167. — In una imagine con croce appesa si legge *Ioh. Napeleus episcopus Cirenensis*; non mi sovviene, se questa ancora sia unita all'urna dei re magi, o se si conservi nel tesoro della metropolitana che parimente vedemmo.

I gesuiti hanno in Colonia un collegio di circa ottanta religiosi. La chiesa a tre navate fu fatta nel secolo passato cogli archi acuminati, e di un gusto corrispondente in parte al gotico. — Ora si va formando da questi padri una raccolta di cose naturali e di stampe. È celebre fra questi gesuiti il padre *Hartzheim* per le molte cose date alle stampe, e specialmente per la raccolta dei concilii di Germania, di cui ha già pubblicato più tomi in foglio. — Quanto è sorprendente l'erudizione di questo instancabile religioso, e la cognizione delle lingue, altrettanto si conosce mancante affatto di metodo e maturità nelle cose sue. — La fecondità della sua mente pare che non possa lungamente pascersi di una materia, ma ne cerca molte in un tempo medesimo, nè può avere sempre la felicità di non confondere un'idea coll'altra.

Conoscemmo in Colonia M.r *Hillesheim* ora rettore magnifico della università, e professore di gius canonico, persona di età assai fresca, di costumi soavi e ingenui, e di moltissima applicazione. Ha fatto i suoi studii nell'università di Erbipoli, o sia Wirtzbourg sotto il famoso professore *Barthel* di gius canonico. — Coll'assidua conversazione di questo soggetto ebbi occasione di conoscere in lui un acume e giustatezza singolare di pensare, la quale unita alla seriissima applicazione lo rendono capace di degne imprese in materia di gius canonico, che possiede perfettamente con i necessarii presidii della storia ecclesiastica, e specialmente di Germania, e del gius pubblico di sua nazione. — Forse la prevenzione per la patria, e i principii succhiati dal suo maestro, lo rendono meno propenso per i diritti pontificii, che incontrano in quei paesi qualche ostacolo di fatto. Pure valutata quanto si deve la rettitudine delle sue intenzioni tengo ferma opinione, che gran buon uso potressimo noi fare dell'opera sua, non solo impiegandola contro gli acattolici, che tutto giorno per difetto di solida resistenza guadagnano impunemente terreno sopra di noi, con dare al gius pubblico di Germania quell'aspetto che loro torna meglio; ma di più potrebbe essere di gran presidio ai nunzii apostolici di Colonia per le notizie che ha del proprio paese, qualora questi avessero la destrezza di tenerselo amico.

Presso di monsignor *Lucini* nunzio trovammo, oltre al signor abbate *Sanzi* uditore e abbate *Pinzi* segretario, il signor abbate *Pietro Busch* abbreviatore e il signor abbate *Antonio Barralis* milanese cappellano.

La città di Colonia appartiene alla Westfalia; qua si radunano le diete di questo circolo. L'elettore ha qualche diritto sulla medesima, e molte pretensioni avrebbe secondo lo stato antico. Presentemente si considera come città imperiale e libera, quasi esente affatto dalla giurisdizione dell'elettore. Onde pretese già anche il magistrato, e senato di esigere dai nuovi nunzii le lettere patenti come appunto si praticarebbe con una città indipendente; al che fu rimediato con un mezzo termine, per non dare occasione di querela all'elettore.

La città conterà da circa sessanta mila anime. È tutta cattolica; quei pochi eretici che vi sono, hanno l'esercizio della religione fuori di Colonia in un piccol luogo, di cui non mi sovviene il nome.

L'armata francese, che si è trovata per lunghissimo tempo in queste parti; ha resa familiare la propria lingua in tutte le conversazioni, ed ha accresciuta la libertà del tratto, e disseminate massime detestabili su questo proposito. — Vi è in Colonia un monastero di canonichesse nobili, non strette a voti, nè a clausura le quali officiano la chiesa ad uso de' canonici. Se vogliono, possono ritornare nel secolo e maritarsi, toltane la superiora che deve far voto di castità.

In Colonia vi è una università, che per altro di presente non si distingue punto. L'unico professore, che potrebbe fare dello spicco sarebbe M.ʳ *Hillesheim*, che legge gius canonico; ma mancano affatto persone che sieno in stato di conoscerlo. Di questo professore si parlò di sopra.

Per conto di biblioteche una ne osservammo presso i padri gesuiti piuttosto copiosa con molti corpi di considerazione. Hanno un codice ebraico della scrittura scritto circa il 1286. Un evangeliario del secolo XI o XII con figure ad uso della chiesa Bremense: mostrano anche qualche altro codice, ma di minor rilevanza.

Parecchi codici trovammo presso di M.ʳ *Giacomotti* gazzettiere rinomato di questa città, amatore di cose rare di ogni genere. Per quanto potemmo rilevare appartenevano questi ai monaci di san Martino di questa città ch'ebbero l'abilità di vendere tutti i loro manoscritti a un prezzo vilissimo.

Uno di questi in pergamena contiene la collezione de' canoni di *Dionisio il Piccolo* con prefazione, o sia lettera diretta: *Domino Venerando mihi patri Stephano episcopo*. La lettera comincia così: *Quamvis carissimus frater noster Laurentius assidua, et familiari cohortatione parvitatem nostram etc.* Il carattere sembra del secolo IX.

Altro codice membranaceo in forma quadra del secolo IX, per quanto conghietturasi dalla forma del carattere, contiene la medesima collezione con parecchie alterazioni: dopo i canoni del concilio di Cartagine vi è questa nota: *Finiunt constitutiones synodi Carthaginensis episcoporum 244 qui scripti sunt de exemplaribus papae sancti Leonis*. Oltre alla versione dei canoni niceni di *Dionisio il Piccolo* vi sono inseriti ancora ventidue canoni del concilio medesimo, che si dicono scritti: *in urbe Roma de exemplaribus sancti episcopi Innocentii*. Da questi si rileverà la versione di cui valevasi la chiesa latina avanti *Dionisio*. In fine poi vi è la serie de' pontefici romani cogli anni del loro pontificato. È da notarsi, che il primo carattere arriva fino a *Gio. II,* e *Agapito*. La continuazione poi è di inchiostro diverso, sino a san Gregorio Magno, in cui finisce la serie, e a cui solamente sono lasciati in bianco gli anni del pontificato; argomento, che vivente detto pontefice fosse fatta la continuazione: di più vi è questa nota della prima mano in fine del catalogo: *Qui fiunt anni DVIII*. Il codice intiero non può dirsi del secolo VI o VII in verun conto. Il carattere del catalogo è maiuscolo, e potrebbe supporsi della medesima antichità potendo essere stato in appresso aggiunto al codice questo foglio: almeno non potrà ragionevolmente negarsi essere stato copiato il catalogo da altro composto, e continuato al più tardi sino al tempo di san Gregorio Magno, alla di cui antichità non so se monti alcuno de' molti cataloghi de' pontefici fin ora pubblicati. In fine del codice prima del catalogo si legge: *Sigibertus bindit libellum*. Il che denoterà il compratore, o legatore, o piuttosto il venditore del codice; nè so se dal trovarsi questa nota prima del catalogo surriferito si possa trarre un nuovo argomento per crederlo estraneo, e non appartenente in origine al codice medesimo.

Altro codice in forma non perfettamente quadra di carattere del secolo XII conserva il gazzettiere *Giacomotti*. Contiene una cronaca che che continua sino al 1175; è compilata da quella attribuita ad *Eusebio*, dall'altra di Beda. Incomincia il codice così: *Secunda pars Cron. Euseb. anni Tiberii Caesaris - Anno Dominicae* (sic) *quingentesimo 76; urbis vero conditae 1327. Tiberius Constantinus genere Trax.* (sic) *IV loco ab Augusto imperium accipiens coronatus est etc.* Dopo l'anno 726 si nota: *Huc usque Beda cronicam suam in maiori libello produxit;* poscia continua *anno 727: Gregorius PP. 91,* (sic) *sed. an. 8 decessitque quarto kal. dec. Hic augmentavit in canone, nec non illorum omnium quorum solt...... an. 728.*.

Descriptio actuum, vel morum Karoli Magni regis. Omnium bellorum, quae gessit primo aquitanicum a Patre inchoatum, sed non dum finitum, quod cito peragi posse videbatur, fratre adhuc vivo etc.; continua sino all'anno 919, in cui nota: *Hungarii per Alemanniam, et Alsaciam transeuntes, Lotaringiam invadunt etc.*

De origine Saxonum. Super origine gentis Saxonum varia opinio est: aliis aestimantibus de Danis Normannisque eos originem duxisse, aliis vero etc. an Dominicae incar. 920 Heinricus genero Saxo fuit creatus etc.

De expeditione Hierosolimitana. Igitur eodem anno, qui est annus X. Cuonradi tertii Rom. Aug. mota sunt omnia regna Occidentis, et accensa desiderio eundi in Ierusalem, et visitare Sepulchrum Domini ac dimicare contra gentes, qui ignorant Deum etc. - De Ulixibona capta. - Per idem tempus in Octava Paschae V. kal. maii movit etc. an. Domini 1175. Imp. nat. Domini in castris circa Alexandriam celebrat etc. qua necessitate Caesar impulsus per omne teutonicum regnum directis nuntiis novum exercitum adunari praecepit.

In altro codice del secolo XV si contiene: *Cosmodiomius Gobelini Persoen Decani Eccles. s. M. Bilveldensis Paderburensis, seu Paderbontanae dioecesis an. Domini 1423. in die Pantaleonis, et Innocentii martirum, et cet.* È una descrizione delle età del mondo, che comincia: *Finibus saeculorum, qui in Noe devenerunt mensis attentius signisque in sole, et luna etc.* In fine vi è aggiunto l'inno *Crux fidelis* tradotto in tedesco dal medesimo *Gobellino Persoen*.

La biblioteca del capitolo è ricca di buon numero di codici molto antichi, il di cui catalogo pubblicò non ha molto il padre *Hartzheim* gesuita con poca o niuna esattezza e precisione. L'ordine della biblioteca è estremamente confuso, e i codici sono tenuti colla maggior trascuraggine. Un codice segnato n. VIII, per quanto sembra del secolo IX, contiene in quattro colonnette quattro versioni del Salterio, che sono la gallicana, la romana, l'ebraica e la greca in caratteri però latini. In fine vi sono le litanie greche e latine, nelle quali si prega ancora *pro Lodovico rege et pro exercitu christianorum.* Si premettono al codice molti versi, dai quali pare che si possa rilevare essere stato un vescovo di Costanza abbate nel medesimo tempo del monastero di Augia l'autore di questa collazione. Eccone il principio:

Quos sibi Pontifices legit constantia dives,
Praesul, et Abba simul meritis electus opimis
Scriptores cauta varios indagine lustrat.
Hoc est Psalterium docte collegit in unum,
Pandens lectori studioso mente sagaci
Auctorum sensus vario sermone secretos.

Il codice segnato 137 contiene il *Sacramentario* di *san Gregorio*, in fine del quale si aggiungono: *alia quaedam, quibus sancta utitur Ecclesia, quae idem pater Gregorius pp. ab aliis iam edita esse inspiciens praetermisit.* È degna d'attenzione l'intiera prefazione, che viene dopo il sacramentario gregoriano.

Presso del rettore magnifico dell'università, canonico della collegiata di santa Maria, osservammo un diploma di *Enrico*, in cui condona alla chiesa di Colonia, al suo arcivescovo, e suoi successori: *Nonam pecuniae nostrae partem undecumque acquisitam*, e ciò: *ob interventum, ac petitionem fidelium nostrorum; videlicet Adalberti Hamaburgensis archiepiscopi Engelardi archiepiscopi Magdeburgen., Burchardi Halberstensis episcopi, et maxime ob iuge meritum, ac fidele servitium Colon. archiepiscopi Annonis etc. pro animarum avi nostri Conradi et genitoris nostri piae mem. Heinrici clarissimorum imperatorum etc.* Il diploma è segnato da *Federico* cancelliere: *vice Sigefridi archicancellarii*, e porta il *dat. II. id. iulii an. Dominicae incarn. 1063. Indict. I. anno autem ordinat. domni Heinrici IV regis VIII. regni vero VI. Actum Goslare in Dei nomine feliciter amen.* La bolla è di piombo colla solita epigrafe *Roma caput mundi.*

Una carta di *Annone* arcivescovo di Colonia, con cui concede varii beni alla chiesa della beata Vergine da lui edificata; *quam pius antecessor meus Herimannus si mors non praevenisset suis sumptibus disposuerat aedificandam.* Dall'enunciazione de' beni si ritraggono parecchie notizie non dispregevoli. La carta porta l'anno 1065, *ind. XIII. anno episcopatus d. Annonis XVIIII. Actum Coloniae IIII. kal. augusti.* Il sigillo è simile al sigillo imperiale rotondo, e di cera. Altra del 1084, *ind. VII. Henrico Caesare imperante Aug.*, è di *Sigewino* arcivescovo, in cui conferma il mancipio alla chiesa di *S. M. Libicham, filios, ac filias eius, omnemque posteritatem a progenie in progenies etc.*, coll'obbligo di pagare ciascun anno, *duos denarios, sive in cera, vel qualicumque pretio: post obitum vero masculini sexus vestis eius quaecumque pretiosior fuerit foeminei autem sexus tantum lineum indumentum, quod pretiosius possederit.* Liberando però questa famiglia *ab universo alio servitio omnique districtione etc.*

A dì 27 settembre 1762 si partì da Colonia di buon mattino per fare il giro delle provincie unite; si presero tre dei migliori posti nel carro di posta che parte il lunedì, e va direttamente sino a Nimega. — Il prezzo di questa vettura è assai discreto, non pagandosi più di cinque fiorini per persona con un bagaglio di cinquanta e più libbre. Il carro però non è molto commodo per essere alto, e fermato su di un lungo e forte legno, che è raccomandato alle due sale. — Questo carro è coperto da una tela cerata, ed è capace di sei, ed anche sette persone; nel fondo del carro si pongono bauli, valigie ed altre robe dei passeggieri o date in consegna al maestro di posta.

Si cammina giorno e notte, e si arriva a Nimega il martedì a sera. — Noi arrivammo a Cleves il martedì a mezzo giorno e di là con un altro carro simile di posta andammo ad Arnheim, dove si giunse alle ore nove di notte.

Da Colonia sino ad Arnheim la strada è sempre piana, ma per lo più arenosa; il Reno resta sempre in vicinanza. Si passò per diversi luoghi, di poca considerazione, però; il primo fu Dormgen indi a Nouce; questa è una città piccola in cui vi sono stabiliti i padri gesuiti, credo che appartenga all'elettore di Colonia, come pure Urdignen, altro piccolo luogo per cui passammo: indi si venne a Reinberg; e il martedì assai di buon ora ci trovammo a Sainten, città ora custodita da' francesi a nome della imperatrice regina, ma appartiene al ducato di Cleves del re di Prussia.

La città è qualche poco fortificata: vi è pubblico esercizio di religione cattolica, come di parecchie altre. I gesuiti hanno qui ancora non so quale stabilimento. Nelle fabbriche incomincia a trovarsi la polizia delle provincie unite. — Da Sainten sino a Cleves la strada è larghissima e abbellita di spalliere di alberi alla foggia di un passeggio di delizia.

Cleves è città piuttosto piccola in sito alquanto elevato: le strade non sembrano mal regolate, e le fabbriche ancorchè piccole, sono però tenute con somma polizia. — In Cleves ancora vi sono dei padri gesuiti: uno di loro che venne con noi nel carro di posta, disse che il re di Prussia avesse levato ai padri della Westfalia una volta trentamila, ed altra volta ottantamila imperiali.

Da Cleves sino ad Arnheim si pagò per tre persone quarantacinque soldi, vale a dire tre quarti di un fiorino. — Tre volte convenne passare il Reno in barca, due volte in vicinanza di Cleves, incontrandosi prima un piccolo braccio, e poscia il gran letto di questo reale fiume; mezz'ora prima di giugnere ad Arnheim si passa nuovamente. Credo che qui sia la fossa detta Drusiana, perchè si crede fatta da Druso.

Arnheim, città della bassa Gueldria, che forma una delle sette provincie unite, e capitale di quella parte di questa provincia detta Velau, non sembra di molta estensione, ma è elegante e polita, sì per conto delle strade, che degli edificii. Sono questi assai bassi, colle facciate del color naturale dei mattoni, e colle finestre e porte ornate semplicemente, ma con regola. — Un prete cattolico che fummo a trovare per saper l'ora precisa di ascoltar messa, disse che la mattina seguente giorno festivo vi sarebbe una messa a sett'ore, ed altra a otto; e che non poteva senza qualche pericolo permettere ad un forastiero di celebrare; onde la mattina seguente fummo ad intender la messa in una chiesa privata, dove si erano raunate da circa cento persone; indi ce ne partimmo alle otto ore col carro di posta, che conduce ad Utrecht. I due primi luoghi costano fiorini uno e un quarto l'uno, il terzo e quarto un solo fiorino l'uno. — Il carro era della medesima natura di quello di Colonia con la sola differenza di essere assai più ornato, e alquanto più comodo.

La strada è larghissima, adornata da ambedue i lati da più file di alberi piantati regolarmente, che rendono deliziosissimo il cammino. — La vastissima campagna all'intorno è coltivata sul medesimo gusto; non vi è pianta, che non sia stata posta in buon ordine. Le strade laterali sono parimente abbellite di due, e spesso di quattro file di alberi con tanta diligenza, che nei giardini più colti non potrà vedersi in questo genere cosa più vaga ed esatta. Le spalliere, che si veggono ridotte dalla forbice del giardiniere ad una figura eguale nelle delizie dei gran signori, in questo lungo tratto di campagna da Arnheim ad Utrecht si trovano dovunque faceva bisogno all'agricoltore di piantare una rozza siepe, che divida un campo o una strada.

Nei boschi non manca un albero a caso; ma se il bisogno porta di tagliarne alcuni, si fa con tale avvertenza, che il difetto lungi dal togliere, accresce vaghezza. — S'incontrano per la campagna frequenti casotti di legnami pieni di foglia di tabacco, che si secca senza farla percuotere direttamente dai raggi del sole. I villaggi e le altre abitazioni che si trovano, sono sul medesimo gusto degli edifizii di Arnheim. — Passando da questa città ad Utrecht si passa primieramente contiguo alle mura di Wageninghe, piccolo luogo, ma circondato da un canale sulle di cui sponde si vede ancora un deliziosissimo giardino, che si estende su di una piccola isoletta, la quale molto bene a proposito è formata dal canale medesimo; indi si traversa la piccola città di Rhenen, dove in passando null'altro potei rimarcare di notabile, che nell'uscire della medesima un palazzo piuttosto grande, il di cui elegante e ben inteso prospetto ripromette al curioso viaggiatore una delizia degna di esser veduta. — Questo edifizio ha servito di ricovero nel 1621 a Federico eletto re di Boemia elettor palatino, quando fu bandito dall'impero e privato dell'elettorato. — Contiguo al palazzo sorge una gran torre antica di pietra con chiesa probabilmente annessavi.

Rhenen appartiene alla provincia d'Utrecht, la quale qui incomincia. Giugnemmo a Utrecht alle ore otto della sera. La strada è quasi sempre arenosa. Prendemmo alloggio all'osteria dell'*Atlante* presso di un luterano, non sapendo che vi fosse anche un'osteria cattolica come ci fu detto di poi.

La città di Utrecht è situata in una gran pianura in poca distanza dal corso del Reno, con cui communica, come pure con Amsterdam col benefizio dei canali. — Il sito di questa città è più elevato di tutta l'Ollanda e della provincia medesima di Utrecht, e però l'aria vi è sana, e l'acqua buona. — L'ingresso venendo da Arnheim è non meno magnifico, che elegante, consistendo in un edifizio assai bene inteso con cupola piuttosto alta in fondo di un largo e lungo passeggio ornato di quattro file di alberi di una straordinaria, ma eguale grandezza, coi rami assai alti ridotti a forma di spalliera.

Le strade sono larghe in abbondanza; per l'ordinario si vedono diritte, e assai bene incrociate, sono lastricate assai diligentemente nel mezzo con selci, nei lati con mattoni; diversità non meno piacevole alla vista, che commoda ai cittadini per passeggiare agevolmente, e per garantirsi dall'aggravio di spesso risarcirle, a motivo dei carri. — Le case per l'ordinario sono piccole, e di uno o due piani, e forse in qualche sito troppo basse; sono per altro piacevolissime a vedersi, più per la semplicità, ed uniformità loro, che per la magnificenza; tutte ritengono il color naturale rossiccio de' mattoni, con le porte e finestre di pietra bianca; nè apparisce alcuna diversità sostanziale di gusto, e molto meno di età nell'edifizio, tutti sembrando di fabbrica contemporanea; tanta è la diligenza dei cittadini in risarcirle a tempo debito. Quello però che dà loro maggior venustà è la quantità di finestre specialmente nel primo piano tutte ben fornite di lastre di vetro, che quasi ogni giorno vengono lavate, perchè meglio compariscano.

Le botteghe sono presso che continue in tutte le strade, con le prospettive parimente fornite di simili lastre; onde moltissimi lunghi tratti di strada hanno le pareti presso che affatto trasparenti. — Ciò che più deve recare maraviglia si è di vedere regnare un lusso di questa sorta per conto dei vetri in un paese dove per averne convien procurarli dalla Germania e dalla Francia, non lavorandosene nello stato.

Un difetto che fa scomparire moltissimo la maggiore parte delle case dei cittadini in Germania si è il vederle al di fuori non affatto unite, ma per lo più colle facciate che finiscono in un triangolo acuto; solendosi lo scolo delle acque dirigere non nella parte dell'ingresso e dell'uscita, come in Italia, ma bensì nei lati della casa: questo difetto però in Utrecht e nelle provincie unite, piuttosto che disgustare appaga, e diverte la vista per la eleganza e il buon ordine, e la uniforme disposizione delle case.

Non è però che in Utrecht non vi siano edificii con facciata eguale, tali essendo tutti i palazzi o siano le più grandi case della città, e queste sono più atte a soddisfare il gusto di un italiano. — Gli edificii più celebri per conto dei moderni è una casa destinata per gli orfani; la casa di *Adriano VI* che anche al presente viene detta la casa del papa, con parecchie altre; per conto delle antiche è rimarcabile sopra tutto la torre della chiesa cattedrale, di pietra, di una straordinaria altezza e larghezza. L'architettura pare almeno nella sommità uniforme all'altra torre di Rhenen, nè sembra contenere alcun vestigio, almeno sensibile, del gusto comunemente detto gotico.

I canali che passano in mezzo la città, quantunque larghi, nulla tolgono alla debita proporzione delle strade. Le sponde poi dei canali sono abbellite di grossi alberi che in giusta simetria fra loro con le case e strade presentano all'occhio un nuovo piacevolissimo teatro. — Il sito più maestoso della città può dirsi la piazza delle biade, dove cioè se ne tiene il mercato in alcuni giorni della settimana, essendo questa non solo estesa in lunghezza e larghezza, e circondata di assai buone abitazioni, ma di più ponendo capo nella medesima parecchie bellissime e diritte strade, le quali qui si vedono ancora diramare in altre subalterne.

Ma il sito, di cui sono più vaghi i cittadini, e con ragione, sino a segno di averne convenuta la conservazione con *Luigi XIV*, allorchè si ridussero a consegnargli la città, è il gioco del maglio posto fuori delle mura. — Consiste questo in un larghissimo tratto di duecento tese, o, come lo trovai, di circa mille passi naturali di un uomo, barricato sino all'altezza di due piedi con travi, perchè le palle del gioco non escano, con a ciascun lato quattro file di alberi di altezza e frondatura eguale, quantunque naturale, le quali formano un passeggio di cui difficilmente potrà trovarsi l'eguale, non che il maggiore in estensione e vaghezza.

Qua concorrono le persone di ogni ceto per passeggiare e solazzarsi, e alla metà di questo ambulacro, si dice, fosse conchiusa la pace tanto rinomata fra la Spagna e il Portogallo nel 1713.

Altra cosa degna di essere veduta in Utrecht, è il giardino del mercante di seta d'Amsterdam *Van Mollen*, posto nel borgo della città sul canale che porta ad Amsterdam. Quantunque a prima vista sembri un giardino di piccolissima estensione, pure nello scorrerlo si trova di una lunghezza considerabile. All'intorno vi passano alcuni canali per comodo delle barchette che portano gli erbaggi dai campi vicini. — Si godono molti scherzi d'acqua, che ristrette in condotti sotterranei a forza d'aria vanno zampillando ove bisogna; sebbene però questi scherzi di acque sieno numerosi, non sono però da paragonarsi colla copia delle fontane dei giardini di Roma; nel rimanente questa delizia non solo può stare del pari con quelle di Roma, ma in alcune parti sembra ancora più vaga.

I passeggi coperti, le spalliere di mirto e di lauro sono vaghissimamente disposti e coltivati, le statue di marmo di Carrara sono in molta copia, non meno grandi che piccole con dei gruppi di figure quasi al naturale, e con bassirilievi scolpiti all'intorno dei vasi, e son moltissimi semibusti presi dall'antico; il tutto è distribuito assai bene a proposito, ed è eseguito con un gusto assai buono, e con somma diligenza. L'orangeria, o sito per gli agrumi è una perfetta galleria, e due o tre altri edifizii grotteschi sono impareggiabili per la copia delle petrificazioni e minerali, ma più ancora per le scelte conchiglie colle quali sono vestite con sorprendente vaghezza ed industria tutte le pareti e volte, e con le quali sono travagliate le fontane e tutti gli altri ornamenti che vi si vedono all'intorno.

Tutte queste curiosità naturali sono talmente distribuite, che formano vaghissimi disegni, come se fossero a mosaico e pittura, tanto più belli, quanto più vivi sono i colori delle conchiglie esotiche e indiane, delle quali taluna ci fu detto essere stata pagata undici fiorini. — In questo giardino ci fu detto avere lavorato parecchi italiani, e le statue di marmo comunemente si fanno venire dall'Italia belle e fatte.

È da notarsi, che M.r *Van Mollen* che lo fece, era mercante di seta. Il giardino è certamente degno di qualunque gran signore, e suppone una grande ricchezza in chi lo fece, o in chi lo mantiene. Ora si gode dal nipote di *Van Mollen* detto M.r *Zydervelt*; annesso però al giardino si fa lavorare ancora il filatoio di seta, con cui si è fatto il giardino medesimo. — Il che si volle qui avvertire, acciò veggasi non essere nè universale, nè lodevole la massima communemente ricevuta in Italia di adoprare l'industria per procacciarsi ricchezze e delizie, e poscia di marcire vergognosamente nell'ozio.

Il filatoio di seta che vedesi in questo giardino ha una forma assai diversa dalla nostra, e da quella di Roveredo nel Tirolo. — La forma della macchina, dove sono i cannelli non è tonda, come presso di noi, ma ovale; un solo ordine di raccoglitori vi osservai, e a basso due soli ordini di cannelli di seta. Nella medesima stanza però alla medesima giacitura vi sono circa da cinque o sei di queste macchine, che lavorano contemporaneamente colla communicazione del moto, il quale passa nella sola prima macchina per dieci e più volte. Non ebbi campo di osservare diligentemente il rimanente del lavorio, nè di appurare meglio quanto ho qui accennato.

Una particolarità trovasi in questo paese nell'autunno. Per l'aria vi sono dei fili candidi a guisa delle tele di ragno, i quali, dissero, che si chiamano *fili dell'aria* figurandosi il volgo, che non siano prodotti da insetti, ma dall'aria e dal sole.

In Utrecht vi è una biblioteca ad uso pubblico, che si apre due volte la settimana. Vi sono più libri antichi, che moderni; per altro di questi ultimi hanno qualche corpo rispettabile. Vi sono ancora parecchi codici manoscritti; il più antico che vedemmo è un codice in carattere maiuscolo, che può essere del IX secolo, contenente i salmi, con il simbolo degli apostoli, e di *sant' Atanasio* in fine. — In quasi tutte le pagine si vedono dei disegni a penna, rappresentanti battaglie, paesi e altre azioni, che per altro non sembrano punto relative ai salmi precedenti o seguenti. — Questi disegni sono fatti di un gusto che difficilmente può credersi praticato nei bassi secoli; e ai secoli più remoti, e quindi più colti nella pittura e nel disegno pare non convenga la forma dei caratteri del codice; onde non so, se si possa sospettare che fossero da principio lasciati nel codice dei spazi vacui, o per inserirvi delle glosse, o per metterci delle pitture, e che poi quelle pitture nel XV o XVI secolo vi sieno state riempite da altra mano.

Il catalogo dei libri stampati e manoscritti di questa biblioteca è già stato stampato, ma assai seccamente, specialmente riguardo ai manoscritti. — Nella classe dei teologi in foglio al n. 288*h* notansi *Petri Ravennatis sermones*. È questo un codice del XIII o XIV secolo in pergamena, in cui come si accenna nel principio si contengono ancora

Sermones Petri Ravenna (sic) *archiepiscopi olim Ravennatis super parabolis evangeliorum, et multis aliis sanctorum festivitatibus.*

Altro codice nella medesima classe 294e, è del secolo XIV in pergamena, e contiene *Vitas fratrum fratris Iordani ordinis heremitarum sancti Augustini.* Il prologo comincia così *Spiritualis pulchritudinis vere amator in Christo alteri sibi fratri Iohanni ordinis fratrum Heremitarum s. Augustini..... in Argentia frater Iordanus, inter eiusdem ordinis lectores minimus. Cor unum, et animam unam.*

Vi è in Utrecht un'accademia eretta il 16 marzo del 1636 dagli stati generali; non si ebbe però occasione di conoscer dei letterati, che *Wesselingio* professore pubblico, il quale ha dato alle stampe varie opere, ed ora ha presso che terminata una nuova edizione greco-latina di *Erodoto.*

È uomo settuagenario, nè attualmente medita altre opere, bramando ora di riposarsi. Il medesimo raccontò, che un povero libraio dell'Haia aveva un codice greco del Nuovo Testamento in pergamena a lettere unciali, ch'egli crede possa essere il più antico che vi fosse in questo genere. Non conoscendolo però il libraio lo guastò totalmente, e se ne valse per involtare e legare altri libri. Avvedutosene in appresso *Wesselingio*, procurò di cercarne, per quanto fu possibile, uno o due frammenti, che ritrovò e conserva ancora. Egli inclina a credere, esservi aggiunti gli accenti, che ora si vedono, ma l'oculare inspezione pruova il contrario, o almeno rende dubbiosissima l'asserzione.

Intervenimmo in Utrecht alla pubblica vendita di una biblioteca, che appunto si terminò il giorno 30 di settembre. — Si costuma in questa città di stampare, e distribuire il catalogo, quattro o cinque settimane prima. Chiunque vuole applicare deve trovarsi nel luogo destinato, o costituire uno in sua vece che offra a ciascun libro a piacimento, restando sempre il libro al maggiore oblatore. — Spesso succede che si abbiano a vilissimo prezzo libri di molta considerazione. Questo è un atto fatto coll'autorità pubblica, e per quanto sia piccola l'offerta di qualsivoglia corpo di libri, devesi lasciare. La città esige dai compratori un due per cento; e quando si costituisce un libraio, acciò offerisca, se gli suole passare un cinque. Le offerte e tutto l'incanto si fanno in linguaggio olandese; registrasi però il prezzo, per il quale si deliberano i libri, e chiunque vuole può nel tempo della vendita prenderne nota.

Un giorno o due avanti si dà la permissione a tutti di esaminare i libri per vedere se siano perfetti, e cosa precisamente contengano, diligenza da non omettersi in Utrecht, e all'Haia non solendosi nel catalogo avvertire quali siano i corpi mancanti come si usa in Amsterdam. Credo che diansi quattordici giorni di respiro per il pagamento.

Il libraio *Kribber* suole sempre trovarsi alle vendite, e si assume volentieri l'impegno di offerire. È un assai buono, fedele, e zelante cattolico. Alcuni suoi corrispondenti ci avevano assicurato di avere per di lui mezzo avuto varii libri a minor prezzo di quello che gli avessero significato di esser disposti di pagarli, e noi possiamo confermare la sua onestà dopo averlo conosciuto di persona, e trattato.

La città di Utrecht conterà circa trenta mila anime, i cattolici saranno circa sei mila. Hanno otto chiese, le quali sebbene siano private, mancando le campane, l'ingresso immediato in strada ecc., pure possono dirsi pubbliche, essendo note a tutti, ed essendone affatto libero l'accesso per i divini officii. — Vi sono ancora sei chiese in mano dei giansenisti, il capo dei quali col darsi il titolo di arcivescovo di Utrecht consacrato da altri due suoi pseudo vescovi, esercita giurisdizione sopra degli altri.

Il libraio *Kribber* sopra menzionato, tutto zelo contro di loro, è attaccatissimo ai padri gesuiti, oltre all'avere procurato di acquistare tutti gli esemplari delle opere da loro stampate, contro della società, o della santa sede, per sopprimerli, come ha fatto. Pubblicò già il breve di *Benedetto XIV*, che condannava la consacrazione di recente seguita di un vescovo giansenista. Ad istigazione dell'arcivescovo gli fu istituito processo criminale dal baglivo della città, quasi avesse sparso un breve falso; avendo però il libraio giustificato l'autenticità e certezza del medesimo, fu attaccato di averlo pubblicato senza il permesso della città; ma avendo dimostrato non esservi nella provincia di Utrecht la proibizione di pubblicare le lettere apostoliche, senza il placet come vi è in quella di Ollanda, fu finalmente assoluto, e fu condannato il baglivo alla rifazione delle spese. Questo fatto ha servito a far diminuire il numero dei giansenisti, essendosi in questa occasione tolti dalla falsa persuasione di essere in communione colla Chiesa romana. — Di tanto ci assicurò il libraio, e tanto ci fu confermato da un padre gesuita, dall'arciprete, e da altro missionario che conoscemmo.

In Utrecht può ogni prete celebrare messa liberamente. Due chiese sono in mano dei padri gesuiti; una fuori della città, stata fabbricata ultimamente con molta proprietà e maggiore estensione, si regge dall'arciprete delle missioni, che è un prete secolare. — Altra è retta da un domenicano, e altra da un agostiniano, tutti però vestono abito secolaresco.

Le parrocchie non sono divise, ma ciascun fedele si sceglie il confessore, e questo si considera come parroco, e amministra i sacramenti.

Si mantengono colle elemosine, che ciascun particolare dà loro, le quali per l'ordinario sono abbondanti. — Le chiese sono mantenute con tutta proprietà, sono provvedute di organo, e quella de' padri gesuiti, dove monsignore celebrò, è ricca di assai preziosi arredi. — Possono i preti nelle loro chiese celebrare due volte nei giorni di festa, quando non hanno il cappellano che celebri la seconda messa. Disse però l'arciprete, che sarebbe necessaria anche la terza messa per quelli che sono obbligati a partire la mattina di buon'ora dalla città nei giorni di festa.

A dì 2 di ottobre si partì alle ore otto della mattina da Utrecht per Amsterdam col mezzo della barca coperta di posta, che parte ancora altre due volte ogni giorno per la medesima città, cioè a mezzogiorno, e la sera. — Non può il padrone di questa barca ricusare persona per il prezzo di quindici soldi a testa, e di qualche altro soldo per il bagaglio, se non è piccolo. Può nella medesima barca collocare sino a ventotto passeggieri: se vi fosse il vigesimonono, può questo, volendo, ricusare di andare nella barca medesima, ed obbligare a levarne contemporaneamente una seconda per soli quindici soldi, vale a dire per circa tre quarti di fiorino di Germania. Corrispondendo il fiorino di Ollanda di 20 soldi, quasi perfettamente a quello di Allemagna di sessanta carantani. Così se fossero cinquantasette i passeggieri d'Utrecht ad Amsterdam, la cinquantesimasettima persona può espressamente all'ora fissata far levare anche la terza barca.

Quando non devesi viaggiare di notte, può ogni galantuomo porsi in confuso con tutti gli altri, senza esporsi ad incontri sinistri. Se però si viaggia di notte, è ben fatto di fermare la stanza separata, che vi è nella barca, dove può ammettersi chi più aggrada, e per la quale si paga cinquanta soldi. Si suole dare poi una mancia di pochi soldi ad arbitrio del barcaiolo.

Per giungere all'ora fissata, la barca è tirata da un cavallo, che in tutto il viaggio si muta due volte. Il viaggio è sopra ogni credere delizioso. In poca distanza di Utrecht s'incominciano a trovare sulle sponde continui giardini dell'ultima vaghezza. I boschetti, le spalliere, i passeggi giungono sino al pelo dell'acqua. Si vedono delle fontane, e moltissime statue di marmo di Carrara qua e là distribuite con vaga simetria.

Le case sono piuttosto piccole, ma sommamente vaghe con piccoli casini distribuiti all'intorno, e sulla riva del canale per pescare, o per altri divertimenti. — Il solo dispiacere, che si prova in questa navigazione, è che la barca avanzandosi continuamente l'occhio resta fatigato in passare per tanti deliziosissimi oggetti senza potersi arrestare a lungamente vagheggiarne alcuno; anzi spesso accade, che tenendosi l'occhio da una parte, non si ha campo di vedere in giusto punto le delizie che sono dall'altra; onde miglior consiglio si è, quando la stagione il permette, di salire la parte superiore della barca, e godere così agevolmente la vista di ambedue le sponde.

Alle ore tre della sera si giunse in Amsterdam. La barca si ferma in vicinanza della città, e dopo qualche piccolo spazio di tempo, entra in città con quei passeggieri, che non vi sono già entrati per terra a loro piacimento al primo arrivo. Si prese alloggio all'albergo del *Rondello*.

La bellezza di Amsterdam è più facile ad esser goduta coll'occhio che di venire spiegata in iscritto: poiché sebbene ogni spettatore nel riguardarla convenga potersi difficilmente trovare altra città, in cui l'occhio venga di continuo, e più aggradevolmente trattenuto per la sua distribuzione, per la vaghezza degli edificii, per la vivacità del commercio: pure volendosi venire a un dettaglio in iscritto della sua bellezza, mancano quelle parti singolari, che danno abbondante materia per l'ordinario ad uno scrittore di eccitare la meraviglia nel suo lettore.

Quello però, che può dirsi con verità si è che in questa città non vi è in certo modo strada, per remota che sia, la quale non soddisfaccia il passeggiero e non corrisponda alla vaghezza di tutto il rimanente. — Dirette sono le strade per l'ordinario con canali in mezzo per commodo de' trasporti. I ponti sono frequenti, e in una regolare distanza, fra di loro. — Presso che tutte le sponde dei canali sono ornate di grossi alberi, e non ve ne ha un solo, in cui la piantagione non sia eguale e regolare.

Tutti gli edificii hanno un medesimo gusto di polizia, quantunque questi per la piccola loro estensione in lunghezza sieno moltissimi; i più estesi non conteranno sopra quattro o cinque finestre in un ordine di facciata; onde non può dirsi in verun conto di trovarsi in questa città dei palazzi. — L'altezza però delle case è considerabile, contandosi per l'ordinario quattro o cinque piani. Gli edificii di maggiore estensione sono quelli destinati ad uso pubblico, come la casa per i vecchi; la quale al di fuori fa assai buona comparsa, e altre simili.

Una chiesa assegnata ai luterani è assai grande, a tre navate, ma nulla contiene di singolare; maggiore attenzione può meritare la chiesa nuova officiata dai calvinisti. È questa di una assai vasta estensione a cinque navate, con il portico di pura pietra, e con un grandissimo organo, ma qui ancora nulla vi ha di sorprendente.

Quella che però in particolare per conto di edifizii sorprende in questa città, è il palazzo pubblico fabbricato nel 1628 in occasione della libertà delle provincie unite riconosciuta, ed ammessa allora solo dalla Spagna. Tutta la facciata nelle sue quattro parti è di travertino. — Le finestre sono senza veruno ornamento, o rapporto in fuori, toltone un festone posto fra l'ordine superiore e inferiore. Tutta la facciata è disegnata alla forma di quella di una nostra chiesa con parastate, timpano, ed altri accessorii consimili. Manca in vero una porta, che formi un ingresso corrispondente alla magnificenza di tutto il resto dell'edificio: ma una ragione di stato ha cagionato questo difetto, avendosi voluto fare nel mezzo sette porte in fila tutte eguali simboleggianti le sette provincie unite in perfetta eguaglianza di diritti, e amistà fra di loro. — Il di dentro non può essere più magnificamente disposto ed eseguito. La sala eguaglia, se non supera in magnificenza e vaghezza quante ne può mostrare Roma. — Tutta è vestita di marmo con scolture, ed ornamenti della medesima materia; travagliati coll'ultima diligenza e con ottimo gusto. L'architettura è assai bene intesa. — Gira intorno alla sala un vestibolo, o sia ambulacro, non meno bello e magnifico della sala medesima. In questo palazzo risiede e rende ragione il magistrato della città. — La sala coll'ambulacro all'intorno è aperta, e pubblica, onde a tutte l'ore vi si trovano delle persone, che vi si trattengono per negozio, o per divertimento. — Tutto il resto dell'edifizio non si vede, senza dare una mancia di qualche fiorino ai custodi, che sono diversi. Nelle camere particolari ancora vi sono delle scolture di marmo, come ancora sopra le porte, e tutte hanno allusione agli affari, che in ciascuna camera in particolare si trattano. — Nel mezzo del palazzo sorge una torre, da cui si gode e domina tutta la città, e dove ancora si vede il pubblico orologio il quale nel batter le ore fa varie sonate regolari di musica, a piacimento del direttore.

Per questo effetto è unita all'orologio una gran rota, o sia tubo di ottone tutto direttamente trasportato da una parte all'altra potendosi porre in ciascun buco, e levare un dente di ferro, che sporge in fuori. — Quando l'orologio batte le ore, gira questa ruota, e li denti di ferro vanno a percuotere sopra un registro, non so se di ottone, o di ferro, il quale cede, e fa armonia. Questo registro corrisponde in sostanza a quelli degli organi. Colla diversa disposizione dei denti che battono sul registro, il direttore dell'orologio regola l'armonia del cariglione, ed eseguisce le composizioni di musica. — Si dice, che il fondo per alzare questo palazzo sia stato assicurato con palizzate fatte con pali vestiti di lastre di ferro, e di ottone, perchè meglio si conservino.

Altro edifizio vi è in Amsterdam degno di esser veduto. È questo il luogo, ove si raunano li mercanti, per fare i loro negozii, detto co-

comunemente Borsa. L'edifizio è di travertino, e consiste in un gran portico quadrangolare con cortile in mezzo: il disegno non è perfetto, ma neppure deforme. — Sull'ora di mezzo giorno i mercanti, i sensali, ed altre persone di negozio qua si trovano raunate in tanto numero, che sebbene l'edificio, e il cortile sia vastissimo, pure non può senza grandissimo stento passarsi da una parte all'altra. Ogni mercante sceglie un sito stabile, dove si ferma, per essere più facilmente trovato da chi vuole trattare negozii con lui.

Altro edificio pubblico che merita di esser veduto, quando specialmente è tutto illuminato, è la sinagoga degli ebrei portoghesi a tre grandi navate con gallerie all'intorno; la trovammo il sabato a sera riccamente e vagamente illuminata a cera. Era piena di ebrei, quantunque nel medesimo tempo altre sinagoghe fossero aperte ed officiate.

Singolare poi è il porto di Amsterdam; si conteranno ogni giorno nel medesimo ben due mila legni, non compresi i battelli ed altri piccoli legni di trasporto i quali sono presso che innumerabili, nè sarebbe punto enfatica o poetica espressione se si dicesse sembrare questo porto in lontananza un ben folto bosco, per la moltitudine degli alberi che vi si veggono schierati in più linee. — Sebbene però questo porto sia così numeroso di vascelli, e possa sicuramente dirsi il più commerciante di tutto il mondo, pure non ha un sufficiente fondo di acqua, per ricevere, o mandar fuori qualunque sorta di vascelli carichi; conviene bensì avere l'avvertenza di caricare o scaricare una metà delle merci a Texel, o in altri siti lontani per più ore dal porto, allorchè i vascelli debbono uscire o approdare.

Questo svantaggio non ha il porto di Rotterdam sulla Mosa appartenente parimenti alla provincia di Ollandia, potendo ricevere qualunque bastimento carico, e ciò, che è più rimarcabile, potendosi condurre i vascelli in molti canali della città avanti i fondachi dei mercanti. Non ostante però questo vantaggio, e quantunque da Rotterdam dopo passata una marea di due ore in circa, si trovino i vascelli in alto mare, il che non succede uscendo da Amsterdam; pure il forte del commercio di Ollanda si riduce a questa città, attesa, come può credersi, la sua situazione men rimota dai confini delle dieci provincie una volta spagnuole, ed ora austriache, come ancora della Francia, dalle quali parti è più esposta la repubblica ad essere molestata.

In fatti la potenza di questa città colla sola industria del commercio è giunta a un segno sorprendente contribuendo il solo Amsterdam quarantanove di cento carati, che si debbono ripartire per tutte le sette provincie unite; onde come la sola provincia di Ollanda supera in ricchezza e potenza le altre sei ancorchè unite contribuendo essa cinquantotto di cento carati da ripartirsi in tutte le provincie così può dirsi che la sola città di Amsterdam eguaglia quasi perfettamente la potenza di tutto il resto delle sette provincie: il che è ancor più rimarcabile, se si riflette essere la città quasi affatto sfornita di territorio, non estendendosi questo, che su di pochissimi villaggi contigui alle sue mura.

Sarebbe difficile il fare un dettaglio dei capi di commercio della città, non essendovi cosa, che non cada sotto l'industria di questa nazione, e dalla quale non ritraggono vantaggio gli ollandesi. — Può però dirsi, che le maggiori ricchezze siansi ammassate in Ollanda, e quindi in Amsterdam per mezzo della compagnia dell'Indie Orientali la quale venne formata nell'anno 1602.

Circa sei milioni di fiorini furono da principio posti in società da diversi mercanti per impiegarli nel commercio delle Indie. Ebbe questa società tale buon successo, che in breve divenne formidabile in tutta l'Europa; acquistò stati, fondò colonie, e potè anche sostenersi ostilmente contro le maggiori potenze del mare, che tentarono di disturbare il commercio della compagnia.

Il vantaggio che ne ritrassero in varii tempi gli associati è sorprendente, onde è avvenuto, che anche le azioni de' mercanti sulla compagnia, siano poi state vendute ad un prezzo assai [maggiore] di quello che importassero ai fondatori; e oggi giorno ancora si vendono a un prezzo ora maggiore, ora minore, secondo il corso della piazza, il quale dipende dalle varie combinazioni del commercio di una, o di un'altra potenza; potendosi talvolta in un giorno alzare, o diminuire talmente il loro prezzo, che varii mercanti vi troveranno la loro fortuna, e altri la loro rovina.

Talvolta il prezzo delle azioni, e anche delle merci si alza, o diminuisce per qualche rumore di pace o di guerra, o di qualche nuova preda seguita o di qualche conquista nuovamente fatta, onde mi vien supposto, che cercansi spesso, e si pagano a carissimo prezzo da qualche mercante di questa città le secrete corrispondenze de' pubblici ministri alle corti d'Inghilterra, di Parigi, di Madrid ecc. per essere a portata di approfittare delle varie combinazioni momentanee, che succedono alla giornata.

Per questo mezzo mi vien detto che il ministro prussiano a Londra abbia moltissimo guadagnato, e che talvolta spargendosi secretamente nuove contrarie avrebbe potuto far correre i più creduli a diverse mire, le quali fossero per ridondare in solo suo vantaggio. Ma tornando alla compagnia, quello che ha dato più di ogni altro occasione al suo avanzamento, è la privativa che gode di potere essa sola avere commercio nelle Indie Orientali; il che manca all'altra compagnia, che vi è in

Ollanda delle Indie Occidentali; onde per questo motivo ancora, oltre quelle forze di un regolamento men circospetto, non si è mantenuta, o non è mai giunta al credito della compagnia Orientale.

Conviene però avvertire, che questa società è composta non di mercanti di Amsterdam solamente, ma ancora di quelli di altre città dell'Ollanda e Zelanda; sebbene il vantaggio sia egualmente distribuito.

In sei città si suole fare la vendita di tutti gli effetti della compagnia, i quali si liberano al maggiore offerente, pubblicandosi prima il catalogo stampato degli effetti, la loro qualità, e quantità distribuita nelle rispettive piazze, e assegnandosi il tempo dell'auzione.

Questa si tiene in Amsterdam in Zelandia, cioè (per quanto credo) a Middelbourg; in Delft città tra l'Haia e Rotterdam, in Hoorn e in Enkhuysen, due città dell'Ollanda Settentrionale.

L'assemblea che dispone del tempo della vendita, o siano i direttori, a questo effetto, sono diecisette. Otto sono di Amsterdam, quattro di Middelbourg, uno di Hoorn, uno di Enkhuysen, uno di Rotterdam, uno di Delft, ed altri delle altre città interessate. — Le assemblee credo si tengano in Amsterdam, o in Middelbourg. Sessanta si dicono essere i direttori della compagnia in generale: nelle colonie di America, o sia nella Batavia, tiene la compagnia un direttore, e un consiglio, oltre a un governatore generale. — Ogni anno dalla compagnia si spediscono in America, e si ritraggono parecchi grossi vascelli carichi di ricchissime merci.

Ho inteso però da qualche mercante, che attualmente le azioni dell'Indie non rendono molto, il che forse deriva da un regolamento, che mi si suppone di venir praticato, di non dividere cioè tutto il lucro fra i partitanti, ma bensì di lasciarne talvolta una parte per aumentare la sorte, o per togliere qualche debito dovutosi contrarre in caso di bisogno (non solendosi per aver denaro moltiplicare le azioni, affine di non aumentare il numero delle quote da distribuirsi fra gli interessati); o anche per premunirsi da qualche infortunio, nel che non può se non lodarsi la prudenza de'direttori per il vantaggio commune, e durevole, quantunque qualche particolare, che pensa unicamente all'attuale suo privato interesse, ne mormori.

È da avvertirsi ancora circa l'amministrazione di questa compagnia che gli interessati non sono a giorno dello stato della società nè possono farsi render conto dell'amministrazione dall'assemblea come è permesso agli interessati della compagnia di Londra. — Non so, se da questa, o da altra ragione derivi, che attualmente moltissime di queste provincie amano meglio di impiegare il loro denaro imprestandolo alla Francia e all'Inghilterra; supponendosi, che l'Ollanda ora tiri annualmente dalla sola Inghilterra trenta milioni annui di fiorini, di usure; d'onde nasce una fortissima ragione negli stati di dover dissimulare qualsivoglia affronto, piuttosto che venire ad una aperta rottura con queste nazioni.

Tornando alla privativa della compagnia, se accade che altri mercanti particolari tirino merci dalle medesime Indie, queste si vendono unitamente con quelle della compagnia, e dal prezzo ritrattone si appropria un cinque per cento. — La vendita suole farsi due volte l'anno. Quelle merci vendute ma poi rimaste nei fondachi per non essere state al debito tempo pagate, si espongono nuovamente alla vendita a profitto della compagnia, se vi è guadagno nella nuova auzione, o a carico del debitore, se vi si perde.

Altro grande oggetto per il commercio di Amsterdam sarà il pubblico banco, che vi è costituito, e dove sono assicurate immense somme provenienti da tutte le parti del mondo. — Si fanno i depositi in monete scelte, e la cassa si conserva nel pubblico palazzo. Non può in ogni tempo estrarsi il denaro ripostovi una volta; può però vendersi a piacimento il deposito fatto passandolo ad altro o a più persone crescendo tal volta, o diminuendo, secondo il corso della piazza il valore di ciascun deposito. — Il denaro assicurato in questo banco può adoprarsi anche il giorno dopo seguito il deposito, girandolo ad altra persona. Se accade che uno ne faccia uso il medesimo giorno vi è la pena di un mezzo per cento. Che se si tirano ordini maggiori al capitale assicurato, si incorre la amenda di un tre per cento, nè il banco fa il minimo credito.

Per far passare i depositi ad altra ragione, deve il proprietario medesimo, o un suo procuratore, presentarsi al banco per questo effetto, nè il nuovo proprietario ha necessità alcuna di comparire; bensì ogni sera ciascun mercante riceve in casa la nota di tutto il denaro di sua ragione esistente nel banco, o sia per depositi, o sia per giro avuto da altri creditori, e questa è la ragione, cred'io, per cui non può farsi uso del denaro in banco, che un giorno dopo seguito il deposito, non potendosi prima della sera avere il bilancio dei depositi esistenti a ragione di ciascun mercante. — Vi sono però quattro sabbati, o altri giorni fra l'anno, nei quali è permesso di far uso dei depositi nel medesimo giorno; come parimente vi sono altri giorni, nei quali credo possa riprendersi o tutto o parte del capitale in moneta.

Alcuni politici hanno sospettato, che le grossissime, e presso che immense somme di denaro assicurate in questo banco, che è appoggiato sulla pubblica fede, e reputasi, come certamente sarà, sicurissimo, non restino oziose nelle molte casse, che si mostrano ai forastieri, ben chiuse, come piene di argento ed oro; ma bensì, che a profitto della repubblica e del suo commercio venga industriosamente impiegato.

Non so qual fondamento abbiasi avuto per formare questo sospetto, nè ora saprei giudicare, se le circostanze di non potersi a proprio arbitrio estrarre, possano in qualche modo colorirlo, e anche fondarlo. — Quello bensì di cui non può dubitarsi è l'industria singolare della nazione per approfittare di tutto a vantaggio del suo commercio.

Nei tempi passati gli ebrei portoghesi in Ollanda, e particolarmente in Amsterdam erano quelli che più di tutte le altre nazioni della loro setta erano giunti ad un sorprendente grado di opulenza e ricchezza, unendovi ancora col favore della libertà, che loro accorda la repubblica, una coltura di animo, e una magnificenza nel trattamento ben singolare. Al presente però, quantunque in politezza e lusso di vivere, corra la medesima opinione di loro, nel commercio però si suppone, che vadano in decadenza, a motivo appunto del loro lusso eccessivo, e si vuole che gli ebrei di Germania, distinti dagli altri per la barba che nodriscono, succedano attualmente in Ollanda al credito de' portoghesi per conto della estensione del commercio.

A lode però della nostra nazione vuolsi qui avvertire che in Amsterdam e in Ollanda gli italiani stabilitivisi a titolo di commercio sanno assai bene migliorare la loro condizione; il che succede anche in moltissime città della Germania, specialmente nelle parti del Reno, trovandovisi parecchie famiglie italiane, che con maggior credito e buon successo di tutti gli altri mercanti si applicano al commercio.

In Amsterdam, come anche in tutta l'Ollanda, sono rimarcabili le ricchezze de' privati cittadini e mercanti, le quali sono maggiori di quelle della più ricca nobiltà della nostra Italia. È però più rimarcabile la parsimonia che regna in mezzo a tante ricchezze; il vestire è modestissimo e di poca spesa, parco è il vitto ed anche grossolano; sono scelti per l'ordinario gli adoppii di cassa, ma essendo questi sempre i medesimi, poca o nessuna spesa si abbisogna per mantenerli, attesa ancora la superstizione, non che diligenza delle femmine in conservarli. — Il maggior lusso consiste ne' giardini specialmente di campagna, i quali sono tenuti colla maggior proprietà, essendo di essi sommamente invaghiti gli ollandesi, e generalmente tutti i popoli delle sette provincie unite, a tal segno che nella Frisia si dipingono gli alberi, perchè facciano migliore comparsa.

I nobili di Amsterdam, o per parlare più giustamente quelli, che hanno il maneggio dei pubblici affari, ancorchè siano in vista del pubblico, pure sovente si vedevano nella Borsa in confuso cogli altri mercanti, per trattare i loro affari; al presente però sento, che sostengono con più circospezione il loro, carattere, e che incominciano a gustare la vita de' nobili, non senza qualche deterioramento de' proprii fondi. — La loro vita resta sempre occupata in qualche impiego pubblico, passando da un officio all' altro quasi necessariamente, a meno che non vogliano ritirarsi per propria volontà.

Il vivere in Amsterdam è carissimo per ragione non meno della popolazione, che dell'abbondanza del danaro. — L'annua pigione d'una sola stanza non sarà minore di cento fiorini, vale a dire di scudi circa quaranta, nè meno di mille fiorini abbisogneranno ad un giovane, che parcamente vi si volesse mantenere ed apprendere cognizione del commercio. — Il vino sopra ogni altra cosa è caro, ma la birra è la bevanda la più comune; l'acqua è di pessima qualità.

Comunemente i viaggiatori si dolgono acerbamente delle avanie, che si fanno dagli osti di Ollanda particolarmente quando si avvedono di trattare con persone di condizione; se però si ha l'avvertenza di fissar prima il prezzo di quello che si prende, gli aggravii non li trovo maggiori di quelli di tutti gli altri paesi. — La cena per l'ordinario monta a qualche cosa di esorbitante, non solendosi comunemente in Ollanda mangiare di sera; onde un forestiere, quando non se ne possa astenere, deve fissarne prima il prezzo. — La medesima diligenza deve aversi quando abbisogni l'opera di qualche facchino. — Per un servitore che voglia aversi in Amsterdam, acciò serva di guida, e d'interpetre, non essendo sempre comune la lingua francese in Ollanda, non si vuole meno di un fiorino e mezzo al giorno, vale a dire di sei paoli di nostra moneta, oltre alle cibarie, se si volesse condurlo da una città all' altra.

In Amsterdam vi si conteranno circa duecento mila anime. La città non è affezionata alli statholder; ne' tempi passati più volte hanno i medesimi tentato di sorprenderla per sottoporla del tutto a loro, ma senza effetto; onde qua considerasi la loro potenza, come nemica della città; in oltre il partito dello statholder consistendo nella nobiltà povera delle provincie, la quale ha bisogno per mantenersi di essere impiegata nella milizia, o nella corte, questa manca in Zelandia ed in Ollanda, e particolarmente in Amsterdam per il commercio che vi fiorisce, e che somministra ad ogni ceto di persone i mezzi per vivere, ed accumulare ricchezze.

Vi è un costume in questa città di adoprar carrozze senza ruote, tirate da un solo cavallo, specialmente per uso delle femmine, allorchè vanno alla chiesa. — Per il fuoco ordinario si valgono di certi pezzi di terra nericcia quadrati, detti *torbe*, i quali hanno in sè delle particelle di carbone, nè si consumano che lentamente.

In Amsterdam fummo diretti dal signor *Guaita*, che ha negozio con altri compagni, il di cui fratello ha negozio in Colonia. La famiglia viene di Italia. — Conoscemmo ancora il signor *Giovanni Cristoforo Hoefkens* prete missionario, il quale ha una chiesa, in cui sentimmo, e monsignore anche celebrò la messa. Il suo cappellano si chiama..........

Circa quattordici sono le chiese cattoliche in questa città; alcune altre al numero di cinque o sei sono in mano dei giansenisti. — Conviene in Amsterdam come in tutta l'Ollanda, e nelle altre provincie unite, vestire abito secolaresco, vale a dire togliere tutti i segni di ecclesiastico. — Ogni prete forestiere che voglia celebrare in Amsterdam, deve prima ottenerne la licenza, la quale non si suole negare, specialmente se si ricerca per mezzo di qualche persona cognita nella città.

Fummo ad osservare la casa del signor *Gerardo Braamcamp* cattolico, dove si conservano buone pitture fiamminghe, e si ammira un gusto ben ricercato in tutti gli adoppii, e ornamenti della casa.

In Amsterdam vi sono diversi musei di cose naturali. Vidde il signor conte[*] quello del signor *Pietro Kramer* consistente in conchiglie, farfalle, petrificazioni ecc.

Diverse persone di studio di questa città a qualche capitano di nave hanno assegnato tre mila fiorini annui, perchè faccia loro pescare nell'Indie quante conchiglie sarà possibile; onde succede bene spesso, che alcune conchiglie rarissime col trovarsene in copia divengano triviali, e perdano di prezzo in Ollanda. — La compagnia dell'Indie non più permette che si carichino simili cose su i loro bastimenti, attese le frodi che si commettevano in questa occasione per altre merci. Per lo che fa d'uopo di dirigersi presentemente al capitano delle navi, perchè ne carichi quante può contenerne il suo bagaglio. — Perchè le conchiglie abbiano i colori vivaci, convien pescarle vive; indi si purgano altre con acqua, ed altre con acqua forte.

In Amsterdam vi è una libreria che sta aperta alcuni giorni della settimana, ma noi non potemmo vederla. — Il bibliotecario è monsieur *Pietro Burmanno*, secondo professore ancora di belle lettere nella scuola della città.

A dì 8 ottobre si partì la mattina da Amsterdam verso Harlem nella barca che parte per questa città a tutte le ore del giorno; si paga circa soldi sette a testa, quando non si prenda il *ru^{o}o*, o sia camera separata nella barca per coloro, che non vogliono restar in con-

[*] Dobbiamo qui avvertire che col semplice appellativo di *Conte* il diarista mons. GAETANO MARINI allude sempre al GARAMPI, del quale era compagno di viaggio, e da cui, come è detto nella prefazione, ebbe incarico di scrivere questo *Diario*.

fuso con ogni sorta di persone. — In due ore e mezzo di viaggio vi si arriva; a mezza strada si muta barca, continuandosi però sempre il viaggio per un canale.

In Harlem vi è la chiesa cattedrale degna di esser veduta: ha tre navate sostenute da colonne; è spaziosissima, l'organo è celebre, ma non lo intendemmo suonare. L'architettura è di un gusto piuttosto antico. La facciata è semplice. Questa città è molto elegante. Le strade sono assai bene adornate di bellissimi alberi con il commodo anche dei canali. — Gli edificii ordinariamente sono buoni, e tutti assai ben mantenuti. Vi è un edificio pubblico ed elegantissimo con bel giardino, in cui si mantengono dalla città le vecchie povere. — La piazza non è dispiacevole. In un angolo della medesima si vede la casa del famoso *Costero*, a cui attribuiscono gli ollandesi l'invenzione della stampa. Sulla facciata vi è dipinto il di lui ritratto con una iscrizione. — Conserva quest'edificio la semplicità, anzi oscurità dell'arte nella sua prima origine.

Si suppone da alcuni viaggiatori, che nella casa della città si conservi qualche fragmento delle prime tavole incise, ma avendone noi ricercato il gazzettiere *Enschede* ci assicurò che non altro si trova presso il magistrato della città, che un fragmento delle prime edizioni ch'egli ci mostrò già inciso in rame per inserirsi nell'opera, che sull'arte della stampa in breve pubblicherà monsieur *Meerman* pensionario di Rotterdam, quello stesso che ha dato al pubblico il *Thesaurus iuris civilis et canonicis etc.* Ci mostrò bensì il detto gazzettiere una pagina di *Donato* in pergamena, altra del *Speculum humanae salvationis*, e alcuni altri piccoli fogli o fragmenti delle prime stampe che esso possiede, e che diligentemente incise saranno inserite nell'opera accennata.

Vedemmo ancora la di lui biblioteca e gabinetto, e notammo il buon gusto di questo mercante nel raccogliere e conservare diligentemente ciò che può essere, o divenir raro. — La di lui professione non è di gazzettiere solamente, ma tiene ancora una fonderia di caratteri elegantissimi di ogni sorta, che fornisce a diverse stamperie di Europa. Ha studiato la maniera di stampare le composizioni di musica; ma non credo, che per anche gli sia riuscito con quella perfezione che egli vorrebbe.

Fummo ad osservare in questa città la fabbrica delle fittuccie di filo, che in gran quantità vi si lavorano. Nel medesimo tempo un sol uomo ne tesse trentadue pezze separate con un solo telaio. La macchina conviene in tutto, per quanto mi sembra, con altra che vi è in Pesaro per le fittuccie di seta.

La città conterà quindici mila anime. Vi sono sette chiese cattoliche; due altre sono in mano dei giansenisti, le quali però non avranno che circa cinquanta comunicanti. Vi è in questa città un preteso capitolo composto di varii sacerdoti missionarii, due dei quali ora risiedono attualmente in città. — Il canonico *Giovanni Stafford*, parroco della chiesa di san Giuseppe e sopraintendente delle beghine, ci confessò che il capitolo aveva qualche entrata, ma non disse quanto.

È però da avvertirsi, che il papa e la nunziatura non hanno mai riconosciuto, ma piuttosto tollerato questo corpo, che aspira ad arrogarsi i diritti della chiesa vescovile di Harlem, che i canonici suppongono vacante, quando il vescovo rimase insieme col capitolo del tutto estinto nel cambiamento della religione in queste provincie. — Il detto sacerdote ci mostrò parecchi paramenti sacri della chiesa di san Bavone, che sottratti anticamente per buona sorte dal primo furor degli eretici egli conserva. — Disse che le beghine fanno voto di umiltà e castità durante la loro permanenza nel beghinaggio. Disse ancora, che sovente succedono delle conversioni senza opposizione del magistrato, e che attualmente egli istruiva cinque eretici.

Sogliono i cattolici in questa città porre sulle porte delle loro case la lettera *G*. Vi è una casa per gli orfani cattolici.

Nella barca che ogni due ore parte per Leyden, montammo alle quattro della sera, e alle otto ci trovammo in Leyden. Ogni persona paga per questo viaggio tredici soldi, restando in confuso cogli altri, e diecisette volendosi entrare nel ruffo, dove si è meglio guardati dall'aria, e si resta più agiatamente.

La città di Leyden vien considerata come superiore in grandezza e bellezza a tutte le altre di Ollanda, dopo Amsterdam. (Io però aggiungerei, e dopo l'Aia, che sebben senza mura, non può non mettersi nel rango delle città). — Nel materiale non vi è cosa a rimarcare, la quale non si trovi in tutte le altre città di questa repubblica. Eleganti sono gli edificii, ben cavate le strade, divise per l'ordinario dai canali, e ornate di vaghissimi alberi.

Quello che notano di singolare, si è, che i canali non rendono alcun fetore neppur nell'estate, incommodo assai sensibile in Amsterdam. La strada ancora della *Maison de Ville* può meritare qualche particolare attenzione per la sua lunghezza e larghezza, ed anche vaghezza di edificii; il migliore e più maestoso de' quali è la detta *Maison de Ville*. — Gli spalti intorno alle mura sono assai bene mantenuti, ornati di alberi, che somministrano un piacevole e commodo passeggio a' cittadini.

Altra singolarità trovasi in Leyden. È questa una piccola montagna in mezzo della città, che è l'unica di tutta l'Ollanda, onde qual cosa rara vien considerata dai cittadini, e perchè non sia dal volgo profanata e contaminata, o anche da un men discreto percuotere di piedi consumata e distrutta, è stata circondata di muri e cancellate di ferro, che v'impediscono il libero accesso. La pendice che resta in maggior vista della città vedesi ornata di un vaghissimo parterre. Sulla sommità, a cui si ascende per mezzo di una scala di marmo vi è un piccolo giardino, o bosco in forma di laberinto, e all'intorno vi sono dei muri che rendono il sito piuttosto forte, in cui si domina ancora tutta la città.

Passa per Leyden il Reno, che viene da Utrecht, e si perde in non molta distanza nelle dune o siano monti di sabbia che dividono il mare Oceano dal continente dell'Ollanda. — La popolazione in Leyden non è molta a proporzione della sua grandezza, contandovisi da trenta o trentacinque mila anime solamente. — Si dolgono i cittadini dei mendicanti divenuti ben numerosi. Il maggiore, o l'unico commercio consiste nella fabbrica dei panni di tutte le qualità, che si mandano per tutte le parti del mondo. Le lane migliori per questa manifattura si tirano dalla Spagna.

Non seppi trovare, nel travagliarle, alcuna differenza almen rilevante, dalla maniera, con cui si travaglia da noi la lana per gli usi domestici. La tessitura ancora è quella medesima che si pratica da noi, colla sola differenza che, attesa la larghezza ben considerabile del panno, due persone si ricercano al telaio.

Quello che non so comprendere, ma che l'esperienza lo dimostra si è che il panno uscito dal telaio è posto all'ingualchiera, in cui viene più volte percosso con gran violenza, diviene più corto e stretto, e quindi acquista maggior corpo. — Indi per mezzo di due uomini armati di quattro istrumenti simili a striglie vien sollevato il pelo, che poi si riduce eguale e compatto con un gran paio di forbici, colle quali vien compresso e raso più volte.

Ma ciò che rende rinomata la città di Leyden più che ogn'altro è la sua università, la quale è giunta ad avere negli anni addietro contemporaneamente i più celebri letterati del secolo, i quali erano *Avvercampio, Burmanno, Moeschombroech, Noodt*, e molti altri, il credito dei quali poneva questa università fra le più floride dell'Europa. — Ora però il concorso della gioventù è diminuito di molto, specialmente dacchè passò a Vienna il celebre *Wanswietten* celebre professore di medicina. — I scolari non passano il numero di seicento in circa, gran parte dei quali sono delle provincie unite.

Vive ancora monsieur *Gaubius* famoso professore di medicina, nativo di Idelberga, e che ha l'assegnamento di due mila fiorini. — Monsieur *Tiberio Hemsterhusio* è professore d'istoria e lingua greca. Ciascun professore oltre gli appuntamenti della città ha da ciascun scolare trenta fiorini, quando passa ad altra facoltà, o abbandona lo studio. — La maggior parte delle lezioni sono private. Suppongono alcuni viaggiatori che i studenti frequentino le scuole in abito di camera, senza prendersi la pena di vestirsi propriamente, ma fummo assicurati, che tal libertà non si pratica che dagli studenti di teologia.

Vi è in Leyden una biblioteca pubblica ricca di molti manoscritti provenienti ancora da *Scaligero*, il catalogo dei quali è stato pubblicato. — Fummo a vedere il vaso della biblioteca, ch'è piuttosto grande, cavato da una chiesa; i libri sono moltissimi, ma i manoscritti non furono veduti, essendo necessaria la licenza in iscritto del magistrato, che non si accorda se non difficilmente, e dopo l'intervallo di qualche giorno dall'istanza fatta.

L'anatomia dell'università è parimente pubblica, e vien tenuta in gran considerazione; non sembrami però di un merito straordinario. L'edificio è piuttosto angusto; si vedono parecchi scheletri umani, e di animali terrestri e acquatici; vi sono due mummie fasciate, e qualche vaso e altri pezzi di antichità. — Si vede una conchiglia di una grandezza straordinaria che dissero essere del peso di cinquanta libbre. Altre cose relative all'anatomia e al museo naturale si conservano nel giardino anatomico, particolarmente alcuni scheletri e pelli di animali indiani. — Noi trovammo questo giardino ben grande, ben distribuito, e provveduto di molte piante esotiche. Annesso al medesimo è collocata una copiosa raccolta di antichità greche e romane, portate in gran parte dall'Italia. Vi sono molte iscrizioni, parecchi semibusti, qualche statua e basso rilievo. Dacchè siamo partiti d'Italia, non ci è accaduto trovarne in alcun luogo una collezione eguale, non che superiore.

Fummo ancora ad osservare il museo di cose naturali del signor *Lorenzo Teodoro Gronovio*, persona di distinzione e assai ricca della città. Moltissimo ha di petrificazioni d'insetti, di minerali e di pesci, alla cognizione de' quali particolarmente si applica, nè lascia di procurarne da tutte le parti di ogni qualità. — Ha dato alla luce i pesci più particolari del suo gabinetto colla stampa di un'opera in foglio intitolata: *Museum ichthyologicum* e arricchita di rami; altra opera generale sui pesci sta attualmente componendo; ha dato alla luce un tomo in quarto con questo titolo: *Bibliotheca regni animalis atque lapidei* in cui fa semplicemente il catalogo di tutti gli autori che hanno scritto di cose naturali. — Questo letterato è di età assai fresca, ama di avere corrispondenza per aumentare il suo museo, e scrive più volentieri in latino che in francese. Desidera i pesci del mare Adriatico, nè ha difficoltà di farne a sue spese caricar qualche botte con acqua di vite per preservarli dalla putrefazione durante il viaggio.

Nell'anno 1754 monsieur *Ruchenius* ha dato alla luce colle stampe di questa città: *Timaei Sophistae lexicon vocum platonicarum;* manca la versione del testo greco; vi sono bensì parecchie note dell'editore, che ora credo sia professore nell'università.

Il governo della città di Leyden è regolato da un consiglio di quaranta persone, alcune delle quali sono destinate all'offizio di scabini, e indi passano alla carica di borgomastro. Questi sono in numero di dodici, e perpetui; quattro alternativamente ogni anno sono in magistratura. — Gravissime sono le esazioni per sostenere i pesi pubblici, non meno che in tutte le altre città di Ollanda. Ogni carrozza deve pagare ottanta fiorini annui, quindici per ciascun cavallo che si tenga in stalla; non si può avere servitore, o serva o altra famiglia al suo stipendio, senza contribuire una certa somma alla città.

In Leyda hanno i cattolici sei parrocchie, una appartenente ai padri gesuiti resta chiusa: circa quattromila saranno i cattolici. Due chiese hanno ancora i giansenisti, il numero de' quali da circa seicento che erano, si è ora ridotto a quattrocento in circa. — Una chiesa cattolica è retta da due carmelitani scalzi di Parigi, i quali fanno i loro sermoni e il catechismo in francese e in ollandese: uno si chiama padre *Tommaso Hoube*, e l'altro padre *Agostino a sant'Alessandro*. Sono compitissimi, e di gran zelo e prudenza: usarono tutte le maggiori attenzioni a monsignore. Ci dissero, che questa missione nacque in occasione di essersi convertito alla religione monsieur *Bercius* professore della università, che si ritirò a Parigi con la sua famiglia, e sul di cui ritratto nell'università vi hanno dipinto un berretto da pazzo. — Tre figliuoli che aveva, si fecero carmelitani scalzi, ed uno di loro venne di nascosto in Leyden per farvi le missioni; sul principio dovette soggiacere a molte persecuzioni, e talvolta interrompere il sacrifizio della messa per non esser condotto carcerato. Col tempo gli riuscì di fabbricare una chiesa; la quale ora è divenuta assai grande, ed ha un gran recinto per commodo dell'abitazione di due religiosi. — Il loro predecessore qui defunto, fu il padre *Paolo de Martin*, religioso di un zelo instancabile, di una probità singolare e di molta dottrina, per quanto essi di lui riferirono.

L'università è di ostacolo per l'avanzamento della religione. Si conserva in questa città un esemplare della bibbia autorizzata dagli stati, onde vien detta la bibbia di stato, colla quale si devono collazionare di tempo in tempo gli esemplari, che vanno per le mani del popolo per garantirli dalle mutazioni, che a capriccio ne seguivano.

Avanti de' medesimi stati, o sia della podestà secolare trattano i ministri riformati le controversie che insorgono fra di loro in materia di religione, e sulla versione, o senso della bibbia; e la medesima podestà secolare fa tacere gli altercanti a suo piacimento, e prende quelle risoluzioni che più gli aggrada; talmente che i medesimi ministri si dolgono di essere per conto di religione affatto soggetti a chi non è in grado di saperne giudicare.

In Leyden conoscemmo *Gian Giacomo Müller* di Basilea, fabbricatore di panni, il quale desidera corrispondenze d'Italia; quantunque sia riformato, è però uomo di molta onestà. Fummo in Leyden alloggiati all'insegna del *Molino d'oro*, albergo mediocre, ma cattolico.

A dì 12 ottobre alle ore otto della mattina si partì da Leyden nella barca che più volte al giorno parte per l'Haia; pagansi soldi sette a testa solamente, non entrandosi nel ruffo. — A mezza strada si trova un villaggio in cui si muta barca, e continuando il viaggio si trovano sulle sponde del canale parecchie case di delizia con varii passeggi e giardini. — Alle ore undici della medesima mattina ci trovammo all'Haia, e prendemmo alloggio in un albergo cattolico dietro alla scuderia del principe.

Haia non è circondata di mura, ed è nel rango de' villaggi, che hanno ottenuti i diritti di città; onde suol dirsi, che questo sia il più grande e illustre villaggio del mondo; all'intorno è circondato da un canale, che communica ancora e si estende in qualche parte della città. — La vaghezza di questo luogo è superiore a tutti gli altri finora veduti. Nulla può figurarsi di più vago, che le sue strade in alcuni siti assai larghe perfettamente dritte, e incrocicchiate rettamente fra di loro con una o due fila di alberi con le frondi ridotte a spalliera tanto esattamente, che non lo possono esser di più in un bel colto giardino. — Vi sono varie piazze sul medesimo gusto; ma il gran passeggio di sette e più file di alberi ben fronzuti e alti non molto distante dalla corte per commodo pubblico, non è niente men vago di tutto il rimanente; forma un angolo retto, ed ha sì in lunghezza che larghezza una estensione ben considerabile.

Il pregio poi singolare di questa città sopra tutte le altre di Ollanda consiste in qualche magnificenza negli edifizii, qualità che comunemente manca alle altre città. — Fra le abitazioni parecchie ve ne sono, che possono considerarsi come veri palazzi, qual'è la residenza del ministro di Spagna, oltre alla corte del principe, e della corte vecchia, appartenente già al re di Prussia, e da lui renduta negli anni passati allo statholder. Questo palazzo è meno esteso della corte, ma la facciata e il portico sono di un gusto sodo e perfetto. — La chiesa dei calvinisti sulla piazza in non molta distanza della corte è assai grande. Altra chiesa costrutta di fresco e, per quanto ci fu detto, di assai buona architettura, da noi non fu veduta.

Dall'Haia si va ad un villaggio detto Scheweling sul lido del mare. Il passeggio ornato di più ordini di alberi, che vi conduce della lunghezza di quasi una lega, è stato cavato nel mezzo delle dune, o siano grandi ammassi di sabbia, che come si è detto altrove, separano questa parte di continente dell'Ollanda dal mare, onde è convenuto non solo di levare l'arena per selciare, e assicurare il fondo della strada, ma di farvi ancora portare d'altronde il buon terreno per il nutrimento degli alberi. — Altre delizie vi sono fuori della città, che atteso il rigore della stagione, il quale incomincia ad essere assai sensibile, non furono vedute. Tale è la casa di delizia del principe, e il bosco che si trova all'uscir di città e si estende per lunghissimo tratto.

Merita di esser veduto all'Haia il museo di cose naturali e di antichità del principe. Oltre quaranta mila medaglie, e camei, che si conservano in questo secondo, parecchi idoletti e statue di bronzo, vi sono ancora non pochi semibusti e altri marmi in minor quantità però di quelli di Leyden. — Tutta questa raccolta è composta in gran parte col museo già appartenente al conte *de Thums*, i di cui pezzi più rari sono stati pubblicati.

La raccolta di cose naturali è composta specialmente di volatili di varie sorti conservati al naturale in armarii chiusi con cristalli e vaghissimamente distribuiti, e di conchiglie rare, e in grandissima quantità, una delle quali costa seicento ed altra mille fiorini. — M.ʳ *Wosmaer*, direttore del gabinetto, disse che questa raccolta superi anche quella del re di Francia in qualche parte specialmente. — Egli travaglia sopra alcune opere, che in materia di storia naturale darà alla luce. Annesso al gabinetto di cose naturali ed antichità, vi è la biblioteca che non potè vedersi, essendo fuori di città il bibliotecario.

Fummo ancora a vedere la biblioteca di M.ʳ *Van der Mieden*, secretario degli stati di Ollanda. Questa sola è atta a dare un'idea del buon gusto in materia di letteratura di chi la va componendo. — La di lui conversazione però lo conferma ad evidenza. Egli fin dalla sua gioventù nell'anno 1745 stampò una dissertazione sotto gli auspicii del celebre *Wesselingio*, suo maestro e professore in Utrecht, con questo titolo: *Disputatio critica ad marmor vetus, in quo de P. Sulpicio Quirino, de Censu Siriae, de Ituraeis etc., quam A. Vander Mieden civis alemcianus auctor etc. publico examini proposuit.*

Questa medesima dissertazione credo sia stata ristampata da *Gori* non so in qual opera.

In appresso ha fatto l'autore un viaggio per l'Europa e per molte parti dell'Oriente, specialmente in Costantinopoli e Gerusalemme. Ha in questa occasione fatte varie osservazioni, che non è alieno dal pubblicare quando gli affari della repubblica gli permetteranno di digerirle e di ordinarle. — Al medesimo promisi di mandare un esemplare del *Ciriaco* anconitano della nuova edizione del signor *Annibale Olivieri* con altri opuscoli del medesimo, di cui egli aveva concepita un'altissima stima, in leggendo le sue opere.

Altra copiosissima e ben scelta biblioteca vedemmo presso Mr *Fagel*, greffiere * delle loro alte potenze generali delle provincie unite all'Haia. Ha ancora una voluminosa collezione di stampe, parecchie pitture dei migliori pittori fiamminghi, ed una raccolta di medaglie de' papi e di altre persone illustri, ma specialmente de' cardinali.

I cattolici all'Haia sono in buon numero; compresi quelli dei villaggi vicini saranno da circa diecimila. I ministri delle corti cattoliche hanno ordinariamente la chiesa per i nazionali e per chiunque altro voglia frequentarla. — Il ministro di Spagna ha tre gesuiti del Brabante, che officiano la sua chiesa; il primo che ha annuo stipendio dalla corte si chiama il padre *Van der Meer*. — Conterà questa chiesa, che può dirsi parocchia, mille ottocento anime. I padri gesuiti amministrano ancora i sacramenti se sono ricercati nei vicini distretti dei giansenisti. — Altra chiesa o missione è governata da due carmelitani scalzi di Parigi. Una missione è in mano di preti secolari.

Quando nelle altre chiese di Ollanda trovansi eretici che vogliano convertirsi, se la qualità della persona potesse far nascere rumore, sogliono i missionarii inviarli secretamente ai cappellani di qualche ministro, in mano de' quali abiurando meno facilmente ne muovono querela i stati o i ministri acattolici. — Possono in questa città i cattolici professare l'avvocatura, non però altri officii. Il gazzettiere *Stefano de Groot*, buon cattolico, per avere la permissione dagli stati di far la gazzetta passa ogn'anno alla magistratura quattromila e cinquecento fiorini. — Si crede che anche tre terzi di meno si esigerebbe, se si trattasse di un riformato. Suppongono i ministri della repubblica che i cattolici romani possiedano molte ricchezze, onde più facilmente s'inducono a smunger da essi denaro.

I padri gesuiti della chiesa di Spagna, che usarono mille finezze verso di monsignore, ci diedero la copia qui annessa di due lettere, che si conservano in originale nel loro collegio di Emeria, una di *Lutero* del 1528, altra di *Erasmo* del 1525, sopra la condotta di *Lutero*; non so se siano stampate, ma certamente meriterebbero di esserlo.

* Gallicismo. Leggi *cancelliere*.

Copia literarvm Martini Lvtheri, qvarvm avtographum asservatvr in Collegio Societatis Iesv Embricae.

Venerabili in Xto fratri Wilhelmo Pravveat pastori in pilo Alsatiae fideli et sincero servo Xti in verbo.

Gratiam et pacem in christo. Scio mi frater in Domino sub praetextu Evangelii multa scandala patrari et omnia mihi imputari. Sed quid ego faciam? Nemo est illorum, qui non putet se centuplo doctiorem nec me audiunt, nam mihi cum ipsis maius est bellum, quam cum Papa, et magis ipsi nocent. Ego sane multas caeremonias damno nisi quae pugnant cum Evangelio. Ceteras omnes in Ecclesia nostra servo integras. Nam et baptisterium stat, et baptismus licet vernacula lingua fiat, habet suos ritus sicut antea, imo et imagines permitto in templo, nisi quas ante reditum meum furiosi fregerunt. Sic et missam in solitis vestibus et ritibus celebramus, nisi quod vernaculae cantiones quaedam miscentur, et verba consecrationis loco Canonis vernacula proferimus; deinde missam latinam nequaquam volo sublatam, nec vernaculam permittam nisi coactus. Summa nullos magis odi quam eos, qui ceremonias liberas exturbant, et necessitatem ex libertate faciunt; proinde me excusare potes, si meos libros legis, mihi non placere istos pacis perturbatores, qui sine causa destruunt, quae sine culpa manere possunt. Ego innocens sum ab ipsorum furore et tumultu. Nam nos habemus Dei gratia ecclesiam quietissimam et pacatissimam, templum liberum et integrum sicut antea, nisi quod est ante me ab Carolostadio turbatum. A Melchiore Pellifice velim cavere vos omnes, et curare apud Magistratum, ne ad conciones admittat, etiamsi litteras regis ostentet: a nobis discessit indignabundus dum non voluimus eius somnia probare. Ad docendum neque valet neque vocatus est: haec dicite omnibus omnes nomine meo ut ipsum vitent et tacere cogant. Vale et ora pro me et commenda me fratribus.

Sabato post « Reminiscere * » 1528.

Martinus Lütherus manu propria.

Copia literarvm Erasmi Roterodami, qvarvm avtographvm asservatvr in Collegio Societatis Iesv Embricae.

S. P. Amantem non redamare, Daniel optime, via ferarum est: amas Erasmum ex libris cognitum; ego redamo Danielem ex humanissimis modestissimisque literis non incognitum: dictus est Daniel vir desideriorum: quid itaque mirum si Desiderius Desiderium desideret? Sed quid narras? Caeteri

---

* *Reminiscere*, com'è noto, è la prima parola dell'Introito che si recita nel mercoledì del quattro tempi di quaresima, corrispondente (nel 1528) al 1° giorno di marzo.

quietis desiderio relinquunt principum aulas, et tu temet in aulam velut in portum contulisti? Nausea sui similis est, tantum me faciens ubique suis laudibus, quantum esse me immodice amanti persuasit amor. Montini lepidissimis literis nescio an vacet nunc respondere: nunciabis illi rem laetam. Lutherus (quod felix faustumque sit), deposito philosophi pallio, duxit uxorem ex clara familia Born puellam elegante forma natam annos 26 sed indotatam, et quae pridem desierat esse vestalis. Atque ut scias auspicatas fuisse nuptias pauculis diebus post decantatum hymeneum nova nupta peperit. Iocatur ille in crisim sanguinis, verum ea crisis orco dedit agricolas plus minus centum millia. Nunc remisit se paroxismis et nausea, si venerit reperiet malum aliquanto medicabilius. Bene vale et noster esto; debes autem si nauseam sic diligis.

Datum Basilae 6 id. octob. 1525.

Montino salutem plurimam
Eras: Rot: tuus.

Optimae spei iuveni Danieli Mauchio Vlmaro in familia R. D. Card. Campegio.

Rttx fom. (sic) *15 IXbris 1525.*

Conoscemmo all'Haia un mercante di libri chiamato *Van Duren;* volemmo intendere il racconto di una controversia avuta con *Voltaire*, il quale dopo di avergli venduto l'*Anti-Macchiavello del re di Prussia* perchè lo stampasse, non si vergognò di darne pochi giorni dopo ad altro libraio parimente dell'Haia un secondo esemplare. Andando poi *Van Duren* creditore di *Voltaire* per la somma di parecchi fiorini, non so, se per questo o per altro contratto, lo fece per mezzo del fratello negoziante di libri in Francfort arrestare in questa città, allorchè vi capitò di passaggio, finchè giustificato il credito, *Voltaire* fu condannato a soddisfarlo ancora per le spese. — Queste sono le azioni di quei savii venerati dagli spiriti liberi del nostro secolo, quali rischiaratori della religione naturale.

L'Haia può considerarsi come la capitale di tutta l'Ollanda e delle provincie unite, poichè sebbene affettino una perfetta eguaglianza le città e provincie fra di loro, pure in questo luogo si tengono le assemblee degli stati di Ollanda, e degli stati generali delle sette provincie unite, e vi risiede la corte dello statholder. — Attualmente l'autorità di quest'ultimo per conto della repubblica resta sospesa finchè il moderno statholder * giunga all'età di dieciotto anni, avendone ora

* Guglielmo V.

quattordici in circa; intanto i stati governano senza di lui. Gli affari poi particolari della famiglia passano per le mani dei di lui tutori.

Le soldatesche che tiene questo principe, sì a piedi che a cavallo per sua guardia ordinaria, sono scelte e assai ben montate, il che aggiunge lustro alla città. L'assegnamento dello statholder è maggiore in tempo di guerra, che in tempo di pace. Dal che nasce l'opinione commune, che esso ami, e cerchi sempre la guerra. — Si crede che i statholder siano più inclinati degli stati a favorire i cattolici; ed è certo, che quando era in vigore la loro autorità, molti affari si terminavano felicemente per loro mezzo dai cattolici.

Le truppe, che per l'ordinario mantiene la repubblica unita sono di venticinque mila uomini in circa. Gli stati generali risiedono continuamente, e si raunano tutti i giorni della settimana, toltone il sabato, e non so, se la domenica. Ogni provincia invia quanti deputati vuole per comporre l'assemblea; talvolta sono di una sola provincia anche diciotto, non hanno però tutti insieme che un voto; che se per qualche affare restan divisi egualmente di opinione, allora rimane senza voto quella provincia.

La presidenza di questa assemblea è alternativa fra tutte le sette provincie, e vi si trattano tutti gli affari comuni della confederazione. Quelli di ciascuna provincia in particolare non sono di ispezione di questo tribunale, ma si risolvono indipendentemente dai rispettivi stati. Il governo però dei paesi con quei stati nelle dieci provincie, come sarebbe Bolduch ecc., è in mano degli stati generali, trattandosi di paese non proprio di ciascuna provincia, ma comune di tutte.

I borgomastri esciti di esercizio ed altri pratici degli affari di ciascuna città e provincia, sono per ordinario destinati all'assemblea degli stati generali. Un officio ben riguardevole in ogni città è quello di pensionario dovendo egli portar la parola, e perorare a nome del magistrato.

L'Ollanda e la Zelanda hanno ancora il gran pensionario della provincia. L'attuale ministro di Spagna è il marchese di *Puente Fuert*.

Haia è di notte tutta illuminata da ambedue i lati della strada; il che forma un amenissimo teatro, dove specialmente vi sono i canali con gli alberi; altrettanto si costuma in tutte le città dell'Ollanda, e come viddi poi in tutte le altre de' Paesi Bassi austriaci.

Si valgono nell'Ollanda delle spoglie delle ostriche, che si hanno in gran copia, specialmente dall'Inghilterra, e a un prezzo discretissimo, per far la calce.

Corre in Ollanda la moneta di argento a prezzo stabile; il ducato non ha corso fisso, battendosi a conto dei particolari. La moneta di oro consiste nei r[isdalleri?] che vagliono fiorini [due].

A dì 17 ottobre si partì dall'Haia, e in una carrozza particolare dopo il viaggio di un' ora ci trovammo a Delft; può farsi però questo viaggio in barca con la stessa facilità ed economia, che per le altre città dell'Ollanda.

Delft è città non affatto piccola, ma meno piacevole delle altre finora vedute nelle provincie unite. La parte che può meritare maggiore attenzione può dirsi la piazza ornata della facciata della chiesa principale con un' alta torre nel mezzo di gusto antico. Nel fondo della piazza a rimpetto della torre, resta la casa di città, la quale per essere non inelegante ed isolata, dà qualche risalto alla piazza. — La chiesa, che si chiama nova a tre navate è assai grande, con volto di legnami. Il monumento più singolare che vi si contenga, e che è ancora rinomato per tutti questi paesi, è il sepolcro del *Principe d'Orange* tutto isolato e collocato nell'abside della chiesa.

Il mausoleo è di marmo bianco con parecchie statue simili. Il disegno dell'architettura non sembra delle migliori cose; è troppo minuto, e manca di una maestà che imponga; le statue sembrano alquanto goffe e pesanti, quella però della Fama, che è collocata in mezzo, è un capo d'opera; è travagliata con una leggerezza e maestà che rapisce; non so da qual professore sia stata lavorata, ma certamente può fare onore a chiunque ne sia l'autore. Fummo ad osservare la chiesa vecchia, in cui si vede il sepolcro di un ammiraglio e di due altri di un disegno più semplice, ma perfetto.

Il maggiore, o l'unico commercio di questa città, consiste nella maiolica, o sia in una specie di porcellana piuttosto ordinaria, che si ha a un prezzo assai discreto. Essendo giorno di domenica, che in tutti questi paesi quantunque acattolici si rispetta religiosissimamente, non fu possibile di vederne le fabbriche.

Nello scorrere la città osservammo buona quantità di cannoni smontati di diverso calibro che stanno fuori dell'arsenale. — Incontrammo per la città varie carrozze assai brillanti di quei cittadini. Il numero degli abitanti, ci fu detto essere di sedici mila in circa.

Conoscemmo il padre *Ovyn* gesuita, che resta incognito con un piccolo oratorio; ci disse che i cattolici saranno circa tre mila; due altri religiosi vi sono missionarii. Due parrocchie ritengono i giansenisti, che contano centocinquanta seguaci in circa.

Alle ore quattro della sera si partì da Delft per Rotterdam colla barca, che parte più volte al giorno; pagansi cinque soldi a testa, fuori del ruffo. Alle sette si arriva a mezzo cammino, si passa per un villaggio piuttosto considerabile; fu preso alloggio in Rotterdam presso il console di Spagna, assai buon cattolico, per la conoscenza che aveva con lui l'elemosiniere del ministro di Spagna, che dall'Haia venne fin qui a tener compagnia a monsignore.

Rotterdam è fabbricato sulla riva della Mosa che qui ha un letto largo per la metà di una lega. Introduce, e fa passare parte delle sue acque per la città, col beneficio di due canali talmente larghi e profondi, che commodamente ricevono i più grossi vascelli carichi di mercanzie; vantaggio ben singolare, e che manca ad Amsterdam: molti altri canali vi sono per tutta la città, che ben mantenuti e muniti di spessi alberi, servono di gran commodo per il trasporto delle mercanzie, e di vago ornamento alla città. La Borsa, o sia l'edificio, in cui si raunano ogni giorno i mercanti, è di un ottimo disegno, e assai più maestoso di quello di Amsterdam, quantunque sembri più piccolo. È interamente costrutto, tanto di fuori che di dentro, di travertino. Consiste l'edificio in una corte con portici all'intorno assai luminosi e con due ingressi opposti. Tutti gli altri edificii sono quasi sul medesimo gusto di quegli di Amsterdam.

Le case sono alte estremamente, contandosi tre, quattro e cinque ordini di finestre; non sono però di molta estensione, e quelle medesime che sono più grandi, qual sarebbe la casa per i vecchi, hanno sempre la forma di casa, ma non di palazzo. — Le passeggiate all'intorno della città sono amenissime per i diversi ordini di alberi che si godono in mezzo di un cammino sostenuto colla maggior polizia in mezzo alle acque che si vedono quasi da ogni parte.

La comparsa che fa questa città ad un forastiero non può esser più vaga; in ogni sito si trovano mercanti, copia di merci, vascelli ed altri legni in quantità considerabile, dispersi per ogni parte della città. — Si osserva la casa, che si suppone del famoso *Erasmo*, con una iscrizione al di sopra. L'edificio è piccolissimo e molto semplice. Su di un ponte si vede la statua in bronzo del medesimo letterato, togato con libro in mano, e con iscrizione in diversi linguaggi sopra i quattro specchi del piedistallo.

In questa città si fabbricano le navi, ed una di ottanta cannoni si stava attualmente travagliando. — È da avvertirsi che da questo porto partono più facilmente, che da qualunque altro della repubblica, attesa la vicinanza del mare, potendo i vascelli dopo due o tre ore di marea trovarsi in alto mare.

Non so quante anime conti Rotterdam; è certo però che il suo commercio la rende assai popolata. I cattolici ascenderanno a circa sette mila. — Due missioni sono rette da quattro domenicani e da quattro recolletti. Questi occupano ed officiano la chiesa che era dei padri gesuiti prima che ne fossero cacciati. Non ha molto però, che un padre gesuita ha aperto secretamente un piccolo oratorio annesso alla chiesa e casa de' recolletti, dove, per una tal quale dissimulazione dell'officiale della città, esercita la sua missione.

Conoscemmo in Rotterdam il pensionario della città, che è quel medesimo *Meerman* che ci ha dato il tesoro di varii opuscoli inediti e rari di gius canonico e civile.

È persona di età piuttosto fresca e di grande vivacità. È grande amatore, e conoscitore di libri rari. Ha una biblioteca non meno copiosa, che scelta, particolarmente per conto de' libri rari, anche meno interessanti. Ha un codice del secolo IX, per quanto sembra, che contiene la vita di un santo vescovo...., ma che egli poco o nulla apprezza in paragone de' libri delle prime o rare edizioni, che non ha difficoltà di pagare moltissimo.

Ora ha incominciata la stampa in quarto di un suo trattato sulla arte della stamperia, in cui si persuade di rischiarire totalmente le questioni che passano fra Magonza, Argentina e Harlem per conto della invenzione ed esecuzione di quest'arte, sostenendo esso le parti degli ollandesi; darà ancora in questa occasione varii saggi delle prime stampe che ha fatto incidere in rame molto esattamente, per quanto potemmo osservare nel confronto da noi fatto di alcuni di essi cogli originali, onde con questo libro ciascuno potrà rilevare la diversità che passa fra le edizioni più o meno antiche, ed assegnar l'epoca a moltissime che ne sono mancanti. — Ci promette ancora questo letterato un *Promptuarium iuris* arricchito di note inedite di *Cujacio*, e di altri insigni giuriconsulti; essendo però esso distratto dagli affari pubblici, si varrà probabilmente dell'opera di altra persona per questa nuova fatica.

A dì 20 ottobre si partì da Rotterdam di buon mattino, levando espressamente per passare in Anversa un *yacht*, o sia barca piuttosto grande, ad uso unicamente de' passeggieri che vogliono fare qualche navigazione con le maggiori commodità. — La barca, che una o più volte la settimana deve fare questo tragitto con ogni sorta di persone, e con mercanzie, ci fu detto esser troppo incommoda. Il nolo della barca ci fu accordato per quarantacinque fiorini. Parecchi altri fiorini esatti dal piloto a titolo de' dazi, che sui confini degli stati della republica disse di aver dovuto pagare.

La navigazione, che con un vento favorevole può farsi in una giornata, durò tre giorni e due notti. La sera dei 22 giugnemmo a Dort, o sia Dordrecht, città, che per essere stata anticamente residenza dei conti di Ollanda, conserva la preminenza nelle assemblee sopra le altre città della provincia. — Nulla osservammo di singolare nello scorrerla che facemmo sul tramontare del sole. Le strade e le abitazioni sono mediocri, e vi si ammira parte della polizia delle altre città di Ollanda. Il popolo non sembra che vi manchi.

La notte dei 23 la passammo sulle ancore nelle vicinanze di Lillóo. La sera dei 23 giugnemmo felicemente in Anversa, e prendemmo alloggio assai commodo all'insegna di *San Giuseppe,* osteria, dove fummo onestamente trattati.

Prima di lasciare di parlare dell'Ollanda, vuolsi notare, che in generale il tratto degli olandesi è molto riservato e serio. Un forastiere difficilmente troverà modo da legare discorso e conversazione con un ollandese, che non abbia mai conosciuto e trattato; i loro divertimenti sono assai freddi, e tal volta si ridurranno ad una riverenza nell'incominciare e finire della conversazione col fumo di una pipa di tabacco, e col rinfresco di una tazza di caffè o di thè. — Sono attaccati fra di loro a mille etichette e complimenti. Le femmine impiegano tutto il loro tempo in dar sesto alla casa, e in far spiccare una scrupolosissima polizia ancora nelle cose più communi e vili.

È tanta poi la loro premura per conservare questa soverchia nettezza, che a bello studio si asterranno dal far fuoco, per non dover poscia darsi la pena di nettare il focolare; al che però contribuisce ancora una mira di economia, che molto si accosta alla sordidezza, e che ha accostumato una gran parte degli ollandesi ad un vitto tenuissimo, rozzo e secco. — In fatti per il vitto giornaliero delle famiglie grand'uso si fa dei frutti di terra, ancorché meno perfetti. La carne per l'ordinario in certo tal qual modo si arrostisce, e rifredda per qualche settimana si continua a portare in tavola, formando la parte più lauta del pranzo e della cena. — Nelle osterie e nelle case de' particolari, ancor più colte, non si sorge di tavola, se prima non è stato distribuito una pipa per fumare.

È poi mirabile l'industria di questo popolo nel mantenersi nel proprio paese a dispetto degli elementi più necessarii alla vita umana, che loro mancano. Mancano per cagion di esempio in Ollanda quasi affatto le legna per il fuoco; ed essi si valgono di una terra, che trovasi non so in qual parte del loro paese, o nelle vicinanze, la quale seccata, è divisa in parti quadrangolari, che si chiamano *torbe* e fa un fuoco più forte e durevole di qualunque altro.

La bassezza del terreno, e il concorso delle acque nell'Ollanda è tale, che il paese dovrebbe affatto essere inondato; pure con dei larghi ed alti sostegni, che chiamano dighe, tengono lontane le inondazioni dalle città, e da' luoghi abitati, come pure dalle campagne, per quel tempo almeno, che ne devono esser libere per attendere alla coltivazione.

È ben vero, che conviene usare una somma diligenza per la conservazione di queste dighe, dipendendo sovente da una piccola apertura di esse l'inondazione e rovina totale di una città, di una campagna, ed anche di una provincia, e intera popolazione. Onde è, che in ogni stato trovasi un magistrato e consiglio particolare, a cui è destinata la custodia delle dighe del proprio distretto.

Da questa trista situazione non lasciano però gli ollandesi di trarre un considerabilissimo vantaggio, che consiste nella moltitudine de' canali, che vi sono per tutte le provincie unite, i quali tengono notabilmente più vivo il commercio per il facile trasporto delle merci, e per il commodo passaggio da una città e provincia all'altra, il che resta maggiormente facilitato dalle barche, che più volte alla giornata sono destinate dal pubblico a questo effetto; in guisa, che bene spesso abbiamo sperimentato essere maggiore la spesa, che occorre per fare portare un piccolo bagaglio dall'osteria alla barca corriera, che la spesa di passare noi col servitore e col piccolo bagaglio da una città all'altra.

L'arte poi e perizia degli ollandesi per regolare le acque è sorprendente; moltissime opere escono di tempo in tempo alla luce su questa importantissima materia, ma ordinariamente in lingua del paese; onde a noi resta impedito di trarne profitto. — Converrebbe essere bene iniziato nell'idraulica, per comprendere le loro operazioni; noi possiamo per esperienza confermare ciò che communemente si asserisce di questo paese, cioè che il livello delle acque sorpassi l'altezza dei terreni, verità che toccammo con mani, specialmente nell'uscire di Rotterdam. Essendoci in poca distanza della città convenuto prender terra per mancanza di vento, salimmo per piacere la prossima diga, che separa la riviera dalla campagna coltivata; e realmente trovammo, che il livello dell'acqua era per l'altezza di quasi un uomo superiore alla superfice del terreno, non comprendendo poi in qual modo le acque della campagna, la quale almeno in gran parte dell'anno non è certamente inondata, trovino il loro scarico.

Anversa è fabbricata sulla sponda della Schelda la quale ha un fondo di ventidue piedi, ed è capace ancora de' vascelli di ottanta pezzi di cannoni, entrando e uscendo questi col beneficio della marea, che ogni giorno è molto sensibile. — Le acque sono salse, onde per uso della città, e specialmente per fare la birra conviene tirare da molte leghe lontane l'acqua dolce, che per mezzo di una macchina assai curiosa si distribuisce in tutta la città.

Ad un forastiere, che viene in Anversa colla viva idea della nitidezza, e del brio delle città d'Ollanda, pare a primo abbordo, squallida e tetra questa città, non trovandoci negli edificii nè uniformità di gusto, nè quella polizia, che è singolare in Ollanda. — Per altro scorrendosi con attenzione la città si scorge assai facilmente, che ella è ricca di fabbriche di un gusto ordinariamente sodo.

La Casa della città è un edificio ben rispettabile con facciata di pietra a quattro ordini di architettura. La Borsa, o sia il sito, in cui si raunano i mercanti, è di un gusto più antico e meno regolare; pure non è dispregevole, consistendo in un gran portico quadrato coi suoi archi sostenuti da colonne, composto di sole pietre.

Le strade della città sono per l'ordinario larghe; la più magnifica è quella detta il *Mare* per cagione di un canale, ora coperto, che vi passava in mezzo.

Le chiese formano la parte più rispettabile di Anversa per conto degli edificii; le pitture e scolture, colle quali sono per lo più ornate, accrescono il loro splendore.

La cattedrale è di gusto antico detto gotico con cinque navate ridotte a sette, e con gran torre del medesimo gusto. Gli archi sono aguzzi. Tutti gli ornamenti interni della chiesa, quali sono altari, balaustre, statue, bassi rilievi, sono moderni, di marmo ordinariamente bianco e dell'ultimo gusto. Non potrebbe altro riprendersi, che essendo cavati gli altari secondo il costume universale della Germania, ancora dalle colonne, che sostengono gli archi delle navate di mezzo, le balaustre, e gli altri ornamenti fattivi in appresso, occupano gran parte dell'area della chiesa, e impediscono il libero passo per la medesima, e imbarazzano la vista, che per altro sarebbe molto maestosa di tutto l'edificio, per se stesso vastissimo.

È degna di particolare attenzione la cappella della beata Vergine con bassi rilievi eccellenti fatti nel 1728. La cappella ancora del santissimo Sacramento è ornata assai vagamente.

Si vedono in questa chiesa assai buone pitture, e specialmente la deposizione di Croce del *Rubens* con altri tre pezzi della medesima mano rappresentanti un san Cristoforo, la visita della Madonna a santa Elisabetta, e la presentazione al tempio, se mal non mi ricordo. Questi quattro pezzi sono tutti in un solo altare.

La chiesa collegiata di s. Giacomo è parimente antica a tre navate con archi aguzzi, e gran torre nell'ingresso non finita. Le pitture sono assai buone, gli ornamenti di marmo, e specialmente le balaustre degli altari con varie figure e scherzi, sono lavorate a perfezione. Pare difficile che il marmo possa essere maneggiato con maggior destrezza.

La chiesa dei carmelitani è parimente antica con archi aguzzi, ma gli ornamenti di dentro sono di un gusto sodo, e regolare. La facciata ancora è assai bella secondo le buone regole dell'architettura.

Quella de' premostratensi detta di san Michele ha la facciata di un ordine rustico, che fa un ottimo effetto; il di dentro è antico gotico; gli ornamenti sono moderni, e i più rispettabili sono i mausolei degli abbati, che stanno dentro, e intorno al coro. Fanno osservare le pitture specialmente del refettorio di mano del *Quirino*.

Più bella però di tutte le altre è la chiesa del collegio de' padri gesuiti. La facciata è di marmo con due torri non molte alte sui lati. Pare alquanto carica di ornamenti, ma tutti sono di un ottimo gusto, e la vista non ne resta almeno notabilmente offesa. — Il di dentro è a tre navate. Da principio era tutta la chiesa di marmo, eccettuatone il soffitto della navata di mezzo dipinto dal *Rubens* con tutto il resto della chiesa, ma un incendio ha consumato il tutto. Il pavimento ora è di marmo. — Le due navate laterali sono sostenute da due ordini di archi e colonne, uno superiore, ed altro inferiore. Due cappelle ha questa chiesa assai belle, una delle quali è ornata con quadro di *Rubens* rappresentante l'Assunzione della beata Vergine, e con altre belle pitture. L'altare maggiore è ricco di quattro belli quadri, che si cangiano a piacimento; due sono di *Rubens*, uno di *Scenck*, altro di . . . .

La cittadella di Anversa è di disegno del *Paciotti* di Urbino *. È composta di cinque bastioni sulla sponda della Schelda con fosse all'intorno di acqua morta, che puossi per altro tramutare a piacimento. — Suppongono, che con sei mila uomini la fortezza possa difendersi. La chiesa della cittadella è assai regolare: fanno osservare il deposito di *Francesco Marcos de Velasco* marchese del Pico, governatore della cittadella morto nel 1693, come una meraviglia dell'arte.

* Il conte Francesco Paciotto, celebre nell'architettura militare, nacque in Urbino nel 1521 e vi morì il 13 luglio del 1591. Fortificò Montecchio, Scandiano, Correggio, Guastalla, Borgo S. Donnino, Ancona, Civitavecchia, Anversa ecc. Per conto di Emanuele Filiberto, duca di Savoia, fortificò Nizza, Savigliano, Vercelli, e fece il disegno della cittadella di Torino. Migliorò, per ordine della Spagna, le fortezze del Milanese e del Napolitano. Scrisse il *Trattato dell' Astrolabio* (ms. alla Casanatense, in-8, segnato XX, IX, 18) e altre opere che andarono perdute. Fu al servizio del celebre Alessandro e di Ranuccio Farnese in Roma; poscia del duca Ottavio di Parma. Nel 1574 da Gregorio XIII (Ugo Boncompagni) venne nominato ingegnere maggiore in Roma. Di ciò, al capitolo XVI [anno 1574] della *Storia delle fortificazioni nella Spiaggia romana* del p. ALBERTO GUGLIELMOTTI, si legge: « Un ometto di quattro piedi, come scrisse il Caro nelle *Familiari*, ma di gran vaglia nella militare architettura, e già famoso per le fortificazioni fatte in Lombardia, in Piemonte, in Fiandra, e specialmente nella tanto celebrata cittadella d'Anversa, fu nominato ingegnere maggiore in Roma, e spesso spesso inviato in Civitavecchia per rivedere le fortificazioni. »

Scrissero di lui: CARLO PROMIS (*Vita del Paciotto*, in-8, Torino, 1863; *Lettere del Paciotto a Guidobaldo duca d'Urbino*, Torino, 1871, ecc. ecc.); AMADIO RONCHINI (*Memorie su Francesco Paciotto*, negli *Atti parmensi di Storia patria*, vol. III); PIERGIROLAMO VERNACCIA (*Vita del Paciotto* nel *Piceno* del COLUCCI, in-fol., 1796, XXVI). — Per tutti, vedi GUGLIELMOTTI, *Storia della Marina pontificia*, vol. V, *Le fortificazioni nella Spiaggia romana*, lib. I, cap. IX; lib. III, cap. XI; lib. VI, cap. XVI; lib. X, cap. XVII; edizione Monaldi, 1880, pagg. 40, 122, 309, 311, 510; edizione Vaticana, 1887, pagg. 37, 116, 297, 299 e 488.

Si vedono altre scolture nell'altare della beata Vergine di *P. Scheemaekers*, morto nel 1698. Ci fu fatta osservare ancora la sepoltura di *Diego di Soto*, morto nel 1631, detto l'uomo della gran forza, secondo l'iscrizione spagnuola, che si legge ancora. Raccontano per tradizione i custodi della chiesa, che quest'uomo strappasse colle mani le serrature delle porte.

In Anversa si vede una bella raccolta di quadri presso il signor *Wellens* antico borgomastro, e presso il signor *Van Lankeren* mercante dei medesimi. La città conterà per quanto ci fu detto, quarantasei mila anime. I cittadini sono molto ricchi. Essi sono quelli, che improntano il danaro per le due compagnie di Embden erette dal re di Prussia, le quali vanno quasi a mancare. — Ai mercanti di Embden mancano denari per assumere un impegno di questa sorta.

Vi è in Anversa un'accademia di pittura e disegno, a commodo della gioventù, da cui forse nasce il buon gusto, che ordinariamente spicca in questa città nelle cose anche triviali, qual sono intagli, porte, finestre ed altre simili bagattelle.

Il vescovo averà circa sedici mila fiorini di entrata attesa la piccolezza della diocesi, e la discretezza delle rendite, che sono un troppo piccolo oggetto per destare l'appetito de' gran signori; si hanno ordinariamente ottimi vescovi. L'odierno fu per lunghissimo tempo professore in Lovanio, e non manca di zelo e prudenza.

A dir vero da che partimmo d'Italia, e venimmo scorrendo varie parti della Germania sin qui in Anversa, possiamo dire di aver trovati bravi cacciatori, e gran principi, ma rarissimi vescovi, che conoscano il dovere del loro ministero, e che si diano cura di adempirlo, anche mediocremente. — Sappiamo di uno, che prima di essere assunto alla gran dignità del sacerdozio celebrava messa ogni giorno; dacchè ha guadagnato questa dignità, non solo ha lasciato tale costume, ma non è entrato neppure una volta nella sua cattedrale. Ma forse questo sarà effetto di delicatezza di coscienza, durando ancora i maneggi per guadagnarne qualche altra.

La città si governa come da sè, ha varie capitolazioni col suo principe, che le sono mantenute. Due sono i capi delle magistrature, uno presiede alla città, l'altro al territorio. Il decano di ciascun'arte ha voce in senato, e viene interpellato negli affari communi.

Lo scudo in questa città è di otto scellini, cioè di due fiorini di Germania a moneta pari. La principale, anzi unica nostra mira colla dimora in Anversa fu di trattare coi padri bollandisti. Trovammo che il padre *Stilting* era già morto, e che degli provetti nello studio degli *Atti de' Santi* non rimaneva che il padre *Costantino Suyskens*.

Siccome quattro devono essere le persone applicate a questo studio, ha egli assunto di recente in compagno il padre *Giacomo de Bue*, e il padre *Cornelio de Bie*, ed un quarto ne va egli cercando attualmente. — La vita di questi religiosi è seriissima ed applicatissima; onde non è loro facile di trovar chi vogliavisi stabilmente impegnare; nè credono convenire colla qualità dell'opera di far travagliar persone che non ci siano portate per loro inclinazione. — Non escono questi religiosi che una volta ogni quattro giorni, e allora vanno a una ricreazione di campagna. Per la città non si vedono che rarissime volte. Sono esenti da ogni occupazione, e tutta l'intera giornata l'impiegano allo studio. Hanno un converso che li serve. Hanno le loro celle in luogo separato dal resto del collegio, con una biblioteca di loro uso assai ben provveduta di libri istorici, e di altri necessarii per la loro grand'opera. — Hanno ancora una camera a parte piena di scritti sul giansenismo con molti libri rari. Hanno distribuiti tutti i loro materiali in tante cassette, secondo i mesi dell'anno, unendo le notizie di un santo al giorno, in cui cade la di lui festa. — Hanno ancora parecchi indici e repertori generali, divisi per materie, per geografia, e per nomi. Conservano diligentemente tutte le descrizioni de' viaggi fatti da essi in varii tempi, e il carteggio avuto fino dal principio della loro impresa.

Il signor conte trovò nelle loro memorie la vita di un servo di Dio di Rimini, che da Rimino ebbero i loro antecessori, il di cui originale ora è perduto. Se i signori di Rimini avessero negata la copia di questo documento a detti padri, ora ne sarebbero essi ancora affatto privi. Il che sia detto per trar d'inganno coloro, che credono di pregiudicarsi, communicando ad altri le notizie, che interessano la repubblica delle lettere [*].

Undici sono i padri defunti finora in questa carriera. Il padre *Stilting* mancato di vita ultimamente ha lasciata compita la risposta a *Mazzocchi* sopra san Gennaro, restando sospesa la stampa per non accrescer nemici in questi tempi troppo critici alla società. — La casa d'Austria passa un'annua pensione a questi religiosi, che tirano dall'Ungheria. Hanno ancora la privativa della stampa per i libri scolastici. Ottocento esemplari sogliono tirare di ogni tomo degli *Atti de' santi*; mancano loro gli esemplari del mese di maggio divenuti assai rari; onde parecchi corpi dell'opera restano imperfetti.

Presentemente sono giunti colla stampa alla fine di settembre. Non credo però, che attualmente abbiano all'ordine alcun altro tomo

---

[*] Degnissime di nota sono queste parole di mons. MARINI, le quali preludono, direi quasi, al concetto cui s'inspirò Leone XIII felicemente regnante, quando nel 1880 aperse al pubblico gli Archivi Vaticani.

per incominciare a darci i santi di ottobre, e prevedo, che non ne averanno in breve, non essendo rimasto che il padre *Suyskens* che abbia pratica dell'opera; ed egli ancora, non so, se per lo passato sia stato addestrato nelle parti più difficili, che vi si incontrano. — Promisi a questo religioso di mandargli le notizie specialmente de' santi di Pesaro, che si sono scoperte di fresco.

Il medesimo ci mostrò una lettera originale di *san Francesco di Sales* al padre *Lessio* gesuita, in cui si parla vantaggiosamente della sentenza de' gesuiti sulla previsione dei meriti nella predestinazione. — Questa medesima tacciata di suppositizia da *Graveson* ha impegnato i gesuiti a farla incidere interamente in rame, di cui ci regalò due esemplari, uno de' quali qui inserisco *.

L'incisore, per quanto ci parve, è molto felicemente riuscito nell'imitazione del carattere. Ci disse il detto padre, che nell'essersi ristampata in Lovanio un' opera, in cui era inserita anche l'enciclica di *Benedetto XIV* sul rifiuto de' sacramenti, questa sia stata omessa.

Il collegio ha un'altra biblioteca a parte per uso della communità, la quale però non è composta che di edizioni antiche e di libri scolastici. Hanno i gesuiti in Anversa un'altra casa, dove vi sono i studii.

A dì 26 ottobre con una carrozza presa a vettura partimmo da Anversa alle sette della mattina; alle dieci si giunse a Malines. La strada è piana e amenissima per le spalliere di alberi, che vi sono. — Fummo subito a vedere la biblioteca arcivescovile fatta dal cardinal d'Alsazia, ultimo arcivescovo defunto. Questa è bellissima, e assai copiosa di ottimi libri e uniformemente legati in pelle dorata. — Sono tre gran camere piene in ogni parte. L'arcivescovo avendo inteso che vi erano forastieri in biblioteca venne a sorprenderci; fece molto onore al signor conte senza conoscerlo, e ci tenne a pranzo, il che ci impedì di vedere il bello della città, giacchè quella parte, che potemmo osservare nell'entrare e nel passare dall'osteria all'arcivescovato, la trovammo notabilmente miserabile e deforme.

Il palazzo arcivescovile non è cattivo, che dissero essere la migliore abitazione della città. La cattedrale ha tre navate, oltre alle cappelle, gli archi sono aguzzi. Si vedono nella chiesa alcuni depositi, e altri ornamenti di mano non cattivi. La cappella del Santissimo ha un quadro del *Rubens*. L'arcivescovo è giovane, desidero che abbia tanto giudizio e prudenza, quanto mostra di zelo e di ottima volontà. — Nel fare esaminare i suoi chierici vuole che siano ricercati specialmente sullo studio della sacra scrittura. Nelle *Novelle ecclesiastiche* si è parlato di questo

* La stampa di questo rame, sia che il Marini si dimenticasse d'inserirla, o sia che andasse smarrita, nel codice non si ritrova.

provvedimento, o di altri suoi per declamare contro la società; di che si duole l'arcivescovo, non amando egli di dare occasione di esagerazioni e declamazioni ai novellisti, nè di querele ai gesuiti.

Ora è risoluto di fare un editto per obbligare chiunque vuol fare la prima communione di farla nella propria parrocchia, avendo trovato, che molti non riputati dal parroco capaci ancora della prima communione per difetto di età e discernimento, o per altro motivo, vengono ammessi alla prima communione nelle chiese di qualche regolare. — Questo arcivescovo spesso fa le funzioni ecclesiastiche, e predica tanto in Malines che in Brusselles, città della sua diocesi. — Le rendite dell'arcivescovato consistono in una abbazia, le rendite della quale sono per la metà dell'arcivescovo, e per metà del monastero, l'amministrazione de' beni è commune ad ambedue.

Alle ore tre della sera si partì da Malines, alle sei giugnemmo a Brusselles, e prendemmo alloggio presso di monsignor *Molinari* nunzio del papa, che senza saperlo trovammo gravemente ammalato di idropisia di petto (di cui poi morì, cioè li 31 marzo 1763). — La strada è buonissima lungo un canale, per cui passa la barca di trasporto. Le campagne nelle vicinanze di Brusselles sono amenissime e ben coltivate.

Brusselles è detta la nobile relativamente alle altre città delle Fiandre. Vi mancano edificii pubblici, che meritino una particolare attenzione. Hanno però le strade e gli edifizii comunali tale proprietà e vaghezza, che rendono la città anche per questo conto molto rispettabile. — La piazza è adornata di alcuni edifizii magnifici, ma alquanto confusi. La Casa della città è elegantissima a forma di castello sul gusto gotico.

Il teatro e la zecca sono i migliori edifizii innalzati di nuovo. Vi sono alcune fontane che sono ammirate dai forastieri, ma non egualmente lo possono essere dai romani. — La più bella e regolare insieme è quella *des trois puchelles*. Vi sono assai belli passeggi sopra le mura, e altri non men fuori, che dentro della città.

La corte al presente si sta ristorando. La chiesa principale è di santa Gudula; è molto grande, e di un gusto antico. Si vedono nelle vicinanze le ruine di un antico castello, che dà indizio di una fabbrica grande ed elegante nel genere gotico. — Le altre chiese sono mediocri. La più bella e regolare sembrami quella dei minimi, e poi quella dei padri gesuiti; quelle degli agostiniani e dei carmelitani non sono dispregevoli.

Vi è in Brusselles un beghinaggio in forma di piccola città; ha le sue mura, e fosse d'acqua; la sera resta chiuso. — Non vedemmo la chiesa, che abitano le beghine in due, tre e quattro, o in più a piacimento: in tutto sono da cinque in seicento. Escono quando loro aggrada.

Il confessore è un prete secolare: non hanno voti; vivono del proprio, e sono edificanti.

Questo luogo pio è di gran risorsa alla città, il che forse deriva dall'essere ammesse le femmine in queste parti ad egual porzione dei beni paterni, i quali passano poi d'ordinario ai congiunti, e non ai luoghi pii, come succederebbe se professassero queste beghine formalmente in qualche monastero.

Il principe *Carlo* fratello dell'imperator regnante, è governatore di tutti i Paesi Bassi austriaci, e fa la sua dimora in questa città. Ha una corte molto brillante, e si tratta con molta generosità. — Gli stati gli passano un assegnamento di cinque cento mila fiorini. È dilettante di chimica. Ha un gabinetto di cose naturali e di camei. Settanta due sono gli armarii, o siano le cassette d'istrumenti di varie arti. — Vi sono mille e trecento specie di pietre dure dette volgarmente marmi. Una camera della sua corte è ornata coi ritratti delle più belle signore di Brusselles. Avvi una stanza adornata di lacca della cina a oro con fondo nero, con statue, e altri pezzi di porcellana. — Questo principe riscuote universalmente l'affezione universale per la bontà del suo cuore, e facilità del tratto. — Ha tutto l'attaccamento per la religione, e non lascia di darne alle occorrenze delle riprove. Il suo costume se bene nella conversazione possa talvolta apparir piuttosto libero, pure niuno scandalo dà attualmente, nè so, che ne abbia dato per lo addietro. — La somma però degli affari dipende dal conte *Cobenzl* che ha dieci mila zecchini di assegnamento. È questo austriaco delle parti di Gorizia. Non gli si nega universalmente le qualità di un accortissimo ministro.

Ha fatto i *suoi* studii in Leyden, quando quella università abbondava più che di presente di uomini grandi, e credo in altre università acattoliche. — Il taglio di questo signore sarebbe anche di gran letterato; e nell'impiego, che occupa, la protezione sua per le lettere varrebbe moltissimo, se tal volta non si potesse temere in lui quello spirito di pensar libero, ch'è lo scoglio de' belli ingegni del secolo nostro. — Egli sarebbe in grado di passare ai primi posti del ministero austriaco in Vienna: ma forse le amarezze passate già fra lui e la moglie, dama di altissima qualità, può avergli prodotta qualche men vantaggiosa prevenzione sull'animo dell'imperatrice, la quale è implacabile a qualunque anche menoma querela coniugale che giunga a sua notizia.

L'introito de' Paesi Bassi austriaci per il commercio attivo è di circa venti milioni di fiorini annui. Nel corso della guerra presente questi stati hanno contribuito circa ottanta milioni di fiorini, senza comprendervi l'introito delle lotterie, che hanno finora portato dodici in quindici milioni di lucro. Le contribuzioni straordinarie prestate l'anno scorso ascendevano a trentaquattro milioni. Suppongono, che l'ordinario fruttato di questi stati ascenda a cinque milioni di fiorini.

La zecca di Brusselles fu ristabilita dal generale *Botta*, e poi accresciuta dal conte *Cobenzl;* batte circa venti mila scudi la settimana. In Brusselles vi è l'archivio dell'ordine del Toson d'oro.

Il nunzio fa in questa città la sua residenza; la maggior sua cura riguarda le missioni di Ollanda. Qui più che in ogni altra nunziatura converrebbe tenere un uditore perpetuo, dovendosi conferire le parrocchie delle missioni a soggetti, che non sono conosciuti dal nunzio e da' suoi ministri, che per qualche lettera, o per una visita momentanea, o per relazioni, che talvolta possono essere meno veridiche.

Uno de' gran capi di commercio delle Fiandre consiste nei pizzi che mandano fuori, di cui vi è un grandissimo lusso. — Le campagne sono fertilissime ed abitate; pure si suppone che la coltivazione sia in qualche parte trascurata per mancanza di sufficiente popolazione.

In Brusselles vi è la biblioteca regia Burgundica, dove vi sono parecchi manoscritti del secolo XIII, XIV e XV. I libri stampati non sono molti, e questi non meritano grande attenzione.

Il codice 496 del secolo XIV o XV, contiene i cinque libri delle decretali tradotte in francese e diretti ai maestri e scolari dimoranti in Parigi. Il codice è in pergamena, parecchi altri sono liturgici del secolo XIII. Un codice cartaceo in foglio col titolo: *Traité de fauconerie*, contiene un'opera italiana divisa in sedici libri sul modo di ammaestrare, e curare i falconi diretta al principe *Galeazzo Maria*. In fine si legge: *Viglevani 25 Novembris 1499 per Ioh. Petrum Belbassum Vigleviatem grammaticae professorem.*

Altro codice in pergamena del secolo XIII porta questo titolo: *Campani Novariensis computus maior.* In fine vi è il calendario, in cui si nota: *Kal. Ian. incipit annus D. N. I. X. secundum morem Italiae 25 Mart. Hic renovatur annus Domini secundum Ecclesiam romanam, gallicanam, anglicanam et multas alias.*

13 kal. Iun. di altro carattere è notato: « *1308* » *die Lunae exeunte madio in crepusculo noctis combusta Ecclesia S. Ioh. Lateran. de Roma, 8 kal. Iunii translatio S. Francisci; 5 Idus nov. dedicatio basilicae Salvatoris, et S. Theodori - 14 kal. decem. Dedicatio basilicarum Apostolorum Petri et Pauli - VI. Id. dec. Conceptio gloriosae Virginis Mariae.* Segue poi: *Campani Novariensis Computus abbreviatus: Item tractatus de rationibus algorismi*, senza nome dell'autore, che comincia: *Dictaturi de rationibus algorismi primo videamus etc. hanc scientiam habemus ab Arabis, qui scribunt a dextra manu procedendo ad sinistram.* Vi è un passo in questo trattato relativo al valore delle monete.

Un codice cartaceo in foglio del secolo XV di carte ottocento settantatrè contiene il tesoro di sapienza di *Brunetto Latino* di Firenze tradotto in francese; in fine vi è la nota delle spese occorse per scriver questo codice, dalla quale si può fare il ragguaglio delle monete che erano in quel tempo in corso nelle Fiandre. Il libro era di *Pietro de Hauteville segnieur daïs, e prince d'Amours quj l'a fait du sien escripre.*

Altro codice membranaceo del secolo XIV in fol. dopo i libri: *Secretorum Fidelium Crucis*, di *Marino Sanuti* a *Filippo Re*, e dopo un trattato del giuoco de' scacchi, porta due libri: *Venetianae pacis inter Ecclesiam et imperium Castellani Bassianensis.* Incomincia:

Exurgant Venetae praeconia clara per orbem,
Digna cani, et lauto decorari carmine gentis ecc.

Accenna l'autore di avere scritta la Vita o gli Atti di san Marco; descrive le guerre tra *Federico I e Alessandro III*, sine alla pace fatta in Venezia; fa menzione dell'iscrizione dell'indulgenza per la visita dei limini di san Marco, la quale era in Roma in san Giovanni in Laterano, avanti che restasse incendiata la chiesa sotto *Clemente V*. In fine:

Hanc ego veridicam dum scripsi carmine pacem
In Venetis tutis laribus centesimus annus
Quatuor adiunctis, et quinquaginta fluebat
Praescriptae post gesta rei velut in fora dari
Metra ducis tumulo, qui post obiit inde per annum;
Caenobio magni testantur sculpta Georgi.

Vi sono in fine venticinque lettere di *Martino Sanuti* a *Giovanni papa*, ai cardinali, ed altri soggetti sugli affari di Terra Santa dall'anno 1324 al 1330.

A dì 10 novembre partii io solo da Brusselles, e m'incamminai alla volta di Colonia per riprender la carrozza, e parte del bagaglio colà lasciato nel partir per l'Ollanda; essendo l'uno e l'altro troppo necessario per il resto del viaggio. — Feci questo viaggio nell'andare colla diligenza che ogni due giorni parte da Brusselles per Liegi. Si partì la mattina alle sei e mezzo, e alle nove incirca giunsi in Lovanio. Alle dodici mi trovai a Tirlemont, piccola e piuttosto misera città, ove la diligenza si suole arrestare per il pranzo.

Alle due della sera si partì, e alle quattro giungemmo a Saint Tron, città piccola e meschina, ov'è l'abbazia di san Trudone. — In vicinanza della medesima finisce il Brabante, e questo è il primo luogo del principato di Liegi. I zoccolanti vi hanno una chiesa nuovamente fabbricata; e l'abbazia di san Trudone, che in parte sembra antica, e in parte moderna, ha molta estensione.

La campagna di Brusselles sin qui si trova assai ben coltivata, e le strade sono tutte lastricate all'uso della Francia: per il mantenimento però delle medesime vi sono tratto tratto le barriere, alle quali convien pagare non so qual somma per ogni cavallo e legno che si ha. Ancora quegli che vanno a cavallo pagano a proporzione: con questo regolamento, che è commune in tutti i Paesi Bassi austriaci, e nel Liegese ancora, se mal non mi ricordo, pel mantenimento delle strade contribuiscono non meno i forestieri che i paesani.

A dì 11 novembre si partì alle sei della mattina da Saint Tron, alle nove si mutarono i cavalli a Oreille, piccolo villaggio, e alle undici e mezzo si giunse a Liegi. La strada è sempre buona, ma vi sono tratto tratto delle piccole salite. — Liegi è città assai grande per se medesima, e più ancora per i suoi borghi, che sono di una lunghissima estensione; vi sono buone fabbriche, specialmente nelle vicinanze della corte e della piazza.

La chiesa cattedrale è a cinque navate con archi acuminati. La corte al di fuori è ridotta al gusto moderno: il cortile al di dentro con loggia intorno è di gusto antico.

Bella è la chiesa collegiale di san Pietro a tre navate, e più bella ancora è l'altra de' domenicani fatta a cupola, quasi sul disegno in piccolo dell'interno della Rotonda di Roma. Questa città appartiene al vescovo principe di Liegi, che vi suol fare la sua residenza. — Conterà da duecento mila anime. Il commercio è piuttosto considerabile. Vi si lavorano le armi di varie sorta, le quali, se ben non vengano riputate le più perfette, pure hanno grande esito. — Il clero è numerosissimo per i molti beneficii che vi sono: si suppone però, che non sia punto edificante, ed è certo che la città è al maggior segno licenziosa.

Conobbi in questa città monsignor *Iacquet*, suffraganeo del vescovo e canonico della cattedrale. È questo un soggetto di esperienza negli affari, e zelantissimo dei doveri del suo ministero. — Deplora lo stato di questa diocesi, e cerca per quanto può di togliere gli scandali che vi sono, ma con poco buon successo. — Il vescovo principe e cardinale di Baviera, è signore di ottimo cuore, ma che si lascia dominare da un attacco ora innocente, ma sempre di pessimo esempio. Nulla è più pubblico di questo in Liegi e nei paesi vicini e lontani.

I benedettini di san Giacomo di questa città conservano alcuni manoscritti in specie di *Egisippo*, e del libro *De Imitatione Christi*, che per altro non ebbi campo di vedere.

A dì 12 partii da Liegi alla volta di Aquisgrana con un calesse a due ruote, che in queste parti sono in uso, levato apposta, non essendo in quel giorno partita la diligenza, secondo il solito, per essersi rotta il giorno avanti per istrada.

Partii alle nove della mattina, e a un'ora della sera giunsi ad un villaggio, che è dopo passato un borgo chiamato Herve. — Nell'uscire di Liegi si sale, e la strada è ottima sino a due ore in distanza da Herve; in questo piccol tratto però non può esser peggiore sebben sia affatto piana. A Herve incomincia il Limburgese e si estende sino quasi sulle porte di Aquisgrana. Per tutto il Limburgese la strada è ottima; a due e mezzo della sera giunsi a Henri Chapelle. — La vista della campagne sparse di abitazioni campestri è in questo tratto più di ogni altro deliziosa e vaga. Giunsi in Aquisgrana alle sette della sera. La mattina dei 13 a ore undici mi convenne partire colla pubblica diligenza, che conduce a Colonia, la quale al pari delle altre di Germania, e a differenza di quelle dei Paesi Bassi, è molto incommoda.

Alle quattro mi trovai a Juliers, dove la diligenza suol passare in questi tempi la notte. S'incontrano per istrada due villaggi, uno detto Widen, Aldenove l'altro. Sino a Widen, un'ora distante da Aquisgrana, la strada è ottima; per tutto il rimanente è sopra ogni credere cattiva; per mancanza di fondo, è cavata da una perfetta e perpetua pianura. Juliers ora si gode dall'elettore palatino; vi sono ottime fortificazioni fatte di fresco, e la città è guardata da un presidio piuttosto numeroso. Il suo recinto non è vasto, le strade sono ben distribuite e si vanno attualmente ornando di qualche edificio regolare. Hanno in questa città il pubblico esercizio di religione non meno i cattolici che gli eretici, come negli altri stati dell'elettore palatino. Vi sono stabiliti i padri cappuccini e i gesuiti. Questi ultimi attualmente innalzano la chiesa, che sarà certamente più grande e decente del piccolo oratorio, in cui fanno le loro funzioni ecclesiastiche.

A dì 14 alle ore otto della mattina si proseguì il viaggio colla medesima diligenza verso Colonia. Alle dodici e mezzo si giunse in Bergen, piccol borgo mezzo diroccato, in cui vedesi ancor qualche vestigio di fortificazioni, o mura cadenti. Non è guardato da soldati di alcuna sorta. La strada è pessima. Due o tre villaggi meschinissimi s'incontrano fra Juliers e Bergen; le campagne sono di una amplissima estensione. A un'ora e mezzo della sera si partì da Bergen, e alle cinque e mezzo della sera giunsi felicemente in Colonia. Mi ci trattenni sino al sabato dei 20 presso monsignore nunzio *Lucini*. Seguì in questo frattempo l'addottoramento in teologia di due gesuiti e di un domenicano.

Suole esser questo un atto che pone in movimento tutta la città non meno per le pubbliche dispute che si tengono, che per il solenne pranzo che si dà in pubblico a tutta l'università e alle persone di qualche distinzione; vi intervenne il magistrato in corpo, sopra del quale prende il posto il rettore magnifico, che in abito di parata con tutti i dottori si trovò al convito.

I novelli dottori non siedono con gli altri, ma servono in tavola, portando a suono di pifferi e trombe le vivande, preceduti dal loro padrino, o sia promotore in abito dottorale. — Alla metà della tavola uno de' gesuiti e il domenicano, recitarono un ragionamento latino in lode dell'università, ed in ringraziamento del grado ottenuto. Il gesuita parlò con polizia di lingua e proprietà di sentimenti: non così il domenicano, che non diede indizio di alcuna cultura e che terminò la sua orazione con un pretto *inebriamini*.

Il convito durò da mezzogiorno sino quasi alla mezzanotte. I commensali erano sopra cento cinquanta, che si andavano ora accrescendo ed ora diminuendo, non dandosi punto ammirazione, se uno parte e poi ritorna. — Grazioso si era il veder parecchi de' convitati già presi dalla forza del vino che mettevano in vista quanto di più stravagante e goffo diverte la nazione in simili circostanze. Il che però non vogliasi credere succedere nelle corti specialmente de' principi secolari, e nelle conversazioni di persone nobili, o di qualche cultura.

A dì 20 novembre 1763 la mattina avanti giorno partii da Colonia colla carrozza del signor conte *Garampi*, e levando quattro cavalli per posta in compagnia di un officiale e di un vivandiere, m'incamminai alla volta di Brusselles per la medesima strada per cui venni a Colonia. — Da Colonia a Bergen evvi una posta e mezza, da Bergen a Juliers una posta.

A dì 21 di buon mattino proseguii il viaggio sino ad Aquisgrana, dove giunsi due ore dopo il mezzogiorno; non vi è che una posta e mezza, ma assai cattiva, che facemmo con sei cavalli. — Scorsi agiatamente in questo giorno la città, e sebbene la situazione non sembri delle più felici per qualche monte che gli sovrasta, pure l'interno non è cattivo.

La chiesa collegiata detta, cred'io, di santa Maria, ove si dice sepolto *Carlo Magno*, e ove si faceva nei tempi passati l'elezione dell'imperatore, è molto bella, e come ho potuto osservare in appresso, pare fatta sul medesimo disegno di san Vitale di Ravenna, senza però quell'arditezza negli archi posati sul falso, che si ammira come inimitabile in questa seconda. La chiesa è a sette angoli, con due ordini di archi all'intorno, il secondo de' quali è sostenuto da colonne di marmo greco, per quanto sembra, tolte da Ravenna, e fatte qua trasportare da

Carlo Magno. — L'esteriore è ornato assai bene sul gusto di quei tempi, e ora aggiungono due cappelle nell'ingresso, una delle quali è presso che terminata.

Il palazzo pubblico è ancor degno di esser veduto. È situato sulla pubblica piazza, cui accresce bellezza e maestà. In qualche parte questo edificio è antico; la facciata però e l'ingresso sono ridotte al gusto moderno con simetria per questi paesi non ordinaria.

Mostrano la camera in cui si raunano in tempi del congresso di pace i ministri plenipotenziarii che sono tutti rappresentati in un quadro che qui si conserva.

A dì 22 partii di buon mattino per Liegi, avendo quattro cavalli a vettura, per sfuggire la strada più lunga e incomparabilmente più cattiva, per cui passa la posta e la diligenza. Verso l'Ave Maria mi trovai in Liegi. Alla mezzanotte ne partii colla medesima compagnia con tiro a quattro di posta. Non si mutano cavalli che a San Tron contandosi questo tratto per tre poste, se mal non mi ricordo; indi a Tirlemont, e poi a Lovanio, ove giunsi poco prima del mezzogiorno dei 23. Da San Tron a Tirlemont credo che si conti una posta e mezza; da Lovanio a Brusselles non si cangiano mai cavalli, e si paga per tre posti.

In questo viaggio da Brusselles a Colonia la moneta muta valore a ogni passo. Nelli Paesi Bassi austriaci il luigi d'oro di Francia valeva tredici fiorini, e non so se un soldo o due, o siano trentasette scalini e due soldi. Il fiorino è di venti soldi, lo scalino di sette; il soldo è diviso in quattro liardi; la diligenza che conduce da Brusselles a Liegi si paga per ogni persona scalini venti e mezzo.

A Liegi due scalini fanno un fiorino di venti soldi, onde lo scalino deve esser composto di dieci soldi, e non di sette come nei Paesi Bassi austriaci. — La vettura a due cavalli levata da Liegi sino ad Aquisgrana costò scalini venti di mia porzione essendo con altro compagno. In Aquisgrana lo scalino è parimente composto di dieci soldi; ma quattro scalini compongono il fiorino ed il luigi ne vale undici; sull'istesso piede è regolata la moneta in Juliers.

La diligenza, che da Aquisgrana porta a Colonia prende dai passeggieri dodici scalini e un soldo. La posta da Colonia sin qua costa un fiorino per cavallo.

Da Liegi a San Tron costarono quattro cavalli di posta quarantasei scalini; indi sino a Tirlemont ventiquattro, altrettanto sino a Lovanio. Da Lovanio a Brusselles trentasei, senza la mancia al postiglione; non potendosi negare, che in questi paesi le poste siano gravose e moltiplicate con gran facilità: si aggiunge l'aggravio delle barriere, dalle quali però io fui esente per la compagnia dell'uffiziale dell'armata francese, che era in mia compagnia. — Mi confessò costui nel progresso del viaggio di esser libero muratore: mi assicurò della somma facilità che hanno i seguaci di questa setta, per riconoscersi fra di loro, ancorchè non si fossero mai trattati e veduti; talmente che con serietà mi asseriva che egli al solo vedere i commensali a pranzo, o cena, sapeva sicuramente distinguere, se alcuno ve ne fosse della società. — I proseliti sono ricevuti con gran solennità; devono questi distribuire in tale occasione un paio di guanti bianchi a ciascuno, e non so, se un panno di lino, o altro, che si pongono avanti, quando si raunano.

In ogni radunanza devono esser provvisti di guanti bianchi: le assemblee si chiamano loggie: ve ne sono a Francfort, a Aquisgrana a Brusselles, a Londra ecc. Le loggie non si tengono in meno di cinque o tre.

Cenano tutti coloro che lavorano. La camera destinata per le loggie suol essere addobbata di nero. Ora in Brusselles le loggie sono talvolta disturbate dalla vigilanza dell'arcivescovo di Malines. — Se sono in qualche angustia si aiutano scambievolmente: in Francfort mancava ad un libero muratore il denaro per un viaggio; la società si raunò, e gli somministrò sei luigi sino a Aquisgrana, ove averebbe trovata altra società, da cui avrebbe ricevuta altra somma per continuare il suo viaggio de' liberi muratori.

Sono esclusi dalla società gli ecclesiastici sì secolari che regolari; nel resto non si bada alla religione, che uno professa, per esservi aggregato. Aveva questo officiale appeso alla catena dell'orologio un piccolo martellino, e una specie di cucchiaro in forma di triangolo con suo manico: il tutto era di argento: mi disse essere istrumenti, de' quali si valgono nelle assemblee per lavorare; e per segni di libero muratore, vennero infatti riconosciuti da un carmelitano di Lovanio suo attinente, subito che gli adocchiò.

Il medesimo offiziale mi disse di esservi a somiglianza de' liberi muratori alcune raunanze di femmine dette della *felicità*, le quali nulla devono negare ai loro fratelli.

Restituitomi in Brusselles, mi portai un giorno a Lovanio per prender conoscenza di quella università cotanto rinomata. Monsignore vi si trovava da qualche giorno prima per lo stesso effetto.

La città è molto grande, ma spopolata: gli edificii migliori sono l'università con un bel vaso di biblioteca, e con quattro scuole ben grandi, e ornate sodamente. — La chiesa de' gesuiti ha una facciata maestosa; magnifica è la Casa della città, ma di gusto gotico.

Quaranta due collegii si contano in questa città, alcuni sono assai vaghi, e tenuti con molta proprietà. — Il collegio Alticollense era già del capitolo di Utrecht, a cui fu tolto dal cardinal *Spinelli* quando si trovava internuncio in questi paesi. Il rettore del collegio Alticollense, alloggiò monsignore presso di sè.

M.r *Van Rossen* è professor di medicina, e vien riputato uno de' più abili medici di questi paesi. Conoscemmo il bibliotecario, che si chiama *Francesco Nelis*: è giovane di circa trent'anni, ma di gran studio, penetrazione e vivezza. Medita di dare alle stampe una raccolta di commentarii, di viaggi, e di altre memorie inedite de' padri del concilio tridentino, per il quale effetto tiene già all'ordine qualche cosa. — Promove con tutto l'impegno gli avanzamenti della biblioteca, che abbonda di antiche edizioni, e penuria di edizioni moderne.

Farà un catalogo di libri duplicati per disfarsene, e acquistar qualche corpo mancante. Ha risoluto l'università d'introdurre una stamperia per aumentar col lucro, che se ne verrà a ritrarre, la biblioteca. Cercano qualche opera insigne da metter fuori per dar nome alla stamperia. — Meditano ancora di ampliare con nuova fabrica il vaso della biblioteca. È stato istituito da poco tempo in qua un orto botanico.

Il rettor magnifico, capo dell'università, ha vera giurisdizione sulla scolaresca numerosa sopra due mila giovani studenti. Non ha molto, che egli fortemente si oppose con ottimo successo all'introduzione degli spettacoli, che sarebbero stati di troppo divagamento alla gioventù, quantunque il ministero di Brusselles inclinasse a permettergli.

L'università è devotissima della santa sede, sostiene l'infallibilità del papa, il formolario, il giudizio dogmatico della bolla *Unigenitus*. — I dottori non prendono mai la licenza de' libri proibiti, persuasi di avere una consuetudine, che gli esime da questa subordinazione. L'autorità e il credito dell'università è grandissimo non solo ne' Paesi Bassi austriaci, ma fuori ancora.

Nel mese di aprile del 1759 fu ricercata l'università della sua censura dal clero di Liegi sopra il giornale enciclopedico, che sotto gli auspicii del vescovo principe di quella città, fu incominciato da *Rousseau*, (diverso da quello di Ginevra autore dell'*Emilio*) nel 1756 e si continuava pel favore del conte *d'Horion* prevosto di san Lamberto, e primo ministro del principe. L'opera fu data ad esaminare al dottor *de Wellens*, la di cui censura in forma di lettera sullo spirito del giornale, sottoscritta da nove dottori, fu mandata a Liegi ai 28 d'ottobre dell'anno 1759. Agli 28 di agosto fu proibito il giornale per editto del vescovo principe pubblicato solennemente in Liegi li 6 settembre dopo di essere stata sparsa con reiterate stampe la censura dell'università. *Rousseau* con tutta la sua compagnia si ritirò in Brusselles sotto la protezione del conte di *Cobenzl*. Scrisse da Brusselles in data dei 14 e 25 settembre due lettere insultanti al conte *de Ghistella*, canonico della cattedrale e membro del sinodo di Liegi, che aveva avuta gran parte nella condanna del giornale.

Da Brusselles poi pubblicarono i giornalisti colla finta data di Liegi dei 14 settembre la confutazione alla lettera dell'università contro il giornale. Attribuiscono in questa confutazione ad un teologo liegese la lettera dell'università; e nel medesimo tempo scrissero in data dei 26 una lettera di sommissione alla facoltà teologica di Lovanio. — L'una e l'altra fu mandata alla facoltà da parte del governo con lettera dei 29 settembre di M.r di *Neny*, presidente del consiglio privato. Si dice in questa, che il conte di *Cobenzl* desiderava di far pervenire le accluse carte alla facoltà, e che non si dubitava, che i giornalisti non si fossero posti al coperto di ogni critica, quando avessero ottenuto dal principe la permissione di continuare il giornale in questi stati.

Li 5 ottobre rispose la facoltà a M.r *de Neny* protestando essere realmente sua la lettera confutata dai giornalisti, e che erano in istato di sostenere la propria censura. — Mandò ancora la proibizione seguita in Liegi del giornale, aggiugnendo ancora, che la facoltà non credeva proficua la società de' giornalisti in questi stati.

M.r *Wellens* fu contemporaneamente incaricato della replica; ma li 8 venne lettera del principe *Carlo*, che proibiva di stampare in avvenire nè a favore, nè contro il giornale, di cui *après un mûr examen* si era già permessa la continuazione. — Fu intanto terminata la replica, e ai 6 novembre furono inviati a Brusselles i due dottori *Wellens* et *Terswaek* per la permissione di pubblicarla. Si dovettero indirizzare al conte *Cobenzl*, a cui lasciarono la memoria.

Il principe *Carlo* fu illuminato della natura e qualità del giornale e si dichiarò di voler sentire il parere della facoltà teologica di Lovanio prima di acconsentire alle istanze di *Rousseau*.

Li 24 ottobre fu scritta su di ciò una lettera alla famiglia teologica dal consiglio privato, che però non fu inviata, che li 7 novembre, un giorno dopo la rappresentanza fatta al ministro. — Li 16 fu mandato dalla facoltà il suo giudizio contro il giornale. Il principe *Carlo* si dichiarò di rimetterne la risoluzione alla imperatrice, a cui il primo dicembre inviò il giudizio della facoltà con lettera di proprio pugno, acciò venisse direttamente in sue mani.

Verso le feste di Natale venne proibito dall'imperatrice di scrivere ai giornalisti e spargere l'opera loro nei propri stati. In seguito di che *Rousseau* fece portare i suoi torchii a Bovillon, piccola città della Francia. —

Continua però la facoltà teologica a invigilare sopra quest'opera, che pare al presente un poco più riservata. La facoltà teologica diede ancora in altra occasione al ministero il suo voto circa gli impedimenti del matrimonio, e nulla poi fu attentato.

L'università è affatto esente dall'Ordinario; ad essa appartiene la collazione o nomina di molti benefizii, con chè più facilmente sostiene il suo decoro. Sovente si levano dall'università i soggetti già benemeriti, e si provvedono de' vescovati di queste provincie. Il sistema e regolamento della università si rileverà dalla descrizione qui annessa, che stese un dotto ad istanza di monsignore.

VNIVERSITAS LOVANIENSIS QVINQVE FACVLTATIBVS THEOLOGICA, CANONICA, CIVILI, MEDICA, ET ARTIVM COMPONITVR.

Theologica in strictam dividitur, et latam: prima, quae principalis est, constat octo tantum doctoribus theologiae, quorum sex sunt e clero saeculari, augustinianus unus, et dominicanus alter: vacante uno ex his octo, caeteri septem alium sibi socium assumunt.

Octo doctores strictae facultatis, qui dicuntur doctores regentes, soli convocantur pro negotiis facultatis, solique eadem dirigunt, et administrant. Hi soli studiosos examinant in ordine ad gradus academicos; hi soli disputationibus, aliisque actibus publicis praesidere possunt; et soli etiam gaudent emolumentis facultatis thelogicae.

Lata facultas, ultra octo doctores regentes, admittit omnes theologiae doctores e clero saeculari, plebanum sancti Petri Lovanii, omnesque theologiae professores, qui nondum doctores sunt: quod raro contingit, praecipue in principalioribus, qui intra annum tenentur gradum doctoralem assumere. Haec facultas rarissime aliter quam in congregationibus universitatis congregatur; ubi doctores omnes etiam qui non sunt strictae facultatis, ordine temporis quo doctoratum adepti sunt, sessionem habent, deliberant, et resolvunt ad proposita universitatem concernentia; ita ut doctor, qui tantum latae facultatis est, vocem et votum habeat aequalis auctoritatis et ponderis, ac doctor strictae facultatis.

Eodem etiam ordine omnes doctores, et professores comparent in disputationibus, et actibus publicis.

In facultate canonica sunt sex canonum professores, inter quos tres ad minus iuris utriusque doctores.

In facultate civili septem sunt professores iuris civilis, inter quos tres ad minus iuris utriusque doctores. Etiam in hac facultate sunt omnes iuris utriusque doctores, qui nec in iure canonico, nec in civili lectionem habent. Etiam huius facultatis sunt dictator universitatis, ordinarie iuris utriusque doctor, syndicus, et advocatus fiscalis, qui sunt iuris utriusque licentiati.

Ex praecipuis harum duarum facultatum professoribus constituitur strictum iurium collegium, cuius solius est examinare, et admittere iuris studiosos ad gradus academicos, et deliberare de negotiis collegium hoc prefatum concernentibus. Membra huius collegii sex sunt: tres principaliores professores ex facultate canonica scilicet doctor, et canonum professor primarius, doctor et decretalium professor, tertius doctor, et canonum professor ordinarius: tres etiam principaliores professores facultatis civilis; doctor et legum professor primarius cum duobus aliis doctoribus legum professoribus ordinariis. Hi sex doctores stricti collegii praecipuis gaudent praerogativis facultatum iurium, et emolumentis, quae proveniunt ex iis quae studiosi conferunt dum examinantur, et gradus recipiunt.

Facultas medica in strictam, et latam dividitur; prima quatuor tantum doctoribus constat, qui sunt duo professores primarii, et professores anatomiae, et institutionum. Ad solam hanc strictam facultatem iterum pertinet examinare, et admittere studiosos ad gradus academicos, disputationibus, aliisque actibus publicis praesidere etc., ex quibus omnibus doctores strictae facultatis notabili gaudent emolumento.

Lata facultas ultra quatuor doctores strictae facultatis comprehendit omnes alios medicinae professores, et doctores, si qui sint, qui non habent lectionem. Lata haec facultas aeque ac latae iurium, ac teologiae facultates rarissime congregantur, nisi in congregationibus universitatis; ubi comparent, et sessionem habent omnes, nulla habita ratione strictae facultatis, secundum tempus, quo lectiones adepti sunt, quo ordine etiam comparent in disputationibus, aliisque actibus publicis ut iam supra de facultate theologica dictum est.

Facultas artium sedecim numerat philosophiae professores in quatuor philosophiae pedagogiis pari numero distributos; quatuor regentes, quorum unus singulo dictorum quatuor pedagogiorum praeest, illudque administrat; quatuor insuper numerat subregentes, quorum unus in singulo pedagogio disciplinae, moribusque philosophorum invigilat.

Sunt adhuc in hac facultate regens collegii in quo docentur humaniora; et tres professores, ethices unus, et alter eloquentiae christianae, tertius matheseos; sed hi non dependent a dictis pedagogiis. Quicumque tandem titulo professoratus, vel regentiae aliquando in hac facultate fuerunt, manent in eadem etiamsi dictum titulum deseruerint, modo in oppido Lovaniensi resideant, nec ad altiorem facultatem ascendant; hi ultimi, quia nulli pedagogio sunt addicti, vocari solent neutrales.

Particulare est huic facultati, quod omnia eius membra aequali auctoritate concurrant ad negotia istius facultatis non vero ad negotia universitatis; nam in huius congregationibus tantum ex facultate artium comparere possunt duo seniores professores singuli pedagogii, quatuor regentes pedagogiorum, regens collegii studiorum humaniorum, et illi ex neutralibus, qui hoc titulo antea ad concilium generale universitatis admissi fuerunt.

Singula harum facultatum bis in anno, scilicet ultima februarii, et ultima augusti, quando novus eligitur rector universitatis, novum sibi decanum eligit, cuius idem munus est in sua facultate, quod habet rector in universitate; congregare nimirum facultatem, huic congregatae praesidere, in illa proponere, et concludere, atque curare, ut resolutiones executioni mandentur.

Negotia facultatis diriguntur per rectorem, et deputatos de consensu, et approbatione universitatis. Rector, ut iam dictum est, bis in anno novus eligitur hoc modo: ultima februarii et augusti congregatur universitas, id est quinque facultates, quarum singula eligit deputatum ad eligendum novum rectorem: qui quinque deputati simul in alium locum conveniunt, et pluralitate votorum electionem absolvunt. Deinde deputatus facultatis, ex qua secundum vices rector electus est, refert in congregatione universitatis, talem in rectorem electum esse; qui neo-electus in manibus praedecessoris sui solitum iuramentum praestat, et ab eodem insignibus rectoralibus condecoratus instituitur.

Deputati universitatis sunt quinque decani facultatum, et tres perpetui, dictator, syndacus, et advocatus fiscalis, quibus adiungi potest secretarius cuius tamen praecipuum officium est tam in universitatis quam deputatorum congregationibus annotare propositiones, et resolutiones, quae in fine singuli rectoratus per rectorem, et deputatos revisae, et correctae actis inseruntur.

Rector antequam aliquod negotium universitati proponere possit, prius illud communicare debet deputatis, deinde de eorum consensu proponere universitati per bedellum convocatae.

Vniversitas congregatur in aula amplissima, quae est in eodem publico universitatis officio ubi bibliotheca, et scholae publicae sunt. Rector ibidem habet cathedram per modum throni elevatam, circa quam singulae facultates, ordine suo locum habent sibi designatum.

Facta propositione per rectorem, facultates separatim congregantur in eadem tamen aula; decanus de novo eis proponit negotia a rectore proposita, et, absolutis deliberationibus, colligit vota, et ex pluralitate determinat resolutionem suae facultatis.

Deinde rector, et facultates resumunt loca sua, et decanus facultatis theologicae publice refert resolutionem huius facultatis, quod ordine suo faciunt caeteri decani: ex quibus rector ex pluralitate concludit; quam conclusionem secretarius scripto statim excipit.

De professoribus.

In facultate theologica tres maiores sunt professores, qui regii dicuntur, quia a caesarea sua maiestate constituuntur. Vnus eorum est professor scripturae sacrae. Duo alii theologiae. Docent autem per integrum annum, exceptis vacantiis, et diebus dominicis, festivis, et iovis. Honorarium horum professorum annue valet (ut publica fert fama) octingentis circiter florenis, quos recipiunt partim a receptore ordinum Brabantiae, partim ex fructibus canonicatus, et praebendae primae fundationis in ecclesia sancti Petri, qui annue reddunt quadringentos florenos: obligantur autem ratione huius canonicatus ad omnia officia chori, ut alii canonici, excepto solo officio, quod occurrit tempore lectionum, vel disputationum.

Alius adhuc est professor regius, cuius est diebus dominicis explicare cathechismum romanum; unde professor cathechismi vocatur; huius honorarium est canonicatus, et praebenda eiusdem fundationis, de qua supra.

Dantur insuper quatuor theologiae professore ordinarii, quos consules oppidi Lovaniensis constituunt, quorum duo pro honorario habent canonicatum et praebendam eiusdem primae fundationis, duo alii similem secundae fundationis valentem tantum centum quinquaginta florenis; sed hi duo ultimi ad nullum chori officium astringuntur.

Pro dignoscenda horum quatuor professorum obligatione, oportet distinguere vacantias huius universitatis, quae duae sunt, maiores, et minores; maiores sunt a vigesima octava augusti ad quartam octobris, quo intervallo omnia scholarum exercitia in altioribus facultatibus cessant.

Minores duae sunt, scilicet a decima tertia decembris ad decimam tertiam ianuarii, et a vigesima secunda iulii ad vigesimam octavam augusti: tempore harum vacantiarum continuantur disputationes, sed professores regii vacant, in quorum locum duo ex his quatuor professoribus ordinariis dant lectionem in minoribus hiemalibus, duo in aestivis.

In facultate canonica tres professores praecipui sunt. Professor canonum primarius, professor canonum ordinarius, et decretalium professor, qui omnes sunt iuris utriusque doctores, et vi lectionis suae, quam magistratus oppidi Lovaniensis confert, sunt de stricto iurium collegio: docent hi professores per integrum annum, exceptis vacantiis, diebus dominicis, festivis, et iovis.

Datur etiam professor ad decretum Gratiani; ipsius honorarium est canonicatus, et praebenda primae fundationis, de qua supra: docere tenetur, ut professores iam enumerati per integrum annum, exceptis insuper diebus, quibus publicae iurium disputationes sunt, quae ad minus tres sunt per hebdomadam. Lectio haec est collationis regiae.

Pro minoribus vacantiis etiam in hac facultate duo sunt professores canonum ordinarii habentes canonicatum, et praebendam secundae fundationis, de qua supra. Vnus horum professorum in minoribus aestivis, alter in hiemalibus docet.

In facultate civili tres etiam sunt principaliores professoratus, quos confert magistratus oppidi Lovaniensis, unus scilicet primarius iuris civilis professor, duo alii iuris civilis professores ordinarii, qui per integrum annum ut tres praecipui canonum professores docent: hi professores vi lectionis suae sunt de stricto iurium collegio.

Honorarium autem doctorum stricti collegii, tam quod habent ex lectionibus suis, quam ex distributionibus provenientibus ex solutionibus studiosorum, est pro duobus professoribus primariis, secundum quod publica fert opinio, trium millium quingentorum florenorum, pro quatuor aliis trium millium florenorum.

In facultate civili insuper sunt duo professores, qui sunt collationis regiae, sive qui a caesarea sua maiestate constituuntur, et singulis diebus, exceptis vacantiis, ut supra, docere debent, unus instituta, alter paratitla pro honorario quadringentorum florenorum.

Pro minoribus vacantiis, etiam in hac duo sunt professores, qui a dominis consulibus collationem obtinent, habentes pro honorario praebendam secundae fundationis, de qua supra. Docent unus in aestate, alter in hieme, ut in aliis facultatibus.

In facultate medica duo sunt professores primarii, tertius professor anatomiae, quartus institutionum, quintus chimiae, sextus botanices. Duo primi collationem a magistratu Lovaniensi obtinent, alios quatuor caesarea sua maiestas constituit. Quatuor primi medicinae doctores sunt, vel saltem intra annum gradum hunc assumere debent, ne a lectione priventur: et sunt vi lectionis suae, simul ac gradum doctoralem obtinuerunt, membra stricti collegii, quorum honorarium tam ex parte lectionis, quam ex distributionibus provenientibus a solutionibus studiosorum est, secundum quod publica habet opinio, pro duobus primariis trium millium florenorum, pro aliis duobus duorum millium quingentorum florenorum.

Honorarium professorum chimiae, et botanices est quadringentorum florenorum.

Quinque primi ex iam dictis professoribus docent per integrum annum exceptis vacantiis ut supra: professor autem botanices per totam aestatem, idque in ipso horto botanico. Professor chimiae in laboratorio chimiae. Professor anatomiae, dum dissecanda sunt cadavera in theatro anatomico.

Tempore minorum vacantiarum etiam in hac facultate docent duo professores, unus in aestate, alter in hieme, habentes pro honorario canonicatum, et praebendam secundae fundationis, de qua supra, quorum professoratuum, et canonicatuum annexorum patroni sunt duo consules oppidi Lovaniensis.

In facultate artium sunt sedecim professores philosophiae in quatuor pedagogiis pari numero distributi: collatores horum professoratuum, si contingat aliquem vacare, sunt regens et tres residui professores illius pedagogii, in quo professoratus vacat: quod frequenter evenit ex eo quod quidam ex his aspirent ad professoratus et doctoratus in altioribus facultatibus, plures vi privilegiorum huius facultatis accipiant canonicatus, etiam pastoratus, aliquando etiam, sed raro, maiores canonicatus sancti Lamberti Leodii.

Singulis annis in uno pedagogio philosophiae cursus inchoatur, qui durat per duos annos; pro singulo cursu duo sunt professores, quorum senior ante meridiem, et iunior post meridiem singulis diebus docet exceptis solis diebus dominicis, et festis, paucisque diebus, quos academicos vocant. Docent autem primo anno logicam, secundo physicam partim iuxta Cartesii, partim iuxta Neutonii placita: adiunctis famosioribus experientiis physicis. Insuper toto biennio docent arithmeticam, et geometriam, in quibus mirifice studiosorum ingenia exercent.

Professores supradicti ultra habitationem, et victum, quem habent in suis respective pedagogiis pro honorario a suis respective discipulis recipiunt singulis trimestribus seniores quidem tres florenos decem asses, iuniores duos florenos sedecim asses: ultra quod honorarium seniores emolumentum aliquod habent ex distributionibus studiosorum, dum publice philosophiam defendunt, et dum in fine cursus admittuntur ad generalem concursum. Quod autem maxime consideratur in facultate artium est ius eius nominandi ad beneficia in provinciis caesareae suae maiestati subiectis, ad quae professores certam praeferentiam habent prae caeteris facultatis membris.

Professores ethices, et eloquentiae christianae etiam debent esse de facultate artium, saltem pro tempore, quo dictos professoratus obtinent a dominis consulibus oppidi Lovaniensis. Docent hi professores tempore minorum vacantiarum, unus quidem in aestate, alter in hieme; pro honorario habent, ut caeteri professores in minoribus vacantiis, canonicatum, et praebendam secundae fundationis, de qua supra.

Notari autem hic obiter meretur secundam fundationem in ecclesia sancti Petri ab Eugenio IV pontifice erectam ex decimis aliquorum pagorum pro decem professoribus, scilicet duobus ex singula facultate, quorum ut vidimus munus est in sua respective scientia docere tempore minorum vacantiarum.

In facultate artium datur insuper professor matheseos, qui docet in schola publica artium per integrum annum; exceptis vacantiis valet hic professoratus quingentis florenis, et est collationis regiae.

Praeter professores certis facultatibus addictos iam ordine enumeratos in universitate Lovaniensi sunt quatuor alii, scilicet tres professores trium linguarum, unus hebraicae, alter graecae, tertius linguae gallicae, qui in collegio trium linguarum, uti pro his linguis schola destinata est, docent per integrum annum, exceptis vacantiis, diebus dominicis, festivis, et iovis.

Eodem tempore, et loco docet professor historices, quorum quatuor professorum, si solum linguae gallicae excipias, qui est collationis regiae, collatores, seu patroni sunt prior conventus carthusianorum Lovanii, plebanus sancti Petri Lovanii, et doctor theologiae, qui est praeses disputationum sabatinalium; qui tres etiam conferunt praesidentiam in dicto collegio trium linguarum.

Honorarium horum professorum est quingentorum florenorum.

De exercitiis publicis singularium facultatum.

Omnes lectiones, et disputationes quatuor altiorum facultatum fiunt in scholis publicis, excepta sola disputatione pro baccalaureatu in iure, et medicina.

Scholae autem publicae amplissimae sunt, et omnes in eodem aedificio, in quo etiam habetur bibliotheca, infra quam est aula congregationum universitatis, cubicula rectorum, et cubicula congregationum singularum facultatum etc. Facultas artium alias habet scholas publicas, aedesque bedelli sui, in quibus aliud habent cubiculum, in quo ordinarie haec facultas pro privatis suis negotiis congregatur.

Studiosi omnes antequam admittantur ad aliquem gradum debent esse immatriculati, seu inscripti albo universitatis, quod fit per ipsum rectorem postquam coram ipso fidem catholicam professi sunt, recitantes in hunc finem symbolum apostolorum, et professionem fidei Pii IV pontificis, quae iuramento confirmant.

Deinde inscribi debent in albo facultatis, in qua studium suum prosequi intendunt. Solvunt autem universitati pro immatriculatione quatuor, et aliqui sex florenos, pauperes vero gratis fere admittuntur; in facultate theologica septem florenos, pauperes nihil, in facultatibus iurium tres florenos, decem asses, et in facultate medica quatuor florenos quatuor asses.

Theologi, absoluto uno anno studii theologici, parvam sustinent disputationem, quae vocatur sabatinalis, quia ordinarie tantum in sabatis fit post meridiem hora tertia. Huic disputationi praesidet doctor praeses sabatinalium, nullusque huic interest quam studiosi, oppugnantibus baccalaureis.

Secundo anno sistere se debent examini pro primo baccalaureatu, qui dicitur *currens*, quod examen fit a quatuor doctoribus strictae facultatis, qui iuxta formam solitam in omnibus examinibus facultatis, petunt septem quaestiones, unam ex veteri testamento, aliam ex evangeliis, et actibus apostolorum, tertiam ex epistolis et apocalypsi, quartam ex prima parte summae sancti Thomae, quintam ex prima secundae, sextam ex secunda secundae, septimam ex tertia parte.

Vnum hoc ex diversis examinibus discrimen est, quod pro qualitate gradus crescat difficultas quaestionum, et numerus quaestiuncularum incidentium. Eadem forma sunt examina in concursibus pro beneficiis per privilegia universitatis, et facultatis artium obtinendis, nisi quod in concursibus scripto respondere oporteat.

Theologus admissus in primo examine componit theses ex libro aliquo scripturae sacrae, quem pro libitu eligit: sed sex septimanis ante defensionem assignare debet apud seniorem quemdam baccalaureum, qui ad hoc singulis mediis annis a reliquis baccalaureis eligitur. Deinde theses has praesentare debet doctori strictae facultatis, quem rogat, ut praesidere dignetur, qui eas approbat. Tandem die assignata publice in concursu omnium theologorum, doctorum et licentiatorum theologiae etiam quorumcumque extraneorum, theses has defendit a medio decimae * usque ad horam undecimam: postea liberum ei est, qua die voluerit suscipere gradum primi, seu baccalaureatus currentis. In his autem, uti in omnibus sequentibus disputationibus, argumentari possunt licentiati quicumque etiam aliarum facultatum uti et doctores; communiter autem doctores in singulis suis facultatibus argumentantur.

Tertio anno iterum candidatus eodem modo pro secundo baccalaureatu, qui dicitur *formatus* se sistere debet examini, in quo admissus componit theses ex

---

* Ore nove e mezzo.

aliquo quem elegit theologiae tractatu, quem tamen etiam sex septimanis ante diem defensionis assignare debet, ut supra. Assignatio autem haec fit apud seniorem illum baccalaureum, ad evitandum ne intra sex hebdomadas eadem materia disputationum occurrat, quod facile contingeret, attento quod singulis hebdomadibus fiunt ad minus tres, vel quatuor tales disputationes pro baccalaureatu currenti, vel formato, vel pro licentia.

Caeterae solemnitates in hac disputatione, ut in praecedenti, observantur, etiam in ordine ad susceptionem gradus baccalaureatus formati.

Quarto anno quilibet baccalaurei formati inchoare possunt disputationes pro licentia, quae sunt quatuor, et ordinarie tempore unius anni absolvuntur; oportet autem, ut una harum quatuor sit ex scriptura sacra, aliae ex principalioribus theologiae tractatibus: his disputationibus, soli quatuor seniores doctores strictae facultatis ordine praesidere possunt; senior scilicet pro prima, sequens pro secunda etc. Si autem aliquis in primis pro licentia disputationibus male defendat, ex parte facultatis impeditur a prosequutione sequentium, quod aliquando, licet non frequenter, contingit.

Baccalaureus absolutis quatuor disputationibus pro licentia sexto anno praesentare se potest ad examen pro gradu licentiae, quod fit per omnes doctores strictae facultatis expresse ad hoc convocatos: quorum septem seniores ordine suo proponunt septem quaestiones iuxta formam superius allegatam; unusquisque autem solus difficultatem quaestionis suae exhaurit, pluribusque quaestiunculis, et argumentis responsalem, quandiu libet, urgere potest. Absoluto examine decanus ex pluralitate votorum concludit candidatum admissum, vel ad tempus vel in perpetuum reiectum.

Qui admissus est statuto tempore celebrare tenetur actum licentiae, qui consistit in oratione, quam habet doctor praeses actus, qui deinde candidatum nomine facultatis theologicae praesentat domino praeposito sancti Petri cancellario perpetuo universitatis, qui omnes maiores, excepto solo doctoratu in theologia, gradus academicos conferendi potestatem habet.

Pro gradu doctoratus in theologia tres maiores disputationes in una hebdomada propugnari debent, scilicet diebus lunae, mercurii et sabati mane ab hora nona ad undecimam, quas disputationes candidatus solus sine praeside contra quoscumque licentiatos, et doctores oppugnare volentes propugnare debet, oppugnantes autem tenentur sententiam semel impugnatam per integram mediam horam prosequi: deinde inchoantur novae obiectiones contra secundam sententiam, quae itidem per mediam horam protrahendae sunt; et ita fit per medias horas usque ad finem disputationis, ut sic difficultates eo magis ad finem usque urgere valeant.

Candidatus autem in thesibus harum disputationum famosiores sententias in materia illarum occurrentes omnes inserere tenentur, vel alias ipsa facultas illas inseri iubet; materiae autem trium illarum disputationum a facultate assignantur die Iovis ante hebdomadam, qua fiunt disputationes; post quam diem candidatus tres theses suas componere, seque ad has defendendas praeparare debet, quare oportet paratum eum esse ad universae theologiae sententias disputatas, omnesque scripturae sacrae difficultates explicandas atque propugnandas.

Candidatus se ad doctoratum praesentans debet esse sacerdos, et ad minus trigesimum annum attigisse, quam aetatem ordinarie multum excedunt: in admittendo autem aliquem ad disputationes doctorales facultas maxime reflectit, quomodo candidatus satisfecerit in examinibus, et disputationibus pro licentia, et quae capacitatis signa postea praebuerit.

Absoluta tertia disputatione, facultas congregatur ad deliberandum super admissione candidati ad gradum, et actum doctoralem: et decanus finaliter ex pluralitate concludit candidatum admissum; vel ad tempus, vel in perpetuum relectum esse; interdum candidatus strictissimo subiicitur examini antequam admittatur. Si sit admissus, tenetur infra annum a praesentatione ad disputationes assumere gradum doctoratus, pro quo observantur solemnitates sequentes. Vespere ante diem doctoratus habentur vesperiae in schola theologica, quibus intersunt omnes doctores, et professores omnium facultatum, domini consules, praetor, et pensionarius oppidi Lovaniensis, amici novi doctoris, studiosi omnes, pluresque alii. His vesperiis uti et actui doctorali praesidet doctor facultatis theologicae, qui praesidet actui licentiae, habetque orationem de materia solemnitatem concernente: qua finita candidatus sustinet theses theologicas, quae inscribuntur, *positae pro vesperiis aulae doctoralis*, contra quas tres seniores doctores ordine suo proponunt argumentum, quod duabus solum post solutionem instantiis urgere moris est.

Post defensionem harum thesium doctor praeses actus aliam dicit orationem, in qua originem, et mores candidati, ac progressum eius in studiis proponit, inserendo benignam correptionem, ubicumque mores candidati id merentur, simul miscendo iocos seriis quotiescumque occasio materiam praebet, quae etiam saepissime fingitur.

Sequenti die, qua celebratur actus doctoralis, praeses actus habita altera oratione, candidato confert gradum, eique imponit biretum, aliaque insignia doctoralia, quibus ornatus candidatus cum praeside actus cathedram ascendit, ibique orationem habet: postea quatuor theologiae doctores seniores orationes totidem de diversis materiis dicunt; quibus finitis, candidatus per rectorem omnes doctores, et professores omnium facultatum, insequente amicorum, aliorumque maximo numero, accedit ad ecclesiam sancti Petri, ubi post preces, et gratiarum actionem Deo factam offert super altare divae Virginis argentum, et aurum; inde egressus eodem ordine deducitur ad locum, omnibus universitatis doctoribus, et professoribus, amicisque pluribus ad prandium recipiendis praeparatum.

In iurium facultatibus ordinarie gradus utriusque facultatis simul recipiuntur, aliquando tamen in solo iure canonico ad licentiam inclusive admittuntur, Doctoratus vero nunquam, nisi in utroque iure conceditur.

Prima in his facultatibus disputatio etiam est sabbatinalis, quae eodem fere modo, ut in theologia peragitur. Secunda est pro baccalaureatu, qui unus tantum in iure est; huic praesidet decanus studiorum iuris, qui per hoc singulis trimestribus eligitur, et post examen a stricto iurium collegio ad decanatum admittitur: huius officium est praesidere duodecim disputationibus duodecim diversorum baccalaureorum iurium, quibus unus, vel alter doctor, et licentiati aliqui intersunt, et argumentantur et hae disputationes fiunt hora secunda in collegio baccalaureorum utriusque iuris, ubi locus est his exercitiis simul, et bibliotheca librorum iuridicorum in usum studiorum.

Candidatus antequam pro baccalaureatu possit disputare, examinandus est a stricto iurium collegio, qui nullos ad hoc examen admittit, nisi per tresdecim menses Lovanii habitaverint, et albo iuristarum inscripti sint.

Sequitur tertia disputatio, quae dicitur magna, et fit a decima ad undecimam in publica iurium schola, cui praesidet iuris utriusque doctor, quem defendens ad hoc eligit, argumentantibus caeteris doctoribus et licentiatis.

Quarta est pro licentia, et vocatur repetitio, ad quam, ante quam faciat, candidatus in examine a stricto collegio admissus esse debet; ad quod non admittitur, nisi per tres annos integros Lovanii post suam inscriptionem resederit. Huic disputationi unus duorum primariorum alternatim praesidet: qua finita, candidatus per omnes utriusque iuris doctores, pluresque licentiatos deducitur ad ecclesiam sancti Petri; in choro eum prior stricti collegii praesentat domino praeposito, qui eidem confert licentiae gradum: quo adepto licentiatus eodem modo, et ordine domum deducitur.

Materias duarum ultimarum disputationum candidatus eligit, quarum prima constat tribus conclusionibus, et secunda quatuor; sic ut una ad minus sit ex iure canonico, duae aliae ex iure civili.

Licentiatus aspirans ad doctoratum primo se praesentare debet stricto iurium collegio, a quo petit admitti ad doctoratum, quod ubi conceditur, simul praesentare debet ad examen, cui si satisfaciat, admittitur ad disputationes pro doctoratu, quae etiam in hac facultate tres sunt in una hebdomada, fiuntque eisdem diebus, et modo, ut in facultate theologica, si solum excipias, quod materia primae disputationis sola assignetur die sabati immediate praecedenti; materia secundae post finem primae, et materia tertiae post finem secundae disputationis: una hora tota est de iure canonico.

Candidatus, absolutis disputationibus, sese ad actum praeparat, qui fit hoc modo: pridie ante actum ipse stipatus cohorte equestri primariorum iuris studiosorum accedit strictum collegium, illudque invitat ad actum suum, deinde doctores huius collegii se se iungunt candidato, et accedunt 1.º rectorem universitatis, 2.º consules caeterosque dominos magistratus oppidi Lovaniensis, 3.º primarios universitatis doctores, et professores, deinde consanguineos, amicosque suos, quos omnes solemnissime ad actum suum invitant.

Invitatio etiam huiusmodi fit ante doctoratum in theologia, sed minore cum pompa, et numero. Solus enim candidatus comitantibus bedello, et octo theologiae baccalaureis modesto gressu accedit strictam theologiae facultatem, aliosque sibi notos tam ex universitate, quam civitate.

Die doctoratus candidatus cum stricto collegio accedit scholam iuris canonici, ubi finitis aliquot orationibus, ut in doctoratu theologiae cancellarius illi gradum confert, accipitque solitis solemnitatibus a doctore praeside actus biretum aliaque insignia doctoralia: inde deducitur ad ecclesiam sancti Petri, in qua, fusa parva ad Deum oratione, in gratiarum actione offert super altare sancti Ivonis argentum cum auro: inde simili pompa et consortio solemnissime deducitur ad locum convivio praeparatum.

In facultate medica, disputationes, ac gradus aequali fere modo, et numero fiunt, ut in iurium facultatibus.

De expensis.

Expensae quae in omnibus actibus solvuntur, edicto regio statutae, ac ordinatae sunt.

In theologia ab ipsa inscriptione ad gradum licentiae inclusive expensae ascendunt ad 349 florenos, et pro solo doctoratu ad 1220 florenos, in qua summa comprehenditur summa 150 florenorum pro bibliotheca publica universitatis, pro qua singuli licentiati omnium facultatum solvunt 12 florenos.

In facultatibus iurium ab ipsa inscriptione ad gradum licentiae inclusive expensae sunt 297 floreni pro doctoratu; iuncta summa 300 florenorum pro bibliotheca sunt 1777 floreni.

In facultate medica ab ipsa inscriptione ad gradum licentiae inclusive sunt 302 floreni, et pro doctoratu iuncta summa 400 florenorum pro theatro anatomico, horto botanico, et laboratorio chimiae, sunt 1738 floreni.

Omnes harum facultatum doctores licentiati ultra fidei professionem factam in prima sua inscriptione universitatis, tenentur ad singulum gradum subscribere formulario Alexandri VII et pure, ac simpliciter acceptare bullas *Vineam Domini Sabahot*, et *Vnigenitus* quae omnia etiam praestare debent quicumque ad concilium universitatis, vel alicuius facultatis admittuntur, etiam quicumque ad aliquod beneficium per universitatem, vel facultatem artium nominantur.

Singulis annis in theologia sunt circiter nonaginta baccalaurei currentes, et totidem formati, septem vel octo licentiati: doctores vero singulis quinquenniis moraliter unus, aliquando duo.

In iure septuaginta ad minus licentiati, doctores singulis decenniis unus, aliquando duo.

In medicina licentiati quindecim, et singulis decenniis unus doctor.

Nunc quidem in toto quatuordecim tantum sunt theologiae doctores, inter quos episcopi Brugensis et Antuerpiensis, novem e clero saeculari, et augustinianus unus, cum duobus dominicanis.

Sex iuris utriusque doctores, et quatuor doctores medicinae.

Emolumenta doctorum theologiae, qui non sunt de stricta facultate, vix sunt alicuius momenti; eorum autem, qui sunt strictae, facultatis facta annorum fractione, habent octingentos florenos provenientes partim ex decima ad hanc facultatem pertinente, partim ex solutionibus studiosorum in receptione graduum. Aliorum doctorum emolumenta dicta sunt superius.

Numerus studiosorum theologiae est moraliter 800; iuris utriusque 400; medicinae 120; quibus si adiunguntur 600 philosophiae, et 420 humanistae, numerus totus accrescet ad bis mille tercentos septuaginta studiosos: dictum est moraliter, quia numerus omnium sine supputatione ex morali coniectura hic assignatur.

De promotione studiosorum in facultate artium.

Plures studiosi ex quolibet pedagogio in fine cursus sui publicas sub seniore suo professore in schola artium sustinent disputationes de philosophia universa, idest de logica, physica et methaphysica.

Sed famosior est generalis concursus, quo philosophiae cursus absolvitur, ut unicuique concurrenti pro meritis locus assignetur, qui concursus vocari solet *promotio generalis*.

Cursus philosophiae, ut dictum est, per duos integros annos durat, sed cum singulis annis novus inchoetur, etiam singulis annis unus absolvatur necesse est, atque ita promotio illa generalis singulis annis obtinet scilicet in mense septembris, et initio octobris, fitque hoc modo.

Primo studiosi in singulis pedagogiis sub suis respective professoribus concurrunt solvendo quamplurimas difficillimas quaestiones, ad quas in scripto respondent statutis temporibus proportionate ad earum difficultatem; quo concursu finito professores pro meritis responsionum sine ulla personarum acceptatione in unoquoque pedagogio determinant novem primos ex suis respective studiosis.

Tres primi ex singulo pedagogio in unum ordinem rediguntur, qui in generali promotione *prima linea* vocatur, quae proinde, ut ex dictis patet, 12 studiosos continet.

Tres sequentes scilicet quartus, quintus et sextus singuli pedagogii constituunt alium 12 studiosorum ordinem, qui *secunda linea* dicitur.

Tres restantes, idest septimus, octavus et nonus singuli pedagogii faciunt tertiam lineam, etiam 12 studiosos continentem.

Reliqui omnes, qui post novem primos, qui *lineales* vocantur, supersunt in singulo pedagogio, simul in uno generali examine concurrunt: cui examini praesunt octo professores, scilicet duo seniores ex quolibet pedagogio: hi absoluto examine omnes seorsum responsa in scriptis data examinant, et loca singulorum determinant; deinde horum locorum catalogos simul conferunt, et ex iisdem iuxta regulas, et ordinationes desuper statutas finaliter a primo ad ultimum omnia concurrentium loca constituunt: hi autem concurrentes dicuntur *postlineales*.

Postea illi duodecim qui sunt in tertia linea sub iisdem professoribus concurrunt: qui eodem fere modo prius separatim, deinde loca horum determinant, et in hac determinatione nulla habetur pedagogiorum ratio, ita ut aliquando tres primus, secundus et tertius alicuius lineae sit ex eodem pedagogio, et tres ultimi ex alio, quod autem rarissime contingit: verumtamen ex hoc concurrendi tam in lineis, quam post lineas mira excitatur, et studiosorum et professorum aemulatio, ut sui respective studiosi meliora obtineant loca: unde honor pedagogii, et professorum accrescit: hoc autem magis obtinet pro obtinendo primo primae lineae; in his tamen professores nihil favere possunt suis studiosis; quia ultra quod et quaestiones per duos professores uniuscuiusque pedagogii approbentur, et loca per professores aliorum pedagogiorum constituantur, tenentur omnes professores antequam generalem hanc promotionem inchoent in manibus decani facultatis artium praestare *iuramentum indifferentiae*.

Modo et ordine iam descripto fit concursus etiam in secunda linea; nisi quod quaestiones propositae pro linearum praeeminentia sint multo difficiliores.

Prima linea praecipua est, et gloria totius promotionis, ideo etiam omnium, et praecipue professorum in eam figitur attentio: concursus peragitur iuxta modum iam praescriptum per quaestiones multo in difficultate excedentes illas aliarum linearum. Qui in hoc ordine, seu linea primus est simpliciter habetur primus totius promotionis, et glorioso titulo nominatur « Primus Lovaniensis. »

Dominica proxima post festum sanctae Theresiae primus per bedellum facultatis publice proclamatur in pedagogio, in quo studuit; ubi primus per plures dies maximo honore afficitur concurrentibus viris primariis universitatis, et oppidi ut ipsi, et professoribus eius de obtento primatu congratulentur.

Die martis post primi proclamationem celebratur in schola publica facultatis artium actus generalis promotionis ad quem accedunt rector universitatis, omnes doctores et professores omnium facultatum, et plures ex praecipuis religiosorum abbatiarum, aliorumque. Solemnitates vero huius actus sunt, quod decanus facultatis artium habeat orationem de materia actum hunc concernente, deinde proclamentur omnia loca trium linearum etiam postlinealium iuxta catalogum authenticum subscriptione octo professorum, sub quibus promotio haec generalis peracta est. Deinde cancellarius universitatis proponit quaestionem philosophicam, quam primus publice resolvere, et explicare debet; quo facto, cancellarius primo omnibusque isto anno promoventibus confert gradum licentiae in artibus.

Peractis solemnitatibus solitis Lovanii, primus per professores sui pedagogii comitantibus aliquibus philosophiae studiosis solemnissime ad civitatem, locumve unde ortus est, deducitur, ubi regiis honoribus a magistratu excipitur, oblato etiam vino honoris; a quo etiam inter alia argenti donum ponderosissimum cui loci insignia insculpta sunt, in meritorum coronam accipit.

Inter alias praerogativas huius promotionis est quod, quinque primi primae lineae soli sunt habiles, ut ad professoratum philosophiae promoveantur, deinde ordinarie quo meliore in generali hac promotione locum obtinent, eo maiori gaudent bursa seu annua retributione pro absolvendis studiis in altioribus scientiis.

Qui in concursu postlinealium post medium sunt, idest locum obtinent excedentem medietatem concurrentium, vix promotionem in universitate obtinere possunt, et quidem ordinarie; et si in philosophia aliquam fundationem habuerunt, hac ipso facto privantur: cum maxima fundatorum pars in fundationibus suis requirat, ut bursarii ex ea participantes habeant ad minus in generali artium promotione, locum ante medium.

Restituitici finalmente in Brusselles, e posto all'ordine il nostro bagaglio, la mattina dei 15 dicembre 1762 ne partimmo alle ore sette e mezzo, incamminandoci con tiro a quattro di posta alla volta di Parigi per la strada più breve, che è quella di Valenciennes e Cambrai. Nei Paesi Bassi si pagano tre scalini per posta ogni cavallo, oltre alle barriere, che tratto tratto s'incontrano, le quali esigettero cinque soldi per una vettura a quattro cavalli.

Alle nove e mezza della mattina si giunse a Tubise, distante poste due e mezza da Brusselles, alle undici si giunse a Braine, posta una e mezza: a un'ora della sera giugnemmo a Castiau, altra posta e mezza, alle due ci trovammo a Mons, altra posta. — Spesso s'incontrano dei villaggi piuttosto considerabili. La campagna vedesi talvolta circondata di piccole colline, e la coltivazione non sembra punto trascurata.

Mons è città, per quanto può giudicarsi in passandovi, di non piccola estensione: il popolo sembra piuttosto numeroso e le abitazioni non sono dispregevoli: le strade sono assai larghe; le fortificazioni all'intorno della città sono tenute con molta diligenza: dalla parte di Brusselles è difesa la città da tre fosse provvedute di acqua per impedirvi l'accesso. In Mons vi è l'antichissima abbazia Romaricense (Remiremonde) di canonichesse regolari. La sorella del principe *Carlo*, e del regnante imperatore *Francesco I* n'è ora abbadessa.

Alle due e tre quarti si giunse a Carignon, una posta distante da Mons, e alle quattro e mezza fummo a Quieuraing altra posta e mezza: questo è l'ultimo villaggio appartenente da questa parte alla imperatrice regina, onde qui si fanno dai finanzieri le ricerche se si porta cosa di contrabbando, o soggetta alle gravezze; non essendo però noi mercanti, con piccola mancia data al doganiere, fummo affatto esenti dalla visita del bagaglio.

Non si proseguì il viaggio in questa giornata sino a Valenciennes per essere stati assicurati che le porte della città si chiudano assai per tempo, nè si aprono di notte senza grandissima difficoltà, e con un ritardo di più ore, quando non si abbia prima un ordine del comandante francese: in vicinanza della città mancano buoni alberghi.

A dì 17 dicembre alle ore cinque e mezza si partì da Quieuraing una posta e mezza distante da Valenciennes. Questa città appartiene alla Francia; si trovano prima di entrarvi i doganieri francesi, che per una piccola mancia si astennero dal far la visita: le porte della città si aprono di notte facilmente, come meglio intendemmo alla posta.

La città è assai ben fortificata all'intorno: le strade sono molto larghe, e le abitazioni non volgari; il suo recinto sembra piuttosto spazioso. Alle nove e mezza ci trovammo a Bouchain, due poste distante da Valenciennes, e una posta e mezza più avanti fummo a Cambray, città fortificata sul gusto moderno, assai grande, con buone strade ed eleganti abitazioni. La piazza è latissima; la cattedrale, quantunque di struttura, e gusto antico, è un edificio degno di esser veduto. Altrettanto deve dirsi della chiesa vicina dei canonici regolari. La facciata di pura pietra è superba, e l'interiore della chiesa perfettamente vi corrisponde.

Alle undici e mezza da Cambray c'incamminammo a Bon-avis distante una posta e mezza; e indi a Fins, e poi a Peronne, luoghi parimenti distanti una posta e mezza fra di loro.

Peronne è città fortificata, ma piccola, e di poca considerazione. Qua sono fissati altri doganieri, che visitano i bauli e tutto il bagaglio che si porta seco. Con noi non usarono gran severità, dapoichè si avvidero che nulla si portava che non fosse di proprio uso; a questi doganieri non si diede, nè essi mancia chiesero.

Da Peronne a Marchelepot si fa una posta e mezza, altra a Fonches, ed altra a Roy. Giugnemmo in questo ultimo luogo alle ore otto della sera; sembra un grosso e buon villaggio o terra. Dopo avere qui cenato, alle dieci della medesima sera continuammo il viaggio. Passammo per Conchy les Pots, una posta e mezza da Roy, indi a Cuvilly, Quornay, Bois de Liheu, luoghi tutti distanti d'una posta fra di loro; indi sino a Pont St. Maixence vi è una posta e mezza, altrettanto a Senlis; quest'ultimo luogo è città, ma assai meschina. Pont St. Maixence sembra un villaggio non affatto piccolo.

Da Senlis vi è una posta sino a la Chapelle, una e mezza a Louvres, altrettanto a Bourget; e finalmente una piccola posta, che per altro si paga per doppia sino a Parigi, dove giugnemmo felicemente il 17 dicembre un'ora dopo mezzogiorno. — All'ingresso di Parigi soggiacciono i forastieri ad una nuova visita del loro bagaglio, ma noi non la trovammo rigorosa di molto, e ne uscimmo senza pagare la menoma cosa.

È da avvertirsi, che, eccettuati i luoghi di sopra espressamente indicati, tutti gli altri sono composti di una sola e rozza abitazione per commodo della posta, o di pochissime case, ordinariamente meschinissime e di terra.

Tutta la campagna in questo tratto di paese della Francia è nuda, e forse anche incolta, o almeno assai poco feconda. Le strade però sono magnifiche, larghissime, diritte, e ben selciate. Le poste poi sono sempre provviste almeno di trenta buoni cavalli. — Pagansi venticinque soldi per cavallo che si leva per posta, se la posta è doppia cinquanta, o trentasette e mezzo, se è una e mezza.

Una carrozza a quattro ruote è obbligata secondo gli ordini regi, di prender quattro cavalli, se sono due sole persone dentro; se poi vi è un terzo conviene a rigore levarne cinque, montando uno a cavallo: prendendosi ancora per quattro cavalli due postiglioni, ai quali convien dare almeno dieci soldi a ciascuno per posta: siccome però le strade sono sempre piane, e mantenute a tutta perfezione, succede di ordinario che il quinto cavallo si paghi, ma non si prenda nè bene nè male, e per evitar l'incommodo d'andare a cavallo, e per la commodità, che vi ha di andare senza alcun maggior ritardo in carrozza.

Talvolta usandosi qualche industria si sfugge questo vero aggravio, di dovere, cioè, pagare un cavallo, che nè bisogna, nè si adopera; talvolta però è inevitabile, come ancora il condurre due postiglioni, sebbene possa benissimo uno solo condurre quattro cavalli.

A Parigi si prese alloggio nell'albergo *Ville de Rome, rue Jacob, faubourg St. Germain chez monsieur Piquot*, persona onesta, e che ha tutte le attenzioni per per i forastieri.

Parigi ha una estensione sorprendente; di notte suole essere illuminata quando manca il beneficio della luna. Un bellissimo colpo d'occhio in Parigi è Ponte Nuovo con tutto il tratto adiacente sulle sponde del fiume. Sembra di sera un vero teatro, non solo per i lampioni posti qua e là dal fiume, ma più ancora per vedersi all'intorno le numerosissime finestre delle abitazioni fornite di lumi. — Mancano alla città le mura e le porte, giacchè le antiche sono state demolite, allorchè i borghi furono uniti alla città, il che credo sia avvenuto in più tempi.

Il faubourg de St. Germain des Pres è forse la parte più nobile di Parigi per la bellezza e regolarità delle strade, e vaghezza degli edificii.

La parte interna, o sia antica, ha strade anguste: intorno intorno alla città vi è un passeggio vaghissimo ornato di alberi detto i baluardi, o *rampari*. — È inutile descrivere a minuto il materiale di questa città, essendo moltissimi i libri che ne parlano; può specialmente vedersi *La description de Paris* in più tomi in ottavo, di cui abbiamo reiterate edizioni.

Rilevansi in questa opera minutamente le bellezze della città, e talvolta ancora quelle cose, che riconosciute sul fatto non sembrano meritevoli di grande attenzione. — In generale bensì può dirsi, che gli edificii magnifici di Parigi si riducono al *Louvre*, al palazzo reale, alla *Tuillerie*, al palazzo di *Luxembourg*: tutti questi sono palazzi della corte, e i tre ultimi hanno annesso un vaghissimo giardino a pubblico uso.

Nel *Louvre* vedemmo le stanze dell'accademia di pittura e scoltura piene di opere degli accademici, i quali per l'onore dell'aggregazione devono fare anche un'opera sopra un particolare soggetto proposto dall'accademia, la quale approvata che sia, resta in questo museo col nome dell'autore. — Parecchie cose vi sono in vero del gusto francese, moltissimi pezzi per altro sì di scoltura, che di pittura hanno il loro merito: sono ammessi in questa accademia i professori di ogni nazione.

Ogni anno, credo io, si può mandare qualche opera a questa accademia da chi aspira all'aggregazione. Si tengono queste esposte per più giorni al pubblico, e le persone di ogni sfera, anche meno colte, corrono a vederle: poscia l'accademia sceglie le più degne. Ciò contribuisce infinitamente per animare specialmente la gioventù.

Vedemmo ancora nel *Louvre* la camera, ove si radunava *le Catellet* in tempo dell'esiglio del parlamento; annessa vi è una biblioteca, che non conteneva, che *les coutumes*.

Nel *Luxembourg* si conserva la galleria famosa del *Rubens*, che in certi giorni della settimana resta aperta a pubblica commodità: nel palazzo reale abitato dal duca di *Orleans* havvi altra galleria di quadri de' più celebri pittori, fra i quali vi sono i sette sacramenti di *Poussino* diversi in parte da quelli di casa *Boccapaduli* di Roma, sette pezzi di *Raffaello*, molti de' quali però sono della prima maniera di quel divino pittore.

L'*Hotel de Ville* è un edificio di gusto antico, e sproporzionato. *Le palais Marchand*, ove sono distribuiti moltissimi mercanti di pietre false, fibbie, e ove si suole raunare, e rende ragione il parlamento, ha delle parti assai maestose. — La casa del gran priore de' cavalieri di Malta detta con la chiesa annessa *Le Temple*, perchè posseduta già dai Templarii, è di gusto moderno con portico intorno alla corte, e con facciata sì interna che esterna molto grandiosa: sono però tante e tali le sconciature che per conto di buona architettura si scuoprono in questo edificio, che lo avviliscono del tutto. L'*Hotel de Soubise* merita maggior attenzione per la magnificenza con cui è stato concepito, e per la maggior regolarità tenuta nell'esecuzione.

Eccettuati questi due edificii, che hanno idea di palazzo, tutti gli altri edificii privati di Parigi possono dirsi piuttosto case che palazzi, le quali case però, di un gusto uniforme, non lasciano di far buona comparsa al di fuori, e di essere magnifiche e commode al di dentro. — Sovente la facciata delle case non corrisponde sulla pubblica strada, ma le grandi abitazioni sogliono avere la corte con portone avanti, e ciò per liberare gli appartamenti dal rumore della strada, che non è leggiero.

Le chiese hanno per l'ordinario buone facciate, ma non sempre l'interno corrisponde. Quella del collegio delle quattro nazioni, fatta fare dal cardinale *Mazzarini* è bellissima, e tutto vi corrisponde a maraviglia: vi è il deposito del cardinale, il quale passa per uno dei migliori di Parigi.

La Sorbona parimente ha chiesa molto vaga con bella facciata e piazza corrispondente. Il deposito del cardinale *Richelieu di Bouchardon* è mirabile. — Nella sala della Sorbona in cui si tengono gli atti pubblici, trovammo il ritratto di *Benedetto XIV*, e di *Clemente XIII*.

La chiesa arcivescovile di Notre Dame, è di un gusto perfettamente gotico con facciata ricercatissima. — La chiesa di san Sulpicio merita di essere veduta: forma una croce latina: l'edificio è vasto a tre navate: la facciata è composta di un portico assai grande sostenuto da due ordini di colonne altissime, sopra delle quali è tirato un architrave, che serve di base ad un altro ordine di architettura assai ardito: nei lati si alzano due torri, che non lasciano di aggiungere eleganza: questa facciata però non è ancor finita. — La facciata della porta laterale è ancor degna di esser veduta, ed è forse più regolare. Ora si lavora intorno alla piazza, che deve corrispondere a tutto questo edificio.

L'ospedale degli Invalidi con la cappella reale annessa sorprende e mostra la potenza del re. Da circa cinquemila persone vi sono mantenute.

Due piazze ancora sono elegantissime; una è detta di Vendome. Le case all'intorno sono unite, e di un gusto uniforme. L'altra è detta della Vittoria, e riesce più maestosa della prima. Vi è in mezzo la statua di *Luigi XIV* coronato dalla Vittoria, la quale è peraltro molto cattiva. Nei quattro angoli del piedistallo vi sono quattro schiavi di figura gigantesca di bronzo assai ben lavorati. — Gli edificii di questa piazza sono uniformi. Molte strade vi fanno capo. Altra piazza si sta attualmente costruendo passato il giardino delle Tuillerie, per collocarvi la statua di *Luigi XV*.

Il ponte Nuovo colla statua equestre di *Enrico* deve annoverarsi fra le magnificenze di Parigi, e forse è questa una delle più singolari.

Cinque biblioteche di considerazione noi vedemmo in Parigi. La prima è la Regia, che in questa stagione si tiene aperta il martedì e il venerdì a mattina. L'edificio al di fuori non fa gran comparsa, nel cortile però si comprende la sua estensione. Il circuito del vaso distribuito in più camere piene di libri conta in lunghezza trecento ventotto passi naturali di una persona. — I codici manoscritti sono in un altro contiguo appartamento amplissimo e di più camere: i libri si trovano con grandissima facilità.

Trovammo assai inesatto l'indice de' manoscritti stampato in quattro tomi in foglio: monsieur *Caporonier* bibliotecario, intendentissimo di greco, si mostrò officioso in modo ben singolare con monsignore. — Il freddo in questa stagione eccessivo non permetteva di rimaner lungo tempo nella biblioteca affine di osservare diligentemente qualche codice, come era nostra intenzione, di che avvedutosi monsieur *Caporonier* esibì, e diede a monsignore quanti codici volle, da portare all'albergo, acciò potesse osservarli con ogni commodità.

Altra biblioteca è quella dei benedettini di san Germano; i libri stampati sono moltissimi, e messi in assai buon ordine. I manoscritti stanno in sito a parte, l'indice può vedersi nella *Bibliotheca Bibliothecarum* del *Montfaucon*. — Sono divisi i manoscritti in latini, greci, ebraici, orientali. Non ha molto, ch'è stata accresciuta una camera intiera coi manoscritti appartenenti al gius pubblico di Francia, lasciati da un avvocato a questi padri.

Disse il bibliotecario, che la biblioteca non era ad uso pubblico; pure resta sempre aperta a pubblica commodità dalle nove alle undici della mattina, e dalle tre alle cinque della sera.

Altra biblioteca vedemmo in santa Genoveffa presso i canonici regolari ivi dimoranti. Bibliotecario è il padre *Mercier* religioso officiosissimo e di talento.

La biblioteca oltre all'esser provveduta di buoni libri è ornata con semibusti di parecchi uomini illustri. In una camera a parte vi è un buon numero di manoscritti, che non avemmo ozio di osservare a minuto. — Altre camere sono destinate per le cose naturali, e per parecchie antichità, tra le quali osservammo alcuni vasi etruschi. Attualmente fanno questi religiosi una nuova chiesa assai più grande, e più maestosa della presente.

Il cardinale *delle Lanze* nella sua gioventù ha vestito l'abito di questi religiosi, ed è vissuto fra di loro undici mesi.

Curayer che ha fatto le note alla *Storia del Concilio Tridentino* di fra *Paolo Sarpi*, era di questa congregazione: passò già in Inghilterra ove vive ancora, ed è professore in Oxford. Della sua apostasia raccontava il padre *Mercier* cose singolari; non si è mai ammogliato, usa ancora una specie di abito del suo istituto; alcune stravaganze egli aveva sul punto della messa; eppure nell'ascoltarla edificava colla sua esteriore divozione.

Ancor questa biblioteca è pubblica unicamente per condiscendenza de' religiosi. All' *Hotel de Soubise* havvi altra biblioteca pubblica, affidata di presente alla custodia di un padre della congregazione di san Mauro. — Vi si contano da trentasei mila volumi: è ricca, per quanto ci disse il bibliotecario, di libri sul gius germanico: apparteneva una volta alli *Tuani*, e posseduta fu per lungo tempo dal presidente *de Menars*. I *Petits Pères*, che sono agostiniani riformati, hanno una biblioteca non delle più copiose, ma assai ben composta dal padre *Eustachio* poco fa defunto: non vi sono manoscritti; è però singolare la raccolta che vi si conserva di tutte le satire e gli scritti relativi al cardinale *Mazzarini*.

Vi è ancora una camera ricca di cose curiose sì naturali che antiche, specialmente di idoletti di bronzo: vi sono ancora due vasi etruschi, ed altre curiosità.

Si gode ancora in Parigi la biblioteca del collegio delle Quattro Nazioni, ove vi sono ancora de' manoscritti, ma non trovammo il bibliotecario in casa, quando passammo per vederla.

Altra biblioteca vedemmo in Parigi, che ben merita di esser ricordata da un italiano. È questa di monsieur *Alberto Francesco Floncel* avvocato del parlamento, e censore reale, che fu già segretario degli affari stranieri, sotto il ministero dei signori *Amelot*, e *Marchese di Argenson*. — Egli è talmente invaghito delle belle lettere italiane, che la sua biblioteca è ricca di dieci mila volumi italiani d'ogni sorta, e rari. La sua conversazione è composta per l'ordinario di quegli italiani di spirito, che si trovano in Parigi, ed egli si fa pregio di essere aggregato a moltissime accademie d'Italia.

La letteratura di Parigi presso le persone sodamente dotte non è al presente in grande estimazione: non mancano invero letterati di vaglia, ma in una città di questa sorta ciò non deve far punto maraviglia: ben è vero, che questi medesimi letterati comprendono quanto sia scarso il loro numero, e quanto sia inferiore alla turba dei spiriti moderni, applicati unicamente a fare trionfare le bagattelle e le inezie, per non dire l'irreligione e il mal costume. — Questi, che noi specialmente trattammo, sono monsieur *Fongemange*, uomo assennato addetto al servizio del *Duca di Orleans*. Ha un gusto perfetto della buona letteratura e si applica più agli studii altrui che agli proprii communicando quanto egli sa a chiunque egli vede in stato di poter farne buon uso. —

Dimora al palazzo reale e tiene una o due volte la settimana una conversazione di varii letterati suoi amici detta all'italiana per esservi costume di solamente discorrere [italiano].

Ivi conoscemmo monsieur *D'Anquètil*, giovane di ventisei anni in circa, ritornato di fresco dall'Indie, ov'erasi portato per rinvenire i scritti di *Zoroastre*. Dopo di avere apprese le lingue ed essersi fatto ammaestrare, per quanto ha potuto, da quei sacerdoti, è ritornato in Francia con portare seco diverse opere di *Zoroastre*, alla versione delle quali si applica attualmente. — Ha reso conto del suo viaggio e dei manoscritti acquistati all'accademia di Parigi con due memorie di già stampate. È persona di gran coraggio, e alla prima vacanza sarà aggregato all'accademia. — Gli fu dal re assegnata una pensione in premio del viaggio intrapreso.

È da notarsi su questo proposito il gusto, che si va propagando presso i letterati di Parigi per le cose orientali, sdegnandosi ormai chi fa professione di studii, l'applicazione all'erudizione romana, e anche greca; il che forse in parte deriva dalla indole fervida e vivace della nazione la quale non sa assoggettare lo spirito a quella lunga meditazione e assiduità che esigono i studii coltivati da molti, avanti di poter produrre nuove scoperte.

Fummo a trovare il conte *Caylus*, grande amatore e intendente di antichità, e vero mecenate de' nostri tempi. Impiega tutto il suo avere in acquistare cose antiche, che invece di ritener appresso di sè destina per ordinario al museo regio, e in aiutare la gioventù inclinata alla scoltura, o pittura, o agli studii.

Il medesimo ha promossa la stampa del *Museo* di monsieur *Pellerin* in cui si promettono mille ottocento monete inedite di città, popoli e nazioni. L'opera è in francese in quarto. — Fummo assicurati che del primo tomo già pubblicato il libraio non ne aveva esitato in Parigi più di sei copie.

Questa raccolta è stata fatta da monsieur *Pellerin* in tempo che egli era sopraintendente della marina, ed aveva subordinati tutti i consoli della Francia sparsi per tutto il mondo.

Monsieur *Mariette*, in origine incisore, e libraio che da qualche tempo ha abbandonata la professione de' suoi maggiori, ha una delle maggiori e più ricche raccolte di cartoni originali, disegnati da' più eccellenti autori, e specialmente da *Raffaello*. — Ha viaggiato in Germania, e più volte in Italia cercando sempre di fare nuovi acquisti. Ha un gusto perfettissimo per le belle arti, e specialmente per la scoltura e pittura. Interviene all'accademia, che avvi in Parigi per queste due arti che è quella medesima che mantiene i giovani in Roma nell'accademia de' francesi. Si duole che a tanti aiuti stabiliti per far fiorire queste belle arti nel regno non corrispondano gli effetti. — Egli raccoglie tutte le notizie e le opere che hanno relazione colla pittura e scoltura, o illustrano le vite di uomini illustri nelle medesime. — Attualmente traduceva dall'inglese le *Vite de' pittori celebri d'Inghilterra* stampate di fresco. — Quest'uomo è moltissimo avanzato in età, nè punto è sollecito di quello che possa succedere del suo museo dopo la sua morte.

Due altri dotti francesi sono i fratelli *S. Palais*; hanno fatto più volte il viaggio di Italia, uno dilettandosi di osservare antichità, pitture e scolture, e l'altro indagando nelle biblioteche le notizie della lingua, e de' costumi della sua nazione.

Questo secondo ha già all'ordine tutti i manoscritti per darci un dizionario voluminosissimo francese, illustrando i costumi, gli abiti, e quanto di più curioso ha avuto la nazione. — Ha già pubblicato il prospetto della sua opera, e per essere in età piuttosto avanzata ha preso un compagno, affine di facilitarsi l'esecuzione del suo progetto.

Bellissimo spirito è quello dell'abbate *Barthelemy*, custode del museo regio di medaglie: in occasione del suo viaggio in Italia ha scritto ancora sul mosaico di Palestrina. — Ci mostrò il museo delle medaglie, che sorprende; non sono perfezionate ancora tutte le serie, essendosi avuta fin'ora la mira di raccogliere tutte le medaglie singolari, ora rare.

In fatti in genere di cose rare senza dubbio questo è il maggiore e più abbondante gabinetto del mondo, trovandosi qua ogni pezzo più raro, e stimabile ripetuto più e più volte. — Dei medesimi solamente ne conta questo museo sopra trenta. Monsieur *Barthelemy* non lascia di usare tutte le diligenze per arricchire sempre più questa raccolta. Assicura, che l'edizione di questo intero museo darebbe grandi lumi alla repubblica letteraria; pure egli non si indurrebbe a farla, desiderando ancora qualche cosa di più.

Conoscemmo e trattammo monsieur *Carpantier*, che ebbe gran parte nell'edizione del dizionario di *Du Cange*, di cui tiene all'ordine un supplemento di tre buoni volumi compilato da lui sui documenti de' bassi tempi pubblicati in appresso.

Sono da quasi trenta anni dacchè accudisce a questa fatica. Il medesimo pubblicò ancora l'*Alfabeto Tironiano*. È persona assai avanzata in età, ma di una vivacità singolare. Era della congregazione di san Mauro, da cui con un breve di dispensa è passato all'ordine più largo, in cui vive in sostanza come un abate secolare. Riprova nella congregazione lo spirito di partito, e la dissipazione grandissima per attendere ad ogni piccola cosa relativa alle controversie passate e correnti, che esce giornalmente per conto di dottrina, e de'gesuiti.

Il medesimo aveva preso l'assunto di darci una edizione di *Tertulliano* su di cui aveva moltissimo faticato, ed era sin giunto ad empiere le lagune che abbiamo in alcune sue opere. Mi figuro che i suoi scritti su questo proposito siano rimasti alla congregazione.

L'abate *Plouquet*, che frequenta la conversazione di monsieur *Fongemange*, ha stampato *Les égarements de l'esprit humain*, opera, la di cui lunga prefazione vien lodata moltissimo: non altro vi si contiene, che una specie d'istoria delle eresie. L'autore è di età fresca, e pieno di buona maniera nel tratto.

Fra i benedettini di san Mauro vi sono i seguenti padri, che attualmente si applicano per la stampa. In san Germano don *Henry*, e don *Tachereau* attendono alla *Galleria cristiana*, di cui il duodecimo volume in foglio è sotto il torchio.

Don *Precieux* e don *Housseau* raccolgono i *Scrittori che trattano dell'istoria di Francia in generale e in particolare*. L'undecimo volume è sotto il torchio e finisce all'anno 1060. Don *Housseau* ha in pronto l'*Istoria d'Anjou e della Tourraine*.....

Don *Liebb* attende alle *Notizie geografiche delle Gallie dopo Cesare sino a' nostri tempi* per servire di continuazione a quella di monsieur *Anville* per il tempo del dominio dei romani.

Don *de Bressilac* continua l'*Istoria degli antichi galli avanti la monarchia de' franchi* di cui sono usciti già due volumi in quarto; altri due o tre volumi si attendono per il compimento dell'opera.

Don *Tourpin* accudisce a darci una edizione più ampla e corretta di *sant' Ambrogio*.

Don *Bourotte* attende a un sesto volume dell' *Istoria di Linguadoca* che giungerà sino all'anno 1740.

Don *Pernetti* si applica all' *Istoria della casa di Noailles*, e a diversi trattati di chimica, e di filosofia ermetica.

Don *Grenier* compone l' *Istoria monastica e letteraria dell' abazia di Corbia presso Amiens*.

Don *Noël*, celebre macchinista con pensione e abitazione della corte, attende a un gran *Corso di fisica sperimentale*.

Don *L' Abbé* attende all' *Istoria letteraria della congregazione di san Mauro*.

Don *Hervin* e don *Patert* sono i bibliotecarii di san Germano; don *Taillandier* è bibliotecario del principe di Soubise.

Nel monastero detto *Des blancs manteaux* di Parigi vi sono don *Tassin*, autore del *Noveau traité de diplomatique*, in quarto, di cui ora stampa il sesto volume; don *Clemencet* attende ad una nuova edizione delle *Opere di san Gregorio Nazianzeno*.

Don *Clement* e don *Pernet* attendono all'*Istoria letteraria della Francia*, in quarto; è sotto il torchio il duodecimo volume di quest'opera che finisce con san Bernardo esclusivamente.

Don *de Coniac* e don *Deforis* compongono l'*Istoria dei concilii della chiesa gallicana*; ambedue sono molto giovani.

Don *Durand* continua le *Decretali* dei papi cominciate da don *Coutant*.

Don *Bedos*, perito macchinista, compone per l'accademia delle scienze un *Trattato della meccanica de l'orgue* con nuove scoperte sulla perfezione della fattura di questo istromento; attende ancora ad un *Trattato d'orologeria*.

Negli altri monasterii della congregazione vi sono i seguenti soggetti applicati a qualche opera per il pubblico. A san Dionisio don *Castel* lavora intorno a una nuova edizione di *Fozio*. Don *Prevost* ha per le mani un *Dizionario etimologico della lingua francese*. Don *Poirier* compone la *Storia diplomatica* di questa abazia coi monumenti originali.

Nell'abazia di Corbia presso Amiens don *Caffiaux* e don *Pardessus* accudiscono alla *Storia di Piccardia*. Nell'abazia di san Remy de Reims don *Rousseau* attende alla *Storia della Champagne*.

Nell'abazia di san Giovanni di Laon don *Buniatre* ha all'ordine per la stampa la *Storia ecclesiastica e civile della città di Laon*. Nell'abazia di Fécamp in Normandia don *Le Noir* e don *Sanadon* attendono all'istoria di quella provincia.

Nell'abazia di san Benigno di Dijon don *Salasar* sta stampando il quarto volume in foglio delle *Memorie per servire all'istoria di Borgogna* incominciata da don *Planchet*.

Nell'abazia di san Cipriano di Poitiers don *Fontenault* attende all'*Istoria della provincia di Poiton*.

Nell'abazia di santa Croce di Bordeaux don *De Vienne* è in procinto di stampare la *Storia ecclesiastica e civile* di quella città. Due altri religiosi raccolgono i *Monumenti dell'istoria della provincia di Guienne*.

Nell'abbazia di Marmoutier presso Tours don *Le Saint* attende alla continuazione delle *Memorie di Tillemont sull'istoria ecclesiastica*.

Nell'abbazia di san Benedetto *sur Loire* don *Girould* attende alla *Storia della provincia di Berry*, ed all'*Istoria dell'orleanese*.

Nell'abbazia di *Saint'Alire de Clermont* don *Colle* raccoglie i *Monumenti dell'istoria d'Auvergne*.

In oltre don *Pont* è professore di ebraico nell'accademia di Tolosa, e don *Falere* è bibliotecario del monastero di *Bonnes nouvelles* d'Orleans.

È da notarsi che questi padri avrebbero già parecchie opere da stampare se trovassero stampatori, che se ne volessero caricare. Ma tanto è decaduto il gusto delle buone lettere in Francia, che niuno si azzarda d'intraprendere un'edizione voluminosa.

Il gusto depravato è giunto sino a far guerra al sesto del libro, e alla lingua latina, non trovando spaccio le opere in foglio e i libri latini. Ond'è che don *Tapin* per trovar stampatore del suo *Trattato di diplomatica* ha dovuto comporlo in Francia, e stamparlo in quarto, quantunque ciò mal convenisse all'opera che deve unirsi con la *Diplomatica* di *Mabillon*. È passato in Parigi in proverbio, che i benedettini vogliono sempre gran volumi in foglio per le cose loro.

Al 22 gennaio ci trovammo al *Louvre* per vedere l'aggregazione dell'abbate *de Voisenon* all'accademia francese. La gran camera era piena di persone di distinzione. Il nuovo accademico fece un discorso francese, che era un tessuto continuo di *tours d'esprit*. Ad ogni periodo almeno seguiva un gran sbattimento di mani di tutto l'uditorio, che m'infastidiva moltissimo. Parvemi che nulla concludesse, e che parlasse senz'ordine.

Il *Duca di saint Aignan* che fece le funzioni di direttore, invece del *Duca di Nivernois* allora dimorante in Londra, rispose al discorso del nuovo accademico con una specie di complimento, che lesse. Ci fu poi detto, che il soggetto del ragionamento per ogni nuovo accademico sia sempre lo stesso, e consiste in dire che il cardinale di *Richelieu* istitutore, credo io, dell'accademia, fu un grand'uomo; che fu un grand'uomo l'accademico defunto a cui egli succede; che è un grand'uomo il presidente da cui egli è promosso; e che un grand'uomo diverrà egli ancora.

Questa è l'idea che ne diede anche *Voltaire* per quanto mi vien supposto. Finì l'accademia monsieur *Watelet* che lesse una traduzione o piuttosto imitazione in versi francesi del terzo canto della *Gerusalemme liberata* del *Tasso*. — Tutte le volte che si raduna questa accademia, il re passa una somma di danaro da distribuirsi fra gli accademici presenti, l'impegno de' quali è di coltivar la lingua francese, a somiglianza della Crusca d'Italia.

La città di Parigi conterà, per quanto ci dissero, settecento mila anime. È però da notarsi, che per l'ordinario i ragazzi dai tre anni in giù sono mantenuti fuori in campagna, e ciò per economia.

Comunemente la popolazione si fa ascendere a novecento mila anime, ma senza fondamento. Il libertinaggio e la irreligione è giunta a un grado insopportabile, benchè per altro sia ancora vero, che il numero dei cattolici, specialmente nel ceto medio, sia assai considerabile;

e, ciò che più importa, per l'ordinario sono questi solidamente pii e attaccati alla religione.

La parrocchia di san Sulpicio che conterà sopra ottanta mila anime, anni sono non aveva distribuite per pasqua che diecinove mila communioni; qualche anno dopo non passavano quattordici mila.

Nella parrocchia di sant'Eustachio, che è una delle più numerose, si trova lo stesso inconveniente. È però da avvertirsi, che nella prima dimorano gli ambasciatori esteri, e quasi tutti i loro nazionali, onde vi sono molti eretici. — Nella seconda dimorano in gran parte le cortigiane, che in tutto Parigi saranno circa diecinove mila. La vita, che si conduce in Parigi, è di un continuo divertimento, e nelle conversazioni rare volte si trova chi discorra di affari e di novità del gran mondo, ma ordinariamente si parla di commedie e di altri divertimenti.

Grandissima è la società in questa gran città. Per lo più ognuno dà, o riceve il pranzo. Pochi sono coloro che tengano tavola ogni giorno; si sa però quali giorni della settimana vi siano destinati, e gli amici che vogliono essere a pranzo, non costumano che di farne avvertito la sera avanti il guarda-portone.

La finezza più frequente che riceve il forestiere, è di essere invitato a pranzo da coloro che hanno occasione di trattarlo, e si trova quasi sempre in allegra compagnia. Nel dopo pranzo si continua la conversazione, e vi si impiega tutta la giornata, se così aggrada.

Il tratto dei francesi si suppone libero, e senza complimenti, il che in parte è vero; sono per altro nella società e specialmente nella tavola attaccati a mille piccole etichette, per le quali osservano attentamente il forestiere, e arrecano grandissimo fastidio a chi non vi è accostumato.

Esigono ancora che tutti i forastieri si uniformino perfettissimamente agli usi loro nel vestire e in tutta la persona, di sorta, che convien prender guardia di tutto per non esser notato a dito. — Usava per cagion d'esempio un forastiere in Parigi il fazzoletto di seta, non essendosi avveduto che di presente la moda non ammetteva che fazzoletti di lino, o di altra simile materia. Un francese, che pure era persona di spirito, era tanto lontano dal figurarsi che ciò fosse un caso, che prese ciò per un segno di lutto, e gliene fece complimento.

Il secolare è obbligato per queste etichette a enormissime spese per fornirsi di quelle mute di abiti che esige la moda. L'abate è più libero: basta che se ne vada al presente coll'abito abbottonato davanti, colle mostre delle maniche chiuse e strette, con fibbie alle scarpe dette a l'*évêque*, con manichetti corti e lisci, con parrucca ben composta, ma di lavoro di Parigi, con le *brasciole,* o siano *rabas* al collarino, con cupolino in testa di cuoio, e con altri piccoli riguardi consimili, e farà senza dubbio buona figura in Parigi.

Paiono veramente queste cose stravaganze ridicole, eppure si praticano sino alla superstizione, in una città che dal volgo si suppone spregiudicata, e da cui si crede derivare la maniera di viver senza complimenti e fastidiose osservanze.

La libertà del tratto si riduce quasi unicamente ad ammettere chiunque si sia alla conversazione, e alla tavola, conosciuta che si abbia una volta una persona, non badandosi punto alla condizione di chicchessia, specialmente quando si veste da abate: per lo che un forastiere non può scegliere partito migliore e più confacente all'economia, quanto l'assumere quest'abito, tanto più, che è difficilissima cosa il metter fuori qualunque abito da secolare, che non incontri nelle conversazioni le sue eccezioni.

Ottimo poi è per l'ordinario la condizione del forastiere in Parigi e in Francia per l'umanità somma con cui è ricevuto da tutti. Pare che sia impegno particolare della nazione di fare sì, che gli esteri ne restino contenti: nel che supera il francese tutte le altre nazioni. Forse questo è un'effetto dell'estrema ambizione della nazione che vuole obbligare per questo mezzo a parlarne con lode chiunque ha viaggiato per la medesima; siccome per l'ambizione di conciliar stima della loro nazione, i francesi lontani dalla patria affettano per l'ordinario un disprezzo intollerabile di tutto. L'italiano poi (quando non sia uomo di intrigo e di mala condotta) fors'è ricevuto con maggior distinzione degli altri forastieri, particolarmente se precede l'opinione di esser persona di spirito; giacchè per quanto affettino in generale i francesi di superare il talento degli italiani, pure da niun'altra nazione internamente credono potere essere vinti per questo conto, quanto dalla nostra; e per valermi dell'espressione di un bellissimo spirito napoletano dimorante in questa gran capitale, per quanto sia grande l'amor proprio che sono ancor giunti i francesi a contrastare agli italiani la primogenitura nelle lettere, il che apparisce particolarmente ogni volta, che capita in Parigi alcuno de' nostri letterati, il di cui nome si vede ben tosto sparso per tutte le assemblee dalle persone di lettere, e di cui si sente subito far menzione nella città; cosa, che non suole succedere per l'ordinario ai letterati delle altre nazioni, il nome de' quali resta quasi sempre perduto, ed occulto, per osservazioni fatte da un italiano che da qualche anno dimora in questa città.

In fatti in questi ultimi mesi successivamente sonosi trattenuti in Parigi il padre *Boscovich* gesuita, famoso matematico, il padre *Paciaudi* teatino, ed ora monsignore mio *Garampi*, i quali tutti hanno lasciato vantaggioso concetto del loro sapere, e hanno fatto parlare di loro in Parigi con segni particolari di stima.

Di più tal volta è avvenuto che qualche letterato italiano della prima sfera abbia dato in Parigi le prove più manifeste della sua poca stima, anzi del positivo suo disprezzo per la letteratura della nazione, vizio certamente insoffribile in ogni ben educata e civile persona, ma più ancora in chi è dotato di talenti, e di cognizioni superiori alla commune degli uomini; pure i parigini l'hanno sofferto in pace, affine di non entrare in cimento; anzi non hanno lasciato di studiarsi la maniera di ben trattarlo e di fargli onore.

Tanto è avvenuto al signor marchese *Scipione Maffei*, della di cui disobbligante maniera di trattar coi letterati, e del di cui genio disprezzante mostrato in Parigi, non lasciano ora di far qualche amica querela secondo che ne nasce l'opportunità; e alcuni tratti relativi a questa sua condotta sono caduti di penna anche all'autore dell'elogio, fatto secondo il costume dopo la sua morte, come a membro dell'accademia.

Se mal non mi appongo la condiscendenza e dissimulazione tenuta con il marchese *Maffei* vivente, non si terrebbe certamente in Parigi per un letterato inglese o tedesco ogni volta che desse il menomo indizio di poca stima o soddisfazione di quella letteratura.

Il vivere in Parigi costa infinitamente, ed ognuno, per quanto sia ricco, deve misurarsi nel suo trattamento. Ogni gran signore al pari di ogni benestante mantiene carrozza, e il primo si distinguerà dal secondo, in tenerne non una, ma tante quante ne abbisognano per uso della propria famiglia, e niente di più: onde inutilmente si cercheranno in Parigi carrozze di gran signori, che siano sopra il loro bisogno, come tengono in Roma, per cagion di esempio, le case principesche.

Fummo un giorno a Versailles per veder le magnificenze di quella corte, quanto la rigidissima stagione il permetteva. Si fa questo viaggio coi cavalli di carrozza in tre ore in circa: a mezza strada si vede l'edificio della porcellana, che sembra molto grande, a cui però non è facile l'accesso.

Versailles è senza mura, ma con fabbriche assai alte, ove contasi circa sessanta mila anime. La fabbrica della corte nell'ingresso non ha alcuna parte che imponga, ma presenta una confusione di cose, che dispiace; la facciata sorprendente, e che l'occhio non sa mai godere abbastanza, è dalla parte del gran giardino.

La maestà di questo sorpassa ogni espettazione: è diviso in un piano superiore, in cui le statue sono di marmo di Carrara con vasi ornati di bassi rilievi in grandissima copia. In mezzo al giardino avvi una specie di lago, ma in questa stagione era tutto gelato.

Quando dal fondo del giardino si avanza verso la gran facciata del palazzo, questa, considerata nella sua estensione, sembra alquanto bassa; ciò forse nasce dalla parte di mezzo, che si avanza molto all'infuori, e lascia più addietro le due parti estreme della facciata, che per altro sono di una medesima altezza.

La galleria della corte è ornata di pitture e di specchi di cristallo con semibusti antichi, e vasi di porfido: le altre camere, che sembrano veramente reali, sono ornate nel soffitto di buone pitture con dorature ben rilevate, e con ornamenti di gusto sodo e maestoso: le pareti sono vestite di buone tappezzerie o siano arazzi, e talvolta di ottime pitture. Tutti gli appartamenti sono quasi del medesimo gusto. È libero a tutti l'accesso alla corte, nè alcuno ricerca che si faccia, o chi siasi. Si può passeggiare liberamente da per tutto sino all'appartamento del re e della regina; quando si incontra il re con tutta la famiglia e colla sua corte, che vada a messa, o altrove, non si costuma di fare il menomo inchino, e se avvi chi niente chini il capo, è riputato italiano.

Il re pranza ogni giorno in pubblico; ognuno può entrare nella camera e vederlo. In quei giorni si trovava indisposto di raffreddore, onde non comparve. Vedemmo bensì il pranzo della regina. Tre dame la servivano a tavola, ed un gentiluomo. Tre principesse gli facevano corte, e sedevano; altri gran signori se ne stavano in piedi. Indi passammo a vedere il pranzo della delfina, che era sul punto di finire. Il delfino mangia con lei, ed è servito dalla corte assegnata propriamente alla delfina, giacchè è massima di politica, che il delfino durante il governo del padre, non abbia la menoma distinzione.

La rigidezza in quest'anno straordinaria della stagione ci impedì di poter vedere le altre delizie della corte. Non lasciammo però un giorno di passare al monastero di san Dionisio della congregazione di san Mauro, poche ore distante da Parigi. Per la strada ci fecero osservare due padri di san Germano che erano in nostra compagnia, una spezie di stazioni che tratto tratto si incontravano fatte di pietra di gusto antico quasi gotico, e ci dissero che queste furono fatte in occasione del trasporto delle reliquie non so, se di san Dionisio, o di altro santo.

Il monastero di san Dionisio è detto in Francia perchè è situato nel distretto di tal nome: fu fondato da *Dagoberto*. Qui vi sono tutti i sepolcri della famiglia reale, che occupano gran parte della chiesa. La casa di *Buglione* non ha sepolcro separato. I sepolcri dei re più antichi non sono coevi, ma del secolo XII e XIII. Sul sepolcro di *Dagoberto* si rappresenta l'anima di questo re contrastata da' diavoli, e da uno o più santi, finalmente la vincono i secondi.

Enrico II e *Caterina Medici* sono rappresentati nudi sul loro sepolcro. Il lavoro è di Italia. Altro sepolcro vi è di *Francesco I*. Da *Carlo VIII* sino ad *Enrico IV* si conservano le loro teste al naturale in cera, colle insegne reali, che servivano nella pompa funebre, se mal non mi ricordo. La chiesa di questo monastero è di un gotico perfettissimo, o sia di architettura vaghissima e ricercatissima nel secolo XII e XIII. Le finestre sono grandissime, e colorate, e istoriate; le porte sono antiche e di bronzo. Il monastero è stato rifatto in questo secolo con somma magnificenza: qua si conservano gli ornamenti della coronazione, che si portano in Reims quando accade di dovergli adoprare. Il re lascia al tesoro gli abiti reali, e quegli del predecessore si convertono in paramenti sacri.

Nel tesoro si conserva il corpo di *san Luigi* le reliquie di *san Benedetto*, un chiodo della croce, e diverse croci del IX e X secolo colla reliquia, e molti camei. Un vaso antico rappresentante dei baccanali, diversi sacramentarii manoscritti del IX e X secolo. Un evangeliario in maiuscolo e minuscolo dell' VIII e IX secolo in lettere di oro e di argento, e pergamena purpurea.

Vedemmo ancora l'archivio di questi padri ricchissimo di antichi papiri, incominciando dalla prima razza dei re di Francia. Non può usarsi cura maggiore per conservarli; pure dai tempi di *Mabillon*, che se n'è valsuto nella sua *Diplomatica*, sino ai giorni nostri, rilevano quei dotti monaci, che questi preziosissimi monumenti vanno deteriorando. Altrove si è avvertito, che ora don *Poirier* attende alla *Storia diplomatica* di questa abbazia coi documenti originali sotto gli occhi, la quale non puol riuscire che utilissima.

A dì 24 gennaio 1763 a un'ora della sera si partì da Parigi, e prendendo la strada verso Strasbourg si mutarono i cavalli a Bondy, indi a Claye, a Meaux, a S. Jean e a La Ferté, dove giugnemmo alle otto ore della sera, e dove ci arrestammo a dormire.

La prima posta di Parigi a Bondy è doppia, come a Claye e Meaux; le altre son semplici. In Meaux non ci fermammo punto, per esser già sopraggiunta la notte; nel passare però da una porta all'altra, la città sembrocci piccola, e non elegante.

A dì 25 si partì a sette ore della mattina, a mezz'ora della sera si arrivò a Dormans; si cangiano cavalli a Montreuil, a Vivray, a Chateau Thierry, a Paroy. La prima e l'ultima è una posta e mezzo. Chateau Thierry è un luogo assai esteso, parte sul monte, e parte sul piano: un piccolo fiume passa sotto questo castello. La campagna è assai piacevole, ben coltivata, e sparsa di molte colline, o siano non aspre montagne.

Si vedono molti castelli e luoghi abitati all'intorno. Spesso si sale, ma sempre commodamente per le ottime strade. Dormans è una assai piccola città, o piuttosto un borgo in piano.

A due ore si partì da Dormans, a quattro passate si giunse a Epernay, piccolo luogo, con aver cambiato cavalli a Porta Binson. Quest'ultima posta sino a Epernay è doppia. La campagna è ancor più vaga dell'altra, è abbellita da varie colline molto sassose, e coltivate a vigne, che producono il vino sì rinomato di Champagne.

Frequentissimi sono i villaggi, castelli ed altri luoghi, che s'incontrano in questo tratto di paese: un canale, o sia la Marne, fiume che va a scaricarsi nella Senna traversa la campagna; ora è gelato, ed è navigabile in altra stagione.

Questo rende più amena la situazione del paese, e più commodo il commercio. Da Epernay si cangiano i cavalli a Jalon, e si passa a Châlons, dove giugnemmo alle otto della sera. Sono due poste doppie. Alloggiammo all'albergo detto la *Pome d'or*. Quella parte che vedemmo della città è miserabilissima: all'uscire si trova un passeggio assai vago.

Alli 26 si montò in carrozza a sette ore della mattina; a un'ora della sera si giunse a Saint Dizier: si mutano cavalli a la Chaussée, a Vitry le Francois, che sono poste doppie, a Faremont, a Pertes. Sono tutti villaggi di niuna considerazione. Saint Dizier passa per città; noi non vedemmo che il borgo; ma l'ambito nulla promette del di dentro. La campagna è presso che interamente in pianura e ordinariamente senza vestigio di alberi.

A un'ora e mezzo si riprese il cammino, e alle otto giugnemmo a Saint Aubin. Si mutano cavalli a Sauldrup, a Bar le Duc, a Ligny. Le prime tre poste sono di una posta e mezzo l'una, ed una posta vi è tra Ligny e Saint Aubin.

A Sauldrup incominciano le poste della Lorena, che sono più lunghe di quelle di Francia, ma di eguale spesa.

Bar le Duc è un luogo non molto esteso, ma senza mura e porte; è fabbricato assai miseramente nella pianura. Ligny ha le sue porte e può dirsi assai migliore di Bar le Duc, quantunque per se stesso non meriti alcuna attenzione. La campagna è sparsa di montagne, che non di rado ritardano il cammino.

A dì 27 si partì da Saint Aubin alle sei ore della mattina. Alle dodici ci trovammo a Nancy e prendemmo alloggio al monte di pietà. Si cangiano cavalli a Void, a Layes, a Toul, a Velaine. Da Saint Aubin a Void si conta una posta e mezzo; altra simile sarebbe la posta da

Velaine a Nancy, secondo quello che si nota nella lista generale delle poste di Francia, ma da qualche anno è stata ridotta ad una posta semplice. La strada non è sempre piana, incontrandosi non di rado delle montagne.

A mezza posta fra Velaine e Nancy si troverebbe la discesa e salita di una collina molto difficile; ma con essersi alzata una tal quale montagna nel mezzo della medesima il cammino continua egualmente piano e commodo. In questo piccolo tragitto non s'incontra luogo abitato di alcuna considerazione eccettuato Toul, piccola città, ma fortificata con una piazza, e strade non irregolari; contiguo a Toul passa la Mosella.

Nancy è divenuta città di considerazione, elegante e florida, dacchè *Stanislao*, padre della regina di Francia ha il governo della Lorena. La chiesa migliore è detta primaziale officiata da una collegiata soggetta immediatamente alla santa sede apostolica.

La chiesa dei gesuiti è molto villana, se ne eccettuiamo la facciata, che è di pietra, e non senza qualche gusto. Altra chiesa vedemmo sulla piazza, se non erro del mercato, costrutta di recente, ma sul gusto capriccioso francese.

La chiesa de' cordelieri merita di esser veduta unicamente per una cappella annessa fatta ornare dall'imperatore vivente con depositi in memoria di molti della famiglia de' *Duchi di Lorena* ivi sotterrati. Tutto è lavorato in marmo, specialmente nero con molta eleganza e simmetria. Nella chiesa si vedono altri sepolcri antichi di questa famiglia. Quello però che forma la parte più bella della città, è degna dell'attenzione di qualunque forastiere, sono le due piazze erette a spese del re *Stanislao*. Hanno communicazione insieme per mezzo di un arco assai magnifico con bassi rilievi, ed altri ornamenti, che non lasciano di avere il loro pregio.

Una di queste piazze è quadra con delle cancellate di ferro in parte dorato negli angoli, e con la statua di *Luigi XV* nel mezzo eretta su di un piedistallo, ornato negli angoli di quattro figure di schiavi. — Nel fondo vi è *la maison de ville* costrutta di fresco, come tutti gli altri edificii di questa piazza, che sono di un disegno uniforme assai brillante di pura pietra. Negli angoli della piazza, dalla parte dell'arco, vi sono due fontane con varii gruppi di figure di piombo. Nei due angoli opposti fanno capo due strade, come pure nel mezzo. La statua corrisponde all'arco che introduce all'altra piazza in tal guisa, che resta godibile ancor dal fondo della medesima. Questa è molto più grande dell'altra in lunghezza. Nei lati vi sono due strade per le carrozze, ed il mezzo è elevato di qualche gradino per il passeggio, con degli alberi tagliati dell'altezza di otto piedi sui lati, i quali fanno una felicissima comparsa.

Le case sono semplici, e di ordine uniforme. Nel fondo vi è la residenza dell'intendente lavorata di pietra con un peristilio, o colonnato, nel primo piano di nove ordini, di un disegno assai bene inteso e maestoso. Questo edificio per il disegno sembra il migliore di tutti gli altri.

Ci fu detto che sia stato ideato, disegnato ed eseguito da artefici del paese, in cui il re *Stanislao* con una somma applicazione cerca di introdurre, e stabilire le belle arti.

Ha egli per questo effetto stabilito un'accademia, dove si danno de' premii a chi si distingue, ed ha destinata una biblioteca ad uso pubblico, la quale sebbene non sia fin ora molto copiosa, lo diverrà però col tempo, per mezzo della dote di circa sei cento scudi annui che ha assegnata.

La munificenza e pietà singolare di questo re ha fatto ancora moltissimi altri grossi stabilimenti in favore specialmente de' padri gesuiti, per i quali in un borgo della città ha fabbricata un'ottima abitazione con giardino e ogni altra commodità; destinandogli a fare ogni anno nella Lorena delle missioni al popolo di campagna con un grosso assegnamento di denaro da distribuirsi a loro arbitrio ai poveri dei rispettivi paesi, ne' quali vanno le missioni.

Il superiore di queste missioni si chiama il padre *Du-Meneux*. È bravo parlatore, ha dodici altri gesuiti con sè. Assegnò al signor conte il padre ministro con la carrozza per vedere le singolarità della città, e ci tenne a cena la sera.

Ci mostrò un libro stampato di fresco colla data di Soleure in Nancy che ha per titolo *Apologie générale de l'Institut, et de la doctrine des Jésuites*. L'autore n'è il padre *Ceruti* gesuita di 23 anni, fatto venire da Lione a Nancy a bella posta per comporre quest'opera sotto la direzione del detto padre superiore.

È piemontese di nascita, entrò nella religione di quindici anni, passò ad Avignone, dove ha tanto profittato nella lingua francese, che ha riportato, per quanto dissero, diversi premii dall'accademie.

Si conosce però benissimo, che l'opera quantunque scritta colla maggior perfezione della lingua sappia affatto del gusto dell'eloquenza italiana. Conoscemmo questo giovane che ha un fratello a Roma, e ci disse di non avere ancora studiato teologia.

In Nancy vi sono altre due case di gesuiti, cioè il collegio, e il noviziato. Temono seriamente questi religiosi, anzi tengono per indubitato di dover essere cacciati ancora dalla Lorena al più tardi dopo seguita la morte del re *Stanislao*, già ottuagenario, che li protegge. La città, per quanto dissero, farà venticinque mila anime.

Un'altra piazza ha fatto in Nancy il re *Stanislao* in occasione dell'alleanza della Francia colla casa d'Austria, e colla Czara defunta. In mezzo alla fontana è alzato un obelisco a tre angoli. Tutte le case sono semplici, ma uniformi; il che costituisce il bello della piazza.

A dì 28 si partì da Nancy alle sette ore della mattina; si mutano i cavalli a Domballe, e poi si passa a Luneville. Queste due stazioni sono di una posta e mezza l'una. Arrivammo a Luneville alle dieci ed alloggiammo a *la Tete d'or*. Si conobbe il conte *Bela* primo *maitre de Hotel du Roi*, e monsieur l'abbé *Morreau, aumônier du roi*. Il signor conte dopo pranzo fu introdotto dal re, che lo ricevè non ostante che non avesse deposto l'abito da viaggio, per non scomporne li bauli.

Questo re è attaccatissimo alla corte di Roma, e ha grandissimo fondo di religione e pietà.

La sua residenza ordinaria è in questo luogo, che per se medesimo non è che un semplice villaggio, ma dacchè vi risiede la corte è divenuto più grande, ornato di buone case, e quantunque manchi di circondario di mura, può considerarsi come città. Alcuni fanno ascendere la popolazione a venticinque mila anime.

La corte non ha una grande estensione, ma non lascia di essere abbastanza commoda. La piazza che le sta avanti è piacevole per la regolarità ed uniformità degli edificii laterali. L'ingresso della corte è la parte più magnifica dell'edificio. Consiste in un portico di tre archi con una facciata dall'una e dall'altra parte di pura pietra ornata di alte colonne, sull'architrave delle quali si alza un timpano sul gusto di una facciata di una chiesa.

La cappella è più piccola, ma del medesimo disegno di quella di Versailles. L'appartamento del re nulla contiene di singolare. Il giardino annesso alla corte è degno di maggiore attenzione. Si divide in inferiore e superiore. L'inferiore consiste in un'isola vagamente divisa da diversi canali con molti passeggi e scherzi di acque godibile in altra stagione.

Un gran tratto di muro adiacente al gran canale che gira intorno all'isola è vestito di un grottesco grossolano ed ornato di molte figure, piuttosto rozze, dipinte al naturale, le quali si muovono contemporaneamente a varii scherzi di acqua, che sortono da varie parti. Il giardino superiore è ornato di fontane, di vasi e di figure di marmo e di alberi in abbondanza.

Lo stradone principale di rimpetto all'ingresso della corte, continua ancor fuori del giardino per quasi una lega di cammino, e termina in una casa di piacere, dove il re nella stagione meno fredda si porta a pranzare, e tal volta a dormire.

Questo edificio consiste principalmente in una sala in croce sostenuta da colonne nel primo piano, e in altra sala in quadro di sopra assai elevata, e ornata con stucchi, ed intagli dorati, e specchi con gusto moderno estremamente brillante.

A dì 29 si partì da Luneville alle sette della mattina, e ad un'ora in circa si giunse ad Heming. Si mutano cavalli a Benaminy, a Blamont: le prime due stazioni sono di una posta e mezza l'una. Da Blamont a Heming se ne contano due. Tutti sono villaggi; altro di qualche considerazione se ne passa prima di giungere ad Heming, con un gran monastero distante non molto, che dissero essere de' canonici regolari.

Da Heming giungemmo a Saverne circa le sei: si cangiano cavalli a Sarrebourg, luogo, se mal non mi ricordo, munito di mura, e fortificazioni, a Hommartin, a Phalsbourg, altro luogo piccolo, ma assai ben fortificato. Sono tutte poste semplici, eccettuata quella di Phalsbourg e Saverne, che è una posta e mezza.

La strada da Luneville sin qui è in gran parte montuosa e non mantenuta con quella perfezione che si ammira in tutto il resto della Francia.

La campagna è piacevolissima a vedersi. L'Alsazia comincia tra Phalsbourg e Saverne. È questo un paese lungo il Reno di circa sette o otto leghe di larghezza, e di circa trenta di lunghezza. Le campagne sono sì feconde, che portano frutti diversi tre volte in un medesimo anno. I mercati, che vi si fanno sono sempre considerabilissimi, attesa la popolazione che è numerosissima.

Incredibile è il numero dei villaggi e castelli, che si contano in questo piccolo tratto di paese, e parecchie sono le città. La Francia tiene alla testa di questa provincia un consiglio sovrano a Colmar, ma senza titolo di parlamento. Se qualche causa resta indecisa nel consiglio o per divisione di sentimenti, o per altro motivo, si ha ricorso al parlamento di Metz, che ne giudica sovranamente. Nella guerra, che ora finisce la Francia aveva cinquanta mila uomini impiegati all'armata, tratti da questa sola provincia; così mi assicurò l'abate *Lovis*.

In Saverne alloggiammo nel castello del vescovo di Strasbourg, essendo stato il signor conte ivi trattato dagli offiziali del cardinale di *Rohan* per ordine del loro padrone.

A dì 30 si partì circa le dieci da Saverne: alle due giungemmo in Strasbourg, e fummo trattenuti in casa del gentilissimo signor *Bernardo Mainoni*, che ha usate a monsignore le maggiori attenzioni. Si mutano i cavalli a Viltem, e a Stissen, due villaggi poco considerabili. La prima e l'ultima stazione sino a Strasbourg è di una posta e mezza.

In Strasbourg solamente fu visitato il baule senza alcun rigore. Da Parigi sin qui non ci fu fatta alcun'altra visita o ricerca.

In Strasbourg rivedemmo il celebre professore *Schoefflino*, che ora travaglia all'edizione della *Storia della famiglia di Bada*. Il primo tomo è molto avanzato. Ha tutti i materiali per darci un corpo diplomatico dell'Alsazia con i saggi dei caratteri, opera molto utile per i preziosi, e antichi monumenti che conterrebbe. Ha un segretario che si chiama *Lamey*, bibliotecario della università. Sembra uomo di studio e maturità, è allievo di *Schoeflino*.

Rivedemmo ancora l'abbé *Francesco Filippo Lovis* che già conoscemmo in Saverne. Ha una scelta biblioteca di libri antichi, e rari. Ha un manoscritto non antico, ma che può essere ancora del secolo passato: dice derivare da una casa, dove eravi un famoso giansenista. In questo manoscritto vi sono le costituzioni del giansenismo, varii insegnamenti e istruzioni per i giansenisti, e una lettera ai medesimi scritta dai capi della setta. Nel manoscritto precede una storia del giansenismo, o delle questioni in materia di grazia, che finisce all'anno 1671 e 1672. Dopo le costituzioni del giansenismo ecc. vi è un trattato *De' peccatis etc.* ed altri opusculi manoscritti parimenti giansenistici.

L'abbate *Lovis* è autore almeno della prima idea dell'opuscolo uscito in difesa de' padri gesuiti col titolo *Coup d'oeil*. È l'autore di un libro intitolato *Heures nouvelles à l'usage de la Confrerie du très-saint Sacrement érigé à Strasbourg*. Si premette in quest'opera un trattato, o sia esposizione dogmatica della fede cattolica sulla presenza reale, e sopra altri punti controversi dagli eretici particolarmente di Strasbourg, toccanti questo sacramento. Ha ancora avuto mano con il suffraganeo presente monsieur *D'Arat* alla traduzione in francese dal tedesco e coll'augmentazione del catechismo del padre *Kieppe* gesuita.

A dì 7 febbraio si partì a un'ora della sera da Strasbourg, e alle sette si giunse a Schwarzach, monastero benedettino, dove fummo nell'anno passato.

La mattina degli otto colla muta a sei dell'abbate passammo a Rastat e fummo in corte a pranzo e cena, con essere stato fatto servire il signor conte ancor di carrozza dalla corte. Trovammo la biblioteca del serenissimo margravio in parte disposta e resa visibile per la cura del padre don *Bonifacio d'Anethan* monaco benedettino di Einsielden nell'Elvezia, destinato a questo effetto dal margravio.

Vedemmo tre codici manoscritti che il detto religioso ha trovati confusi con i libri stampati. Uno sembra del X o XI secolo contenente le lettere di *san Bonifacio* vescovo di Magonza, ed altre a lui scritte con altri documenti relativi alla disciplina ecclesiastica. In fine vi sono trascritte le bolle di *Leone* papa a *Friderico*, di *Agapito* e di *Giovanni* papi a *Willelmo* arcivescovo di Magonza, e di *Willelmo* ad *Agapito*. La prima comincia: *Fraternitatis amore constringimur, et Apostolicae sedis moderamine convenimur, ut consultis fratribus etc.* La seconda di *Agapito* a *Villelmo*: *Exhibitionem in Christo fraternitatis amore acti, fideque antiquorum circumcincti ea etc.* Quella di *Giovanni* al medesimo: *Licteras, quas sanctae memoriae, Agapito pp. vestra destinavit fraternitas suscepisse cognoscite etc.* La lettera di *Villelmo* arcivescovo ad *Agapito* papa comincia: *Postquam dignati fuistis vestram liquere paternitatem apud nos quantas afflictionum iniurias etc.* In fine di questo codice è notato a carattere un po' più recente *anno 1092 VIIII kal. aprilis transmigravimus de sancto Aurelio (Hirsaugia monastero in Svevia) huc V.*

Altro codice del secolo X contiene diverse opere di *Alcuino* con molte lettere di *Ivone* carnotense, e con qualche altro opuscolo, come si vede qui appresso.

CODEX ASSERVATVS IN BIBL. MARCHIONIS RAD. RADENSIS SAECVL. X VEL XI.

Contenta in hoc volumine:

Alcuinus de Trinitate libri tres;
Eiusdem oratio de S. Trinitate.
Epistola eiusdem ad Fridegisum.
Ad Eulaliam lib. I.
Ad Guidonem comitem lib. I.
Excerpta ex opuscolis s. Hieronimi.
Vita Pachumii Abbatis.
Epistolae Ivonis Carnotensis episcopi.
Fulgentii fabule num. 50.
Waltharii Regis historia.
In folio ante excerpta de opusculis s. Hieronimi legit. Quod rapuit Rabanus quoque nos decet ut rapiamus.

Il terzo codice, che sembra del secolo XII contiene un trattato: *Manegoldi de Lutinbach* diretto a *Gebhardo* vescovo, e diviso in settantotto capitoli. Si nota: *Expliciunt Capitula huius libri S. Ioh. Baptistae in Blaubiren, et est eius.* Nella prefazione si dice che: *Episcopus Virdunen. immo ex persona, et rogatu ipsius Winricus Scholasticus Treveren. nuper contra Sedem Apostolicam, contra Ecclesiasticam disciplinam, contra Religionem Catholicam compilavit libellum in quo spurcissimis praesulem Apostolicum con-*

viciis deturpavit. L'autore dice di aver preso a confutare questo libello quantunque giovane per ordine: *destructi Monasteriali quondam Praepositi Hartmanni.*

Trovammo alla corte di Rastad il barone *Geismar*, chiamatovi dal margravio, per adoprarlo negli affari più gravi del suo stato.

La mattina degli 8 con la muta a sei della corte passammo a Baden, antica residenza dei margravii, e la sera ci rendemmo a Rastad di bel nuovo.

Baden è piccola città circondata strettamente da monti, e fabbricata sul dorso di una montagna, nella cui sommità vi è il castello, antica residenza dei margravii. La città è assai piccola, si vedono ancora le rovine delle migliori fabbriche distrutte, o danneggiate notabilmente dalle armi francesi in occasione della guerra del Palatinato. La chiesa principale è officiata da cinque canonici, compresevi le dignità, ed è sotto l'invocazione dei santi Pietro e Paolo. Fu fondata questa collegiata da *Bernardo* marchese di Baden con l'approvazione di *Niccolò V* ottenuta nel 1453. I statuti furono confermati dalla sacra congregazione del Concilio li 22 giugno 1748.

In questa città vi sono i bagni di acque minerali, che scaturiscono nella città medesima. L'acqua è quasi bollente, passa per diverse case destinate per i forestieri, che ogni anno in numero di circa duecento concorrono ai bagni, che trovano molto salutari.

Si vedono in Baden alcune iscrizioni antiche, che si riportano qui sotto. Una è a mano manca nell'ingresso della collegiata, della di cui genuinità è ispezione degli antiquarii giudicare. Altra se ne conserva nel giardino de' padri gesuiti, che in questa città hanno un sufficiente collegio, ed è un ceppo migliario. Una terza ritrovata di recente se ne vede nella strada che conduce al castello di rimpetto alla curia.

In ecclesia collegiata SS. Petri et Pauli Civ. Badensis, Spiren. Dioeces. prope portam maiorem intus ecclesiam legitur haec inscriptio:

M. AVRELIO
ANTONINO
CAES. IMP. DE
STINATO. M.
L. SEPTIMI. SE
VERI. PERTIN
ACIS. AVG. FIL
O. RESP. AQV.

Ad parietem hodierni Medici in via quae ducit ad arcem civitatis eiusdem apud antiquam curiam.

I N H D D	*Elegans figura*
D. NEPTVNO	*Neptuni nudi cum*
CONTVBERNIO	*pallio post tergum*
NAVTARVM	*tenentis dextera*
CORNELIVS	*delphinum, sinistra*
ALIQVANDVS	*tridentem et*
D. S. D.	*pone pedem*
	sinistrum equus
	marinus vel
	draco insurgit.

Cippus milliarius in horto collegii Soc. Iesu Baden.

IMP. CAES. M. AVRELIO ANTO
NINO PIO FELICE AVG. PAR
THICO MAX. BRITANICO MAX.
PONTIFICE MAX. PP. COS. IIII
PROCOS. CIVITAS AQVENS
AB AQVIS LEVC.
IIII.

Nella chiesa collegiale vi è il sepolcro della famiglia di Baden: non si vedono depositi magnifici, ma è rimarcabile quello di *Federico* vescovo *Traiecten.*, morto li 24 settembre 1517, essendo rappresentato in bronzo il corpo del vescovo giacente con mitra in capo, piviale assai corto che gli pende dalle spalle; vestito poi in tutto il resto da vero militare con stivali, lorica ecc.

In Baden vi è ancora un monastero di monache, e fuori della città un convento di cappuccini. Pranzammo la mattina dal signor canonico *Harant*.

Fummo mossi a far questo viaggio specialmente dal desiderio di conoscere il padre *Brautier* gesuita, francese, e l'abbate di *Caverac*, che sapevamo essersi colà arrestati di passaggio nell'uscire dalla Francia per sottrarsi dalle procedure del parlamento di Parigi: ma l'istessa mattina questi due soggetti con altra persona parimente di Francia passarono a Rastat e proseguirono il viaggio per Augsbourg. L'abbate di *Caverac* bensì da Rastat ritornò a Baden la medesima sera per attendere lettere di Parigi, ed avendolo noi incontrato per istrada, avemmo campo di conoscerlo per un momento. Ci disse, che egli avrebbe raggiunto in breve il padre *Brautier* per rendersi ambedue a Roma, che in questa città detto padre avrebbe continuata la magnifica sua edizione di *Tacito*.

L'abbate *Caverac* non ci niegò di essere l'autore del libro intitolato l'*Appel à la raison* in difesa de' padri gesuiti, e a motivo di questo libro egli è stato consigliato a uscir di Francia col padre *Brautier* per non rimanere esposti ai trasporti del parlamento di Parigi.

A dì 9 febbraio dopo pranzo colla muta a sei della corte si partì da Rastat, e si passò ad Ettilingen, residenza della margravia vedova. La sera si andò in corte a cena. Conobbi il signor barone *de Thurn*, che desidera di venire a Roma al collegio germanico.

I gesuiti hanno in questa città una casa professa con mediocre chiesa. Sul ponte della medesima città vi è la medesima iscrizione con la figura di *Nettuno*, quale vedemmo a Baden dirimpetto alla curia vecchia andando al castello. Vi è al disotto una lunghissima iscrizione, in cui credo si noti il luogo e il tempo in cui fu trovata l'antica; ma essendo questa molto elevata da terra, e in carattere assai più piccolo dell'altra, non potemmo leggerla.

A dì 10 partimmo di buon'ora per Carlsruhe. Fummo a pranzo in corte. La margravia non potè vedersi, per essersi sgravata la sera precedente di un figlio, che è il terzogenito di questa famiglia.

Rividi in questa occasione il bibliotecario del margravio, che si chiama monsieur *Molter*; è stato lungo tempo in Italia, ha stampato in Lipsia una grammatica italiana e tedesca. Ama moltissimo la letteratura d'Italia; trovai l'istruttore de' principi molto istrutto nelle belle lettere e antichità.

Il vino rinomato del margraviato si fa solamente nelle terre del margravio di Durlach, e non in quelle di Baden.

La sera continuammo il viaggio, e ben tardi giugnemmo a Bruchsal. La mattina seguente il signor conte, servito di carrozza, fu alla corte. Ivi si pranzò e cenò.

A dì 12 da Bruchsal si passò a Mannheim, e prendemmo alloggio appresso i padri gesuiti per il commodo della chiesa e della corte; trovammo il vescovo di Augusta in questa città.

L'opera che ha dato in questo carnevale l'elettor palatino è costata quaranta mila fiorini, senza comprenderrvi i stipendii dei musici, ballerini e di molti artefici, che l'elettore tiene continuamente al suo servigio.

Sentimmo dall'abbate *Maillot de la Treille*, che l'elettore fosse in trattato di comprare la famosa biblioteca *Bounau* di Sassonia, per unirla a quella incominciata in Mannheim; il prezzo offerto è di ottanta mila fiorini. Non si è poi effettuata la detta compra, e la biblioteca Bounaviana si è venduta all'incanto.

Feci conoscenza in Mannheim con il signor *Domenico de Paggiari*, consigliere della reggenza e secretario intimo di gabinetto dell'elettrice. La di lui moglie è prima cameriera dell'elettrice, ed ambedue ne godono il favore. Il medesimo ci regalò due esemplari del *Précis de l' histoire du Palatinat du Rhin par monsieur Colini* pubblicato in questo anno medesimo. L'autore è stato lungo tempo sotto la direzione di *Voltaire*. Mannheim in tempo di notte è tenuto illuminato all'uso delle città di Ollanda.

A dì 17 febbraio si partì la mattina da Mannheim, e a quattro ore in circa si arrivò a Bruchsall. A Wachaser, villaggio del vescovo di Spira, una posta e mezza distante da Bruchsall, trovammo la muta a sei del cardinale *de Hutten*, che attendeva il signor conte per condurlo addirittura alla corte, in cui fummo la notte alloggiati.

A dì 18 si partì alle ore sei della mattina, e alle nove in circa della sera giugnemmo a Stutgard. Il signor *Verazzi* ci tenne compagnia da Mannheim sin giù.

La strada da Bruchsall a Stutgard è in alcuni siti pessima; si contano quattro poste e mezza, ma non si cangiano cavalli, che a Knittling, e a Enzewingen. Prima di giungere a questo luogo, s'incontra una piccola antica fortezza del *Duca di Wittemberg* in sito vantaggioso che si chiama Kayhingen. Vi scorre contiguo un torrente, sulla di cui sponda continua per lungo tratto la strada: non sono rari i villaggi in questo tragitto.

Stutgard è la residenza ordinaria del *Duca di Wittembergh;* è circondata da monti; non ha un amplo circuito, ma le case sono a più ordini per la popolazione che ora è ben numerosa. Nè gli edificii, nè l'impianto della città è rimarcabile; il castello, in cui ora risiede il duca, è antico e senza alcun ornamento di architettura: un palazzo contiguo a quattro ordini di un gusto assai buono, quantunque un po' troppo carico, fu distrutto da un incendio, e non ne rimane ora che la nuda facciata di pura pietra.

Il nuovo castello, che attualmente si fa costruire dal moderno duca, merita l'attenzione di ogni forestiere per la sua sodezza e vaghezza, quantunque possa talvolta nel disegno notarsi qualcuna di quelle licenze troppo frequenti a chi non sta strettamente e unicamente attaccato al gusto antico.

Un appartamento di questo palazzo già superbamente addobbato nei mesi passati miseramente perì per un incendio. Non molto distante dal nuovo palazzo vi è il teatro, riputato per uno dei più ampli che si trovino in Germania, essendo rimarcabile che tutto questo edificio larghissimo non ha alcun sostegno di colonne, o di muri nel mezzo.

Si picca l'odierno duca di essere singolare nei divertimenti. Tiene a questo effetto una truppa di sceltissimi musici e ballerini con grossi stipendii, valendosene poi nei varii spettacoli che dà ben sovente al pubblico. Attualmente continuavano le feste per la sua nascita, le quali avevano cominciato fino dagli 11 del corrente.

Mandò in questa occasione sul teatro la *Didone abbandonata* del *Metastasio*, posta in musica dal signor *Iomelli* suo maestro di cappella ordinario. Tra l'opera e i balli si contano in questo spettacolo ventitrè decorazioni diverse, e tutte non men belle, che magnifiche.

Il concorso de' forestieri particolarmente nobili è straordinario; mattina e sera in corte si dà trattamento a duecento e più persone. Il duca oltre al prendersi una somma cura, perchè i forestieri siano ben trattati e restino soddisfatti, usa la magnificenza di fare a tutte le dame forestiere, che si trovano a queste feste, un presente di diamanti o di altre gioie, del valore di più migliaia di fiorini.

Dodici di questi presenti fece egli nell'anno passato, e sedici ne ha fatto in quest'anno.

Passammo il lunedì mattina a Luisburgo, residenza di campagna del duca, edificata dai fondamenti dal duca *Eberardo* antecessore nel governo al padre del duca ora reggente. — È questo un edificio che al di fuori fa una sufficiente comparsa, ma che al di dentro si trova di una amplissima estensione, composto di molti appartamenti ch'essi separatamente costituirebbero altrettanti palazzi.

Annesso al palazzo vi è un assai vasto giardino ornato di una prodigiosa quantità di agrumi, di passeggi con spalliere di mirto, di parterres, e di molte statue e fontane. Trovammo che tutto questo gran giardino era affatto coperto, e chiuso per una festa data due giorni prima. Un amplissimo telone dipinto a fresco in forma di cielo si estendeva sopra tutto il gran giardino e col fuoco di parecchie stufe distribuite all'intorno del circondario di legname del giardino aveva il duca saputo preservare dai rigori dell'inverno fiori, agrumi, verdure, e quanto ha di più vago un giardino nella stagione la più favorevole. Perchè poi la comparsa riescisse più vaga, lo aveva illuminato di tal sorta, che vi si contavano nel solo giardino centodieci mila lumi. Da questo fece passare il duca la nobiltà nel tempio della Magnificenza, ch'egli aveva fatto in questa occasione innalzare nel cortile contiguo della corte, dove vedevasi quanto di più vago può immaginar l'arte imitando la natura. Vi erano alberi e agrumi finti, le quattro stagioni espresse coi loro simboli naturali, e una truppa di musici e cantarine, che rappresentando tutte le deità facevano varie azioni e graziosissimi concerti. In questo tempio si trovò imbandita la cena, finita la quale all'improvviso fece calare un tendone, e apparve un vero teatro con sua platea e orchestra. Questo era stato innalzato a bello studio nel cortile della corte, ed aveva una estensione in lunghezza maggiore ancora di quella di Stutgard. Fu rappresentata una pastorale, e poscia la nobiltà passò in altra galleria dove godevasi un fuoco di artificio de' più copiosi e vaghi che siansi veduti, con che finirono le feste di quel giorno.

Quisbourg è un luogo incominciatosi a fabbricare dacchè il duca *Eberardo* vi si ritirò in occasione delle discordie che aveva colla moglie, con fissarvi allora la sua secondaria residenza. Dopo la sua morte, e dopo quella del padre del duca ora regnante fu abbandonata questa residenza, finchè uscì di minorità l'odierno duca, il quale vi stabilì la sua in tempo di estate, e ora ha incominciato a farlo circondare di mura.

I cattolici vi hanno una chiesa pubblica. La campagna all'intorno è elegantissima per i diversi passeggi, boschi e giardini che la adornano, che fa lo spazio di una e più leghe; rappresenta un'immagine delle campagne dei Paesi Bassi.

Luisbourg è distante da Stutgard tre ore in circa. In Luisbourg vi è una fabbrica di porcellana, la quale però e per i disegni e per i colori è imperfettissima, a giudicarne dai pezzi che vedemmo nel magazzino.

In Stutgard non vi è esercizio di religione cattolica che nella corte, dove il duca, come cattolico, ha una cappella officiata da quattro preti secolari. Interviene il duca a tutte le funzioni ecclesiastiche, quali sono la messa, la predica; onde non può dubitarsi ch'egli non professi il cattolicismo in mezzo ai passatempi, che egli da ogni parte si procura. La di lui moglie di religione luterana è della casa del margravio di Bereitch: da molti anni si è separata affatto dal marito, e si è ricoverata presso i suoi.

Non ha questo duca successione legittima, nè sarà per averne continuando l'allontanamento della duchessa. Ha questo un piede di truppe regolari di dodici in diciotto mila uomini; una gran parte ne tiene in Stutgard; il resto è distribuito per le varie piazze e città dello stato.

La notte dei 21 al 22 partimmo da Stutgard verso Ulma: giungemmo la sera alle otto ore a Westerstetten, dove pernottammo: è questo un villaggio cattolico assai misero, ma con una buona osteria; appartiene all'abazia di Elchingen.

Quattro sono le poste da Stutgard a questo luogo; si mutano cavalli a Blochingen, a Goeppingen, e a Geislingen. Blochingen è un villaggio, prima di giungere al quale si passa per Eplingen, città imperiale acattolica. Goeppingen è luogo piccolo ma forte, con guarnigione, ed è come frontiera del Wittembergese.

In questo luogo morì la duchessa *Tassis* madre del presente duca. Fu qui rilegata per ragioni di stato. È da notarsi che in tempo della minorità del presente duca, essendo questa donna alla testa del governo, furono cacciati da Stutgard i missionarii cappuccini e sostituiti de'preti secolari.

Geissingen è un piccol luogo non inelegante sotto un'alta montagna; appartiene ad Ulma, ed è luterano. La chiesa è piuttosto di buona struttura. Hanno i luterani nelle loro chiese un solo altare simile ai nostri con una balaustra di ferro, dove vanno a prendere la cena gli uomini da una parte e le donne dall'altra. Sopra l'altare vi è d'ordinario un quadro rappresentante la cena di Cristo cogli apostoli, con l'immagine di un crocefisso posta sopra il medesimo altare, o in fondo dell'abside. Nel coro vi sono alcune nicchie con sottopiedi, dove stanno i ministri, ed enunciano la remissione già fatta dei peccati, a tutti coloro che vanno a fare la loro confessione, che è generale, non specificandosi punto le colpe.

In una delle porte della chiesa si legge questa iscrizione sepolcrale incisa in bronzo sopra una gran lapide: *Anno 1500 obiit venerabilis sacerdos.... cappellanus pauperum.*

Tutta questa strada da Stutgard sin qui sarebbe più che mediocre in tempo di estate; ma presentemente è assai cattiva; per l'ordinario però è piana. Uscendo da Geislingen vi è una salita assai lunga e difficile, passata la quale si trova una pianura vastissima senza piantagioni, che continua sino a Ulma.

La mattina dei 23 giungemmo in questa città, lontana una sola posta da Westerstetten; prendemmo alloggio nella casa del monastero Salemitano dove il padre abate da qualche giorno attendeva il signor conte.

Questa città è sulla sponda del Danubio che qui comincia ad esser navigabile. È ben fortificata ed è fortezza dell'impero, e specialmente del circolo Svevico. La città si estende molto in lunghezza; non è punto elegante, nè ha edificii che meritino alcuna considerazione, quando se ne voglia eccettuare la chiesa principale a cinque navate di gusto gotico, con un volto altissimo; in quella di mezzo sopra la facciata sorge una gran torre con ornamenti di marmo ricercatissimi, ma gotici.

Fu fabbricata questa chiesa nel 1377, se non erro, come vedesi dalla iscrizione sulla porta laterale. In questa città si raunano d'ordinario i comizii del circolo, una o più volte l'anno, secondo il bisogno. Due sono le biblioteche che si conservano; una è pubblica; vi sono parecchi codici ma di poca antichità. I libri stampati sono di ordinario antichi. Il bibliotecario si chiama *Giovan Pietro Miller;* è professore ancora di lingua greca; ha pubblicato varii opuscoli, dai quali si rileva il buon gusto, e l'erudizione dell'autore.

L'altra biblioteca è presso i signori *Krafft,* sola famiglia cattolica che rimanga fra le borghesi di Ulma. È provveduta la biblioteca di una dote, e non manca di libri anche moderni. L'amministrazione e l'uso n'è commune colle altre famiglie del medesimo nome, ma luterane.

La città è affatto luterana. I cattolici si riducono a quattro in cinquecento persone ordinariamente povere, e addette allo stipendio dei luterani; in due luoghi per altro vi è pubblico esercizio della religione cattolica; cioè in una commenda dell'ordine teutonico il di cui commendatario ha un cappellano; e nel monastero detto Le Isole di Vengen, dove sono dodici canonici regolari con un abate. Questi canonici fanno ancora le veci del parroco, ed amministrano i sacramenti agl'infermi per ordine del medesimo magistrato della città, a cui deve denunciarsi quando un cattolico infermo deve essere amministrato.

La chiesa è piuttosto grande e affatto pubblica al pari della commenda. Questo monastero fu fondato nel XII secolo dall'altro monastero di Reichenau sul lago Acroniano, ossia di Costanza, ora incorporato al vescovato di Costanza.

Ora però non dipende in alcun modo da Reichenau ed è monastero esente. L'abate vien confermato dal papa, ma non in concistoro. Era una volta questo monastero fuori di Ulma; sono però circa quaranta anni dacché i monaci si sono ricoverati e stabiliti in città. Hanno una mediocre biblioteca con qualche codice non di molta antichità: conservano il libro *De imitatione Christi* in tedesco, scritto l'anno 1448.

L'odierno abate *Giorgio* ha pubblicato colle stampe del *Gaum* quattro tomi in foglio *Rerum monasticarum.* Tre altri ne ha preparati, a' quali mancano le sole prefazioni; ha ancora dati in luce diversi opuscoli sull'autore del libro *De imitatione Christi,* alcuni de' quali portano il suo nome, altri il finto nome di *Adolfo de Kempis.*

Ora è uscito un altro opuscolo ingiuriosissimo all'abate sulla medesima controversia. Egli sospetta che l'autore sia un monaco di Willing, e ne ha già ottenuta la proibizione dalla curia di Costanza; ora vorrebbe ottenere altrettanto da Roma.

Il decano ancora di questo monastero ha avuto parte nella detta controversia col dare in luce alcuni opuscoli in difesa del suo abate, specialmente contro il monaco di Reinau in Elvezia, che sotto il nome di *Didimo Vercellense* ha stampato due lettere su questa controversia. Si chiama il decano padre *Trautwein*. Ha tradotto dal francese in latino il *Telemaco*, e dal tedesco il Panegirico in lode di *Benedetto XIV* del padre *Sailer*. Il padre *Lederet* altro canonico di questo monastero ha ancora incominciato a farsi conoscere colla stampa di una dissertazione latina sul culto de' santi e di san Michele arcangelo.

Il sabbato a mattina andammo a pranzo a Wibling, monastero di monaci benedettini distante da Ulma men di una lega, e contiguo al piccol fiume Fler che si passa in barca, e viene da Kempten, o sia Campidona, e in queste vicinanze si scarica nel Danubio.

Il monastero è stato edificato di nuovo, e non è inelegante; la chiesa sarà riedificata in breve. Sonovi d'ordinario nel monastero trenta in quaranta monaci. Mostrano questi religiosi un gran pezzo di legno della santa croce che dicono di avere acquistato ai tempi di Urbano II papa, di che però dissero di non conservar più le prove autentiche per i molti incendii e traversie sofferte dal monastero.

Hanno una mediocre biblioteca di edizioni parte antiche e parte moderne, e conservano da cinquecento codici manoscritti. Il più antico che vedemmo era del XII secolo; mostrano tre codici del libro *De imitatione Christi*, coi quali pretendono distruggere diverse opinioni sull'autore di questo libro. Uno è del 1384, altro del 1410, altro del 1433. Gli anni però del primo e del secondo codice fanno sospettare qualche rasura, onde non sono di una autorità superiore ad ogni eccezione. Il terzo però è intatto del tutto insieme coll'anno 1433. Si nota, che il codice fosse stato scritto *in concilio Basileensi*.

In Ulma si contano sopra a mille famiglie borghesi, oltre a quelle che non hanno il gius della cittadinanza.

A dì 2 marzo partimmo da Ulma col padre abate di Salem, e coll'abate dell'isole di Vengen, e andammo a pranzo a Roggenaurch, monastero dell'ordine premostratense, dove il conte era stato invitato dal padre abate.

Questo monastero è distante cinque ore. in circa da Ulma, ed è stato immediato dell'impero, il di cui prelato ha sessione e voto nelle diete del circolo. L'edificio è nuovo ed assai vasto. L'odierno abate *Giorgio* ha stampato diverse opere, ed una in specie contro *Muratori* in difesa del voto sanguinario. Ora travaglia sulle vite di uomini illustri del suo ordine.

Il padre *Bayrhamer* ora defunto ha dato in luce la storia del monastero. In tempo del pranzo fu rappresentato un oratorio latino in musica in onore del conte, per la composizione del quale quei buoni religiosi avevano travagliato e giorno e notte.

Dopo pranzo colla compagnia dell'abbate di *Roggenburgh* passammo a Usperg, altro monastero premonstratense, che fondò l'altro da cui venivamo di Roggenburgh. L'abbate si chiama *Giuseppe*. L'edifizio del monastero, e della chiesa è antico, come può vedersi dall'annessa pianta *.

La strada da Ulma a questi due monasteri è impraticabile affatto in questa stagione. Noi avemmo della pena a uscirne. Nella strada fra Roggenburgh e Ulspergh si incontrano i bagni di Grunbacher, che escono dalle radici di una montagna, ed appartengono al monastero medesimo di Ulspergh.

A dì 3 si partì a ore nove della mattina da Uspergh coi cavalli e carrozza del monastero; ci arrestammo alle dodici a Praitenbrun, piccolo villaggio spettante al capitolo di Augusta, e poscia proseguendo il cammino giugnemmo alle cinque in Augusta prendendo alloggio all'insegna del *Cappello di ferro*.

In Ulma l'abbate di Salem ci diede la compagnia del padre *Tommaso Brescianello* suo religioso che volle mandare a Roma per prendere cognizione e pratica della curia.

Augusta è città situata in una vastissima pianura, e cinta di fortificazioni, che sembrano moderne, ma che vengono riputate di poca, o niuna difesa in caso di attacco. È la principale del circolo di Svevia, e la migliore, e più amena di quante ne ho vedute fin ora in Germania per l'ampiezza e maestà di alcune strade, specialmente di quella chiamata Weinmart, per la vaghezza de' suoi edificii, e pel commercio, che è certamente uno delli più floridi della Germania. Quello che specialmente costituisce il maggior commercio in questa città, credo che si riduca alla fabbrica delle tele da camicie, alle manifatture di argento, e al passaggio, che qua fanno le merci, che dall'Italia passano in una gran parte della Germania, o dalla Germania calano in Italia.

La città è di mista religione, e il governo è perfettamente diviso fra i cattolici, e i luterani, se ne eccettuiamo non so qual magistratura composta di sette persone, quattro delle quali sono cattoliche, e le tre altre acattoliche; come fu convenuto nel trattato di Westfalia, dove molto si parla del governo augustano. Il numero però de' cattolici supera di un terzo l'acattolico.

* La pianta manca nel manoscritto. V. la nota a pagina 218.

Questo anno passa di molto i trenta mila. Risiede in questa città il vescovo, e principe di Augusta con il suo capitolo e curia, quantunque la città sia imperiale. Il palazzo vescovile ha molta estensione, ma non può dirsi nè elegante nè magnifico.

La cattedrale è amplissima e di una architettura antica, ma piuttosto soda, ha un altare nel fondo, e nella sommità della chiesa; onde le porte non sono che laterali: vi è all'intorno un chiostro ornato nel pavimento, e sulle pareti di moltissime iscrizioni sepolcrali de' bassi secoli, che meriterebbero di essere diligentemente copiate avanti che finiscano di consumarsi.

La chiesa ancora di sant'Ulderico officiata dai padri benedettini merita di esser veduta per la sua ampiezza e gotica maestà. In questa chiesa si conserva il corpo di sant'Ulderico vescovo, la ricognizione e traslazione delle di cui reliquie fu fatta nell'anno passato ad impulso specialmente del vescovo, che desiderava di acquistare una reliquia di questo santo, come fece.

Qui annesso si dà il disegno * esatto della figura del santo, che è incisa sull'antica cassa di bronzo, in cui giacevano le sante ossa: era il sacro corpo vestito di una casula, che parimente vedemmo la quale è almeno in parte tessuta di seta con dei lavori, che non rappresentano che varii rabeschi.

Furono riposte le reliquie del santo corpo in un sotterraneo contiguo all'altare, in cui prima giacevano, e fatto adornare dal medesimo vescovo di varii intagli di legno dorato, e di moltissimi specchi distribuiti sulle pareti, e sull'altare medesimo di cristallo, onde sembra la cappella un gabinetto, piuttosto che un luogo sacro.

La chiesa collegiata di san Maurizio è stata nuovamente ristorata, e ridotta a un gusto moderno. La chiesa di Santa Croce officiata dai canonici regolari è a tre navate sostenuta da colonne, e non affatto dispiacevole.

L'edificio però più rimarcabile di Augusta sembrami la facciata dell'arsenale vicino alla chiesa di san Maurizio, fatta interamente di pietra, e con un buon disegno.

Il palazzo pubblico è un de' buoni e magnifici edificii della città. Vi sono ancora in Augusta parecchie fontane con statue di bronzo, che si suppongono assai magnifiche e pressochè singolari in Germania; ora però sono totalmente coperte, a motivo del freddo; onde non furono da noi vedute. L'edificio ancora contiguo alla pubblica biblioteca è molto regolare.

* Anche questo nel codice non esiste. Vedine la cagione a pag. 218, nota.

Due cose si reputano in Augusta come singolari, che muovono d'ordinario la curiosità de'forastieri, ma che a senso mio nulla contengono di sorprendente: la prima consiste in due porte, che si aprono e si chiudono da sè, cioè a forza di pesi che si caricano da una persona, che non si vede.

L'altra è l'elevazione delle acque che si fa in vicinanza della città per mezzo di certi tubi alti al pari dell'elevazione, che si vuol dare alle acque all'uscir dalle fontane; presentemente manca l'acqua a questa macchina, non solendo le fontane in tempo d'inverno giocare; altra simile però ne vidi in Ninfenbourg, villeggiatura del duca ed elettor di Baviera.

La biblioteca è ricca di libri moderni, e più ancora di antiche edizioni del secolo XVI e XVII. Vi sono parecchi manoscritti, dei quali fu anticamente stampato un catalogo. Non avemmo tempo di osservare i codici più rimarcabili.

Il bibliotecario si chiama *Gottofredo Heckingio*. Si vedono ancora nella biblioteca parecchie antiche tavole rappresentanti alcuni santi padri greci e latini, le quali dissero venute dall'Oriente.

La biblioteca de' monaci di sant'Ulderico è copiosissima di antiche edizioni, molte delle quali sono anche duplicate. Ci fu supposto, che vi si conservassero dei manoscritti di considerazione, ma non ci fu possibile di assicurarcene, essendo i manoscritti confusi con i libri stampati, e senza indice a parte.

Alcuni, che trovammo a caso non erano nè di grande antichità, nè di gran rimarco. Il bibliotecario è un giovane monaco, e che è attualmente occupato, per quanto ci disse, a ridurre in miglior ordine la biblioteca.

Vedemmo altra biblioteca in Augusta per grazia speciale del gran decano; appartiene questa al capitolo, il quale non vi permette l'accesso a chiunque si sia. I codici non sono in gran numero, alcuni però sono di molta antichità. Uno del secolo IX o X, contiene una raccolta di canoni, e di capitolari, che meriterebbero di essere attentamente esaminati con gli stampati dal *Baluzio*. Questa biblioteca per altro vien fatta custodire con molta diligenza dall'odierno reverendissimo decano, acciò non deteriori.

Conoscemmo in Augusta il famoso *Bruchero*, ministro protestante, autore della *Istoria della filosofia orientale*: trovammo un uomo già valetudinario e cagionevole, ma consumato negli studii, specialmente degli antichi filosofi: disse, che della sua opera furono tirati mille cinquecento esemplari, e che neppur uno ora se ne trova presso lo stampatore; onde già medita una seconda edizione con qualche addizione. Ha una biblioteca ben provveduta di libri adatti alla applicazione, che per ben trent'anni ha fatto sugli antichi filosofi. Si diletta ancora di raccogliere i libri rari, ed uno ce ne mostrò italiano, di cui non sono cogniti, per quanto egli disse, che tre esemplari.

È un'opera di *Melantone* tradotta in italiano da *Castelvetro* con questo titolo: *Del libero arbitrio di Ippofilo di Terra nera*. *Muratori* non ha conosciuto quest'opera, di cui parla *Pallavicino* nella *Storia del Concilio di Trento* e di cui si fa menzione in una scaligeriana. Un esemplare se ne trova in Napoli, altro in Volfenbuttel, e altro si possiede da monsieur *Bruchero*.

Conoscemmo ancora in Augusta un buon prete, chiamato *Antonio Khager*, che per valermi della sua frase: *Pro pane lucrando*, si applica continuamente a qualche edizione. Ora ha fatto stampare l'opera di *san Giovan Crisostomo De Sacerdotio*, in latino; attualmente ci dà una nuova edizione delle opere scelte di *sant'Agostino: De Gratia Dei et libero arbitrio hominis et praedestinatione Sanctorum*, seguendo la edizione fatta in Roma già dall'abbate *Foggini*.

Ignorava questo buon sacerdote che la raccolta sia avanzata ad altri santi padri, oltre a *sant'Agostino*, e certamente, se potrà acquistare la continuazione dei due primi volumi farà stamparla egualmente. Ha cognizione della lingua greca, e qualora avesse i necessarii aiuti, potrebbe applicare più utilmente.

Il gran decano del capitolo assiste questo dotto sacerdote, e pensa di applicarlo a ordinare e illustrare la biblioteca capitolare.

In Augusta i gesuiti hanno un collegio. Vive ancora il padre *Neumayer*, celebre per la sua predica sul probabilismo, già da Roma proibita; noi per altro non lo conoscemmo. Hanno ancora i gesuiti una biblioteca provveduta di mediocri libri.

La chiesa dei canonici regolari di Santa Croce è sul gusto moderno, e quantunque in qualche parte possa dirsi sproporzionata, pure non fa cattiva comparsa.

A dì 10 marzo la mattina di buon'ora si partì da Augusta alle sette incirca della mattina, e ci incamminammo per Monaco, dove giugnemmo circa le cinque della sera.

Appena si è uscito d'Augusta incomincia la Baviera, e si passa per Freiberg, luogo della Baviera su di un monte, dove si fabbricano orologi in grandissima quantità. La campagna è sempre piana, ma piena di boschi, in mezzo ai quali è cavata la strada arenosa piuttosto.

Da Augusta si mutano i cavalli a...... e poscia a......

Fra questa posta e Monaco, si incontra un castello su di un monte, per cui si passa, il quale sembra di qualche estensione con un palazzo, che si vede in lontananza, che apparterrà probabilmente alla Corte. Sceso questo monte, o sia passato il castello, la pianura prende una assai più vasta estensione, ed è libera affatto dai boschi fino a Monaco.

Prendemmo alloggio presso i padri teatini, che hanno una casa vastissima, con una chiesa assai grande, e sull'idea di sant'Andrea della Valle di Roma; il tutto fu edificato contiguo ed a spese della corte elettorale.

Possono i religiosi senza uscir di casa, passare in corte, e la corte passando per la casa dei teatini ha il comodo del teatro vecchio, dove spesso si rappresentano le commedie.

Hanno questi religiosi una buona biblioteca, e un edifizio ancora migliore per coltivarla; conservano un messale manoscritto dell'XI secolo scritto: *Iussu Hincmari Archiepiscopi ad usum successoris sui*, con note liturgiche in margine di mano del secolo XII e XIII, ma molto rimarcabili.

La città di Monaco è bella per la maestà de' suoi edificii, che sono assai più sodi e magnifici di quelli di Augusta. La chiesa de' padri gesuiti è grande di una sola navata, ma che non sembra proporzionata; la facciata è di travertino di miglior gusto, ma che non soddisfa perfettamente l'occhio dello spettatore.

La chiesa principale e collegiata della città è molto antica senza ornamenti, ma di una struttura molto ardita per la sua altezza. Nella parte superiore si vede il deposito di *Ludovico il Bavaro* di marmo con sei statue di bronzo all'intorno, fatte con somma eleganza relativamente all'infelice stato delle belle arti di allora. Oltre all'imagine di *Ludovico il Bavaro* scolpita sul letto del deposito, si vedono ancora quelle di tre fanciulle.

Monaco appartiene al Vescovo di Frisinga. Sono dieci anni, che non vi è stato amministrato il sacramento della cresima. In quest'anno la curia ecclesiastica nel dare l'indulto per la carne in tempo di quaresima ha espresso nell'editto, che si permetteva la carne ancora la sera.

La città di Monaco, con i sobborghi, o siano villaggi conterà quarantacinque mila anime; le case sono molto alte attesa la piccolezza della città.

La corte non fa grande comparsa al di fuori, ma al di dentro si trova vastissima, e con molte parti assai rimarcabili. È grandioso il cortile detto della imperatrice, specialmente per una gran fontana cavata da un vaghissimo grottesco di conchiglie.

Quello però che sorprende non meno per la vaghezza, che per la ricchezza si è l'appartamento dell'imperatore *Carlo VII* ornato con un perfettissimo gusto, e pieno di ottime pitture de' più celebri pennelli. I sopraporti sono di ordinario di *Tiziano* coll'imagine di un imperatore romano. — Contiguo alla cappella della corte vi è una cappelletta in cui si conservano moltissime reliquie con somma venerazione.

Non lasciammo di vedere ancora la vaghissima galleria dei ritratti della casa di Baviera, fatti tutti di recente dai due pittori *Demaré*, e *Amiconi*. Contiguo alla galleria si conserva il tesoro, che parimenti vedemmo. Alla copia delle gioie, e cose preziose che vi si ammira, si unisce la vaghezza degli ornamenti, e un'arte e cura somma nel distribuire assai bene a proposito ogni pezzo. Si conserva specialmente un diamante del valore di trecento cinquantamila fiorini; ed una intera toletta di oro massiccio; oltre una quantità di grosse perle, e di moltissime gioie di ogni sorta. Noi per altro trovammo il nostro maggior piacere in un codice in ottavo di bellissimo carattere del IX secolo, in cui sono scritte le preci di *Carlo*, figlio di *Ludovico* imperatore.

Non è da dubitarsi, che il codice non abbia servito per *Carlo* medesimo, e le preziose coperture che ha, lo hanno fatto collocare in questo tesoro. Questo codice, per quanto ci fu detto, fu già stampato ed anche tradotto in tedesco; al presente però gli esemplari sono divenuti rarissimi

Si vedono poi sparsi in questa corte dei semibusti e statue antiche; oltre ad una gran galleria quasi sotterranea in vicinanza del cortile dell'imperatrice, che è piena di antichità romane in bronzo e in marmo specialmente di semibusti, che probabilmente saranno stati tirati da Roma, in occasione della biblioteca palatina *, ceduta dall'elettore al papa, se è vero (come alcuni dicono in Monaco), che il pontefice dasse allora in cambio, o in regalo alla casa di Baviera molte statue, ed altre antichità. Nella guardaroba si conserva poi una buona raccolta di bellissimi vasi etruschi, e moltissimi codici di musica con superbe miniature del secolo XV e XVI.

La biblioteca elettorale è fuori di corte; l'edificio è villano al pari della biblioteca tenuta con assai poca accuratezza. I libri stampati sono molti, ma di edizioni antiche, i corpi moderni ora si incominciano a provvedere, atteso il bel genio, e la cura del signor *Oefele* bibliotecario.

I tredici manoscritti non sono in grandissimo numero, e molti sono greci. Fu già stampato nel secolo XVI o XVII il catalogo, ma ora è divenuto rarissimo ancora in Baviera. Vi è un codice di *san Cipriano* molto antico, che meriterebbe di essere collazionato.

Quello però che più tirò la nostra attenzione fu il codice papiraceo delle tradizioni della chiesa di Ravenna di cui non si aveva fin ora niente più, che la notizia della sua esistenza. Fu da noi copiato interamente colla maggior diligenza, avendo il bibliotecario permesso al conte di estrarlo dalla biblioteca, e di ritenerlo presso di sè.

---

* Vedi la nota a pagg. 153-154.

Questa biblioteca incominciò a raccogliersi da *Alberto V* in circa, o dopo l'anno 1554 che con gran cura andò comprando varie biblioteche, e manoscritti de' più illustri di quel tempo. Circa il 1560 acquistò tutta la biblioteca di *Widmestadio* poi quella di *Ottavio Strada* con tutte le sue medaglie.

In un codice, numero 193 dei latini della biblioteca Cesarea, ho veduto il carteggio del duca con *Iacopo Strada* per la compra che voleva fare di tutte le antichità di *Andrea Loredani*, nelle quali le statue di marmo erano stimate a ducati cinquemila duecento quattordici, quelle di bronzo settecento novantasette. Le medaglie a duemila quattrocento ventuno. Si è continuato a provveder libri fino al 1620 o 1630 in circa, ma dopo la biblioteca è sempre giaciuta negletta, e solo il presente elettore ha cominciato a comprare per tre in quattro mila fiorini l'anno; e pensa di trasportare tutta la biblioteca al palazzo dell'accademia, dove aggiugnerà un edifizio espresso, che sia più capace per contenerla.

Siccome la biblioteca è tutta in disordine, e freddissima, così poca voglia e commodo ho avuto per osservarla. Il signor *Oefele* mi mostrò un *Dioscoride* in lettere longobardiche, su di cui ne fece l'edizione *Marcello Virgilio*.

Un salterio del secolo IX cogli obili e con una colletta al fine di ogni salmo, e i titoli al principio. In fine vi è la raccolta degl'inni.

Una cronaca di *Sicardo Cremonese*, che finisce nel 1218 e comincia il prologo: *Rerum creator optime*. Il codice è del secolo XIII.

Un ordinario dei divini uffici della chiesa di Augusta del secolo XIV in circa, in cui diffusamente si descrivono tutti i riti e le funzioni.

Codice in ottavo del secolo XV: *Historie Bonon., Thome Senece, qualiter D. Galeatius Marescottus eques extraxit Mag. Annibalem, Bentivolium de Carcere*. È un poema, che incomincia: *Tepsia iam nimium lenta cessamus in umbra*, si crede inedito.

Il cronico *Irsaugiense* originale di *Tritemio* scritto nell'anno 1511.

Altro delle opere di *Alessandro Afrodisiense*, in cui ho letto di mano di *Widmanstadio* la seguente epigrafe:

Clemens VII P. M. hunc codicem mihi dedit anno 1533 Romae postquam ei praesentibus Fr. Vrsino, Ioanne Salviato, Card. Ioanne Petro Episcopo Viterbiensi, et Matthaeo Curtio Medico phisico in hortis Vaticanis Copernicianam de motu Terrae sententiam explicavi. Si sottoscrive: *Ioannes Albertus Widmanstadius cognomento Lucretius, S. D. N. Secretarius Domesticus, et familiaris.*

Altra epigrafe lessi sul libro di *Agostino Nifo: De calamitatum causis*. *Widm.* vi nota: *Idem Auctor dono dedit Iohanni Alberto Widmestadio di-*

scipulo suo Romam e legatione Neapol. ad Carolum V revertenti Suessae, 6 Decembris 1535.

Degno di considerazione è un dittico di avorio, che sembra di molta antichità, ed ecclesiastico. Pare che vi si rappresenti un imperatore in dalmatica, che offre un' oblata al vescovo. Tale almeno è il sentimento del signor *Oefele*. Questa biblioteca una volta si aveva in cura da una femina.

È stata istituita in Monaco dall'odierno elettore un accademia, dove si tratta specialmente di matematiche, di filosofia, e della storia di Baviera: tutte le composizioni devono essere in tedesco, se non mi inganno. Ordinariamente le composizioni vengono di fuori, le quali, passate sotto la censura degli accademici, riportano una medaglia d'oro, o d'argento in premio. Hanno incominciato a far raccolta di libri, e di istrumenti matematici ad uso dell'accademia, ed hanno già acquistato trentadue mila opuscoli per quattro mila fiorini. Si calcolano le spese annue della Corte senza quelle per i ministri stranieri, ma per i soli stipendiati in corte e nel territorio elettorale, a quattrocento mila fiorini. Cento mila fiorini in circa si danno ancora annualmente per elemosina, e opere pie, senza comprendervi le pensioni alle vedove de' familiari.

Tra i consiglieri dell'elettore vi è il signor *Lori* che mediterebbe un' opera di grande utilità, quando fosse fatta con i necessarii presidii e con un buon capitale di cognizioni delle cose germaniche.

Vorrebbe darci una raccolta di documenti e memorie relative al trattato della pace di Westfalia cavata dagli archivii de' principi cattolici giacché tutto quello che è stato stampato finora su questa materia, è stato tirato dalle memorie degli acattolici.

Per questo effetto egli farà uso dell'archivio elettorale, ma difficilmente potrà egli solo condurre a fine l'opera quando non sia aiutato da altri.

Il signor *Oefele* bibliotecario di Monaco ha dato di recente alla luce colle stampe dei *Weith* di Augusta due tomi in foglio di scrittori inediti: *Rerum Boicarum* [*], intorno ai quali ha travagliato da lungo tempo. Altro soggetto celebre per le opere stampate è il padre *Amort*, canonico regolare che dimora in Pollinga, dove, attese le cattive strade che sono fuori di posta, non avemmo coraggio di andare, per conoscere di persona questo degno uomo come era il nostro desiderio. Fu una volta minacciato di esiglio dal ministero elettorale, per avere impugnato il voto sanguinario, e gli fu proibito di stampare anche in favore dell'Immacolata Concezione, come si esibiva di fare.

---

[*] L'OEFELE, nato a Monaco nel 1706, morto nel 1780, pubblicò i *Rerum Boicarum scriptores nusquam antehac editi* sotto il pseudonimo di FELIX EVELIUS.

Un giorno dopo pranzo fummo a vedere una villeggiatura elettorale detta Ninfemburgo distante una mezza posta da Monaco. Vi è anche un canale, che da Monaco porta a questo luogo. La fabbrica è vastissima, e interamente addobbata, ma sembra alquanto bassa a proporzione della sua estensione. Cento e più fenestre si contano per ciascun ordine nella facciata.

Appresso il palazzo vi è un assai delizioso giardino ornato con trenta statue in circa di piombo dorato, che attualmente restano coperte a motivo della stagione.

La fontana in mezzo parimente è un gran masso di figure di piombo dorato, la quale però non getta acqua che nei giorni di gala. Nelle vicinanze, e di dentro il recinto di questo giardino, che è vastissimo, vi sono altre piccole delizie, quali sono un piccolo casino per il ritiro spirituale, con un oratorio o cappella a forma di grotta.

La facciata dell'edificio è in varie parti difformata con parecchie crepature fatte espressamente ad arte, quasi l'edificio non fosse ben fermo, e minacciasse rovina.

Altro casino è destinato per i bagni che si fanno anche per divertimento, e in conversazione, essendovi una camera assai bassa incrostata di piombo, dove vanno l'estate per passatempo i signori e le signore passeggiando, o sedendo nel tempo, che la stanza resta interamente allagata di acqua, e che sono distribuiti i musici, e suonatori al di sopra per trattenere la nobiltà coll'armonie del canto e del suono.

Altro casino è ornato interamente di drappi ed inorpellature di argento. Si conservano ancora in questa villeggiatura diverse gondole per il divertimento del canale. — Le acque di questo giardino passano per una macchina, simile a quella di Augusta, per acquistare la forza necessaria all'elevazione. Si vede ancora in questo sito la razza dei castori, che dimorano nell'acqua.

Questa delizia del Nimfemburg fu fatta dal padre dell'imperatore *Carlo VII*. Qua al presente vi è la fabbrica di porcellana, che per altro non potemmo vedere.

Fummo a vedere ancora altra villeggiatura, dove si porta la corte nei maggiori calori della state, distante due ore da Monaco. Si chiama questo luogo Schleisseheim.

Manca il giardino a questo palazzo fabbricato in mezzo ad un bosco; ma in magnificenza e vaghezza di addoppii supera di molto quello di Nimfemburgo. La forma ancora dell'edificio è ancora più soda, unita, e bene intesa dell'altro.

È mirabile il vedersi tutto questo palazzo con le due gallerie interamente addobbato non solo di pitture che sono tenute da questi tedeschi in gran riputazione, ma di drappi, e altri ornamenti molto ricchi e graziosi. Non puossi non rimanere sopraffatto al considerare le ricchezze di questa casa, che in tempi anche meno felici ha potuto supplire a tante spese.

Non mancano alla corte altre villeggiature; ma queste due credo siano le principali e le più magnifiche.

A dì 18 marzo si partì da Monaco circa alle nove ore della mattina. Invece di prendere la strada del Tirolo, per calare speditamente a Venezia, com'era la prima intenzione del conte, fu risoluto di passare a Vienna per Salisbourg.

Da Monaco a Zorneding vi è una posta e un quarto, altrettanto a Stainerding e una posta a Vasserbourgh, città dell'elettore, dove giungemmo alle cinque della sera. La situazione di questa è sul letto di un fiume, che si fa il cammino nel seno di un monte, il qual monte circonda e sovrasta la città.

Da Vasserbourgh vi è una posta fino a Ferbestheim, dove non vi è che un'osteria, e in cui ci arrestammo un par d'ore per cenare.

Altra posta vi è sino a Stein, altra a Waging, e due sino a Salisburgo. Questa ultima stazione è molto cattiva. Tutto il resto è mediocre. La strada d'ordinario passa in mezzo a foltissimi boschi, specialmente quella parte che facemmo di notte.

In vicinanza di Waging andando a Salisbourg si costeggia per lungo tratto un lago ristretto fra monti.

A dì 20 marzo a mezzogiorno si arrivò a Salisburgo; temendo di non pervenirvi a tempo per celebrar messa, ci arrestammo per questo effetto in un piccol villaggio a tre quarti d'ora dalla città.

Prendemmo alloggio in una osteria sulla grande piazza della corte, dove fummo assai ben trattati e con una incredibile discretezza.

La città di Salisbourg è fabbricata sulle sponde del fiume Sala che le passa in mezzo. Ella è serrata talmente da un monte altissimo, che una parte delle case sono unite alle pareti medesime della montagna.

La fortezza è sulla sommità di un monte che resta in un angolo della città; per la natura del sito veniva riputata una volta molto forte.

Un ponte assai largo e coperto unisce le due parti della città. Le case sono ordinariamente a tre, quattro, cinque piani attesa l'angustia del recinto della città, che non può estendersi per l'impedimento dei monti. — Gli edificii però sono communemente parlando maestosi, molto sodi, e bene intesi.

Il palazzo dell'arcivescovo e principe ha una grande estensione, e merita di essere veduto per la sodezza e maestà.

La facciata della chiesa arcivescovile, che corrisponde nella corte del principe, è un bellissimo parto di *Scamozzo*. Ed io non ho memoria di avere ancor veduto in Germania cosa migliore per conto di architettura.

Ella è composta di pura pietra con gli ornamenti di diverse statue, e con due torri negli angoli. La chiesa ancora al di dentro è assai bella, ma non eguaglia la facciata. Due colonnati assai bene intesi uniscono la chiesa col palazzo arcivescovile dalla parte della facciata.— In mezzo della piazza vi è una gran fontana, che attualmente resta coperta.

Le stalle arcivescovili sono assai magnifiche e capaci di cento ottanta cavalli in circa. Una fontana contigua è ornata di un gran piedistallo con sopra il gruppo di un cavallo e di un uomo che lo regge, assai vivamente espressi.

Si vede poi come una meraviglia della natura e dell'arte, la piazza o sia il cortile per il maneggio, che è cavato dal seno che forma la montagna avanzando due braccia, che lasciano in mezzo un'area a due angoli retti, e che formano le tre linee di un quadrato.

Il più mirabile però si è che essendo qui ancora il dorso della montagna perfettamente eguale e piano, hanno collo scalpello cavato dal vivo sasso tre ordini di finestre all'intorno a guisa di un bellissimo teatro, dove stanno i spettatori del maneggio.

Gli altri edificii contigui destinati per i famigliari del principe sono parimente molto regolari e commodi, e meritano l'attenzione del forestiero.

Nell'altra parte della città la corte ha un palazzo di delizia detto Mirabel con giardino che corrisponde sulla riva del fiume.

L'edificio è grande, e non affatto irregolare. Ha una piazza ornata con una bellissima fontana cavata da uno scoglio assai vagamente, ma con un cavallo al di sopra di bronzo, che fa compassione.

Il giardino con il sito per gli agrumi, al presente coperti, merita di esser ben considerato per l'industriosa sua distribuzione. In tempo di estate vi si contano da due mila vasi qua e la distribuiti.

Il sito sembra molto angusto; eppure vi sono cavate tutte quelle parti che possono desiderarsi in un giardino de' più magnifici.

Molte statue e gruppi di figure vi sono distribuite, specialmente quattro bellissimi gladiatori copiati dall'antico.

La vista poi è amenissima godendosi non solo il fiume, e la città, che sembra divisa in varie scene con la ròcca nel fondo; ma ancora li monti vicini e quel poco di pianura, che vi fa il fiume col suo corso. Questa è la residenza dell'arcivescovo in tempo di estate.

È da vedersi ancora in Salisbourg il monastero di san Pietro per i residui di antico edifizio, che si vedono ancora cavati dal vivo sasso sul dorso della montagna.

Il cimiterio ancora merita di esser veduto. Più bello però è l'altro annesso alla chiesa non inelegante di san Sebastiano, il qual cimiterio consiste in un colonnato quadrato con cappelle all'intorno per l'ordinario di marmo, e bene architettate, le quali appartengono alle famiglie della città. Altro bello edifizio è il seminario con piccola chiesa, ma assai bene intesa. L'edificio dell'università è grande, ma nulla vi osservai di rimarcabile. Fu fondata questa università nel 1655 mediante la contribuzione dell'arcivescovo, e de'benedettini di Salisbourg, dell'Austria, della Baviera e della Svevia. Questi religiosi hanno la direzione totale della medesima. Gli abbati per turno ogni tre anni vi fanno la visita e vi costituiscono i professori di gius pubblico e civile che è secolare.

Il rettore magnifico attuale è il padre *Gregorio Zallwein* che ha per le mani un'opera istorica, di gius canonico, che ha per titolo *Ius ecclesiasticum* specialmente di Germania, avendo in mira di combattere i principii di *Boemero* e di altri acattolici che hanno scritto con molt'arte in svantaggio del corpo cattolico. Due tomi in quarto sono già stati stampati ed altri due per compimento dell'opera sono attualmente sotto il torchio.

Si conteranno in questa università da circa ottocento scolari; è però decaduta non poco, dacchè la casa d'Austria ha cominciato a veder di mal occhio che i suoi sudditi vadano a studiare in paesi esteri.

I gesuiti come non hanno alcuno stabilimento nella città così ne sono stati sempre esclusi, il che contribuisce probabilmente qualche poco agli ostacoli che di giorno in giorno si parano contro gli avanzamenti dell'università.

Conoscemmo, e ricevemmo varie attenzioni dal signor *Giuseppe d'Edlenbach* professore di gius pubblico, e del codice. È uomo molto avanzato in età. Il figlio chiamato parimente Giuseppe ora dichiarato consigliere dell'arcivescovo, fu da me conosciuto prima in Salem, ed è giovane umanissimo.

La città appartiene all'arcivescovo, che è uno dei primi fra i principi di Germania. Dissero, che conterà venti quattro mila anime, ma forse vi sarà un poco di alterazione, non avendo io veduto popolo molto nella città, la quale dall'altro canto è assai piccola, quantunque abbia le case, come si è detto altrove, altissime a quattro e cinque ordini.

Il capitolo è composto di ventiquattro canonici, ciascuno dei quali avrà due mila fiorini di entrata. L'arcivescovo veste da cardinale ed ha una corte molto splendida: la sua entrata si calcola a un milione e mezzo di fiorini. Il suffraganeo dell'arcivescovo, è il vescovo di Chiemsee.

Domandarono una volta i gesuiti la soppressione di questo piccolo vescovato per loro fondazione.

Il capitolo di questa città passa per il più colto della Germania: e di fatti noi ritrovammo parecchi canonici dati alla lettura, ed applicazione assai di proposito, cosa, che non ho trovata altrove.

Negli anni passati seguì dal principato di Salisburgo una emigrazione di circa trentadue mila anime cacciate per errori di religione, le quali poi si sono ricoverate nei stati del re di Prussia, nel Palatinato ed altri paesi.

I gesuiti furono gli inquisitori per scuoprirli, e secondo le loro denuncie si è proceduto all'esiglio. Dimoravano questi popoli nelle parti più alpestri del principato. Alcuni di Salisburgo non di altro si dolgono in tutta questa procedura se non di essersi impoverito il principato di un numero considerabile di uomini senza usar prima una particolar diligenza per convertirli mediante le istruzioni de'parochi o missionari. Il che per altro mi par difficile, che sia stato trascurato. In altri tempi ancora sono seguite tali emigrazioni.

L'arcivescovo odierno *Sigismondo*, è un ottimo ecclesiastico, e può anche dirsi in qualche modo un buon pastore: ha visitata la sua diocesi, di che difficilmente si troverà ora esempio in tutta la Germania.

Egli per altro è talmente male impressionato contro la cultura de'buoni studii di storia, della critica ecc. che temerebbe di vedere divenire in breve eretico un suo chierico che si desse alla lettura di *Natale Alessandro* o di altri simili scrittori moderni.

Matteo Langio ascivescovo di Salisburgo fu protettore di *Staupizio* e lo fece abate di s. Pietro. Protesse *Lutero* nella dieta di Augusta.

I canonici cessarono di essere regolari sotto *Leone X*. L'abate di s. Pietro aveva una volta gran parte nell'elezione dell'arcivescovo, attualmente però ha perduto moltissimi de'suoi diritti, per quanto ci dissero.

Una cosa degna di essere avvertita mi fu riferita in questa città. Negli anni addietro non fu data per il carnevale la permissione di tenere feste di ballo, e in quell'anno si contarono trecento bastardi sopra il numero ordinario in tutto il principato. L'arcivescovo *Firmian* ottenne dai cardinali il titolo di *eccelso*.

I canonici hanno una biblioteca assai ricca di codici manoscritti, ed un archivio molto abbondante di diplomi, incominciando da *Ludovico Pio*. Il gran decano *Ferdinando Cristofaro Truchses* conte di Zeyl, soggetto dilettante di letteratura, ha ora cominciato a ridurre l'uno e l'altro in buon ordine, pensando ancora di fare pubblicare qualche cosa, ch'egli reputerà più interessante.

Questo signore, che non omise di communicare tutto con infinita gentilezza al mio conte, ci disse, che nel rivoltare i codici della biblioteca e le carte dell'archivio, trova di giorno in giorno graziosissimi abbagli presi da chiunque abbia scritto sulle cose di questa chiesa.

Il manoscritto più rimarcabile da me veduto è un codice del X secolo, dove sono descritti tutti i contratti fatti dall'arcivescovo di allora. Altro codice posteriore di un secolo o due contiene parimenti i contratti fatti in appresso.

A dì 22 marzo 1763 si partì da Salisburgo alle dieci della mattina. Si mutano cavalli a Neumark, che è una posta e mezza distante. Qui incominciano le poste austriache, che sono però considerate come imperiali sino a Lintz. Vi è un'altra posta e mezza sino a Frankenmark, ed altra posta sino a Voecklabruck, dove arrivammo alle otto ore della sera: qui ci arrestammo; il luogo è murato con una guardia di soldati.

A dì 23 si partì alle ore tre della mattina, alle otto giungemmo all'altra posta di Lambach, luogo con un monastero di benedettini, che non ci arrestammo a vedere. Di là si va a Wels, altra posta. Qui lasciammo il cammino della posta, e andammo al monastero di Cremsmünster di là dal fiume.... che passa in mezzo a Wels. Questo monastero è distante una posta incirca dalla città; ed è situato sui monti, onde l'accesso è piuttosto difficile.

I monaci sono benedettini; sono sotto la direzione del vescovo di Passavia. La communità è numerosa di sopra cento religiosi, molti dei quali sono distribuiti nelle parrocchie, e nelle varie giurisdizioni del monastero.

L'abate.si chiama *Bertoldo Vogl*: fu professore in Salisbourg, ha titolo di eccellenza, per essere consigliere intimo delle loro maestà imperiali, distintivo che si accorda ordinariamente a tutti gli abati dell'Austria, ed è presidente perpetuo del collegio abaziale dell'Austria superiore.

L'odierno abate ha stampata una introduzione alla teologia, e non so, se altre opere quando era professore, nè dubito che sia un uomo di molto studio e talento, quantunque nella conversazione non dia molto a conoscere nè l'uno, nè l'altro.

Non può essere a meno, che non sia considerabilissima la ricchezza di questo monastero. Da quattro anni addietro sino a quest'ora ha dato il monastero cinque cento mila fiorini alla casa d'Austria, parte in dono, parte in imprestito.

Può ancora dirsi esser questo uno de'colti monasteri dell'Austria per conto degli studii: è provveduto di una biblioteca con buon assortimento di libri moderni: vi è ancora una quantità di manoscritti dei quali però non mostrano di far gran caso i monaci. Non sono per vero dire di una grande antichità, appartenendo molti, che osservammo, al secolo XIV e XV, pure meritano sempre dell'attenzione.

Uno infatti ne osservammo in foglio del XII secolo contenente le opere di *Origene* in latino e nel fine una lettera di *Gregorio papa* sulla frequente communione diretta, se mal non mi ricordo, ad una donna ritirata dal secolo.

La fondazione del monastero si attribuisce a *Tassilone* duca di Baviera nell'VIII secolo. Due monumenti di antichità assai curiosi osservammo nel tesoro della chiesa. Uno è una specie di calice assai grande di rame con dei lavori di argento all'intorno colla figura e col nome di *Tassilone*, e di altri soggetti.

Altro è una croce di figura orbicolare con figure di uomini, e di animali simbolici, e con un verso leonino in ciascun quarto della croce. — Appaiono ancora le vestigia di altri ornamenti, che vi erano attaccati, e che ora mancano del tutto.

La storia, o siano gli annali di questo monastero, sono stati già da lungo tempo stampati, non credo però coi lumi troppo necessarii della critica.

Vi è nel monastero un seminario attualmente numeroso di duecento alunni, parecchi de' quali sono nobili. Vi si apprendono oltre alle scienze ancora le lingue greca ed ebraica, il professore delle quali è *Domenico Warta*, che ha anche stampate due brevissime grammatiche greca ed ebraica.

Non si esige dai seminaristi poveri alcuna pensione, ed una discretissima se ne paga dai ricchi, per quanto ci dissero. Le matematiche saranno trattate in questo monastero con speciale profitto attesa la copia delle macchine che vi è per far le esperienze.

Il più rimarcabile si è l'osservatorio fabbricato espressamente dai fondamenti, ed inalzato sino al punto di poter fare le osservazioni senza riceverne impedimento da un colle vicino.

In quest'amplo e sodo edificio, egregiamente costrutto e distribuito, si contano trecento trenta gradini ordinarii per salire dal basso alla sommità. Il professore delle matematiche deve far qui la sua dimora. — Oltre agli istrumenti, e alle diverse macchine che sono sparse nell'osservatorio, si vedono ancora diverse cose naturali, e altre curiosità.

Il monastero è grande, ed ha alcuni appartamenti veramente maestosi e nobilmente adobbati. Al di fuori però non comparisce.

La chiesa è carica di scolture e ornamenti assai deformi. Vi è da osservarsi un bellissimo vivaio di pesci con colonnato, e diviso in più serbatoi. Hanno il costume di suonare un piccolo campanello prima di gettare il cibo ai pesci; a questo segno tutti i pesci si raunano al luogo ordinario.

A dì 24 marzo alle cinque ore della mattina si partì da Cremsmünster, e si ritornò a Wels: è questa una piccolissima città ma allegra sulla riva di piccolo fiume, che si passa col beneficio di un ponte. — Da Wels sino a Lintz vi sono due poste senza mutar cavalli. La strada qua comincia ad essere ottima.

Lintz è piuttosto piccola città divisa in due parti dal Danubio. La piazza non manca di buoni edifizii, quali si trovano ancora sparsi nel resto della città, e nel borgo, che dalla parte di qua dal Danubio non è piccolo. Questa è la capitale dell'Austria, ove è costituita la reggenza.

Da Lintz vi è una posta e mezza sino a Enns, piccolissima città sul fiume del medesimo nome, che si passa di là dalla città col beneficio di una barchetta, rifacendosi attualmente il ponte.

Questo fiume divide l'Austria superiore dall'inferiore. Da Enns si cangiano cavalli a Strenberg, e poi a Amsteetten, due piccoli villaggi, nell'ultimo de' quali passammo una parte della notte.

A dì 25 alle ore quattro della mattina partimmo: si cangiano cavalli a Remmelbach, e poi a Melk dove giugnemmo alle otto in circa della mattina.

Questo luogo è situato sulla sponda del Danubio sulle radici di una montagna, che quasi in figura di uno scoglio si erge dal pelo dell'acqua.

Nella sommità di questo monte vi è un superbissimo e amplo monastero del medesimo nome, di cui non viddi ancora il più maestoso, specialmente in prospettiva. La fabbrica tal qual'è al presente fu cominciata al principio del secolo: vi ha alloggiato più volte la corte. La chiesa è ornatissima.

I monaci sono benedettini, e immediatamente soggetti alla santa sede. Non trovammo l'abbate eletto nelle settimane scorse, chiamato don *Urbano Haver*. Fummo però ricevuti colla maggiore cortesia dal padre don *Pietro Boratschi* priore, che parla ancor l'italiano, e dal padre don *Agostino Müller*, ricevitore degli ospiti.

I monaci che hanno voce nell'elezione dell'abbate, sono più di sessanta, come si potrà vedere dall'annesso catalogo*. L'abbate è il primo nel collegio dei prelati dell'Austria inferiore.

Gran riputazione si sono acquistati il padre *Girolamo*, ed il padre *Bernardo Pez*, monaci ambedue di questo monastero; l'ultimo è morto

---

* Nel ms. il catalogo non esiste. Vedi la nota a pagina 218.

solamente di fresco. Il padre *Bernardo* ci ha dato un *Thesaurus anecdotorum novissimus*, di sei tomi in foglio stampati in Augusta; e il padre *Girolamo* tre volumi *Rerum Austriacarum*, stampati in Lipsia.

Ha lasciato un quarto tomo ancora, che per altro non si stamperà così facilmente, contenendovisi cose, che non possono piacere agli eretici, che si sono caricati fin ora dell'edizione di quest'opera.

La persona, che ora trovammo più informata nel monastero è il padre *Martino Kropff* bibliotecario, il quale ha stampato un grosso volume in quarto, in cui dà una specie d'istoria della biblioteca del suo monastero con notarvi i manoscritti più rimarcabili, che al presente vi si conservano.

I manoscritti saranno in tutto mille in circa; in gran parte però sono di una assai bassa età. I libri stampati sono in grande copia, e ben scelti. Bellissimo è poi il vaso destinato per la biblioteca, e per la raccolta che hanno ancora di antiche medaglie.

Nel tesoro di questo monastero vedemmo un'antica casula del secolo XIV per quanto indicano i caratteri detti gotici, che si leggono all'intorno del Crocefisso, e dei santi evangelisti espressi col ricamo.

Quello, che vi è di rimarcabile, si è, che ha questa casula due aperture sui lati per potere alzare le mani liberamente senza dover ripiegare la casula dal fondo, e sostenerla sulle braccia, secondo l'uso conosciuto comunemente delle casule antiche.

Esaminate attentamente queste due aperture pare che si possa credere, che la forma della casula da principio fosse intera, e che intero fosse il ricamo condottovi sopra, ma che fin da quando fu resa servibile si pensasse a fare le suddette due aperture, o perchè la casula fosse un poco angusta (come pare) da non potersi ripiegare comodamente sulle braccia; o per maggior comodità della persona, per cui era destinata: giacchè osservammo, che il drappo di seta cucito sulle estremità delle due aperture è della medesima antichità, e qualità di quello, che si vede cucito intorno intorno all'altre estremità, e che volgarmente si chiama *balza;* seppure non si voglia credere, che questo drappo sia stato posteriormente interamente rinnovato.

A dì 26 marzo partimmo di Melck a mezza mattina in compagnia del padre *Martino Gerbert* di san Biagio di Selva nera, che di ritorno da Roma qui incontrammo, e venne con noi a Vienna.

Si mutano cavalli a san Poelten, o sia sant'Ippolito, monastero di canonici regolari, che non ci arrestammo a vedere.

Di là si mutano cavalli a Proschling, poi a Sigharts-Kirchen, finalmente a Purkertorff, da cui si passa a Vienna. Fra quest'ultima posta e Vienna giace il castello di Schönbrunn, villeggiatura ordinaria della corte. — Si incontrano parecchie delizie e case di campagna di private persone.

Entrati in Vienna fummo condotti in dogana, ove si fa una rigorosa perquisizione di tutto. Per buona sorte con noi furono discreti i doganieri.

Il costume è di lasciare tutti i libri, affinchè siano riveduti prima di essere introdotti, ma anche questi ci furono lasciati.

Si suole lasciare ai doganieri la mancia di due fiorini in circa: se si hanno cose soggette a dazio, si possano lasciare in dogana, e nel partire riprenderle sigillate, finchè si esca dagli stati austriaci.

Prendemmo alloggio all'osteria del *Bue*, ma il giorno seguente passammo all'ospizio del monastero di santa Croce dell'ordine cisterciense, posto in vicinanza della università, dove ci è tutto il commodo per alloggiar qualunque gran signore.

L'Austria inferiore ha buone e belle campagne in pianura. Sono frequentissimi e gravosi i passi che attualmente si esigono in tutta l'Austria dai passeggieri: fin qui noi averemo pagato, cominciando dalle vicinanze di Salisburgo, fiorini......

Vienna quantunque abbia un recinto assai piccolo, pure è una città assai grande per ragione dei borghi che la circondano, intorno ai quali girà una fossa perpetua, che si suppone lunga per sette ore di cammino.

Fra i boschi e la città oltre alle mura, passa una linea assai estesa di terreno lasciato vacuo per salvare, cred'io, i borghi in tempo di un qualche assedio.

Presso delle mura della città passa il Danubio, dove si trovano sempre moltissime barche; mezz'ora di là distante avvi il gran letto di quel fiume, che si passa sopra un ponte di legno lungo da circa mezz'ora di cammino, continuando non ostante qualche isola sparsa qua e là, che almeno in questa stagione divide il letto del fiume. In questo sito il Danubio è incomparabilmente più largo del Reno.

Sopra le mura vi è un passeggio assai frequentato, per il quale si fa il giro della città, con aver sott'occhio tutti i borghi, e la campagna.

È ben vero, che questa passeggiata non può farsi in carrozza, avanzandosi spesso i bastioni, o siano le fortificazioni di tal sorta, che quanto comodamente possono passarvi le persone a piedi, altrettanto sarebbe difficile, anzi impossibile di andarvi in carrozza.

I borghi hanno ordinariamente mediocri fabbriche, se ne eccettuiamo gli edificii pubblici, o ad uso de' gran signori, quali sono per cagion di esempio le stalle dell'imperatore, il palazzo del principe *Eugenio* con un bel giardino libero a tutti di passeggiarvi, la chiesa di san Carlo, il monastero delle salesiane, il collegio di Savoia, l'altro militare, e il teresiano, de' quali si parlerà a basso.

Nella città le strade sono strette e confuse, gli edificii però sono a tre e quattro, ed anche cinque piani con facciate di pietra piuttosto maestose e non ineleganti.

Le piazze non mancano di ornamenti, che per altro non sono dei più vaghi. La chiesa di san Pietro, di santo Stefano, di san Carlo si fanno specialmente osservare ai forastieri.

L'ultima, posta fuori delle mura fra la città e i borghi, fu fatta innalzare da *Carlo VI* imperatore.

Il di dentro di figura ovale con cappelle intorno non può piacere a chiunque sia attaccato al gusto sodo e regolare; la facciata sebbene soggetta a gravi eccezioni, pure fa buona comparsa. È ornata specialmente di due colonne composte di grossi pezzi di una specie di travertino, con esservi scolpite intorno le azioni più gloriose di *Carlo VI* a somiglianza delle colonne Traiana e Antonina di Roma.

Si sale assai comodamente sino alla sommità per una scala cavata al di dentro lunga dal piano terreno duecento sessanta gradini. — Sopra le colonne vi sono quattro grandi aquile di bronzo dorato, ed una campana.

La vista in questo sito non può esser più vaga, godendosi la città e i borghi nell'intera loro estensione con la vastissima campagna adiacente.

Il vento però impetuoso non mai permette di lungamente trattenervicisi.

La chiesa delle salesiane di là non molto distante è piccola di figura ovale, ma più regolare, e vaga dell'altra. Fu fondata la chiesa nel 1715 dall'imperatrice *Amalia*, che morì nel palazzo annesso, destinato per quelle principesse della casa d'Austria, che si volessero ritirare dal mondo.

Nel monastero vi sono quaranta religiose in circa. Tutto l'edificio è magnifico e regolare.

Il collegio teresiano è di una lunghissima estensione. Vi sono i giardini, e il maneggio sì d'inverno che di estate.

Era questo edificio la *Favorita* dell'imperatore *Carlo VI* che qui compiè i suoi giorni: nel 1746 fu assegnato per collegio, affidato alla cura dei padri gesuiti che sono in numero di sessanta in circa.

Vi si trovano al presente centosei collegiali nobili, che possono apprendere le belle arti, le matematiche, e la giurisprudenza.

Tiene ciascun collegiale, se così vuole, un servitore, non così però può tenersi il governatore, come si permette nel collegio piemontese. Vanno i giovani per le solennità alla corte.

Avvi un'assai buona biblioteca. Il celebre padre *Froelich* qui fu bibliotecario, e morì in età di anni cinquantotto in circa. Avvi ancora una raccolta di medaglie, ed istrumenti matematici.

L'accademia di Savoia è parimente degna di essere osservata non tanto per la vaghezza del ben vasto edificio, quanto per il buon regolamento degli studii, e per la educazione della gioventù.

Nell'anno passato fu stampata la relazione dello stato attuale di questo collegio, o sia accademia.

Fu questa fondata l'anno 1749 da *Maria Teresa* duchessa di Savoia, nata principessa di Liechtenstein, e nel 1756 sua maestà l'imperatrice ne prese interamente la protezione.

Il conte *Massimiliano Cavriani* ne ha la direzione principale. L'educazione della gioventù è confidata ai padri delle scuole pie, uno dei quali è rettore dell'accademia, ed ha subordinati non meno i collegiali che i loro governatori e tutti gli altri individui.

Si insegnano le belle lettere, la filosofia, e le matematiche dai medesimi piaristi.

Per la facoltà giuridica vi sono tre lettori, uno di gius di natura, e delle istituzioni, altro per il digesto e per il criminale, il terzo per il gius pubblico universale e particolare, e per il gius canonico.

Monsieur *Rieger* professore nell'università ha questa ultima lettura.

Si imparano ancora le due lingue francese e italiana e altre belle arti. Vi è un sito separato per i malati.

Avvi una mediocre biblioteca, molti istrumenti matematici e tutti i commodi per il maneggio.

Al presente i giovani sono settanta, fra quali vi sono due conti *Tassis d'Insprug* giovani molto savii, e applicatissimi.

N'è ora rettore il padre *Graziano Marxs*. Il padre *Dalaam* è professore d'istoria, e il padre *Fulgenzio Paur* di matematiche. Credo che amendue siansi resi cogniti colle stampe.

Contiguo a questa accademia vi è altro vasto edificio per un collegio militare, che non fummo solleciti di vedere.

In Vienna poi vi è l'università diretta dal cardinal *Migazzi*. L'edificio rifatto otto anni sono riesce maestoso e vago; la sala specialmente di marmi finti è elegantissima. — Le scale però fatte sul gusto oltramontano ardito e sconcio, già minacciano ruina.

Vi sono quattro collegii, e sono di teologia, di medicina, di filosofia e di giurisprudenza. — Presiede al primo il signor *Barone di Stock* canonico di san Stefano. Il medesimo però si lascia regolare totalmente per conto della direzione de' studii dal signor abbate *Ramaggini* di Frascati, che dimora in Vienna.

Monsieur *Van Swietten*, medico primario della corte, è direttore del collegio di medicina, e gode tutta la grazia di sua maestà l'imperatrice. — Mattina e sera avvi lezioni di teologia, che si fanno dal padre *Azzoni* agostiniano, e dal padre *Gazzaniga* domenicano.

Ambedue questi professori italiani riscuotono l'applauso, e l'ammirazione di questi tedeschi.

Avvi il costume in questa università in occasione di tesi, che frequentemente si sostengono, di distribuire invece di un rame, un qualche libro stampato a posta, scegliendosi sempre qualche opera utile, che sia inedita, e rara.

In questa occasione hanno stampate alcune cose di *Cironio*, i dialoghi dell'*Agostini*, *De emendatione Gratiani*, il diurno *Romani Pontificis* pubblicato già dal padre *Garnerio* gesuita, e altre operette simili.

In Vienna vi è un monastero di benedettini detto lo Scozzese. La biblioteca è mediocre. Vedemmo parecchi manoscritti del XIII e XIV secolo poco interessanti.

Il padre *Amando* bibliotecario voleva stampare le lettere d'*Innocenzo III* sparse in qua e in là in varie raccolte, ma ne ha già deposta l'idea; ora medita l'edizione delle lettere inedite di *Guinberto* abbate Gemblacense vissuto nel secolo XII ai tempi dello scisma di *Alessandro III*.

Vi sono parecchie cose relative alle chiese di Liegi e di Colonia; mancano a moltissime lettere le date, onde si ricerca grandissimo studio per ordinarle giustamente.

Questo padre ha presso di sè la copia di queste lettere e le note fattevi da un certo *Blum* consigliere, ora defunto, che aveva moltissimo studiato, per quanto egli ci disse, sulla illustrazione di questo codice epistolare.

La chiesa cattedrale detta di san Stefano è una delle più insigni nel gusto gotico. Vi sono dentro parecchi depositi appartenenti alla casa d'Austria.

La lunghezza dell'area è di cento cinquanta passi andanti di una persona, e cento in circa ne contai nella maggior sua larghezza.

La torre ancora è mirabile per la sua altezza; è di struttura gotica, ma ricercatissima. Resta però tutto questo edificio, nel suo genere bellissimo, deformato da mille caricature tedesche aggiuntevi per ornamento in diversi tempi.

Nel sotterraneo della chiesa de' cappuccini in Vienna vi sono i sepolcri della casa d'Austria: quasi tutti sono di stagno.

L'oscurità però del sito non permette di goderli. Il più bello è quello fatto per *Carlo VI*.

L'imperatrice regnante vi ha aggiunta una cappella assai bene e sodamente intesa, con il mausoleo per l'imperatore e per sè.

Nei lati vi sono piccoli depositi e in una nicchia ha fatto collocare quello della sua governatrice: non lascia l'imperatrice di visitar spesso questo luogo. — Hanno ancora questi padri un tesoro piuttosto ricco, che mostrano ai forestieri.

Il palazzo del *Principe di Liechtenstein* merita di esser veduto; è forse l'edificio più magnifico e regolare che vi sia in Vienna, specialmente per conto della facciata e della corte o sia cortile.

Havvi dentro una galleria di quadri assai rispettabile; vi sono molti pezzi del *Rubens*, e di molti altri fiamminghi; alcune cose le attribuiscono a *Raffaello*, a *Guido Reni*, e a *Tiziano*. Vi sono ancora parecchie scolture di riguardo che adornano questa galleria.

Fummo un giorno a vedere il museo d'antichità del fu monsieur *Giuseppe de France*, posseduto ora da madama *Francesca Smitmer* di lui moglie, la quale sull'esempio del marito si è applicata alla cognizione del tesoro che custodisce, e ne rende a chiunque siasi un conto non meno esatto ed erudito. È degna d'osservazione prima d'ogni altro la casa di questo signore, che egli ha voluto distribuire sul gusto delle case degli antichi. La pianta è stata incisa col di lui ritratto.

Consiste poi il museo in quattro grandi armarii pieni di semibusti, patere, vasetti, lucerne ed altre antichità, quasi tutte di bronzo.

Havvi un peso antico militare di venti libbre, di figura ottangolare di bronzo con lettere di argento all'intorno. Molti piccoli bassi rilievi antichi sono assai vagamente collocati nei sopra porti delle finestre, e in altre parti.

Ma il più bello di questo museo consiste nelle monete di argento e di oro, le quali non sono in grandissima copia, ma tutte rare, e molte anche inedite: un saggio ne pubblicò già espressamente il padre *Froelich* gesuita.

I camei sono in tanta quantità che sorprende, e pare incredibile che una privata persona ne abbia potuto raccogliere in tanta abbondanza.

Havvi fra questi una serie di ritratti imperiali, che è una maraviglia: apparteneva, per quanto dissero, ad *Enea de Vico* e monsieur *de France* l'ha arricchita ancor di vantaggio.

Tutto questo museo si venderebbe volentieri, se si trovasse un solo compratore, non volendo la vedova *Smitmer* vedere disperso tanto tesoro.

Facemmo conoscenza col barone *Enrico di Senckenberg*, consigliere aulico, ma acattolico, che fu già professore a Gottinga. Ha una sceltissima biblioteca e copiosissima con qualche manoscritto. Biblioteca maggiore non vedemmo ancora presso di un privato nè in tutta Vienna, nè forse altrove si troverà persona più informata in genere di libri e di letteratura di questo signore. Possiede la storia, e i molti rapporti degli interessi de'principi, e specialmente della Germania in modo sorprendente.

Il nome suo è già noto per molte opere stampate sì in latino, che in tedesco. Ci disse esser egli l'autore del libro contro la repubblica di Genova *De iure romani imperii in Genuam Ligusticam etc.* Difficilmente nel consiglio aulico vi sarà persona più dotta di lui.

In Vienna è degno di esser veduto l'arsenale della città e quello della casa d'Austria. Le armi sono in gran copia specialmente in questo secondo.

Curiosa è l'arte con cui sono distribuite, rappresentandosi con diverse sorti di armi colonne, stemmi, sfere, ed altre figure.

La biblioteca imperiale è vaghissima. Le scale sono ornate con moltissime iscrizioni. La simmetria e vaghezza dell'edificio al di dentro non può ora godersi, essendo convenuto porvi qua e là de'sostegni, minacciando l'edificio ruina, forse per un passo volutosi cavare nella parte inferiore, male a proposito. Si studia attualmente, se vi sia modo di ripararvi, e risparmiare un sì grande edificio. Il padre *Boschowich*, che ora trovasi qui in Vienna di ritorno in Italia, è stato consultato sopra ciò.

Vedemmo la famosa tavola Peutingeriana, che corrisponde perfettamente alla stampa, fatta in questi ultimi anni dal *Scyab*. È inutile parlar dei codici, avendo il *Lambecio* illustrato coi suoi commentarii questa biblioteca. Monsieur *Kollart*, custode attuale gli ristamperà in breve. Vedemmo i manoscritti di *Gentilotti*, che ad uno ad uno ha illustrato gran parte de'codici latini con una diligenza e fatica incredibile. È pubblica questa biblioteca.

In tempo della nostra dimora in Vienna era già chiusa per ragione delle vicine feste di pasqua; stante però l'umanità somma di monsieur *Kollart* noi vi andammo tutte le mattine, e avemmo campo di cavarne moltissime memorie. Monsieur *Kollart* è ungherese, possiede a perfezione le lingue orientali, e si applica particolarmente alla storia della sua nazione: ha dato alla luce *Analecta Vindobonensia* in due tomi in foglio.

La corte è un grandissimo edificio, la di cui comparsa migliore è nel cortile della cancelleria. Fummo ad osservare un giorno il tesoro austriaco, ove trovammo una ricca raccolta di camei; uno è dell'altezza e larghezza di un palmo in circa. In altri armarii avvi la corona, ed altre insegne imperiali, parecchi vasi di pietre rarissime, come sono lapislazzuli, agata, porfido. Parecchie cose sonovi di cristal di monte.

È poi ornato questo museo assai sodamente con semibusti antichi e buone pitture. Una dicono essere del *Correggio*, e rappresenta un Cupido, che sega un legno con due puttini: altre sono fiamminghe. Nella camera delle medaglie, che non vedemmo, per esser già state stampate, il volto è ornato con antiche maioliche, quali appunto si lavoravano nella provincia Metaurense. Altra camera è ornata con moltissime pitture di *Alberto Duro*. Vi sono molti intagli di avorio. Mostrano un orologio lavorato in Darmstat molto ingegnosamente.

La galleria di pitture della corte è copiosa di quadri, ma in malissimo ordine. Le migliori cose sono fiamminghe. Avvi per altro un pezzo di *Raffaello* della sua prima maniera, alcune cose di *Paolo Veronese*, di *Andrea del Sarto*, e di altri italiani.

Il museo di medaglie dell'imperatore è ricco di sessanta duemila pezzi; sono dei bassi tempi e moderne, di tutto il mondo; tra le orientali ve ne sono delle antiche.

Il giorno di pasqua pranzò l'imperatore coll'imperatrice, due arciduchi, e quattro arciduchesse con la sposa in pubblico. Vaghissima era la sala, in cui si fa questa funzione, ma più vaga ancora la vista di tante persone di nazione e di abiti diversi, che colla maggior gala vi si trovavano presenti. Assistè alla tavola il cardinale *Migazzi*, e monsignor nunzio *Borromei* con cappello in testa quando lo teneva ancor l'imperatore.

Passammo un giorno a vedere il palazzo di Schoenbrünn un'ora in circa distante da Vienna, ove la corte suole trattenersi in villeggiatura. Il palazzo è grandissimo, la gran sala è ornata di dorature e specchi assai vagamente. I giardini non sono di grande estensione a motivo di una collina vicina. Avvi a parte la *menagerie*, o sia un luogo, ove si mantengono animali di ogni sorta, ma domestici. Ve ne sono dell'India, dell'America, e dell'Africa.

Conoscemmo in Vienna monsieur *Giuseppe de Spergs*, custode dell'archivio di stato, e consigliere attuale. È tirolese, e si è applicato alle cose della sua provincia: ha dato alla luce la parte meridionale del vescovato e principato di Trento in tre fogli. Monsieur *Antonio di Rosenthal* è consigliere aulico, e custode dell'archivio della casa d'Austria. In questo si conservano le cose particolari della casa, nell'altro le cose pubbliche, quali sono i trattati di pace ecc. Conoscemmo monsieur *de Schwandner* agente generale in Vienna, il quale ha dato alla luce la storia d'Ungheria, e monsieur *Scyab*, che ha pubblicato la tavola Peutingeriana tal quale è nell'originale. Ambedue sono malcontenti del loro studii per non averne riportato alcun premio. Trovammo cortesissimo il professore *Rieger*. Il figlio maggiore *Giuseppantonio* è di ottima indole ed applicatissimo agli studii. Ha dato saggio già del suo talento con diverse operette stampate. Egli non ha più di 22 anni di età.

Trattammo in Vienna con infinito piacere *Metastasio*, che fa tant'onore alla nostra Italia. Convive con lui il signo *Giuseppe Martinez* uno dei custodi della biblioteca Cesarea, giovane compitissimo e non digiuno de' buoni studii.

Avemmo particolari occasioni di trattare i signori *Smitmer* e li trovammo sopra ogni credere umanissimi. Sono due fratelli; uno si chiama *Francesco Michele*, ed è banchiere; uno de' maggiori suoi figli si chiama *Giuseppe*, e si diletta particolarmente d'istoria naturale, l'altro figlio è in Roma. Hanno una testa al naturale di *Vitellio* di porfido, con nome greco dell'artefice, ma che non si può leggere. Venne da Venezia. L'altro fratello si chiama *Giovanni Michele*: ha due figli, uno si chiama *Valentino* e l'altro *Giuseppe*. La professione di questo è di mercante di gioie. L'uno e l'altro sono ricchissimi, e si trattano splendidissimamente.

A dì 23 aprile 1763 alle sette e mezza della mattina, si partì da Vienna con tiro a quattro; si mutano cavalli a Draskirchen e poscia a Neustatt, distante da Vienna tre poste; noi vi arrivammo alle dodici ore. Neustatt è piccolissima città con abitazioni meschine. Nell'antica porta situata in un angolo della città vi è attualmente un collegio militare per duecento giovani, che dall'età di nove anni, sino a ventidue senza alcun aggravio di pensione sono mantenuti ed istruiti nell'arte militare, nella geografia, e nelle lingue italiana, francese, e boemica. In questo collegio si fanno tutti gli esercizii militari colla maggior esattezza, e i giovani nell'uscire dal collegio divengono ufficiali delle truppe della regina.

L'edifizio è assai vasto, e contiene alcune parti molto eleganti del gusto del secolo XV quando incominciò a coltivarsi di nuovo il gusto della buona architettura.

Da Neustatt vi è una posta sino a Neukirchen e altra a Schotwein. Nell'uscire da Vienna due catene di monti restano in gran distanza fra loro passando la strada in mezzo ad una assai estesa pianura. A poco a poco, queste si approssimano, e finalmente a Schotwein, piccolo borgo si congiungono, onde nell'uscire da Schotwein si incontra una assai aspra salita, per far la quale fummo obbligati dal mastro di posta a levar otto cavalli, quantunque avessero potuto essere sufficienti anche sei.

La salita è erta e cavata fra il dorso de' monti e il precipizio. È tanta però la cura avutasi per renderla meno difficile e sicura, che non vi ha a temere alcun sinistro accidente, attesi specialmente i sostegni, che sono dalla parte del precipizio.

Salita questa montagna si trova una grande iscrizione, ed è questo il confine dell'Austria inferiore, e della Stiria. La strada sempre scende fra due catene di monti. Da Schotwein a Merzuschlag vi è una posta. Qua giugnemmo circa alle dieci della sera. Ci arrestammo sino alle cinque della mattina. Di là vi è altra posta a Krieglau piccolo villaggio, dove il signor conte celebrò la messa. Si costeggia un fiumicello molto rapido. Altra posta vi è a Mertzhoffen ed altra a Prugg, luogo murato con gran piazza ornata di piccoli edifizii. Contiguo a questo luogo scorre il fiume Murr, sulle di cui sponde continua la strada sino a Gratz, passandosi diverse volte il fiume col beneficio de' ponti. Da Prugg vi è una posta a Redelstein altra a Sieckau, ed altra a Gratz, città capitale dell'Austria inferiore, dove arrivammo alle cinque della sera.

La Stiria, quantunque oltremodo alpestre, pure è coltivata con somma cura e industria. Spesso si incontrano case, ma di legno, non diverse da quelle dell'Elvezia e della Selva nera.

Nelle vicinanze di Gratz i monti si allargano, e da questa città continuando il viaggio, si gode per lungo tratto una amenissima pianura. Non ci arrestammo in questa città, che per mutar cavalli. La piazza è assai grande e ornata di buonissimi edificii a tre e quattro piani. Si vedono ancora dei palazzi assai eleganti, due de' quali in vicinanza della posta potrebbero far buona figura in qualunque città. Il ponte ancora di legno sul fiume Murr è assai bello con piccole botteghe d'ambedue i lati. Questa città era una volta residenza degli arciduchi d'Austria. Vi è una università e la reggenza. I padri gesuiti vi hanno un gran collegio.

Da Gratz vi è una posta sino a Koldsdorff, altra a Leterin, e altra a Hornausen ed altra a Marburg. Avendo continuato il viaggio tutta la notte giugnemmo a quest'ultima posta alle cinque ore della mattina dei 25 aprile. La strada nell'ultima posta specialmente è incommoda per le salite e discese. Si passa in mezzo ad un bosco, e per un gran ponte sul fiume Drava per quanto mi vien supposto.

A Marburg il signor conte celebrò messa. È questo un luogo murato non dispregevole. Il linguaggio ordinario del paese è il vandalo, quantunque le persone meno rozze comprendano, ed anche parlino il tedesco.

Da Marburg si fa un'altra posta sino a Feistritz. La strada è ineguale, e non mantenuta a perfezione. All'uscir di Marburg si passa un gran fiume sul ponte di legno, che sarà lo stesso fiume Drava.

Feistritz è un piccolo borgo con convento di cappuccini; fummo obbligati a restarvi sino alle ore sei e mezza della sera, per riattamenti dovutisi fare alla carrozza. Da Feistritz vi è una posta a Gonawitz, che è piuttosto difficile per le salite e discese: altra ve n'è a Cilla, piccolo luogo murato: prima di giungervi si passa un'altissima montagna, che ci convenne fare con quattro paia di bovi, che si trovano sempre pronti e si pagano un fiorino e otto carantani solamente, oltre alla mancia ad arbitrio.

Da Cilla si fa una posta e mezza sino a Frantz, villaggio misero, dove giungemmo alle ore cinque e mezza della mattina dei 26, essendosi camminato tutta la notte. A mezza posta in circa si passa per un lunghissimo ponte di legno detto Sanbrug, cioè ponte del Sam o San.

Alle sei e mezza continuammo il viaggio per altre due poste a sant'Osgualdo, e a Puotpietz, dove arrivammo alle ore undici in circa. Da Frantz a sant'Osgualdo s'incontrano delle salite, che facemmo con due cavalli di più.

La strada è d'ordinario fra due catene di monti assai ben mantenuta, e sicurissima. A mezza posta in circa prima di giungnere a sant'Osgualdo incontrasi una piramide con base, che contiene nei specchi due o tre lunghe iscrizioni. Credo che notino il confine della Stiria e Carintia. Avanzandosi s'incontra altra iscrizione, e si passa un arco assai ben fatto per commodo della dogana.

Fuori della casa di posta di sant'Osgualdo si legge questa iscrizione in bellissimo carattere romano:

   HEC A TE.
   AVGVSTAE
   AVRELII. AS
   CLEPIODO
   TVS. ET. LVCI
   VS. PRO. SAL
   SVA. E. SVOR
   V. S. L. M.

Da Puotpietz facemmo altra posta sino a Lubiana città capitale della Carintia, dove arrivammo alle due ore della sera. Passata mezza posta s'incontra un lungo ponte di legno sul fiume Sava, che non trovammo in questa stagione ricco di acque.

Nelle vicinanze di Lubiana vi è una pianura assai amena circondata da monti. Passa dentro la città un fiume, che le dà cred'io, il nome. Vi è ancora una rocca su di un monte altissimo vestito di alberi, intorno alla di cui falda è fabbricata la città di una angustissima estensione.

Le fabbriche sono ordinarie e piuttosto vaghe, che no. I gesuiti vi hanno un collegio. La chiesa cattedrale è piccola ma elegantissima, a croce latina con cappelle. Quattro iscrizioni antiche romane sono incrostate sulle pareti della facciata: non potei prenderne copia a motivo di essere allora quella parte di muro percossa direttamente dal sole.

Fuori della città vi sono i borghi con buone fabbriche. La popolazione sembra sufficiente per quanto potè arguirsi nello scorrerla: vi trovammo per altro un buon numero di soldati, che non so se vi sia fissato stabilmente.

Alle ore quattro si partì da Lubiana e si fece una posta sino a Wernick. Altra sino a Logatitz (luogo che appartiene al *Conte di Cobentzl*). A motivo di una salita convenne levare due cavalli di più, per i quali non si pagano d'ordinario che sedici carantani per cadauno: nè diversa è la tassa per i bovi, che conviene talvolta levare.

Da Logatitz si fa una posta e mezza sino ad Ollesberg. Vi è da principio una lunga e faticosa salita, che ci obbligò a levare sei cavalli: sulla sommità della montagna vi è un corpo di guardia di quattordici croati. — Indi si incontra un misero villaggio detto Planina, dove ci arrestammo a dormire dalle dieci e tre quarti sino alle quattro della mattina dei 27 aprile.

Proseguendo la medesima posta, in questo luogo conviene aggiungere ai cavalli tre paia di bovi per altra lunga e difficile salita per montagne incolte, nella sommità delle quali si trova altro corpo di croati, che fanno continua guardia.

Indi si scende sempre, finchè si giunse a Ollesberg, piccolo villaggio, munito una volta di un forte, le di cui vestigia rimangono ancora nella sommità della montagna. Da Ollesberg si fa altra posta a Resderta, indi altra a Cornial, e finalmente altra a Trieste, dove giugnemmo alle ore due della sera.

Sino alle vicinanze di Trieste si passa sul dorso di una catena non interrotta di monti nudi, dove il vento sempre gagliardo incommoda moltissimo il viaggiatore. Nella pianura piuttosto angusta, per la quale passa la strada, pochissimo è il terreno ridotto da una singolare industria a cultura: tutto il resto è un perpetuo seminio di massi di pietre scheggiate, e sparse là e qua come se fossero state gettate ivi da qualche terremoto.

Sotto questa catena di monti chiamati Adelsperg, o sia monti dell'aquila, nelle vicinanze di Trieste si vede una amenissima collina coltivata specialmente a viti sparsa di diverse abitazioni campestri.

È da avvertirsi, che per queste ultime poste sino a Trieste, quantunque le strade siano tenute colla maggior diligenza, pure, attesa la natura del suolo, e le frequenti salite e discese, i legni patiscono notabilmente, nè possono reggere, se non son fatti con tutta la maestria.

Di soli passi e dogane, da Vienna sin qui, costarono dieci e più fiorini: andandosi con due cavalli due persone spendono in passi e pedaggi i sette fiorini.

È da notarsi però, che essendo noi di passaggio non fummo mai visitati; ma tutte, o la maggior parte delle gravezze, sono di quelle di recente imposte in occasione del matrimonio dell'arciduca *Giuseppe*.

Trieste è piccola città parte in piano, e parte sulla pendice di una montagna, sulla di cui sommità vi è la fortezza. Buona parte della città in piano è stata fabbricata di fresco coll'occasione del riattamento e fabbrica del porto, anzi molte fabbriche non sono ancora terminate.

I gesuiti hanno qui scuole, seminario, collegio, e chiesa, che è la migliore di tutta la città. Vi sono minoriti, benfratelli, cappuccini, e un monastero di benedettine.

Conta ora la città cinquemila e cinquecento anime. Sono circa ventisette anni dacchè nacque l'idea di ridurre a uno stato competente questo porto per lo innanzi negletto affatto. Al presente è terminato il lazzaretto in cui però non si sono ancora introdotte quarantene rigorose, nè si praticano le cautele più scrupolose.

In questo lazzaretto non si ricevono che legni levantini, o altri, che non vengano da luoghi effettivamente appestati. Si tengono in quarantena quaranta giorni; ma se poi vengono da luoghi appestati, allora si rimandano a Venezia, o Ancona, nè qui si ricevono.

È stato ancora costrutto un nuovo canale capace di ogni vascello, purchè sia alquanto alleggerito di carico; ed è stato tirato dalla parte della Dalmazia un lungo braccio circonflesso, che finisce in un forte pentagono sodissimamente ridotto ancora all'ultima perfezione.

Questa fortificazione è destinata a difendere il porto, giacchè la fortezza, come un po' lontana, non sembra la più atta per questo effetto.

Questo forte fu ridotto in fretta a qualche termine dopo incominciata la guerra tra la casa d'Austria, e fra il re di Prussia collegato cogli inglesi per un rumore sparsosi, che questi ultimi fossero per accostarsi a bombardar questo porto.

Oltre alle scogliere avanzate, la base esteriore di questa fortificazione ha tre ordini a scarpa di pietre tagliate a punta di diamante attissime per rompere l'impeto delle onde.

Dalla parte poi destra è stato tirato un braccio nel mare, che deve ancora continuarsi più innanzi, e indi ritorcersi verso il molo, o forte sopra descritto, per così stringere meglio la bocca del porto, e render più sicura la stazione alle navi di dentro dal vento di borea.

Si ha ancora in idea di continuare il canale nuovamente fatto per altre strade della città, ma tutte le fabbriche rimangono sospese sin dal principio dell'ultima guerra contro il re di Prussia finita in quest'anno.

Il fondo di questo porto non è eguale, dove è maggiore conta cinquanta piedi di altezza. Manca ancora un molo che difenda il porto dal vento detto qui borea, che è tra levante e tramontana.

Questo porto è di un indicibile pregiudizio al commercio di Venezia, dove facevano prima scala le mercanzie che dovevano passar dalla Germania in Italia, o d'Italia in Germania.

La città di Trieste già ne risente un vantaggio ben considerabile: la popolazione è già accresciuta e non mancano stranieri, che vanno a stabilirvisi.

Chiunque vuol fabbricare case ha dalla regina il fondo gratis, e l'esenzione per dieci anni da ogni gravezza, che potesse competere a detta casa. La regina ancora vi ha fatte varie case, e una in specie assai grande presso il molo imperfetto, che dovrebbe servire per varii officii. Ora è noleggiata. Altra buona fabbrica è quella della dogana.

Il commercio colla Lombardia austriaca viene coltivato con ottimo successo. In Trieste sono già state introdotte le fabbriche di sapone, di rosolii, e di un verde detto eterno che si adopra nelle manifatture.

Tutte queste fabbriche vanno a conto del signor *Balletti* di Ferrara venuto qui a stabilirsi. Fra i rosolii del *Balletti* gustammo il maraschino, che parvemi assai più delicato di quello di Bologna, ond'è che questa fabbrica pregiudica non poco alla nostra di Bologna.

Il sapone è leggerissimo, e senza nessun fetore; si fa specialmente con ceneri di certe erbe delle quali ne nasce quantità in Spagna e in Sicilia; ma quelle sono assai migliori di queste.

Il verde eterno è di un colore bellissimo, che pretendesi non poter svanire, e serve per le miniature. Ve n'è anche un altro mercante simile, che ha altrettante fabbriche simili. Del rimanente non vi è altra manifattura, o capo di commercio, ma tutto si restringe a importazioni e esportazioni della Germania.

Per altro si querelano questi mercanti, che il direttorio del commercio, che è in Vienna, o poco, o stortamente pensa per il bene di questo porto.

Un altro grande impedimento sono ancora i continui accrescimenti di pedaggi e gabelle, che di giorno in giorno si vanno moltiplicando. Per esempio due pese sole doveansi pagare per il ferro, che dalla Carintia si porta a Trieste di due carantani per ogni cento libbre. Ora n'è stata aggiunta una terza pesa in Lubiana: sicchè si pagano sei carantani per duecento.

Il trasporto di un centinaio di libbre fino a Trieste costa circa dodici fiorini. Questo ferro si manda nella Marca e Romagna, ma più oltre non può avanzarsi essendovi l'appalto del ferro di Ronciglione. Bensì possono mandarsi a Roma e nelle provincie adiacenti le chioderie, giacchè in Ronciglione non se ne fabbrica.

La riviera de' stati austriaci in questa parte conterà trentaquattro vascelli, o navi di commercio senza contare le piccole barche di trasporto ecc.: sono rare le occasioni per Civitavecchia, pure talvolta ve ne sono.

Le stufe non si possono avere se non si tirano a Trieste da Gorizia, dove costano circa ventiquattro fiorini, vale a dire sei zecchini in circa.

In Trieste vi è il console del papa per nome *Bottoni*. In Stiria vi è una fabbrica di vetri e cristalli che sono della medesima bellezza di quelli di Boemia, se ne eccettuiamo in questi la maggior delicatezza dei lavori.

Il ferro della Carintia e Carniola serve per il commercio estero: quello di Stiria per l'interno dei dominii austriaci. Manca tutto in questo paese, se ne eccettuiamo un poco di vino e di olio, che è nelle colline di Trieste: una risorsa, credo consista nel trasporto che fanno le persone di campagna delle merci da Trieste a Vienna, e da Vienna a Trieste. Se si considera la lunghezza del viaggio, e i molti passi, ai quali sono soggetti i carri da trasporto, non si sa comprendere come possano vivere di questo mestiere i paesani, non pagandosi più di tre in quattro fiorini per ogni cento libre di merci di sedici oncie da Trieste a Vienna, o da Vienna a Trieste.

La reggenza accorda sette carantani di premio per ogni staio di grano di Ungheria che si faccia uscir da questo porto; volendosi così facilitare lo smercio dei viveri di quel regno, che n'è abbondantissimo. Per altro dicono, che il grano sia cattivo e mescolato di erbe perchè gli ungheresi non hanno buona coltura, e non mondano il grano dalle erbe, e così nel raccoglierlo resta sporco. Si pensa ora di introdurre in Ungheria dei villani d'Italia, acciò possano fare apprendere il vero modo della coltivazione.

Nel porto di Trieste vedemmo una nave danese, una turca, alcune napolitane e siciliane, una genovese ecc.

In Trieste fu diretto il signor conte al signor *Bernardino Zois* mercante, che ha negozio di ferri e qui e in Lubiana, dove è il fondaco principale del negozio che corre sotto il nome del signor *Michelangelo Zois* suo zio.

Vedemmo in Trieste la chiesa che da sette o otto anni in circa è stata, credo, di nuovo aperta dai greci scismatici con campane pubbliche. La imperatrice ha prestato dieci mila fiorini per la costruzione di questa chiesa, della qual somma pagano i greci scismatici l'interesse.

La sera medesima dei 27 aprile alle ore dieci noleggiammo una barca, e partimmo alla volta di Venezia abbandonando finalmente affatto la Germania dopo di avere impiegato buona parte di due anni in diverse parti della medesima indotti non meno dalla curiosità, che dalla mira di prendere qualche conoscenza di una nazione, che ha tanta relazione colla sede apostolica, e di eseguire diverse commissioni delle quali il signor conte è stato successivamente incaricato dal sommo pontefice.

Il carattere di questa nazione non è facil cosa di esser perfettamente concepito, e molto meno di venire accuratamente descritto, attesa la estensione del paese, la discrepanza di religione, i diversi interessi dei principi che ne godono il dominio, cose tutte, che non possono a meno di non imprimere sugli animi dei tedeschi caratteri diversi, e inclinazioni poco uniformi fra di loro.

Pure in generale parmi che possa con verità asserirsi essere i tedeschi tardi di spirito, ma tolleranti più di ogni altra nazione della fatica: odiano i francesi; poco, o nulla conoscono, e fanno conto della loro letteratura: stimano gli italiani, e gli amano, ma li trattano con circospezione e diffidenza, temendo sempre di esser sopraffatti; il che non so, se derivi più dall'esperienza di quello che per ordinario succede, che dall'opinione comune di essere l'italiano di scaltra ed accorta natura.

Quantunque il tedesco sia riputato avido di denaro, pure è verissimo, che nulla più affetta, che la generosità e splendidezza nei trattamenti, e nelle comparse.

Può dirsi, che in siffatte cose egli riponga la grandezza e nobiltà di animo. Abbagliato dall'apparenza del vestire, dell'equipaggio, delle mancie e della tavola formerà altissima opinione di chi per talenti, o per condizione nè sarà affatto indegno; e al contrario non farà alcun conto di chiunque gran personaggio che si trattasse con qualche moderazione e riserva.

Da questo articolo può dirsi dipendere precisamente il buon incontro di qualunque viaggiatore, che in Germania amasse di comparire nel gran mondo; il che però sempre sarà non leggier cosa a conseguirsi, attesa la quantità del danaro che farebbe d'uopo per soddisfare pienamente alle convenienze introdotte specialmente nelle corti e in Vienna.

Gloriosi i tedeschi in sommo grado della nobiltà, usano ogni cautela per non corromperla, e sacrosante sono presso di loro le pratiche stabilite per la distinzione delle condizioni delle persone.

Affettano gli ignobili di potere appiccicare al loro nome l'articolo *De* distintivo di nobiltà. Sono molto esatti nelle convenienze scambievoli, le quali sono moltissime e non di rado tirate da sottigliezze: amano la gran tavola, nè conoscono il tratto all'amichevole, e confidenziale.

Difficilmente si troverà chi superi in affezione il tedesco, quando è persuaso di trattare con un vero amico.

Quando sono sdegnati ricorrono ben presto alla violenza e superchieria, e sono capaci di ogni trasporto anche più villano. — Nei loro impegni non si contentano della sostanza delle cose, ma vogliono in tutto poter trionfare.

Nulla è più ordinario di un tedesco occupato dalla prevenzione, dalla quale è sempre difficilissima cosa il cavarlo, essendo di natura tenace nei proprii giudizii. — Per acquistarsi la sua benevolenza fa d'uopo di onorarlo, e far sì, che resti internamente persuaso di essere stimato e trattato con confidenza e parzialità; conviene ancora accomodarsi alle piccole cose, e mostrar di far caso delle loro etichette, che la nazione riguarda quali grandi oggetti.

In ogni parte della Germania si trovano italiani. Moltissimi sono mercanti venuti per lo più dalla Lombardia, i quali più degli altri approfittando del commercio, non pensano a ripatriare: queste sono d'ordinario persone di grande onestà, e obbliganti: tutti gli altri sono comunemente persone d'intrigo e di raggiro, che fanno un infinito torto a tutto il resto della nazione; e si sostengono coll'impostura e ciarlanateria presso le persone meno accorte.

A dì 29 aprile giugnemmo felicemente di buon mattino a Venezia e prendemmo alloggio all'albergo detto *Verona*.

A dì 6 maggio partii col padre *Tommaso Brescianello* per Padova, facendo il viaggio parte per la Brenta, e parte per terra: questo tratto di paese specialmente sopra la Mira è amenissimo per la moltitudine e vaghezza de' giardini e palazzi, che hanno i signori veneziani sulle sponde della Brenta. Il palazzo e giardino di casa *Pisani* supera in nobiltà e vaghezza tutti gli altri.

In Padova vedemmo la chiesa del santo ornata di molti nobili depositi; la chiesa cattedrale, quella di santa Giustina. Questa ultima sorpassa le altre tutte in grandezza e maestà, e non a torto vien considerata come una delle migliori chiese d'Italia; mancagli la facciata.

Il monastero annesso è parimente vastissimo. Conobbi il padre *Rustici* abbate ora titolare della congregazione di santa Giustina, e professore in Padova di gius canonico. Non avemmo tempo per vedere la biblioteca in dettaglio.

È da notarsi, che la chiesa cattedrale è stata terminata in questi ultimi anni colle sole elemosine giornaliere de' fedeli, di minuti soldi, onde nella facciata vi è questa iscrizione: *Videant pauperes et laetentur.*

Vedemmo il gran salone del palazzo pubblico, che merita di essere osservato, non per la sua eleganza, ma per la vastità sua, che è in vero considerabilissima in larghezza, e molto più in lunghezza, quantunque sia a semplice volta senza sostegno di alcuna sorte.

La fabbrica dell'università detta il *Bue* è parimente molto vaga e di ottima architettura.

Ci furono fatte specialmente osservare le macchine e gli istromenti per le matematiche che sono in buon numero, e alcuni d'invenzione del celebre marchese *Poleni*, ora defunto, che non sono stati ancora pubblicati. Il dottore *Giovanni Antonio della Bella*, allievo del detto signor marchese, e che probabilmente succederà in alcuna delle sue cattedre, ora ne ha la custodia. Questo signore ci favorì con molta gentilezza. Vedemmo ancora il museo del *Vallisnieri*, il quale sebbene consista unicamente in cose naturali pure è ornato di molte teste antiche, che accrescono al museo assai vagamente distribuito eleganza e pregio.

Fummo ancora ad osservare il giardino botanico, che parvemi più grande di quello di Leida, e certamente assai più vago e maestoso; la maggior parte è ridotta a una figura perfettamente circolare, terminata da un muro, sopra di cui corre una assai bene intesa balaustra ornata in gran parte di semibusti, che ci danno l'effigie e il nome de' professori di botanica. Il professore attuale è il signor *Giovanni Marsili*, che ci favorì con somma gentilezza.

Fummo diretti in Padova al reverendissimo padre *Antonio Valsecchi* religioso domenicano, che dimora nel convento detto sant'Agostino, e professor pubblico primario di teologia nell'università. Questo dottissimo religioso ci fece conoscere il dottor *Giuseppe Gennari* sacerdote secolare, che aspira a qualche cattedra di belle lettere. Questo signore ci favorì tutta la giornata per Padova: il medesimo sta ora scrivendo la Vita del fu marchese *Poleni*, ed avrà parte con altri nell'edizione, che in breve si intraprenderà in Padova dell'opera di *Orsato*, De notis Romanorum, arricchito di tutte quelle osservate di nuovo, sino a' nostri giorni dagli antiquarii.

Il padre *Valsecchi* è in procinto di darci una grande opera contro tutti gli irreligionarii, e spiriti forti de' nostri tempi, contro de' quali egli procura di combattere anche nelle giornaliere sue lezioni.

Padova è città vastissima, ma spopolata affatto. Conterà l'università quattrocento scolari in circa; ma attualmente tutti erano ritornati alle case loro, per goder delle vacanze, che non son men lunghe di sei mesi.

A dì 8 partimmo a mezza mattina da Padova e alle ore ventuna in circa ci trovammo felicemente a Venezia. La notte dei 15 e 16 maggio partimmo da Venezia, e prendemmo la posta a Chiozza; la mattina dei 18 giugnemmo in Ravenna, indi passammo a Rimini e a Pesaro, e finalmente, tenendo la strada di Loreto, arrivammo felicemente in Roma la notte dai 30 ai 31 maggio 1763.

FINE

INDICE ALFABETICO

INDICE ALFABETICO

DELLE PERSONE, DEI LUOGHI, E DELLE COSE

Aar, fiume della Svizzera, 101, 105, 106.
Aarau (Pace d'), 119,
Aarau, città svizzera, 124.
Aarburgo, luogo della Svizzera, 106.
Abbazia di San Biagio, v. Biagio.
Abbazia Romaricense, 241, v. Remiremonda.
Abbé (L') benedettino di S. Mauro, sua opera, 250.
Absburgo (Casa d'), sua genealogia, 43, 80.
Acciajoli, cardinale, 110.
Acque nelle città di Germania, levano le immondezze, 18.
Acronio (lago), o di Costanza, 272.
Adalberto, arcivescovo di Amburgo, 179.
Adalberto Levita, sua opera, 385.
Adalberto re, suo diploma, 156, 157.
Addottoramento (Solennità d'un), 224, 225.
Adelsberg, montagna dell'Alpi Giulie, 301.
Adlerberg, posta, 301.
Adorno, v. Botta.
Adriano VI, sua casa, 183.
Adulterio confuso con [poligamia?], 8.
Agapito, papa, sua lettera e sua bolla, 264.
Aggenbuchio, v. Haggenbuchio.
Agostini, dialoghi, 294.
Agostiniani, loro convento, 1, 151.
Agostino (S.), nuova edizione de' suoi opuscoli, 277.
Agricola Ridolfo, 153.
Aia, descritta, 203 e segg.
Aignan (Duca di Saint'), 252.
Aimerico (Giov.) di Pesaro, podestà di Brescia, 11.
Ala, luogo di posta, 13.
Ala, città del Tirolo, descritta, 26.
Alba, fiumicello presso Albigovia in Svizzera, 40, 45.
Alba Cella, v. Cella.
Albergo del *Rondello* in Amsterdam, 189.
Alberstadt. — Residenza dei canonici. — Tesoro della chiesa, 166-167, 179.
Alberto di Brandeburgo, cardinale vescovo, elettore di Magonza, 166, 167.
Alberto Magno, sue memorie, 133.
Alberto V di Baviera, 280.
Alberto Duro, sue pitture, 166, 297.
Alberto, conte di Löwenstein, 156.

Albino (Bernardo Sigifrido?), 72, 99.
Albigovia, villaggio della Svizzera, 40.
Alcuino, sua bibbia, 75. — Suoi manoscritti, 264.
Aldenhoven, villaggio, 224.
Alembert (Giovanni Lerond d'), accusa i Ginevrini di socinianismo, 98.
Alessandro (A sant') padre Agostino, 202.
Alessandro Farnese, sua armatura, 23.
Alessandro III, pace fatta con Federico imperatore, mss., 222.
Alessandro V papa, suo fiorino, 36.
Alessandro Afrodisiense, sue opere mss., 280.
Algardi, medico, 161.
Allegri Antonio, v. Correggio.
Alsazia, valore delle monete, 233. — Sua provincia descritta, 262.
Altdorf, luogo, 124, 128, 134.
Amalia, imperatrice d'Austria (?), 292.
Amando (Padre), bibliotecario, sue opere, 294.
Ambras (non *Ombres*), castello presso Inusbruck, delizia degli arciduchi d'Austria, descritto, 23-26.
Ambrogio (S.), nuova edizione, 250.
Amedeo, vescovo di Sabina, legato apostolico, suoi atti, 96.
Amiconi Giacomo, pittore, 279.
Amort (Padre), sue opere, 281.
Amsterdam, descritta, 188-197, 199, 210.
Amstetten, luogo, 289.
Anabattisti, come vivano, 160, 161. — Nei Palatinato, *ivi*.
Anastasio papa, dono da lui fatto di una bandiera al Cantone di Underwaldo, 117.
Ancona, 302.
Andrea, monaco di S. Magno in Ratisbona, sua Cronaca, 157.
Andrea del Sarto (Vannucchi), sue pitture, 297.
Anethan (D') don Bonifazio, monaco benedettino, 69. — Scopre alcuni codici, 263.
Angelonio, sua opera ms., 120.
Annales Ecclesiae Sabionensis, v. Reschio.
Annich Pietro, contadino tirolese, inventore meccanico, 21.
Annone, arcivescovo di Colonia, 179.
Anonimo Ravennate, v. Ligidiota.
Anquétil (D'), lodato, 248.

Anselmo (S.), suo corpo conservato in Mantova, 4.
Anselmo, abbate di Salem, confermato dal Garampi, 55.
Anspach (Principi di), 148.
Antichità varie in Trento, 15, 16.
Anti-Machiavello del Re di Prussia, opera di Voltaire, 207.
Anversa, città descritta, 211-218.
Apollinare (S.), chiesa antica nel Trentino, 15.
Apostati, mal ricevuti dagli eretici, 47, 74, 95. — Loro assegnamenti in Elvezia, 103. — Come veduti dagli eretici, 148.
Appenzel, Cantone svizzero, 123.
Apples (D'), lodato, 99.
Aquila (Dell') Pietro, suo ms., 83.
Aquisgrana, 224, 227.
Arach (Monsignor d'), sua opera, 138, 263. — v. Toussaint.
Arazzi (Fabbrica d') in Mannheim, 156.
Archivi, nominati, o descritti:
 Dei Benedettini in Mantova, 6.
 Capitolare di Verona, 10.
 Secreto vescovile di Trento. — Capitolare, 17.
 Del vescovo e principe di Bressanone, 19.
 Del monastero di Rosacco, o di S. Gallo, 58, 59.
 Pubblico di Stans, 116.
 In Saverna, 136.
 Di Strasburgo, 143.
 Episcopale di Spira, 152.
 Elettorale di Mannheim, 156, 157.
 Dell'Ordine del Toson d'oro in Brusselle, 221.
 Del monastero di San Dionigi (dei Padri Maurini) in Francia, 257.
 Elettorale di Monaco di Baviera, 281.
 Dei Canonici di Salisburgo, 286, 287.
 Di Stato in Vienna, 297.
 Della Casa d'Austria, in Vienna, ivi.
Arco (D'), famiglia di Mantova, 4.
Arcolfo, 120.
Argentina, v. Strasburgo.
Arimino Paolo, 11.
Arlesheim, residenza del capitolo di Basilea, 45, 46.
Armatura de' cavalieri romani mandati incontro a Carlo V, 23, 24.
Armestein, luogo, 174.
Arnauld, nuova edizione delle sue opere, 91.
Arnay (Monsignor), sue opere, 90, 98-100.
Arnheim, 181, 182.
Arouet Francesco Maria, v. Voltaire.
Arpone giudice, 17.
Artmanno, prevosto, lodato, 265.
Aschaffenburg, 381.
Attone, vescovo di Verona, 10.
Augia ricca (Monastero di), v. Reichenau.
Augusta, carattere del suo vescovo e principe, 275. — Città descritta, 274 e segg. — Ricordata, 267, 278, 282.
Augusto Imperatore, iscrizione, 16.
Augusto, margravio di Baden-Baden, 144.
Austria (Benedettini d'), 285.
Austria (Abbati d'), come distinti dalla Corte, 287.
Austria superiore e inferiore, 289, 291 e segg.
Avanche, luogo della Svizzera, 101.
Avercampio (Havercamp) Sigiberto, 99, 200.

Avvocati e avvocazia de' monasteri, 41, 80.
Azimo (De), trattato ms., 5, 6.
Azzoni, padre agostiniano, 294.

Baden, città descritta, 118, 119.
Baden Baden (Margravio di) e sua Corte descritta, 144.
Baden, 126.
Baden, città della Svizzera, 79.
Baden, città del Margravio, descritta, 134, 265, 267, 267.
Bagni, famiglia di Mantova, 4.
Baireut (non Boreith) (Margravio di), 148, 270.
Bairwies, posta, 34.
Ballarini Pietro e Girolamo, loro opere, 11.
Balletti, ferrarese, mercante in Trieste, 303.
Ballo, vietato a Ginevra e a Zurigo, 95. — A Salisburgo, 286.
Ballo (Il) della Morte, v. Holbenio.
Baluzio Stefano, 276.
Barberini (Cardinal), 55.
Bar-le-Duc, 258.
Bartel, professore, 176.
Barthelemy (ab. G. Giacomo), sua opera, 249.
Basilea, sua diocesi, 44-51, 123. — Sue leggi e costumi, 46, 50. — Suo capitolo, 45, 46. — Dominata da una fortezza francese, 46.
Battesimo per trina immersione, 23.
Baviera (Benedettini di), 285.
Baviera (Cardinale di), sua condotta, 278.
Baviera (Giuseppa, duchessa di), 146.
Bayer, mercante di tele, 58.
Bayreuth, v. Baireut.
Bayrhamer, abbate premonstr., sua opera, 274.
Bazzo, sorta di moneta, 103, 171.
Beatrice, contessa di Toscana, sua donazione, 156.
Bechingen, villaggio, 271.
Beda, v. Meichelbeck.
Bedos, padre benedettino, sue opere, 251.
Beckers (Di), lodato, 159.
Beghinaggio in Harlem, 199. — In Brusselle, 219, 220.
Beghine, v. Beghinaggio.
Bela (Conte), 261.
Bella (Della), detto Giovanni Antonio, 307.
Bellarmino cardinal Roberto, 61.
Bellet Giovanni, De ecclesiasticis officiis, opera ms., 5.
Bellinzona, 70, 118, 127, 128.
Belpasso Gio. Pietro, sua opera ms., 221.
Benaco, lago, v. Garda.
Benaménil, luogo, 262.
Benedettini di San Giacomo (Liegi), loro mss., 223. — Di Petershausen presso Costanza, 52, 56, 122. — Di Einsiedeln, 66 e segg. — Di San Mauro in Francia, 249, 250, 251. — Di Baviera, 285.
Benedetto (S.), sue reliquie, 257.
Benedetto (S.) di Padolirone, 3. — Monastero, sua descrizione e sua bibbia, 5. — Suo archivio in Mantova, 6.
Benedetto XIV, papa, ricordato, 54, 59, 187. — Sua enciclica, 218. — Suo ritratto alla Sorbona, 245. — Panegirico in sua lode, 273.
Benedetto (S.), sue reliquie, 257.
Beneficiati, tutti amovibili in San Gallo, 62.
Bentivoglio Annibale, 280.
Berchtoldt p. Ulderico, bibliotecario, 61.
Berclus, professore, convertito, 202.

Bergatreute, posta, 36.
Bergen, v. Juliers.
Bergern, luogo, 224, 225.
Berna, 57, 63, 73, 79, 80, 82, 84, 87, 90, 91, 101 e segg., 119, 123. — Sua potenza, 102. — Sua religione, 103.
Bernardo, vescovo di Strasburgo, 138.
Bernardo, marchese di Baden, 265 e segg.
Berona, luogo, 111.
Berone, conte di Lentzburgo, 111.
Berthou, città presso Berna, 82.
Bertier, padre gesuita, sue opere, e critica fattagli, 97.
Bertoldo (Cronaca di), 80.
Bertrand, sue opere, 104.
Betersciat, abate, 151.
Besio Ippolito, 10.
Beza Teodoro, sua bibbia, 62.
Biagio (S.), monastero descritto; sua Cronaca, elezione dell'Abbate, fatta prima di leggere la commendatizia dell'Imperatrice, pel P. Hergott, 40 e segg., 51, 130 e segg., 134, 149. — Vicenda a cui è sottoposto, 129, 130.
Bianchini Gio. Battista, sue opere, 11, 12.
Bibbia dei LXX nella Biblioteca Vaticana: lamento degli Oltramontani pel divieto di consultarla, 75.
Bibbia corretta dagli eretici, 62.
Bibbiena, architetto italiano, sue opere, 155.
Biblioteche, nominate, o descritte:
  Del duca di Modena, 2.
  Dei Benedettini di Padolirone, 5, 6.
  Dell'abbate Giulio Salandri, 6.
  Capitolare di Verona, 10.
  Di Girolamo Tartarotti in Roveredo, 14.
  Dei Premonstratensi di Wilten presso Innsbruck, 22.
  Di Kempten (Campidona), 35.
  Del monastero di Weingarten, presso Altdorf, 36, 37, 38.
  Di Basilea, 50.
  Dei Benedettini di Petershausen presso Costanza, 53.
  Dei Premonstratensi di Creuzelinga, 54.
  Del monastero di Reichenau (Augia ricca), 55.
  Del monastero di Rosacco, o S. Gallo, 58, 60-62.
  Dei Benedettini di Einsiedeln, 70.
  Civica di Zurigo, 74, 75.
  Del Vaticano, 75.
  Del monastero di Muri, 80.
  Dei Francescani in Friburgo, 83.
  Dei Gesuiti in Friburgo, 83.
  Di Losanna, 90.
  Di Ginevra, 95, 96.
  Di Berna, 103.
  Dei Gesuiti di Soletta, 105.
  Degli Elveto-Benedettini di Rheinau, 120, 121.
  Dei Gesuiti a Strasburgo, 141.
  Dell'Università di Strasburgo, 141, 152.
  Del Sacro Ordine Militare Gerosolimitano in Strasburgo, 143.
  Di Eidelberga, 153, 154, 279.
  Di Mannheim, 155.
  Di Magonza: dei Certosini e dagli Agostiniani, 163, 164.
  Di Francoforte, 170.
  Del libraio Varrentrapp in Francoforte, 172.
  Dei Gesuiti in Colonia, 177.
  Del Capitolo di Colonia, 178, 179.
  Di Utrecht, 185, 186.
  Di Amsterdam, 197.
  Del gazzettiere Enschede in Harlem, 198.
  Di Leida, 201.
  Di Aja, 204.
  Del signor Fagel in Aja, 204.
  Di Van der Mieden in Aja, 205.
  Di Meerman in Rotterdam, 211.
  Dei Bollandisti in Anversa, 217.
  Dei Gesuiti in Anversa, 218.
  Arcivescovile di Malines, 218.
  Di Brusselle (regia burgundica), 221.
  Di Lovanio, 227 e segg., 238.
  Di Parigi: Regia; dei Benedettini di S. Germano; dei Canonici regolari in S. Genoveffa; dell' Hôtel de Soubise (già dei Tuani); del collegio delle Quattro Nazioni; di Alberto Francesco Floncel, 246, 247.
  Di Nancy, fondata da re Stanislao, 260.
  Dell'abbate Lovis in Strasburgo, 263.
  Del margravio di Rastat, 263, 264.
  Bounaviana in Mannheim, 267, 268.
  Di Ulma: Pubblica; dei signori Krafft; dei Canonici regolari, 272.
  Dei Benedettini di Wibling presso Ulma, 273.
  Di Augusta (Baviera): Pubblica; dei Monaci di S. Ulderico; Capitolare; di Bruchero; dei Gesuiti, 276, 277.
  Dei Teatini in Monaco (Baviera), 278.
  Elettorale, ivi, 279-281.
  Di Widmestadio, 280.
  Di Ottavio Strada, ivi.
  Cesarea, ivi.
  Dei Canonici di Salisburgo, 286, 287.
  Dei Benedettini di Cremsmünster, 287, 288.
  Dei Benedettini di Melk, 290.
  Di Vienna: del Collegio Teresiano, 293. — Dell'Accademia di Savoia, ivi. — Dei Benedettini, 294. — Del barone di Senckenberg, 296. — Imperiale, ivi.
  Di Padova, 306.
Biblioteche ed archivi perduti, 166.
Bie (De) p. Cornelio, lodato, 217.
Bienna, 100. — Stamperia, 105.
Bina (P.), monaco benedettino, 5.
Bingen, città, 173.
Birnau, luogo della Svizzera, 56, 123.
Bischheim, luogo, 143.
Blamont, luogo, 262.
Blenio, 118.
Blum, sua opera, 294.
Boccapaduli (Casa) di Roma, 244.
Boemero (Boehmer Giusto-Henning), confutato, 285.
Boerhaave Ermanno, 99.
Bois de Licheu, 242.
Bolduch, 208.
Bolla d'oro di Carlo IV, 170.
Bollandisti, in Anversa, 216, 217. — Loro metodo di vita e di studio, 218.
Bologna, 1, 2, 303.
Bolognino, moneta, 2.

Bolzano (Tirolo), descritto, 18, 19.
Bomporto, luogo del Modenese, 3.
Bonna, 172, 174.
Bonaventura, abbate, principe di Muri, 79.
Bonavis, luogo, 242.
Bondorf (Contea di), 41.
Bondy, posta, 257.
Bonelli p. Benedetto, minore riformato, sue opere, 16, 17.
Bonifacio (Conte), interviene a un Placito, 16.
Bonifacio (S.), vescovo di Magonza, sue lettere mss., 164, 264.
Bonifacio III, duca di Toscana, 156.
Boratschi Pietro, padre benedettino, 289.
Borgomastri, 48.
Borromei, nunzio in Vienna, 297.
Boscovich Ruggiero Giuseppe, gesuita, lodato, 254, 286.
Bossuet (Giacomo Benigno), 142.
Botta-Adorno (Antoniotto), generale, 221.
Bottens (De), v. Pollier.
Bottini (Famiglia), 98.
Bottoni, console del papa, 304.
Bouchain, posta, 242.
Bouchardon Edme, scultore francese, sua opera, 245.
Bouillon, piccola città della Francia, 229.
Bourget, 242.
Bourotte, benedettino, sua opera, 250.
Bovo (Del) conte Battista, famiglia di Verona, 10.
Braamcamp Gerardo, lodato, 197.
Brabante, 222.
Brabeke (Barone di), lodato, 168.
Braine, Posta, 241.
Brandeburgo (Principe di), 148, v. Alberto.
Breidenbach (Barone di), detto de Burresheim, 166.
Breitenbronn, villaggio, 274.
Breittingero Giacomo, 75.
Bremgarten, luogo, 79.
Brenner, posta, 20.
Brenta, fiume, 306.
Brentano Pietro, 172.
Brescia, 11, v. Almerico.
Brescianello Tommaso, monaco salemitano, 129, 274, 306.
Bresillach (De), benedettino, sua opera, 250.
Bressanone, descritto, 19 e segg. — Suo codice di tradizioni, 19, 20. — Battesimo per trina immersione praticato da quella Chiesa, 23.
Brigantino (yacht), da Rotterdam ad Anversa, 211.
Brisgovia, sua Provincia, 130, 131. — Suo governo, 133.
Brixen, v. Bressanone.
Brixlegg, luogo del Tirolo, descritto, ove si lavora la miniera, 26.
Brondolo (non *Bronzolo*), Posta, capo di navigazione sull'Adige, 18.
Brotier, (non *Brautier*), Gesuita, sue opere e avventure, 266, 267.
Bruchero, sua opera, 276, 277.
Bruchsal, città descritta, 149, 267.
Bruck, luogo, 299.
Brumer Giuseppe, banchiere, 18.
Brunetto Latini, suo Tesoro tradotto in francese, ms., 222.
Brusselle, descritto, 219, 226, 227 e segg., 241.
Buchhorn, città, 127.

Buccone, vescovo di Worms, 156.
Bue (De) Giacomo, lodato, 217.
Bürgeln, luogo della Svizzera, 149.
Bufalini, nunzio in Lucerna, 64.
Buglione (Casa di), 254.
Bulle, luogo della Svizzera, 87.
Bullingero, leggi: *Breittingero*, 75.
Buniatre, monaco dell'abbazia di S. Giovanni di Laon, sua opera, 251.
Burcardo, Collezione de'Canoni mss., 5.
Burcardo, vescovo di Alberstat, 179.
Burgin Martino, monaco salemitano, 38.
Burlamacchi (Famiglia), 98.
Burmanno, (Pietro Burmann), 99, 197, 200.
Burrely Antonio, abbate, 176.
Burresheim (De), v. Breidenbach.
Busembao (Busembaum Ermanno), gesuita, nuova edizione, 84, 90.
Bynkersoek, 99.

Caccie di Germania, con quale apparato si facciano, 206.
Caffiaux, benedettino, sua opera, 251.
Cagli, provincia di Pesaro e Urbino, 1.
Calamita artefatta, 73.
Calce fatta colle spoglie di ostrica, 208.
Caliari, v. Paolo Veronese.
Calice antico con figure e motti, 23.
Callandrini (Famiglia), 98.
Callisto III, papa, ricordato, 110.
Calmet Agostino, benedettino, 60.
Calvinisti, loro setta, 47.
Cambray, città, 241, 242.
Camei in quantità nella Germania, 115.
Campagna di Roma, v. Malaria.
Campano, sue opere mss., 221.
Campidona (Kempten), città della Baviera, 35, 273. — Suo monastero, 35.
Cange (Du), v. Du Cange.
Canoni, Collezione divisa in tredici libri mss., 5.
Canoni Niceni (Versione interessante di), 177.
Canonichesse in Ala, 26.
Canonichesse in Colonia, 176.
Canonici, come scelti in Germania, 165, 166.
Capitolo di Basilea, 45.
Caporonier, bibliotecario della Regia di Parigi, lodato, 246.
Cappuccini rispettati in Svizzera, e di gran potenza, 125.
Carantano, moneta, 33, 58, 171.
Carantini, domenicano, 11.
Carignon, Posta, 241.
Carinzia (Ferro della), 304. — Confine, 300, 303.
Carlini, domenicano, sua opera da stamparsi, 8.
Carlo, Margravio di Durlach, 146.
Carlo Federico, Margravio di Durlach, suo carattere, 147.
Carlo Filippo, Elettor Palatino, 154.
Carlo Principe di due Ponti, 159.
Carlo Teodoro, Elettor Palatino, 161.
Carlo di Lorena, fratello dell'Imperatore, lodato, 220.
Carlo IV, sua Bolla d'oro, 170. — Ricordato, 157.
Carlo V, 24.
Carlo VI, ricordato, 24, 131, 292. — Colonne istoriate in Vienna, 292. — Suo sepolcro 294.
Carlo Magno, suo sepolcro, 225, 226.
Carlo, Principe, Governatore de' Paesi Bassi, 124.

DELLE PERSONE, DEI LUOGHI, E DELLE COSE

Carlo, figlio di Lodovico imperatore, suo codice di preci, 279.
Carlo VII, suo appartamento, 278.
Carlo VIII di Francia, sua testa in cera, 257.
Carlo XII di Svezia, 100.
Carlsruhe, luogo descritto, 146, 147. — Ricordato, 247.
Carmelitani di Roveredo, 13. — In Filisburgo, 151.
Carniola (Ferro della) 304.
Carroccio, primo delle città imperiali, 143.
Carpentier Pietro, Benedettino, sue opere, 249.
Case di Germania con tetti elevati, 22.
Cassiano, vescovo di Bressanone, 19.
Castel, sua opera, 251.
Castelfranco, quadro di Guido Reni, nella parrocchiale, 1.
Castellano Bassanese, sua opera ms., 322.
Castellaro, Corte della Chiesa di Trento, 16.
Castello di S. Dionigi in Svizzera, 87.
Castels (non *Chiastel*) S. Denys, 87.
Castelvecchio, fortezza in Verona dei signori della Scala, 9.
Castelvetro Lodovico, sua traduzione, 277.
Castiau, Posta, 241.
Castoreo Giuseppe, canonico e cancelliere, 38, 55, 67, 107.
Castori a Ninfenburgo presso Monaco, 282.
Casula singolare del secolo XIV, 290.
Caterina de' Medici, suo sepolcro e statua, 257.
Caverac, abate, sue opere ed avventure, 267.
Cavriani, famiglia di Mantova, 4.
Cavriani Massimiliano, conte, 293.
Caylus (Anna Claudio Filippo de Tubières conte di), 248.
Celestino, abbate di S. Gallo, lodato, 59.
Cella Alba, nome antico del monastero di S. Biagio, 45.
Cepolla, famiglia di Verona, detta Cévola, controversia ridicola, 12.
Ceresari (De) Paride, suo sepolcro e iscrizione latina, 7.
Cesare, sua testa scolpita in uno scudo, 24.
Cevola, v. Cepolla.
Cerutti G. Ant. Gioac., gesuita, sua opera, 260.
Cervi, loro caccia, 150.
Cesena, 1.
Cetti Andrea, mercante, 154.
Châlons, città, 258.
Champagne, vino, 258.
Chapelle, 242.
Chateau Thierry, 257.
Chaussée, luogo, 258.
Chiemsee, Vescovato, 285, 286.
Chiesa, tal volta non gravata dalle vedove, 8.
Chiesa di Verona (Storia della), da chi si componga, 8.
Chiodo (Un) della croce di Cristo, 257.
Chioggia (Chiozza), 308.
Chiusa, passo cattivo sui confini del Veneto, 13.
Ciampoli Pietro, cappellano, 81.
Cibbini don Antonio, lodato, 32.
Cila, piccolo luogo, 300.
Cipriano, sue opere mss., 279.
Circoncisione, istromenti necessari per farla, 74.
Cironio, opere stampate, 294.
Città silvestri, 134; v. Laufenburgo, Rheinfelden, Seckingen, Waldshut.
Civitavecchia, 304.
Claye, posta, 257.

Clement, benedettino, sua opera, 251.
Clemente IV, papa, 19.
Clemente VII, papa, 280.
Clemente XIII, papa, suo ritratto alla Sorbona, 245.
Cleves, 180.
Cobenzl (Conte di), suo carattere, 220. — Suo favore per Rousseau (non l'autore dell'*Emilio*) contro l'Università di Lovanio, 229, 301.
Coblenza, città descritta, 173.
Codici ricordati, o riprodotti, o descritti:
  Di S. Benedetto di Padolirone, 5, 6.
  Diplomatico di Verona, 7, 10.
  Capitolare di Verona, il più antico Diplomatico del 617, di Severo Sulpizio, 10.
  Di Trento, 16, 17.
  Di tradizioni di Bressanone, 19, 20.
  Di Wilten, monastero presso Innsbruck, 22, 23.
  Di Basilea, 50.
  Di Petershausen, 53.
  Di Creuzelinga, 54.
  Di Reichenau, 54, 55.
  Di S. Gallo, 58, 60.
  Di Einsiedeln, 70.
  Di Zurigo, 74-76. — Ebraici, 75.
  Di Muri, 80.
  Di Friburgo, 83.
  Di Ginevra, 95, 96.
  Di S. Girolamo, inedito, posseduto da Meibomio, 99.
  Di Rheinau, 120.
  Di Mannheim, 155-157.
  Di Magonza, 163, 164.
  Di Colonia, 177, 178.
  Di Berna, 183.
  Di Utrecht, 185, 186.
  Di Leida, 201.
  Di Rotterdam, 211.
  Di Brusselle, 221.
  Di Liegi, 223.
  Di Parigi, 246 e segg.
  Di S. Dionigi, monastero in Francia, 257.
  Di Rastat, 263, 264.
  Di Wengen, 272.
  Di Ulma, 272.
  Di Wiblingen, 273.
  Di Augusta, 276.
  Di Monaco, 278, 281. — Codici musicali con miniature, 279.
  Di Salisburgo, 286, 287.
  Di Cremsmünster, 287, 288.
  Di Melk, 290.
  Di Vienna, 294-296.
Colle, benedettino, sua opera, 251.
Collegio militare eretto in Verona, 9.
Collenuccio Pandolfo, sua opera, 141.
Collini Cosimo Alessandro, sua opera, 268.
Colloredo, famiglia di Mantova, 4.
Colmar, consiglio sovrano, 262.
Colonia, città descritta, 172-181. — Solennità d'un addottoramento, 224, 225. — Chiesa, 294.
Comunione sotto ambedue le specie, 22, 23.
Comunione frequente; lettera di un papa su questo argomento, 288.
Conchiglie, loro valore, 72.
Conchy-les-Pots, 242.
Concilio di Trento, dove celebrato, 15.

INDICE ALFABETICO

Concordia, diocesi di Carpi, provincia di Modena, 3.
Congregazione Elvetica de' Benedettini, 64.
Coniac (De), benedettino, sua opera, 251.
Constantiae (De pace) disquisitio, 8.
Contratto Ermanno, sua Cronaca, 80.
Copet, villaggio svizzero, 91.
Cornelio (Corneille Pietro, detto il Grande), nuova edizione delle sue opere a cura di Voltaire, 97.
Cornial, posta, 301.
Corno ammone (*Cornu amonis*), petrificato, 72.
Corrado II, suo diploma, 152, 156.
Correggio (Antonio Allegri detto il), sue pitture, 6, 297.
Cortigiane parigine, loro numero, 253.
Cosenza, lin. 34, p. 53, leggi *Costanza.*
Costanza, diocesi, 44, 45. — Città descritta, 52, 53, 122. — Tela, 57. — Costumi, 59, 60. — Vescovo, 52, 119, 124. — Vescovato, 272.
Costero (Coster Gio. Lor.), inventore della stampa, secondo gli Olandesi, 96. — Sua casa, 198.
Coup, luogo, 173.
Courayer, sua condotta, 246.
Coutant, benedettino, 251.
Cremona, v. Sicardo.
Cremsmünster, monastero descritto, 287.
Creuzelinga, monastero, 54, 131.
Crisostomo (S. Giovanni), nuova edizione di una sua opera, 277.
Cristalli della Stiria, 304.
Critica, memorie sulle regole di quest'arte del Tartarotti, 14.
Crivelli Dionisio, 28.
Croci innalzate nelle pubbliche vie, 100.
Cronaca dell'XI e XIII secolo, 53.
Crousaz, sue opere, 99.
Crozinga, 131.
Crus Casimiro, 64.
Cujaccio (Giacomo C. Cujas), sue note inedite, 211.
Cullin, bibliotecario a Ginevra, 96.
Cully, luogo, 88.
Culman, posta, 19.
Curzio Mattèo, 280.
Cuvilly, posta, 242.

Dadi artefatti di Baden, 73.
Dagoberto re, suo sepolcro, 256, 257.
Dalaam (Padre), 293.
Dannebuchi Arminio, sua opera, 129.
Danubio, fiume, 271, 273, 289, 291.
Decretali mss. in francese, 221.
Deforis, benedettino, sua opera, 251.
Defunctorum (de) animabus, trattato ms., 5.
Delfino, suo trattamento in Francia, 256.
Delft, città descritta, 193. — Gianseulsti, 209.
Demaré, pittore, 279.
Denaro, moneta, 2.
Didimo vercellense (pseudonimo di un monaco di Rheinau), 273.
Diego di Soto, uomo di forza straordinaria, sua sepoltura in Anversa, 216.
Dieta del Tirolo, da chi composta, 34.
Diete degli Svizzeri, 127.
Dighe d'Olanda, 212, 213.
Digiuno, come osservato in Germania, 32.
Dionigi il Piccolo, sua raccolta di canoni, 177.

Dionigi (castello di), v. Castello.
Dionisi Gio. Giacomo, sue opere, 32.
Dionisio (S.), monastero descritto, 256, 257.
Dioscoride (Pedanio), ms., 280.
Dissentis, monastero di Cisterciensi, 128.
Dittico di Trento, ms., 16.
Dittico Quiriniano, 75.
Diurnus Romanorum Pontificum, v. Garnerio.
Dizionario ebraico, rabbinico, latino, 53.
Domballe, luogo, 261.
Domenichino, suo quadro, 6.
Domus Petri, monastero benedettino presso Costanza, v. Petershausen.
Donati Gio. Battista, abbate, 81.
Donato (Elio), delle prime edizioni, 198.
Don-de-Dieu, luogo, 100.
Donne massoniche, dette della *Felicità,* 227.
Donne, serventi nell'osterie di Germania, 18.
Dordrecht, città, v. Dort.
Dormans, borgo, 257, 258.
Dormgen, luogo, 180.
Dort, città descritta, 211.
Dortnau, luogo, 130.
Draskirchen, posta, 298.
Drava, fiume, 299.
Duca di Orléans, 144.
Duca di Vittemberga, 122, 268.
Du Cange (Carlo Du Fresne, signor), Glossario ristampato, 50, 249.
Ducato d'oro, v. Monete d'Elvezia.
Ducato, moneta, 2.
Duchi di Zaringia, 83.
Duchi di Lorena, loro sepoltura a Nancy, 259.
Dürrenäsch (non *Dürremast*), posta, 37.
Düsseldorff, fortezza, 277.
Dune olandesi, 200, 204.
Durand, benedettino, sua opera, 251.
Duren (Van), fatto seguito con Voltaire, 207.
Durer Alberto, v. Duro.
Durlach (Margravio di), 144, 146.
Duro Alberto, sue pitture, 166, 297.
Durstenbach, posta, 34.

Eberardo, duca di Uturtemberg, 269, 270.
Ebrei svizzeri, loro storia, 74.
Ecate (giusta il ms.) Augusta, iscrizione dedicatale, 300.
Eddone, vescovo di Strasburgo (Argentina), 136, 137, 144.
Edlenbach prof. Giuseppe, lodato, 285.
Egisippo, mss. posseduti dai Benedettini di S. Giacomo in Liegi, 223.
Egnach (non *Eana*), luogo, 122, 123.
Ettilingen, antichità di questa città, 267.
Ehrenbreitstein, piccola città, 174.
Eidelberga, città descritta, 152 e segg. — Sua biblioteca, 153, 154, 279.
Einsiedeln (o Nostra Signora degli Eremiti), monastero descritto, 66-68, 70, 79, 83.
Einsingen, luogo, 106.
Elettore palatino, sua corte e suo carattere, 160.
Elezione degli abbati in Germania, 41.
Elisabetta di Baden, 144.
Eloire (Des), uomo di prodigiosa memoria, 100.
Eltz (Conte di), 167.
Elvezia, e suo governo, 123 e seg.
Embden (Compagnia di), come siasi formata, 216.
Embrico, vescovo di Erbipoli (Virzburgo), 156.

DELLE PERSONE, DEI LUOGHI, E DELLE COSE

Emmendingen, luogo, 134.
Enciclopedia, v. Giornale enciclopedico.
Engelardo, arcivescovo di Magdeburgo, 179.
Engelmohr Giuseppe, gesuita, 157.
Engelberto, vescovo di Bamberga, 156.
Enkhuizen, città d'Olanda, 193.
Enns, città e fiume, 289.
Enrico I (Sant'), 18.
Enrico II di Francia, sua statua e suo sepolcro, 257.
Enrico III, re, suo placito, 16, 17.
Enrico IV di Francia, sua testa in cera, 257. — Sua statua equestre in Parigi, 245.
Enrico, suo diploma, 179.
Enrico, vescovo di Trento, sua istanza in un placito, 16.
Enrico, vescovo di Ratisbona, 156.
Enschede, gazzettiere, suo gabinetto, 198.
Enzweihingen, posta, 268.
Epernay, 258.
Erasmo, suo sepolcro, 49. — Sua lettera ms., 206. — Sua casa e statua, 210.
Erbipoli (Virtzburgo), v. Embrico.
Ercole Estense duca di Ferrara, apologo a lui diretto, 141.
Eretici, perchè si valgano di domestici cattolici, 46.
Eretici di Germania, approfittano dell'ignoranza de' cattolici, 176.
Eretici, quali si convertano, 84.
Erimanno, arcivescovo di Colonia, 179.
Ermanno, detto *Contractus*, v. Contratto.
Ermanno prete, 164.
Escher (J.) à la Montagne, di Zurigo, 39, 70, 72.
Esslingen, città, 271.
Este, v. Ercole.
Eterdorf (Barone di), 151.
Eustachio (P.), agostiniano riformato, sua Bibbia, 247.
Evangeliario, antico ms. di Trento, 16.
Evelio Felice, v. Hefele.

Fabré (non *Falere*), benedettino, bibliotecario del monastero di *Bonnes Nouvelles* di Orléans, 251.
Fabricio (Giovanni Alberto?) 99.
Fabroni (non *Fabrini*), letterato toscano, 155.
Facchini (Conti) famiglia di Mantova, 4.
Fagel, sua biblioteca, 250.
Falere, v. Fabré.
Fano, 1.
Far, monastero di monache descritto, 79.
Faremoutiers (non *Faremant*), luogo di Francia, 258.
Farnese Alessandro, sua armatura, 23.
Fasch Corrado, balivo, 48.
Fassbind Tommaso Antonio, uffiziale di città, 70.
Federico I, pace fatta con Alessandro III, mss., 222.
Federico Wango, vescovo di Trento, 17.
Federico, arcivescovo di Salisburgo, suoi statuti sinodali mss., 19.
Federico, vescovo di Genova, 95.
Federico, arcivescovo di Magdeburgo, 156.
Federico, principe di Due Ponti, 159 e segg.
Federico elettor palatino, bandito, 182.
Federico, vescovo di Utrecht, suo sepolcro glorioso, 266.
Federico, arcivescovo di Magonza, 264.
Felstritz, luogo della Germania, 299, 300.
Felice (S.), scultura del suo martirio, 71.

Felice V, antipapa, suo deposito in Losanna, 89.
Felice, apostata, sue opere, 90.
Felici Giovanni Battista, abbate, di Urbino, 152.
Femmine della *Felicità*, v. Donne.
Ferbestheim, posta, 283.
Ferduccio Lillo, anconitano, 96.
Fermentato (de), trattato ms., 6.
Fermo e Rustico (SS.), chiesa di Verona, descritta, 9.
Ferro, come lavorato, 45.
Ferro di Carinzia, come gravato, 304.
Ferté (La), posta, 257.
Fettuccie, v. Nastri.
Feure (Le), gesuita, bibliotecario dei Gesuiti a Strasburgo, confessore di Filippo V re di Spagna, 141.
Fiere di Bolzano, v. Bolzano.
Filatoi da seta, descritti, 14.
Filelfo Mario, suo poema latino, 96.
Fili dell'aria nel Tirolo, che cosa sono, 185.
Filippo V, re di Spagna, 141.
Filippo il Bello, sue spese, 96.
Filippo, moneta, 2.
Filisburgo sul Reno, fortezza descritta, 151.
Fins, luogo della Francia, 242.
Fiorino, d'Alemagna e d'Olanda, 188. — Di Germania, 216. — Di Ginevra, 92. — Di Alessandro V papa, d'oro, 36.
Firenze, suo zecchino, 2.
Firmian, arcivescovo di Salisburgo, 286.
Fiss (non *Fiessen*), città descritta, 34.
Floncel Alberto Francesco, sua biblioteca in Parigi, 247.
Flotta di legnami sul Reno, presso Coblenza, 174.
Foggini, abbate, 277.
Foligno, 1.
Folkestein, luogo, con miniere descritte, 28.
Fouches, luogo della Francia, 242.
Fongemange, lodato, 247.
Fontenault, monaco dell'abbazia di San Cipriano di Poitiers, sua opera, 251.
Fozio, nuova edizione, 251.
Frammassoni, v. Liberi Muratori e Femmine della *Felicità*.
Frammenti (Due) in bronzo di legge antica, 24, 25.
France (De) Giuseppe, suo museo, 295.
Francesco (S.) di Sales, sua lettera, 218.
Francesco I imperatore, 41.
Francesco I di Francia, suo sepolcro, 257. — Ricordato, 41, 241.
Francesco III, duca di Feltre, sua armatura, 23.
Francoforte sul Meno, 169-172, 227.
Franckenthal, città, 158, 159, 169.
Franckermarkt, posta, 287.
Frankfurt, v. Francoforte.
Franz, posta nella Stiria, 300.
Frauenfeld (non *Fraufelo*), capitale della Turgovia, 64, 80. — Luogo delle Diete, 127.
Fregosi Giano, generalissimo, suo sepolcro in Verona, 10.
Ercole, ivi.
Francesco, sua armatura in Ambres, 23.
Friburgo, cantone della Svizzera, 84, 85, 87, 88.
Friburgo, città, descritta, 38, 83, 87, 88, 100, 131, 132-134.
Friedberg (non *Freiberg*), luogo montano della Baviera, 172, 277.
Friesenheim (non *Friesenen*), luogo della Svizzera, 134.

Frisinga (Diocesi di), 278.
Froelich (Padre), gesuita, 293, 295.
Frovino, sue opere, mss. 43.
Fucher (Conti), loro miniere nel Tirolo, 28.
Fust Giovanni, sue pergamene, 96.

Gaintoyne, piccolo fiume tra Berna e Friburgo, 83.
Galeotti dottore Angelo Maria di Mantova, 4.
Gallia christiana (non *Galleria*), 250.
Gallo (Monastero di S.), descritto, 56, 57, 58, 62, 70, 74, 120. — Suo abbate principe, 56, 57, 65.
Garampi, in Rimini, 1. — L'abbate principe di San Biagio l'induce a farsi ritrattare, 130. — Sua sentenza assolutoria, 138. — A Parigi, 255. — A Verona, 10.
Garda (Lago di), controversie pubbliche agitate dal Ballarini, 11.
Garnerio (Padre), gesuita, sua pubblicazione, 294.
Gautius, professore di medicina, 200.
Gazzaniga, domenicano, lodato, 294.
Gebardi, gesuita, aiutante bibliotecario, 2.
Gebeardo II, vescovo di Costanza, illustrato, 44, 52.
Geberardo, vescovo, opera ms. a lui diretta, 264.
Geismar, barone, 151, 265.
Geisslingen, posta, 271.
Geleite, sua definizione, 171, 172.
Gengenbach, monastero, 138.
Gennari dott. Giuseppe, sua opera, 307.
Gennaro (S.), illustrato, 217.
Genova, sua libertà impugnata, 296.
Gentilotti, sue opere mss., 296.
Genuina, moneta, 2.
Gerbert, padre Martino, benedettino di S. Biagio di Selva Nera, bibliotecario, 40, 43, 44, 52, 129, 290.
Gerdesio, ricordato, 75.
Germania, carattere in genere della nazione, 305, 306. — v. Caccie, Camei, Canonici, Case, Digiuno.
Gersenio, v. *Imitatione (De) Christi*, e Greuter.
Gesnero, canonico prof. Giuseppe, 72, 74, 78.
Gesnero, fratello del precedente, 75.
Gheldria, una delle sette provincie unite, 181.
Ghistella (Conte de), canonico in Liegi, 229.
Giacomo (Frà), agostiniano, sua opera ms. 164.
Giacomotti, celebre gazzettiere di Colonia, sua biblioteca con codici, 177.
Giansenismo, sue istruzioni, mss.
Giansenisti di Olanda, 197.
 Di Utrecht, 187.
 Di Leida, 202.
 Di Delft, 209.
Gigante, alto dodici palmi, 24.
Ginevra, descritta, 91-98. — Lago, 88, 91, 92.
Giobbe, v. Girolamo.
Giordano (Frà), agostiniano, sua opera, ms., 164, 186.
Giorgino, moneta, 2.
Giorgio, abbate del monastero premonstratense delle Isole di Wengen, sue opere, 52, 273.
Giornale enciclopedico, 228, 229.
Giovanni (S.) Crisostomo, v. Crisostomo.
Giovanni notaio del Sacro Palazzo, 17.
Giovanni papa, sua lettera, 264.
Giovanni Federico duca di Wirtemberg, sua Vita ms., 157.

Giovanni vescovo di Hildesheim, sua opera ms., 164.
Giovanni di Vestfalia, sua opera ms., 165.
Girolamo (S.), commento sopra Giobbe, inedito, 99.
Girould, benedettino, dell'abbazia di S. Benedetto *sur Loire*, sue opere, 251.
Gisilla, moglie di Corrado II, 152.
Giuliers e Bergen (Ducato di), 160.
Giulio Romano, 6. — Suoi edificj in Mantova, 4, 5. — Memorie di lui nell'archivio di S. Benedetto, 216.
Giurisdizione alta e bassa, 38, 39.
Giuseppa di Baviera, figlia di Carlo VII, 146.
Giuseppe, abbate dei monastero premonstratense di Ulsperg, 274.
Giustiniani Niccolò Antonio, monaco cassinese, vescovo di Verona, opere da lui tradotte, 10, 11.
Giustiniani (Padre Paolo), titolo di Beato dovutogli, 11.
Giarona, Cantone della Svizzera, 57, 63, 66, 73, 79.
Gobellino Persoen, sua opera ms., 178.
Goeppingen, luogo forte presso Ulma, 271.
Goes, antiquario tedesco, 155.
Goffredo (il Barbuto), 156.
Gonawitz, posta, 300.
Gonzaga (Famiglia), 4.
Gonzanbach, piccolo luogo della Svizzera, 65.
Gori, abbate fiorentino, 76, 204.
Gorizia, città, 304.
Gottardo (Monte San), 128.
Gottofredo, avvocato della chiesa di Trento, 17.
Governolo, posta, 4.
Graecos (tractatus contra), 5, 6.
Grano, come si dissecchi e conservi a Berna, 102.
Granz, abbate, 170.
Grasser don Giovanni Battista, bibliotecario a Innsbruck, 14.
Grasset famoso editore di Losanna, 84, 90.
Gratz, capitale dell'Austria inferiore, 299.
Graveson, impugnato, 228.
Graziano (Decreto di) ricordato, 163.
Gregorio Nazianzeno (S.), nuova edizione, 251.
Gregorio papa, sua lettera, ms., 288.
Gregorio X, papa, sua bolla, 157. — Sue lettere mss., 271.
Greuter p. Sebastiano, monaco di Rheinau, sua opera in difesa di Gersenio, come autore del libro *De imitatione Christi*, 121.
Gronovio, 99. — Sue lettere, mss., 156.
Gronovio Lorenzo Teodoro, suo museo e sue opere, 201.
Groot (De) Stefano, gazzettiere olandese, 205.
Grutero, corretto, 76.
Guaita, in Amsterdam, 197.
Günsbach (Bagni di), 274.
Günsberg (Barone di), 146.
Guercino (non *Quirino*), sue pitture, 215.
Guiberto, abbate Gemblacense, sue lettere, 294.
Guido Reni, sue pitture, 1, 295.
Guidone (Frate), cardinale, legato apostolico, suoi Statuti sinodali mss., 19.
Gumpp padre Ignazio, benedettino, sue opere, 44.
Guringensium canonicorum reformationis historia, ms. 75.
Gurtwell (non *Gortwilla*), luogo della Svizzera, 40. — Villaggio dell'abbate Principe di S. Biagio, 44, 129.
Gyur Giacomo Domenico, uffiziale, 70.

Haag (non *Haagas*), padre Agostino, del monastero di Salem, giudicato, 38.
Häggenswyl (non *Hagenwil*), luogo della Svizzera, 56.
Haggenbuchio, di Zurigo, sue opere, 75.
Hala, v. Ala.
Halberstadt, v. Alberstadt.
Hall, città, 26.
Hallau, luogo murato della Svizzera, 40.
Harant (De), canonico lodato, 266.
Harant (Mr. de), aiutante di campo, 146.
Harlem, 211. — Descritta, 197-199.
Harpprecht, sue opere ristampate, 99.
Hartzer Giorgio Sebastiano de Salenstein, della Congregazione Elveto-Benedettina, 121.
Hartzheim, gesuita, sue opere, 175, 178.
Hassia-Cassel (Langravio di), convertito, 167.
Hauttewille (Pietro de), 222.
Haver Urbano, abbate del monastero benedettino di Melk in riva al Danubio, 289.
Havercamp Sigberto, v. Avercampio.
Heer padre Rusteno, sue opere, 43, 81, 132.
Hefele (Andrea Felice d'), bibliotecario di corte a Monaco, sua opera, 279-281.
Heidelberg, v. Eidelberga.
Heidelingero, celebre incisore di medaglie, 72.
Heilbronn (non *Elbrona*), città, 128, 154.
Heiterwang (non *Halterwag*), posta, 34.
Hekingio Gottifredo, bibliotecario, 276.
Heming, luogo della Germania, 262.
Hemsterhusio Tiberio, prof. all'Università di Leida, 200.
Hening (Conte di), 146.
Henry Chapelle, luogo, 224.
Henry, benedettino di S. Germano, sua opera, 250.
Hergott padre Marquardo, sue opere, 131.
Herve, borgo, 224.
Hervin, benedettino, bibliotecario di San Germano, 250.
Hettlingen, castello, 145.
Hillesheim, rettore dell'Università di Colonia, 176, 177.
Hincmaro, arcivescovo, v. Incmaro.
Hoch Gasparo, gesuita, 154.
Hochenburgo, monastero, 137.
Hoechst, villaggio murato, 169.
Hoefkens Giovanni Cristoforo, missionario, 197.
Hoheantwiel (non *Hocantwiel*), castello, 122.
Holbein, v. Holbenio.
Holbenio Giovanni, il Giovane, sue pitture, 49, 133.
Hommartingen, luogo della Germania, 262.
Hoorn, città dell'Olanda settentrionale, 193.
Horlon (Conte d'), 228.
Hoube padre Tommaso, carmelitano scalzo, 202.
Housseau, Benedettino di San Germano, sue opere, 250.
Huenigen, fortezza francese, presso Basilea, 46.
Hutten (De), di Spira, canonico, 151.
Hutten (De), cardinale, vescovo di Spira, 161, 268.
Huttwil, luogo della Svizzera, 82.

Iller (non *Fler*), fiume presso Ulma, 273.
Imitatione (De) Christi, vari codici, e sul suo autore, 121, 272, 273.
Imola, 1.
Incmaro, arcivescovo, 278.
Indicoffer Giorgio, parroco di Bergatreitte, 36.
Inn, fiume, navigabile ad Ala, 26.
Innocenzo III, papa, sue lettere, 294.

Innsbruck, descritto, 14, 20-23.
Iomelli, maestro di cappella, 269.
Ippofilo di Terra Nera, v. Melantone.
Ippoliti padre Giuseppe, minore riformato, da Pergine, lodato, 16.
Ippolito (S.), monastero di canonici regolari, v. Poelten (S.).
Iscrizioni antiche riprodotte:
    Varie in Trento, 16.
    Di Augusto, nel Trentino, 16.
    Migliaria a Lueg nel Tirolo, 20.
    Presso Innsbruck, 24, 25.
    Nel monastero benedettino *Petershausen* in Costanza, 53.
    In Baden, 265, 266.
    Nella Carinzia, 300.
Iselin Giovanni Rodolfo, sue opere, 50.
Isidoro Mercatore, lodato, 5.
Isnardo giudice, 17.
Isole di Vengen, v. Vengen.
Italiani, riescono nel commercio fuori d'Italia, 195. — Bisogna starne in guardia, 18.
Ivone, vescovo di Chartres, sue lettere mss., 264.
Izstein, canonico, sue opere, 170.

Jacquet, suffraganeo di Liegi, lodato, 223.
Jalon, posta, 258.
Jean (S.) posta, 257.
Juliers (non *Guliers*), 160, 224, 226.

Kaisersthul (non *Rayserstubel*), 119.
Kayhingen, fortezza, 268.
Kehl, fortezza della Germania, 135, 143.
Kempfer Giovanni Battista, lodato, 40.
Kempfer, inviato del re di Francia, 168.
Kempis (Adolfo De), 272.
Kempten (Campidona), città della Baviera, suo abbate principe e sua corte, e costumanze del monastero, 35, 273.
Kempter padre Adriano, premonstratense, sua *Theologia* e raccolta *De re rustica*, 23.
Kenzingen, villaggio austriaco, 134.
Khager don Antonio, sue edizioni, 277.
Kieppe, gesuita, suo catechismo, 263.
Kimrathshofen (non *Kimerzatshofen*), posta, 36.
Kininger (Barone di), 146.
Kippenheim, luogo del margravio di Bada, 134.
Kirchoffen, luogo, 130.
Knittlingen, posta, 268.
Koenigsfelde, luogo, 105.
Kollart, lodato, sue opere, 296.
Kolb padre Pio, bibliotecario, sua opera, 59.
Kolsdorf, posta, 299.
Kopp padre Fridolino, abbate e principe di Muri (Svizzera), sua opera, 44, 81.
Krafft, famiglia, 272.
Kramer Pietro, suo museo, 197.
Kreutzer, v. Carantano.
Kreuzlingen, v. Creuzelinga.
Kribber, libreria di Utrecht, 187.
Krieglach (non *Krieglau*), piccolo villaggio, 299.
Kropff Martino, benedettino, del monastero di Melk, bibliotecario, sua opera, 290.
Krotzingen, prepositura del monastero di S. Biagio, 44.
Kuhrnberg, v. Pizzini.

Lachen, piccolo luogo in quel di Zurigo, 66.
Lago di Costanza, v. Acroniano.
Lago di Ginevra, v. Ginevra.

INDICE ALFABETICO

Lambach, luogo della Germania, 287.
Lambecio Pietro, sue opere, 296.
Lamey, bibliotecario dell'Università di Strasburgo, lodato, 263.
Landolfo, vescovo di Bressanone, suoi statuti sinodali mss., 19.
Lanfrido, vescovo di Sabiona, 19.
Langenstein (non *Longstbeim*), luogo dell'elettore di Magonza, 173.
Langi Matteo, sua armatura in Ambras, 23.
Langio Matteo, arcivescovo di Salisburgo, protettore di Lutero, 286.
Langravio d'Assia, 72.
Lankeren (Van), mercante di quadri, 216.
Lanti (monsignor), 136.
Lansio Tommaso, sua opera ms., 157.
Lanze (Cardinale delle), 246.
Latino, v. Brunetto.
Lauchringen (non *Lauchingen*), posta svizzera, 40.
Laufenburgo, città silvestre, languente, 44, 128.
Lavis, terra nel Trentino, 17.
Layes, posta, 258.
Lebering, posta austriaca, 299.
Lederer, canonico regolare del monastero *Isole di Vengen*, sua opera, 273.
Legge antica romana, in bronzo, 24.
Leggi longobarde mss., 5.
Leida, città descritta, 199-204.
Lemano lago, v. Ginevra.
Lenzburg (Conte di), Berone, 111.
Leonardo da Vinci, suo quadro copiato dal Dominichino, 6.
Leone VIII, papa, sua bolla apocrifa, 69.
Leone X, papa, 286.
Leone (?) papa, sua lettera a Federico arcivescovo di Magonza, 264.
Leoni, architetto, gli si attribuisce il disegno della chiesa di S. Andrea in Mantova, 5.
Lermes, posta tedesca, 34.
Lessio, gesuita, lodato, 218.
Lettere provinciali nuovamente stampate, 84, 90.
Leutkirch, città imperiale luterana, 36.
Leuze (Di), lodato, 99.
Leyden, v. Leida.
Liardo, v. Monete dei Paesi Bassi.
Liberi Muratori, in Basilea, 47. — Riti e pratiche, 227.
Libri (Modo di vendere all'asta i) in Utrecht, 186.
Lichtensteig (non *Liechtesteich*), luogo della Svizzera, 65.
Liebb, benedettino del monastero di S. Germano, sua opera, 250.
Liebingen, luogo del Toggenburghese, 59.
Liechtenstein (Principe di), suo palazzo e galleria, 295.
Liegi, città descritta, 222, 226, 228, 294.
Ligidiota, di Ravenna, supposto nome di autore, e come, 50.
Lignum, v. Investitura.
Ligny, luogo, 258.
Lillo Ferduccio, anconitano, v. Ferduccio.
Lilloo, luogo d'Olanda, 212.
Limburch, v. Limburgo.
Limburghese, 224.
Limburgo, 152.
Limat (non *Limeteb*), fiume svizzero, 66, 70, 79.
Lindau, città libera, 128.
Lindegg, frate carmelitano, 13.
Linder padre Fintano, benedettino di S. Biagio, sue opere, 42, 53.

Linneo, suo metodo per le piante, 73.
Lintz, città, 287, 289.
Lipsia, ricordata, 171.
Lira, moneta, 2.
    D'Elvezia, 92.
    Di Francia, 92.
    Di Ginevra, 92.
Lisbonina, moneta, 2.
Litardo (Duca), interviene ad un Placito, 16.
Liturgia de' Premonstratensi del secolo XIII, 22.
Liturgie Ambrosiana, Gelasiana e Gregoriana mss., 75.
Locarno, prefettura d'Italia, 127.
Lodovico, re di Germania, suo diploma, 19.
Lodovico Pio, suo diploma, 286.
Lodovico il Bavaro, suo deposito, 278.
Lodovico, conte palatino di Baviera, scomunicato e assolto, 157.
Lodovico imperatore, codice di preci di Carlo suo figlio, 279.
Löwenstein (Conte di), v. Alberto.
Logatesch, posta, 301.
Loggie massoniche, 227.
Lombardia (Mercanti di), 306.
Londra, ricordata, 227.
Longobardi, loro leggi mss., v. Leggi.
Loredani Andrea, suo museo, 280.
Lorena, sue poste, 258.
Lorena, v. Duchi.
Lorenzo Giovanni Michele, professore lodato, 142.
Loreto, ricordato, 308.
Lori, lodato, sua opera.
Losanna, città descritta, 89, 98, 102. — Suo vescovo, 84.
Lotario II, suo diploma, 137, 138, 143.
Lovanio, 216, 218, 222, 226, 227. — Università descritta, 228-230. — Sistema e regolamento della stessa Università, descrizione latina, 230-241.
Lovis (Abbate), lodato, 138, 262, 263.
Lublana, capitale della Carinzia, 300.
Luca Maestro, di Borgo S. Sepolcro, O. M., sua opera ms., 96.
Lucerna, descritta, 57, 63, 81, 82, 107, 110-116, 118, 119, 128.
Luchi padre Lodovico, monaco cassinese, poi cardinale, suoi codici, 7, 11.
Luchini, suo libro sul monastero di S. Benedetto, 6.
Lucini, nunzio in Colonia, 175, 176, 224.
Ludovico, v. Lodovico.
Lueg, villaggio del Tirolo, con cippo migliario, 20.
Lugano, prefettura d'Italia, 127.
Luigi d'oro, v. Monete dei Paesi Bassi, e di Ginevra.
    Nuovo, v. Monete d'Elvezia.
Luigi (S.) di Francia, suo corpo, 257.
Luigi XIV, ricordato, 46, 72, 138, 183. — Sua statua, 245.
Luigi XV, sua statua, 245, 259.
Luisburgo, descritto, 269.
Lulli Raimondo, romano, sue opere mss., 156.
Luneville, descritto, 261.
Lupi, gesuita, sue opere, 2.
Luterani, loro chiesa, 271.
Lutero, ricordato, 153. — Sua lettera ms., 206. — Sua moglie innanzi il matrimonio, ricordata, 207. — Protesto, 286.

DELLE PERSONE, DEI LUOGHI, E DELLE COSE 321

Luttenbach (De) Manegoldi, sua opera ms., 264.
Lutry, luogo, 88.
Luzzara (Marchesi di), famiglia di Mantova, 4.

Mabillon, 60, 252, 257.
Maffei (Marchese Scipione), 7, 95, 255.
Magistrato mercantile di Bolzano, 18.
Magno (Monastero di S.), in Fiss, 34.
Magonza, 140, 172, 211, 264.
Maillot Nicola de la Treille, bibliotecario a Mannheim, 155, 157, 161, 267.
Mainau, isola nel lago di Costanza, 56.
Mainau (non *Mainar*), commenda, 123.
Mainoni Bernardo, 262.
Maiolica d'Olanda, 209.
Mairhofen (non *Mertzhoffen*), posta, 299.
Malaria nella Campagna di Roma, 1.
Malatesta Pandolfo, 11.
Malatesta Sigismondo, suoi medaglioni, 24.
Malines, ricordata, 227.
Mallet Paolo Enrico, sue opere, lodato, 66, 67.
Manegoldi de Luttenbach, sua opera ms., 264.
Manichei citati nel Corpo del gius civile, 8.
Maniscalchi conte Luigi, famiglia di Verona, 10.
Mannheim, città descritta, 153, 154, 267, 268.
Mansi, canonico di Trento, 17.
Mantova, 3-7, 16.
Mappamondi singolari di un contadino tirolese, 21.
Marbach (non *Remmelbach*), luogo, 289.
Marburg, città, 37.
Marburgo, luogo di posta, 299.
Marca d'Ancona, 304.
Marchand, segretario di Salem, 20, 34.
Marché le Pot, luogo, 242.
Marco (S.) e suo corpo, 54. — Sua Vita, 222.
Marescotti Galeazzo, 280.
Margherita Tebalda, suo sepolcro in Mantova, 6.
Margravio di Baden, *v.* Baden.
Margravio di Baireut, *v.* Baireut.
Margravio di Durlach, *v.* Durlach.
Maria Teresa, duchessa di Savoia, 293.
Mariette (Monsieur), suo interesse, 248.
Markersdorf (non *Marckdorf*), città, 37.
Marmoutier (Abbazia di), 251.
Marna fiume, 258.
Marschall, inviato dall'Imperatore agli Svizzeri, 51.
Marsili Giovanni, professore, 307.
Martinazzi, benedettino del monastero di Padolirone, 5.
Martin (De) Paolo, carmelitano, 202.
Martire Pietro, 73.
Marx (Padre Graziano), 293.
Massoni, *v.* Liberi Muratori, e Donne della *Felicità*.
Matilde (Contessa), sua donazione, 156.
Matteucci di Fermo, domenicano, 11.
Matrimonio, in disuso a Basilea, 47.
Mauch Daniele, ricordato da Erasmo, 207.
Maurini, *v.* Benedettini di S. Mauro.
Mayer Cristiano, cancelliere di Salem, 57, 155.
Mayera, mercante italiano a Bingen, 173.
Mazarini Giulio, cardinale, 245, 247.
Mazzocchi, impugnato, 217.
Meaux, 257.
Meclemburgo (leggi *Ne'lemburg*), (Signori di), 39, 134.
Medaglia rara del Langravio d'Assia, 72.
Medaglie numerose in Ambras, 24.
Medici (de), *v.* Caterina.

Meerbsurg, residenza del vescovo di Costanza, 52, 128.
Meerman, sua opera, 198, 211.
Meibomio Marco, suoi codici, 99.
Meichelbek p. Beda, monaco benedettino di S. Biagio, sua opera, 44.
Meinrado, abbate principe di S. Biagio, 42.
Melantone (Filippo Schwarzerde), sua opera tradotta in italiano, rarissima, 277.
Mella, pag. 185, lin. 39, leggi: *Nella*.
Mellet, baccelliere, 99.
Melk, monastero benedettino in riva al Danubio, descritto, 289, 290.
Mellingen, luogo murato, 118.
Menars (De), sua biblioteca, 247.
Mendrisio, prefettura d'Italia, 127.
Meneux (De), gesuita, 260.
Meno, fiume, 162, 163, 169.
Mercatore, *v.* Isidoro.
Mercier, canonico regolare, bibliotecario del monastero di Santa Genovesa in Parigi, 246.
Messa (Abuso nel canto della), 166. — (Oblazione durante la), 109.
Metastasio, la *Didone* musicata e rappresentata, 269. — Lodato, 298.
Metz, parlamento, 262.
Meyster Giovanni Enrico, di Zurigo, 72.
Mezzo Paolo, moneta, 2.
Michele (S.), posta, 17.
Micheli (Famiglia), 98.
Mieden (Van der), sua opera, 204, 205.
Migazzi (Cardinale), 293, 297.
Miller Giampietro, bibliotecario a Ulma, 272.
Miniera del Tirolo, come si lavori, 26, 27.
    Di privati, 27.
    D'oro nel Salisburgese, *ivi*.
    D'argento e rame di Folkestein, 28.
Mira, luogo, 306.
Mirandola, 3.
Missae expositio edita in Coenobio S. Dyonisii, ms., 5.
Mitteldorf (non *Mitelbot*), posta, 20.
Modena, 1-4.
Moerkens, sua opera, 175.
Moeschombroech, celebre letterato, professore a Leida, 200.
Molinari, nunzio, 219.
Mollen (Van), suo giardino, 184.
Molter Federico, bibliotecario, 148, 267.
Monache senza clausura, e loro vita in Germania, 79.
Monaco, descritto, 277-282.
Monasteri con seminari, 42.
Monasteri descritti, o ricordati:
    Di Padolirone, 5.
    Di S. Zeno o Zenone, 9.
    Di Wilten, 22.
    Di Ala (canonichesse dell'ordine di Sant'Agostino), 26.
    Di S. Magno in Fiss, 34.
    Di Campidona (Kempten), 35.
    Di Weingarten, 36, 38.
    Di Salem, 37, 38, 55, 79, 123, 129, 138, 271.
    Di S. Biagio, 40, 51, 129, 130, 134, 149.
    Di Oberried, 41.
    Di Sion, *ivi*.
    Di Creuzelinga, 54.
    Di Munsterlinga, 56.
    Di S. Gallo, 56-58, 62, 70, 74, 120.
    Di Einsiedeln, 66-70, 79, 83.

Di Muri, 78, 79, 108, 126.
Di Far, 79.
Di Rheinau, descritto, 120, 121, 126.
Di Murbach, 121.
Di Ognissanti, *ivi*.
Di Schwarzach, 136, 143, 263.
Di S. Magno in Ratisbona, 157.
Di canonichesse nobili in Colonia, 176.
Di S. Trudone, 222.
Di S. Mauro, 249, 250.
Di S. Germano, 250.
Dei *Blancs manteaux* di Parigi, 250.
Di San Dionisio, 251.
Di Corbia, *ivi*.
Di San Remigio di Reims, *ivi*.
Di S. Giovanni di Laon, *ivi*.
Di Fécamp in Normandia, *ivi*.
Di S. Benigno di Digione, *ivi*.
Di S. Cipriano di Poitiers, *ivi*.
Di Santa Croce di Bordeaux, *ivi*.
Di Marmoutier, *ivi*.
Di S. Benedetto sulla Loira, *ivi*.
Di S. Alire di Clermont, *ivi*.
Di Wibling, 272, 273.
Di Roggenburg, 273.
Di Ulsperg, 274.
Di Lambach, 287.
Di Cremsmünster, 287.
Di Melk, 289, 290.
Di Sant'Ippolito, 290.
Per il culto perpetuo dell'Eucarestia, 59.
Monete, loro valore in Modena, 2, 3: — Erose, *ivi*.
D'Innsbruck, di basso valore, 21.
In Ambras, 24.
Del Tirolo, ivi coniate, 26.
D'Elvezia, 58.
Di Ginevra, 92.
Di Francoforte, 171.
D'Olanda, 188.
D'Anversa, 216.
Dei Paesi Bassi, Liegese ecc., 226.
v. Bazzo, Carantano, Denaro, Ducato, Filippo, Fiorino, Genuina, Giorgino, Liardo, Lira, Lisbonina, Luigi, Mezzopaolo, Muragliola, Paolo, Pezzetta, Quarantana, Risdallero, Scellino, Scudo, Sesino, Soldo, Tallero, Testone, Ungaro, Zecca, Zecchino.
Monperou, residente di Francia a Ginevra, 98.
Monreali, dottore modenese, celebre per l'uso del mercurio, per la cura del vajolo e l'esperienza sulle acque di Modena contro le diarree, 3.
Mons, città, 241.
Montfaucon, sua opera, 246.
Montreuil, posta, 257.
Morges, villaggio svizzero, 91.
Morreau, elemosiniere del re di Francia, 261.
Mosa, fiume, 210.
Moscardo conte Lodovico Giuseppe, famiglia di Verona, 10.
Mosella, fiume, 173, 259.
Moudon, luogo della Svizzera, 100.
Müller Teodoro, benedettino di Reichenau, bibliotecario, 121.
Müller Giangiacomo, fabbricante di panni, 203.
Müller Agostino, benedettino di Melk, 289.
Mumpf, luogo, 45.
Munsterlinga, monastero di benedettine, 56.

Muos (Beato), sua opera, 121.
Murach, grangia del monastero di Salem, 121.
Muragliola, moneta, 2.
Murani conte Gianfrancesco, famiglia di Verona, 10.
Murat, descritto, 100, 101.
Muratori Lodovico Antonio, confutato, 273. — Ricordato, 277.
Murbach (Barone di), 151.
Murbach (Monastero di), 121.
Muri (Monastero di), 78, 79, 108, 126.
Murr, fiume, 299.
Musei, nominati, o descritti:
   Veronese, 7, 8.
   D'Ambras, presso Innsbruck, 24, 25.
   Di S. Biagio, 42.
   Del signor Escher à la Montagne in una villa presso Zurigo, 39, 72.
   Del canonico Giuseppe Gesnero in Zurigo, 72.
   Di Berna, 103, 104.
   Di monsieur Bertrand in Berna, 104.
   Di Amsterdam, 197.
   Di Teodoro Gronovio in Leida, 201.
   Del principe in Aia, 204.
   In Parigi, 248, 249.
   Di Giuseppe de France in Vienna, 295.
   Imperiale in Vienna, 296, 297.
   Vallisnieri in Padova, 307.
Musembroek, 99.
Musica, quanto occupi i monasteri tedeschi, 53.
Mussolo, *v.* Tela mussolina.

Napeleo, vescovo di Cirene, 175.
Nancy, città descritta, 259.
Nassereit (non *Nassarelite*), posta, 34.
Nastri di filo, come lavorati in Olanda, 197. — Di seta in Pesaro, *ivi*.
Natali, prete musico, 147.
Necrologia che comincia dal secolo VIII, 7.
Neckar, fiume, 128, 152, 154.
Nelis Francesco, bibliotecario dell'Università di Lovanio, sue opere, 228.
Nellenburg (non *Neclemburg*, nè *Meclemburg*), (Signori di), 39, 134.
Nerli (Marchese), famiglia di Mantova, 4.
Neuchâtel, suo lago, 84, 100.
Neumark, posta, 287.
Neumayer (Padre), gesuita, 277.
Neunkirchen (non *Neukircben*), posta, 298.
Neuss (non *Nonce*), città tedesca, 180.
Neustatt, città descritta, 298.
Niccolò V papa, sua bolla, 265.
Nicoll, nuova edizione delle sue opere, 91.
Nifo Agostino, sua opera, ms., 280.
Nimega, posta, 180.
Nimfemburgo, luogo di villeggiatura dell'Elettore di Baviera, 276, 282.
Nion, villaggio della Svizzera, 91.
Nivernois (Duca di), 252.
Noailles (Storia della casa di), 250.
Noci in quantità, a che uso, 45.
Noël, benedettino di San Germano, sua opera, 250.
Nogarola, famiglia di Verona, 12.
Noir (Le), benedettino di Fécamp in Normandia, sua opera 251.
Noodt, celebre professore di Leida, 200.
Norimberga, 170.
Noris, cardinale, sue opere inedite, 8.

Obedientia (De) Romanae Ecclesiae, 6.
Oberried, monastero benedettino presso Brisgovia, 41.
Oblate in S. Gallo, 60.
Oblazione praticata, durante la Messa, 109.
Oddi, Nunzio, 81.
    Conte Enrico, fratello del Nunzio, *ivi*.
Odilia (S.) Vergine, suo corpo, 137.
Odilia (S.), carta di testamento sospetto, *ivi*.
Oefele, *v.* Hefele.
Offenburgo, città imperiale, 135.
Oggersheim, villaggio tedesco, 159.
Olanda descritta in generale, suoi costumi, 181-223. — Ricordata, 128.
Olio di noce, da ardere, 45.
Olivieri Annibale, editore, 205.
Olten, luogo della Svizzera, 106.
Oltz (Conte di), Gran Prevosto di Magonza, 166.
Ombres (leggi *Ambras*), castello presso Innsbruck, delizia degli arciduchi di Austria, descritto, 23-26.
Orange (D'), principe, suo sepolcro, 208.
Ore (Modo di contare le) in Basilea, 50.
Orecchioni, specie di fortificazioni in Verona, invenzione non francese, ma italiana, 9.
Oreille, villaggio, 223.
Organo celebre di Trento, 15.
Oria, sua opera, e successo, 165.
Origene, codice latino delle sue opere, 288.
Orléans (Duca d'), 244, 247.
Orologi:
    Regolati alla francese in Modena, 1.
    In Roveredo e nel Tirolo, 15.
    Di legno, ove si lavorano, 130.
    Celebre di Argentina (Strasburgo), 140.
Armonico in Amsterdam, 190.
Orsato conte Sertorio, sua opera accresciuta, 307.
Orsino, *v.* Ursino.
Orsoglio di seta, 14.
Ospizio d'Ognissanti in Mantova, 4.
Osterie:
    Di Germania, 18.
    Dell'*Elefante* a Bressanone, 19.
    Dell'*Aquila d'oro* in Innsbruck, 20.
    Dei *Tre re* in Ginevra, 98.
    Di *S. Giuseppe*, in Anversa, 212.
    Del *Bue* in Vienna, 291.
Ostriche (Gusci d'), adoperati in Olanda per la calce, 208.
Ottone, vescovo di Frisinga, 156.
Ottone, prevosto di Spira, 157.
Ottone lavorato nel Tirolo, 27.
Ovyn, gesuita, 209.

Pace (De) Constantiae disquisitio, ms., 8.
Paciotto conte Francesco, architetto militare urbinate, 215.
Paciaudi (non *Paciandi*), lodato, 254.
Padolirone, presso Mantova, monastero dei benedettini, 5.
Padova, descritta, 306-308.
Pagglari (De) Domenico, 268.
Palatinato di mista religione, 153.
Palinsesti, nell'Archivio capitolare di Verona, 10.
Pallavicino (Sforza), 277.
Pandolfo, *v.* Collenuccio, e Malatesta.
Panni, come lavorati a Leida, 200.
Panvinio, sue opere inedite, 8.
Paolo, moneta, 2.
Paolo de Arimino, vescovo Cremense, 11.

Paolo V, papa, ricordato, 64.
Paolo Veronese, sue pitture, 6, 297.
Papi, catalogo ms. sino a Benedetto III, 5.
Papiri di Ginevra, 95.
Pappenheim, città della Germania, 162.
Pardessus, monaco dell'abbazia di Corbia presso Amiens, sua opera, 251.
Paride de Ceresari, iscrizione latina posta sul suo sepolcro, 7.
Parigi, descritta, 243-255, 267.
Parroci, tutti amovibili a S. Gallo, 62.
Particella, canonico lodato, 19.
Passavia (Vescovo di), 287.
Passionario del secolo XII o XIII ms., 19.
Passionei, cardinale, già nunzio in Svizzera, suo amore indiscreto pei codici, 37, 75, 76, 124, 131. — Astuzia del P. Hergott per riaverli, 131.
Patert, benedettino, bibliotecario di S. Germano, 250.
Pauer (Padre Fulgenzio), 293.
Payerne, luogo della Svizzera, 100.
Pellerin, suo museo, 248.
Penseratch, barone, 151.
Perdriau Giovanni, prof. di belle lettere a Ginevra, 94, 96.
Pergen (Conte di), 168.
Peri, posta, 13.
Pernet, benedettino di San Germano, sua opera, 250, 251.
Perener (nel Tirolo), 20.
Pergine, luogo in Toscana, *v.* Ippolito, 16.
Péronne, città della Francia, 242.
Pertes, luogo di Francia, 258.
Persona, *v.* Gobelino.
Pesaro, 1, 198, 218, 308, *v.* Aimerico.
Pestalozzi di Zurigo, 39, 79.
Petershausen, ossia *Domus Petri*, celebre monastero benedettino presso Costanza, 52, 56, 122.
Peutinger Corrado, *v.* Tavola Peutingeriana.
Pez padre Girolamo, benedettino, sua opera, 131, 289, 290.
Pez padre Bernardo, benedettino, sua opera, 289, 290.
Pezzetta, moneta piemontese, 2.
Pfeffikon, castello, 66.
Pfeiffer (non *Sfeiffer*) P. Celestino, autore di un Dizionario ebraico, latino, rabbinico, 42, 53.
Phelsbourg, luogo, 262.
Philippsburg, *v.* Filisburgo, 151.
Piaristi, *v.* Scolopi.
Pico Marchese, *v.* Velasco.
Pictet, pastore evangelico e bibliotecario a Ginevra, 95, 96.
Piekau, posta, 299.
Piemonte (Pezzetta di), 2.
Pietisti in Basilea, 47.
Pietro Martire, 73.
Pietro Annich, contadino tirolese, peritissimo nella meccanica, 21.
Pietro dell'Aquila, suo ms., 83.
Pietro, vescovo di Palestrina, 164.
Pinzi, abbate, lodato, 176.
Pio II, papa, 50.
Pisa, suo pittore, *v.* Malatesta Sigismondo.
Pisani (Palazzo), sul Brenta, 306.
Pizzi delle Fiandre, 221.
Pizzini, barone di Kürneberg, 13, 14.
Placito in Verona, 16.

Planchet, monaco dell'abbazia di S. Benigno di Digione, sua opera, 251.
Planina, villaggio, 301.
Plombières, luogo, 129.
Plouquet, sua opera, lodato, 250.
Po, vicino a Mantova si passa in barca, 3.
Poelling, luogo, 281.
Poelten (San), monastero di canonici regolari, 290, v. Ippolito.
Poirier, benedettino di S. Dionisio, sua opera, 251.
Poleni (Marchese Giovanni), sue opere, 307.
Poligamia (non *Plebania*), confusa con adulterio, 8.
Pollier de Bottens, pastore evangelico, 98, 99.
Polvere di tarle per le ferite, 74.
Pompadour (Giov. Antonietta Poisson, marchesa di), sua Vita, 84.
Pont, benedettino, professore dell'accademia di Tolosa, lodato, 251.
Pont Saint Maxence, villaggio, 242.
Pontefici Romani, loro serie, 177.
Pontificale ms. di Trento, con rubriche notabili del secolo XIII, 17.
Porcellana di Olanda, 209.
    Di Francoforte, 169.
    Di Luisburgo, 270.
    Del Palatinato, come si lavori, 158, 159.
Porta antica in Verona de' tempi di Gallieno, 9.
Porta Binson, posta, 258.
Porta Stupa di Verona, 8.
Portogallo (Prammatica del), nociva a Ginevra, 98.
Porziuncula (Indulgenza della), impugnata da Girolamo Tartarotti, 14.
Poste austriache e imperiali, in che differiscano, 36.
    Nel Modenese, 3.
    Nel Tirolo, 33.
    Nel Veneto, 33.
    In Svizzera, 82.
    In Francia, 243.
Posthaus, posta, 35.
Pozzo (Del) conte Girolamo, lodato, 12.
Prammatica, v. Portogallo.
Praweat Guglielmo, lettera autografa indirizzatagli da Lutero, 205.
Précieux, benedettino di San Germano, sua opera, 250.
Predestinato, codice ms., 55.
Prener don Carlo, 17.
Prevost, monaco di San Dionigi, sua opera, 251.
Principe di S. Biagio, sue prerogative, 42.
Principe d'Orange, v. Orange.
Principe di Kempten, v. Kempten.
Principe di Schwarzenberg, 40.
Processione (De) Spiritus Sancti, trattato ms., 5.
Proeschindorf, posta, 290.
Prospero, abbate, lodato, 54.
Provincie unite, loro regol., 181. — v. Olanda, Amsterdam.
Prountrut, residenza del vescovo di Basilea, 46.
Puente Fuerte (Marchese di), ministro di Spagna, 208.
Puffendorfio, Samuele, 153.
Pully, luogo, 88.
Puotplez, posta, 300.
Pupper, luogo, 173.
Purkersdorf (non *Purkertorf*), posta, 290.
Pussino (Niccolò Poussin), sue pitture, 244.

Quarantana, moneta, 2.
Quiévrechain (non *Quieurning*), posta, 241.
Quingentola, posta, luogo di villeggiatura del vescovo di Mantova, 3.
Quirini Angelo Maria, cardinale, 74-76.
Quirino, v. Guercino.
Quiros, apostata domenicano, 100.
Quornay, posta, 242.

Raffaello d'Urbino, suoi quadri a Parigi, 244. — A Vienna, 295, 297. — Ricordato, 248.
Ramaggini abate, frascatano, 293.
Ravenna, 279, 308.
Ravenstein (Comitato di), signoria con uomini barbuti, 40.
Ravignani conte Antonio, famiglia di Verona, 10.
Re di Prussia, prende impegno per alcuni monaci, 54.
Regimberto, monaco scrittore, 120.
Reginone (Cronaca di), 80.
Reggio (Lira nuova di), 2.
Regola (S.), scultura del suo martirio, 71.
Reichenau (Monastero di), sue vicende: la Prussia ne prende il patrocinio, 54, 120, 179, 272.
Reichenbach (non *Recbach*), (Barone di), 146.
Reinberg, luogo, 180.
Reithner, barone, dell'ordine Teutonico, 56.
Remmelbach, v. Marbach.
Remiremonda (Monastero di), 241.
Reni, v. Guido.
Reno, fiume, 39, 40, 44, 49, 52, 64, 119, 122, 128, 135, 151, 161, 162, 169, 173, 181, 182, 200, 291.
Repubblica di Venezia, suoi confini, 13.
Reschio don Giuseppe, sue opere, 19.
Resderta, posta, 301.
Rettenberg, signoria del conte di Tannenberg, 26.
Reuclin Giovanni, letterato, 153.
Reuss, v. Russa.
Rheinau (Monastero elveto-benedettino di), 64, 120, 126, 129.
Rheinfelden, città silvestre, languente, 45, 173.
Rheinthal, 127.
Rhenen, città, 182, 183.
Richelieu (Armando Giovanni du Plessis, cardinale, e duca di), 245, 252.
Ridolfo re, suo diploma in favore di un Bastardo, 156. — Altro diploma, 138.
Ridolfo, sua opera ms., 120.
Rieger (Prof.), 293, 298.
Rimini, 1, 217, 308.
Risdallero, v. Monete d'Olanda.
Risina, vedova, iscrizione notabile, 8.
Riti ecclesiastici, nel monastero di Einsiedeln, 67.
    A Lucerna, 109.
    Nella Messa a Magonza, 166.
Riviera, ballaggio, 118, 127.
Roche, luogo, 104.
Rodolfo re del Romani, v. Ridolfo.
Roggenburg, monastero descritto, 274.
Rohan (Cardinale di), sua corte, 136, 262.
Rolle, borgo, 91, 98.
Roma, suo zecchino, 2. — Ricordata, 1, 274, 290, 292, 304, 308.
Romagna, 304.
Romanae (De) Ecclesiae obedientia, trattato ms., 6.
Romaricense, v. Remiremonda.
Roncigllione (diocesi di Sutri, provincia di Roma), 304.

Rondello (Albergo del), 189.
Roodt (Cardinale di), sua corte, 37, 55, 122.
Rosacco, luogo del monastero di S. Gallo, distrutto e riedificato, 58, 59.
Rosario (Recita del) in Germania, 32.
Rosenthal (Antonio di), custode dell'archivio di Casa d'Austria, 297.
Rosingo, vescovo di Verona, 10.
Rosmini, cancelliere, sua opera, 18.
Rosset, professore, lodato, 99.
Rossetti Benedetto Felice, benedettino, lodato, 4, 5.
Rossen (Van) medico, lodato, 228.
Rotardo, conte, 136.
Rotterdam, 191, 193, 206-211, 213.
Rottenberg (non *Rottemburgo*), bella villeggiatura, 26, 28, 32.
Rousseau (non l'autore dell'*Emilio*), lodato, 228, 229.
Rousseau, monaco della congreg. di S. Mauro, sue opere, 251.
Rousseau Giangiacomo, ricordato, 228.
Roveredo, 13, 14, 18, 185.
Roy, luogo postale, 242.
Rubens (Pietro Paolo), sue pitture, 156, 214, 215, 218, 295. — Sua galleria nel palazzo del Lussemburgo a Parigi, 244.
Ruchenius, sua opera, 202.
Ruprecho, duca di Svevia, 110.
Russa, fiume svizzero, 110, 118.
Rustici, abbate benedettino in Padova, lodato, 306.
Rustico (SS. Fermo e), *v.* Fermo.

Saarburg, luogo forte, 262.
Sacramentario Gregoriano, ms. notabile, 179.
Sailer (Padre), sua orazione, 273.
Saint Aubin, posta, 258.
Saint Dizier, luogo, 258.
Saintes, città, 180.
Saint Trond (non *Tron*), piccola città, 222, 226.
Saint Saphorain (non *Samphorain*), luogo, 88.
Salandri abbate Giulio, sua biblioteca, 6.
Salasar, monaco dell'abbazia di S. Benigno di Digione, sua opera, 251.
Salat Giovanni, sua opera ms., 121.
Salchly, professore lodato, 99.
Salem (Monastero di), visitato e descritto, 37, 38, 55, 79, 123, 129, 138, 271.
Salenstein (De), *v.* Hartzer.
Sales (S. Francesco di), *v.* Francesco.
Saline di Aix, descritte, 26.
Salisburgo, statuti mss., 19. — Miniere d'oro, 27. — Città descritta, 283 e segg.
Salmansweiler, *v.* Salem.
Salvatore (San), convento in Bologna, 1.
Salvatori, mercante lodato, 174.
Salviati Giovanni, cardinale, 280.
Sam o San, fiume, 300.
Samhaber Alessandro, agostiniano, sue opere, 165.
Sammicheli Michele, architetto veronese, sue opere, 8, 10.
Sanadon, monaco dell'abbazia di Fécamp in Normandia, sua opera, 251.
Sant'Osvaldo (non *Osgualdo*), posta, inscrizione antica, 300.
Sanuto (Marin), sue opere mss., 222.
Sanzi (Abate) lodato, 176.
Sanzio, *v.* Raffaello.

San Dionisio, castello, 88.
Sargans, luogo, 127.
Sarnen, luogo, 117.
Saroardo, abbate, 137.
Sarpi fra Paolo, ricordato, 246.
Sarto (Andrea del), 297.
Sava, fiume presso Lubiana, 300.
Saverne, città germanica, (Zabern), 135 e segg., 262.
Savoia, 88.
Saxen-Lauenburg (Famiglia di), 145.
Scalino (Scellino), *v.* Monete dei Paesi Bassi.
Scaligeri, loro sepolcri, 9, 201.
Scamozzi Vincenzo, architetto vicentino, suoi disegni, 284.
Scellino, suo valore in Anversa, 216. — *v.* Monete.
Schafausen, *v.* Sciaffusa.
Schedler, benedettino, bibliotecario del monastero di Rheinau, sua opera, 120.
Scheemaekers P., scultore, 216.
Schenk, sue pitture, 215.
Schenkenberg (non *Senckenberg*), barone Enrico, sua opera, e sua biblioteca, 295, 296.
Schiafinati, abbate di S. Benedetto di Padolirone, 5.
Schleissheim, villeggiatura presso Monaco, 282.
Schmidt Giuseppe Taddeo, medico, 70.
Schmidt Samuele, lodato, 105.
Schoeplino, Daniele, prof. all'Università di Strasburgo, sue opere, 141, 142, 146, 263.
Schoenbrunn, villeggiatura della corte austriaca, 290, 297.
Schottwien, posta austriaca, 298.
Schütz di Holzhausen, Barone, 166.
Schwandner, sua opera, 297.
Schwaz (non *Schwartz*), luogo del Conte di Tannenberg, descritto. 26, 32.
Schwarzach, monastero, 136, 143, 263.
Schwarzenberg, *v.* Principe.
Schweitz, *v.* Svitto.
Scheweningen, villaggio, 204.
Schwarzerde Filippo, *v.* Melantone.
Schwetzingen, luogo, 152, 160.
Sciaffusa, 39, 51, 95, 121-123.
Scindull, usati per coprire i tetti in Germania, 22.
Scipione (non *Sulpizio!*) Africano, sua testa scolpita in uno scudo, 24.
Scissa, padre gesuita, 2.
Scolopii, 145.
Scotello, *v.* Pietro dell'Aquila.
Scrittura Sacra, *v.* Bibbia.
Scudo, moneta modenese, 2. — Di Anversa, 216.
Sebastiano, arcivescovo di Magonza, sua Vita ms., 164.
Seckingen, città silvestre, languente, 45.
Selva Nera, descritta, 130.
Seminarii, in tutti i monasteri di Germania, 42.
Seneca Tommaso, suo poema ms., 280.
Senlis, città 242.
Senna, fiume, 258.
Separatisti, nuova setta in Basilea, 47.
Sepolture dei Luterani, come praticate, 170.
Serrario, editore, 164.
Sertorio, *v.* Orsato.
Seta, ove fiorisca, 14.
    Come raccolta in Utrecht, 185.
    Di Roveredo, dove si mandi, 18.
Sesino, moneta modenese, 2.

Sfondrati, cardinale, sua Vita ms., 121.
Sforza Lodovico, duca, 96.
Sforza Massimiliano, duca, 127.
'S Gravesande Gugl. Giac., 99.
Sicardo Cremonese, sua Cronaca ms., 280.
Sigartskirchen, posta, 290.
Sigevino, arcivescovo di Colonia, 180.
Sigifredo, vescovo di Spira, 156.
Sigifredo, arcicancelliere, 179.
Sigillo, borgata in provincia di Perugia, diocesi di Nocera Umbra, 1.
Sigismondo, arcivescovo di Salisburgo, 286.
Sigismondo Malatesta, suoi medaglioni, 24.
Singen, luogo, e posta, 39, 122.
Sinner I. R., bibliotecario in Berna, sue opere, 103.
Sion, monastero benedettino nella Svizzera, 41.
Sisto IV, papa, ricordato, 111.
Slitte in Germania 40.
Smitmer, famiglia di Vienna, 298.
Smitmer·Francesca, suo museo, 295.
Soardi Carlantonio, monaco cassinese, sua opera, Cerimoniale del Conclave, 10.
Socinianismo in Germania.
Soldo, moneta, 2. — Di Ginevra, 92.
Soletta, città, 105.
Soleure, v. Soletta.
Solotorno, Cantone, 123.
Sonnenfelsio Giuseppe, 42.
Soto (Diego di), uomo erculeo, 216.
Spaur, destinato Inviato alla Imperatrice dalla Dieta del Tirolo, 34.
Speculum humanae salvationis, 96.
Spergs (Di) Giuseppe, custode dell'archivio di Stato a Vienna, sua opera, 297.
Spinelli cardinale, 228.
Spira (Vescovo di), 144, 147. — Sua Corte, 149. — Diocesi, come regolata, 149. — Città, 151.
Stad (non *Staden*), luogo, 56.
Stadion (Conte di), 167.
Stafford Giovanni, canonico, 199.
Staibante di Verona, sua libreria di mss. vendibile, 13.
Stainach, posta, 283.
Stampa, chi ne sia l'inventore secondo gli Olandesi, 96, 198.
Stanislao re, 259-261.
Stanz, luogo, 116, 117.
Statholder, sua autorità e inclinazione, 207.
Statue e bassi rilievi nella *Favorita* di Mantova, 5.
Statuto Veronese, 8.
Staupizio ricordato, 286.
Stein, posta, 283.
Steisslingen, villaggio, 39.
Stern padre Leopoldo, benedettino, sue opere, 44.
Sterzing (non *Sterzim*), posta, 20.
Stilting (Padre), bollandista, 216, 217.
Stiria, descritta, suoi confini, 299, 300, 304.
Stüssen, posta, 135.
Stoccarda, 128, 268, 270, 271.
Stock (Barone di), canonico, 293.
Stockach, 38, 39, 52, 55, 128, 129.
Stollhofen, posta imperiale, 143.
Storia degli Ebrei, v. Ebrei.
Strada Ottavio e Iacopo, 280.
Strade sicure nel Tirolo, e perchè, 33. — Nella Svevia, 35.
Strasburgo, 132, 138 e segg., 141, 170, 211, 257, 263.

Strengberg, luogo, 289.
Strozzi, marchese, famiglia di Mantova, 4.
Strumio Giovanni, 141.
Sulpizio Severo, opera, 10.
Sulpizio, v. Scipione.
Sulz (Conti di), 40.
Summerau (Barone di), 133.
Sursee, luogo descritto, 72, 106.
Suyskens padre Costantino, bollandista, 216, 218.
Svevia (Grano di) in Svizzera, 127. — Ricordata, 134, 146, 131, 152. — Campagne disabitate, 35, 36. — Circolo, 274. — Stati austriaci, 133. — Benedettini, 285.
Svietten, o Swietten (Van), medico di Corte, 200, 294.
Svitto, Cantone, 66, 70, 115, 118, 123, 127.
Svizzeri, loro governo, 123 e segg.
Syab, sua opera, 296, 297.

Tabacco, dove coltivato, 181.
Tacito, nuova edizione, 267.
Tachereau, monaco di S. Germano, sua opera, 250.
Taillandier, monaco di S. Germano, bibliotecario, 250.
Talleri battuti in Ala, quale uso ne fanno i veneziani, 26.
Tallero, moneta, 154, 172.
Tannenberg (Conte di), 26, 28.
  Conte Giovanni, cieco, applicatissimo agli studi, 32.
  Conte Ignazio Giuseppe, e sua famiglia, lodato, *ivi*.
Tarle (Polvere di), per le ferite, 74.
Tartarotti Girolamo, sua opera ms., sua libreria; impugna l'indulgenza della Porziuncula, 14. — Successo delle sue opere, in Trento, contro Bonelli, 17. — Ricordato, 18.
Tassilone, duca di Baviera, 288.
Tassin, benedettino del monastero *Des blancs manteaux*, sua opera, 250, 252.
Tassis, Duchessa di Stoccarda, 271.
Tassis (Conte de), non *de Passis*, 23, 26.
Tasso Torquato, la *Gerusalemme* tradotta, 252.
Tavola Peutingeriana, 296, 297.
Teatini (Padri), 278.
Teatro, vietato a Ginevra e a Zurigo, 95.
Tebalda Margherita, suo sepolcro in Mantova, 6.
Tedeschi, loro carattere, 54, 305.
Teitschen, posta, 19.
Tele di Costanza, 57.
  Di s. Gallo, 57.
  Mussolina, 57, 71, 128.
Terni, 1.
Terra Nera (Ippolito di), v. Melantone.
Terswaek, dottore, 229.
Tertulliano, nuova edizione delle sue opere non eseguita, 250.
Testimoni *per aures tracti*, 19.
Testone, moneta, 2.
Texel, luogo, 191.
Thourn, agente, 51.
Thums (Conte di), 204.
Tiurn (Barone di), 63, 151, 267.
Tiengen, luogo, a chi appartenga, 40.
Tillemont, continuazione delle sue memorie, 251.
Tintorie celebri in Roveredo, 13.
Tirlemont, città, 222, 226.

DELLE PERSONE, DEI LUOGHI, E DELLE COSE

Tirolo non aggravato di dazi; strade ben mantenute, fiorisce, 14, 15. — Carta topografica, 21. — Descritto, 33. — Non ha grano sufficiente, 27. — Quanto contribuisce all'Imperatrice, 34. — Suoi confini, ivi, 130.
Tiziano (Vecellio, detto il), 6, 278, 295.
Toggenburg, 59, 65.
Toni, abate, 1.
Torba, terra da ardere, 196, 212.
Torre (Della) Giulio 64.
Torriani, loro sepolcri, 9.
Tossetti Pietro, lodato, 168.
Toul, piccola città, 259.
Tourpin, monaco di S. Germano, sua opera, 250.
Tournefort, posposto a Linneo, 73.
Toussaint du Vernain, vescovo d'Arach, suffraganeo d'Argentina, 138.
Tradizioni (Codice papiraceo delle) alla chiesa di Ravenna, copiato dal Garampi, 279.
Trapassi Pietro, v. Metastasio.
Trautwein, monaco premonstr., sue opere, 273.
Treille (De la), v. Maillot.
Trento, colonia romana; si prova da una iscrizione, 14. — Descritto, 15 e segg. — Carta di quel Principato e Vescovato, 297. — v. Evangeliario.
Treyambter, contea, 127.
Tribù, in Basilea, 48.
Trieste, 301 e segg.
Tritemio, sua Cronaca originale, 280.
Troili P. gesuita, 2.
Trombelli, abbate di s. Salvatore, 1.
Tronchin Teodoro, celebre medico, 97.
Truchses Federico Cristoforo, conte di Zell, 286.
Trudone (S.), abbazia, 222, 223.
Tsharner, lodati, loro opere, 104, 105.
Tschoudi, abbate, 80.
Tuani, loro biblioteca, 247.
Tubize, posta, 241.
Türnberg (Barone Pizzini di), v. Pizzini.
Turgovia, ricordata, 127.
Turnesio, libraio editore, 50.

Uberlinga, città imperiale, 55, 123, 128, 172.
Udone, cancelliere e bibliotecario apostolico.
Ulderico (S.), sua chiesa e translazione, 275.
Ulma, città descritta, 121, 270-274.
Ulrich, ministro evangelico, lodato, sua libreria, 73, 74, 77-79.
Ulsperg, monastero, 274.
Underwald, Cantone, 115, 117, 118, 127.
Ungaro, moneta, 2.
Ungaro, o ducato d'oro, v. Monete d'Elvezia.
Ungheria (Storia d'), 297. — Grani in abbondanza, coltura negletta, 304.
Università, nominate, o descritte:
    D'Innsbruck, 21.
    Di Losanna, 90.
    Di Friburgo, 133.
    Di Strasburgo, 141, 142.
    Di Eidelberga, 153.
    Di Magonza, 155.
    Di Colonia, 177.
    Di Leida (Leyden), 200, 201, 202, 220.
    Di Lovanio, 227 e segg. — Regolamento dell'Università in latino, 230-241.
    Di Salisburgo, 286.
    Di Vienna, 293, 294.
    Di Gratz, 299.
    Di Padova, 307.

Uomini barbuti, 40.
Urania (Uri), Cantone, 115, 118.
Urbano II, papa, ricordato, 273.
Urdingen, luogo, 180.
Uri, Cantone, 123, 127.
Ursino, cardinale, 280.
Uto, vescovo Cicen., 156.
Utrecht, 66, 181, 182, 183, 228.
Uznach, luogo, 66.

Vachaser, villaggio, 268.
Vagabondi, non tollerati in Svizzera, 48.
Valbruna, balliaggio, 127.
Valenciennes, città, 241, 242.
Valenti Gonzaga (Marchese), famiglia mantovana, 4.
Vallarsi Domenico, sue applicazioni, 7, 8. — Controversia ridicola da lui decisa in Verona, 12.
Vallisnieri (Museo), 307.
Valmadia, prefettura d'Italia, 127.
Valsecchi padre Antonio, domenicano, sua opera, 307.
Valser don Isone, lodato, 62.
Valsoy, luogo, 91.
Vandalo (Linguaggio), dove usato, 299.
Van der Meer, gesuita, 205.
Van der Mieden, sua opera, 204, 205.
Van Duren, fatto seguito con Voltaire, 207.
Van Lankeren, mercante di quadri, 216.
Van Mollen, suo giardino, 184.
Van Rossen, medico lodato, 228.
Van Svietten, medico di Corte, 260, 294.
Vannotti, famiglia di Uberlinga, 172.
Vannucchi, v. Andrea del Sarto.
Varrentrapp, mercante di libri, 172.
Vassalis (Giovanni de) v. Vessel.
Vauban (Sebastiano le Prestre, signore di), 46, 118.
Vecellio, v. Tiziano.
Vedova, che non gravò la Chiesa, 8.
Vedove, con velo bianco in testa, 41.
Velaine, posta, 258.
Velasco Francesco Marco, marchese del Pico, suo deposito, 215.
Velau (leggi Venloo), provincia, 181.
Venezia, ricordata, e suo commercio, 302, 303, 306, 308. — Suo zecchino, 2.
Veneziani, battono Talleri per l'Oriente, 26.
Venloo (non Velau), provincia, 181.
Verazzi Mattia, poeta romano, 160, 161, 268.
Verde eterno, 303.
Vernade (De la), Lodovico, cancelliere, 96.
Vernain (De), v. Toussaint.
Verona, descritta, 7 e segg. — Collegio militare, 9. — Codice Diplomatico, 10. — Storia delle sue Chiese, 12. — Placito tenutovi, 16.
Versaglia, descritta, 255 e segg.
Versailles, v. Versaglia.
Verschattelt Pietro, scultore, 156.
Versione vaticana dei LXX, creduta non communicabile, 75.
Veruca, castello fuori di Trento, 15.
Vescovi di Bressanone, loro Vite mss., 19. — Stranieri indisciplinati, 216.
Vescovo di Bressanone, cancelliere dell'Università d'Innsbruck, 21.
    Di Losanna, 84.
    Di Trento, sue rendite, 15. — Sue applicazioni, 17.

INDICE ALFABETICO

Vessell Giovanni, 153.
Vessenberg (De), barone, 151.
Vestfalia (Dieta di), ove si raduni, 176.
Vestfalia (Trattato di), 274, 281.
Vetri della Stiria, 304.
Vetro, nelle Provincie unite, 183.
    Nel Tirolo, 27, 28.
Vevey, città descritta, 88, 102. — Codici ivi conservati, 99.
Veveyse, fiume, affluente del lago di Ginevra, 88 nota.
Vicat, sue opere, 99.
Vico (De) Enea, suoi camei, 295.
Vidmestadio Alberto, sue note mss. e sua biblioteca, 280.
Vielland padre I. B., sua opera, 81.
Vienna, descritta, 283, 290-298, 305.
Vienne (Di), monaco dell'abbazia di S. Croce di Bordeaux, sua opera, 251.
Vigero, vescovo di Brandeburgo, 156.
Vigilio (S.), cattedrale di Trento, 15.
Vigilio Marcello, sua edizione, 280.
Vilpers Stanislao, monaco, sue opere, 43.
Vinci (Da), v. Leonardo.
Vino del Margraviato, 267.
Viterbo (Pietro vescovo di), 280.
Vitry le François, luogo, 258.
Vittemberga (Duca di), 122, 268.
Vittero Giangiacomo, sua opera, 143.
Vivrai, posta, 257.
Vogl Bertoldo, abbate, sue opere, 287.
Vogl P. Cristoforo, bibliotecario, 38.
Void, posta, 258.
Voisenon, sua aggregazione nell'Accademia di Parigi, 252.
Volargue, posta, 13.
Voltaire (Francesco Maria Arouet di), 78, 97, 207, 252, 268.
Voklapuk (non *Voecklabruk*), luogo, 287.
Voralberg, Stato della casa d'Austria, 134.

Wageninghen (non *Wagenhigbe*), luogo, 182.
Waging, posta, 283.
Waldeck (Principessa di), 104.
Waldkirch (Prevosto di), 133.
Waldo, mentovato in un Placito, 17.
Waldshut, città silvestre, languente, 44, 45.
Walser Isone, monaco di S. Gallo, 62.
Wango Federico, vescovo di Trento, due suoi codici, 17.
Watelet, sua traduzione del Tasso, 252.
Weingarten (Monastero di), descritto, 36, 38.

Weisbach, posta, 35.
Wellens borgomastro, suo gabinetto, 216.
Wellens (Dottor de), sua censura, 228, 229.
Wels, città, 287, 289.
Wengen, suo abbate, 121. — Monastero di Ulma, 273.
Wernik, posta, 301.
Wersterstetten, villaggio, 270.
Wesselingio, sue opere, 186, 204.
Westfalia, v. Vestfalia.
Wevray, v. Vivrai.
Wibling (Monastero di), 272, 273.
Widen, villaggio, 224.
Widen, v. Viden.
Widmestadio, v. Vidmestadio.
Wigardo prete, 110.
Willemo, arciv. di Magonza, sua lettera, 264.
Willen, posta, 136.
Wilten, monastero premonstratense presso Innsbruck, 22.
Winrico, sua opera confutata, 264.
Worms (non *Wormans*), 158, 161, 162, 170.
Wosmaer, sue opere, 204.
Wuerth-Wein, decano di Magonza, storico, 165.
Wurst, sorta di legno, con cui vanno a caccia i tedeschi, 23.

Yacht, v. Brigantino.

Zaccaria, gesuita, sue opere, 84, 90.
Zaehringen (non *Laringia*), 83, 102, 133.
Zallwein Gregorio, sue opere, 285.
Zampieri Domenico, v. Domenichino.
Zecca in Ala, 26.
Zecchino di Venezia, di Firenze, di Roma, 2. — Pontificio, in Innsbruck, 34.
Zehettriz, ministro elettorale Palatino, 160.
Zelandia, 196.
Zelger Giacomo Giuseppe, 70.
Zell, città austriaca, 122. — Suo conte, 286.
Zeno (S.), chiesa di Verona, 9.
Zeno o Zenone (S.), monastero di Verona, 16.
Zofingen, luogo descritto, 106.
Zois Bernardino, mercante, 304.
Zorneding, posta, 283.
Zoroastre, suoi scritti, 248.
Zug, Cantone, 123.
Zuinglio, ricordato, 67.
Zurigo, descritto e ricordato, 65, 66, 7- 79, 95, 119, 121, 122,
Zurzach (non *Surzac*), luogo, 116.
Zydervelt, suo giardino, 185.

(Nell'indice sono pure notate le correzioni di taluni errori incorsi nell'opera).

IMPRIMATUR
Raphael Pierotti Ord. Praed. S. P. A. Magister.
Iulius Lenti Patr. Const. Vicesgerens.

www.ingramcontent.com/pod-product-compliance
Lightning Source LLC
Chambersburg PA
CBHW060454170426
43199CB00011B/1202